GIUSEPPE PEDERIALI

Die Todesshow

Buch

Kriminalinspektorin Camilla Cagliostri soll die Schauspielerin Vanessa Silvi bewachen, die anonyme Drohbriefe erhält. Dennoch verschwindet sie eines Tages spurlos. Da weder Erpresserbriefe noch Bekennerschreiben eingehen, tappt die Polizei im Dunkeln. Doch Vanessa Silvi ist nicht das einzige Entführungsopfer. Nach und nach verschwinden weitere Personen: eine Verkäuferin aus dem Supermarkt, die Leiterin einer kleinen Model-Agentur, ein Gärtner und ein Kleinunternehmer mit seiner ehrgeizigen Ehefrau. Der für die Aufklärung dieses Falls von Rom nach Modena abgeordnete Kommissar Beggiato sieht keinen Zusammenhang zwischen den Opfern. Nur Camilla fällt auf, dass sie allesamt sehr gut aussehen. Während der selbstgefällige Beggiato vor allem damit beschäftigt ist, Camilla aus den Ermittlungen zu drängen, ist sich die kluge Inspektorin sicher, dass das Verschwinden von Vanessa Silvi nichts mit den übrigen Entführungen zu tun hat. Und ihre Intuition hat ihr wieder einmal recht gegeben, als Vanessas Leiche wenige Tage später tot aus einem Fluss geborgen wird, während bei den Redaktionen der Lokalpresse immer wieder Videokassetten mit einer makabren Realityshow à la Big Brother auftauchen. Die Entführungsopfer sollen nach und nach entscheiden, wer von ihnen als Nächstes getötet wird! Atemlos vor Entsetzen verfolgen Medien und Polizei die perfide Show. Und Camilla setzt alles daran, den Hintermännern dieses makabren Treibens auf die Spur zu kommen. Dabei gerät sie selbst in höchste Gefahr …

Autor

Giuseppe Pederiali, geboren in Finale Emilia bei Modena, schrieb sehr erfolgreich Romane für Erwachsene und Jugendbücher. »Die Todesshow«, der dritte Kriminalroman um die scharfsinnige Camilla Cagliostri, stand wochenlang auf den vorderen Plätzen der italienischen Bestsellerlisten.

Bei Blanvalet außerdem lieferbar:

Die Tote im Nebel (36242) – Der Kuss des Bösen (36522)

Giuseppe Pederiali

Die Todesshow

Roman

Aus dem Italienischen von
Michael von Killisch-Horn

blanvalet

Die italienische Originalausgabe erschien 2005 unter dem Titel
»Camilla e il grande fratello« bei Garzanti libri s.p.a., Milano.

FSC
Mix
Produktgruppe aus vorbildlich
bewirtschafteten Wäldern und
anderen kontrollierten Herkünften
Zert.-Nr. SGS-COC-1940
www.fsc.org
© 1996 Forest Stewardship Council

Verlagsgruppe Random House FSC-DEU-0100
Das für dieses Buch verwendete FSC-zertifizierte Papier
Holmen Book Cream
liefert Holmen Paper, Hallstavik, Schweden.

1. Auflage
Deutsche Erstausgabe Oktober 2008 bei Blanvalet,
einem Unternehmen der Verlagsgruppe
Random House GmbH, München.
Copyright © der Originalausgabe 2005 by Ganzanti Libri s.p.a., Milano
Copyright © der deutschsprachigen Ausgabe Oktober 2005 by
Verlagsgruppe Random House GmbH
Umschlaggestaltung: HildenDesign München
Umschlagmotiv: Copyright © Frank Krahmer/Photographer's Choice/
Getty Images
Redaktion: Kristina Lake-Zapp
LW · Herstellung: Heidrun Nawrot
Satz: DTP Service Apel, Hannover
Druck und Einband: GGP Media GmbH, Pößneck
Printed in Germany
ISBN 3-442-37007-8

www.blanvalet.de

Für Ivana

»Dem Mond fehlt nur ein Krümelchen,
Camilla, ein lächerliches Stückchen,
um voll zu sein dort,
wo für einen Augenblick die Biegung
deines Fingers anhält
und dunkler als das Dunkel
der Tisch der Welt versinkt,
Wolkenschweif oder Wolkenschwanz
auf der Flucht nach dem Abendessen.«

Alberto Bertoni, »Notturno«

ERSTER TEIL

Die berühmte Schauspielerin

»Man muss schon ein Herz aus Stein haben, um den Tod der kleinen Nell bei Dickens lesen zu können, ohne zu lachen.«

OSCAR WILDE

1

»Wussten Sie, dass Vanessa Silvi aus Modena stammt?«, fragt Commissario Francesco Savino, noch bevor Inspektor Camilla Cagliostri es sich auf dem Holzstuhl bequem gemacht hat.

Bequem, wie man eben so sagt. Er ist hart, zu niedrig, die Rückenlehne knarrt und scheint jeden Augenblick nachzugeben. Der *commissario* liebt diesen Stuhl, denn er ist überzeugt, dass gerade seine Unbequemlichkeit Verdächtige, Zeugen oder Leute, die ihm einfach nur die Zeit stehlen, veranlasst, ihm gleich zu sagen, was er wissen will, um das Verhör abzukürzen, oder aber schnell wieder zu gehen. Ein kleines Folterinstrument eben. Camilla bleibt in der Regel lieber vor ihrem unmittelbaren Vorgesetzten stehen, was ebenfalls eine subtile Art ist, ihn zu veranlassen, sich kurz zu fassen. Aber diesmal hat Savino mit einem »Bitte setzen Sie sich« in einem Ton, der keinen Widerspruch duldet, auf den Stuhl gewiesen.

»Ja, das wusste ich. Die Schauspielerin ist eine unserer Berühmtheiten, wie Luciano Pavarotti, Mirella Freni und Vasco Rossi …«

»Sie scheint etwas mit dem Fußballtrainer von Lazio gehabt zu haben, bevor sie zu ihrem Pygmalion zurückgekehrt ist.«

Klatsch- und Tratschgeschichten. Es ist deutlich zu spüren, dass der *commissario* sich nach so vielen Morden, Entführungen und Vergewaltigungen den Dreck von der Seele waschen möchte.

»Das Leben der VIPs interessiert mich nicht besonders.«

»Mich auch nicht«, beeilt sich Savino zu versichern. »Und ich seh auch nicht viel fern. Aber diesmal betrifft es uns beruflich.«

»O Gott, doch nicht schon wieder eine Hochzeit zwischen Leuten aus dem Showbusiness wie die von Luciano Pavarotti und Nicoletta Mantovani, für die sogar die Staatssicherheit und die Antiterroreinheit mobilisiert worden sind? Und ich hab mir im Festzelt im Parco Novi Sad eine ganze Nacht um die Ohren geschlagen!«

»Keine Hochzeit, keine Eitelkeiten, bloß ein ernsthafter Auftrag für eine tüchtige Polizistin.«

Camilla ist auf der Hut: Der *commissario* hat die Angewohnheit, ihr Honig ums Maul zu schmieren, um ihr die unangenehmsten Fälle schmackhaft zu machen. Und wie gewöhnlich schweift er ab, anstatt sofort zum Punkt zu kommen.

»Eine wunderschöne Frau, diese Vanessa Silvi. Der Beweis, dass die weibliche Schönheit bei den Vierzigjährigen ihren Höhepunkt erreicht. Haben Sie sie in *L'amica invidiosa* gesehen? Wirklich toll und wunderschön. Sie sollte viel öfter in richtigen Kinofilmen spielen, anstatt ihr Talent in Fernsehfilmen zu vergeuden.«

»Sie sind ja ein richtiger Experte!«

»Ach was. Aber Vanessa Silvi gefällt mir als Schauspielerin und als Frau.«

»Pelacani.«

»Was haben Sie gesagt?«

»Pelacani. Der richtige Name der Silvi ist Vanessa Pelacani.«

»Das wusste ich nicht. Gut, dass sie einen Künstlernamen gewählt hat.«

Savino öffnet die grüne Aktenmappe, die auf seinem Schreibtisch liegt, zieht ein Foto von Vanessa Silvi heraus, zeigt es Camilla, legt es zurück, nimmt ein Blatt Papier heraus und schließt die Mappe wieder. Alles mit großer Ruhe.

»Signora Silvi hat eine Villa in der Gegend von Modena gekauft. Villa Galaverna, eines dieser Häuser des früheren Landadels, mit Park und Ställen, Häuser, die keiner mehr haben will, da es ein Vermögen kostet, sie wieder herzurichten und mit dem heutigen Komfort auszustatten, und weil es viel zu teuer ist, sie zu erhalten. Aber Vanessa Silvi ist eine berühmte Schauspielerin, die Illustrierten sind voll von ihren beruflichen und privaten Eskapaden, mögen sie nun wahr sein oder gut erfunden, und daher kann sie sich die Villa Galaverna zehnmal leisten. Ich wundere mich nur, dass sie sich ausgerechnet auf dem Land vergräbt. Ich wette, sie wird nicht mehr als dreißig Tage dort wohnen.«

»Villa Galaverna, eine der schönsten in der ganzen Bassa, wurde Luca Cordero aus Montezemolo angeboten.«

»Maler, Tischler, Elektriker und ein ganzes Team von Innenarchitekten arbeiten schon dort. Vanessa Silvi will am dreißigsten Juni, an ihrem einundvierzigsten Geburtstag, eine große Einweihungsfeier dort geben.«

»Und was hat die Polizei von Modena damit zu tun?«

Anstatt zu antworten, lehnt Commissario Savino sich in seinem Sessel – seiner ist wirklich bequem – zurück und seufzt: »Ich beneide Sie, ich wäre gern an Ihrer Stelle. Aber ein *commissario*, und erst recht, wenn er ein Mann ist, kann nicht Tag und Nacht Leibwächter einer schönen Schauspielerin sein.«

»Ich soll also Vanessas Leibwächter spielen?«, fragt Camilla ungläubig.

»Mehr als das. Die Schauspielerin hat nicht nur obszöne Pöbeleien, sondern auch Morddrohungen erhalten. Telefonisch und brieflich. Nicht über ihren Agenten, an den die Fans sich normalerweise wenden, da die Silvi natürlich wie alle Prominenten ihre Adresse geheim hält und eine Geheimnummer hat. Ihr Verfolger weiß viel zu viel über sie, sogar ihre Privatadresse in Rom, und das beunruhigt sie, vor allem, weil sie manchmal das Gefühl hat, dass ihr jemand folgt, zu Fuß und im Auto. Jetzt, da sie aufs Land ziehen will, in eine abgelegene Villa, ist aus der Sorge richtige Angst geworden, zumal die Briefe und Anrufe alle aus Modena kommen.«

»Ich denke, dass jede Schauspielerin und jede Frau, die in der Öffentlichkeit steht, wenn sie einigermaßen jung und hübsch ist, obszöne Anrufe und Briefe bekommt. Dumme Reaktionen frustrierter Leute. Als ich vor ein paar Monaten im Internet gesurft habe, bin ich zufällig auf eine anonyme Nachricht gestoßen, die einer Fernsehjournalistin geschickt worden war. Sie moderiert eine Talkshow auf Sette. Vulgäre Pöbeleien, die so heftig waren, dass man richtig Angst bekam.«

»Auch Vanessa Silvi hat obszöne Mitteilungen erhalten. Ihre Agentin hielt das für ganz natürlich und hat ihr nichts davon erzählt. Aber in den letzten Wochen bekamen sie einen anderen Ton: Die Briefe und Anrufe kommen immer von derselben Person und direkt zu ihr nach Hause, eine Mischung aus Obszönitäten und Morddrohungen. Deswegen hat die Schauspielerin sich an uns gewandt.«

Camilla deutet auf die Mappe.

»Darf ich einen Blick hineinwerfen?«

»Lesen Sie zuerst das hier.« Savino reicht ihr ein Blatt Papier. »Und lesen Sie laut.«

Wenige Worte, aus Zeitungen ausgeschnitten und aufgeklebt. Camilla versteht nicht, warum sie sie dem *commissario* vorlesen soll. Vielleicht macht es ihm Vergnügen, sie von einer weiblichen Stimme zu hören. Sie will ihn schon zum Teufel schicken, doch dann besinnt sie sich. Sie will diesen Auftrag, sie will dem Schwein das Handwerk legen, das Vanessa Silvi beschimpft und bedroht. Sie liest vor und gibt das Blatt zurück.

»Ich glaube nicht, dass man sich große Sorgen machen muss.«

»Es sind die Briefe mit den Morddrohungen, die dem Polizeipräsidenten Sorgen machen, und deswegen hat er beschlossen, die Schauspielerin während ihres Aufenthalts in Modena unter Polizeischutz zu stellen. Sie wird in wenigen Tagen eintreffen und im Hotel Real Fini wohnen, bis die Villa bezugsfertig ist. Sie macht nicht nur Ferien, sie wird einen Werbespot für die Modeneser Stylistin Anna Balboni drehen und an einer Wohltätigkeitsveranstaltung teilnehmen.«

Es handelt sich um drei Briefe. Auf einem Umschlag steht, mit der Maschine geschrieben, die Adresse der Agentin, Via Dardanelli in Rom, auf den beiden anderen die Privatadresse der Schauspielerin. Alle drei sind in Modena abgestempelt. Die Worte sind auf drei Blätter blauen Briefpapiers geklebt: *Der Tod kommt auf leisen Sohlen*; *Im Tod wirst du schön sein*; *Um Mitternacht wirst du sterben*.

»Lauter Filmtitel. Die Worte sind aus Zeitschriften ausgeschnitten worden«, bemerkt Camilla.

»*Panorama*, *Ciak* und *Confidenze* … Tosa hat es überprüft.«

»Und das Briefpapier?«

»Das kann man im Coop kaufen. Also überall in der Emilia …« Savino reicht ihr die grüne Mappe. »Ich überlasse Ihnen die ganze Akte. Sie finden da drin auch die Telefonnummern und die Adresse der einzigen Verwandten, die Vanessa hat. Eine Schwester, einen Schwager und eine Nichte, die in der Via Fonte d'Abisso wohnen.«

»In meiner Gegend.«

Savino verabschiedet Camilla mit beiden Händen, wie bei einem neapolitanischen Segen: »Viel Erfolg.«

»Ich werde die Supermarktdiebstähle nicht weiter untersuchen können.«

»Übergeben Sie den Fall Inspektor Violo.«

»Die wird sich freuen.«

»Wir können uns nicht erlauben, die Morddrohungen gegen die berühmte Schauspielerin nicht ernst zu nehmen. Nehmen Sie die Sache nicht auf die leichte Schulter … Ich will alle zwei Tage einen schriftlichen Bericht. Signora Silvi ist bereits darüber informiert, dass Sie für die Dauer ihres Aufenthalts in Modena ihr Schutzengel sein werden. Sie kennt Ihren Ruf, weil sie auch in Rom die Zeitungen ihrer Heimatstadt liest. Wir müssen einen guten Eindruck machen.«

»Und wenn die Ermittlungen unseren Zuständigkeitsbereich überschreiten?«

»Dann werden wir weitersehen.«

Camilla geht mit der grünen Mappe zur Tür, bereit, die endlosen, gerechtfertigten Beschwerden der Kollegin Violo über sich ergehen zu lassen.

»Eines noch, Inspektor Cagliostri: Tragen Sie bei diesem Auftrag Zivilkleidung. Diese Leute haben etwas gegen Uniformen. In Zivil wird man Sie für eine kleine Schauspielerin aus ihren Kreisen halten.«

Warum eine kleine Schauspielerin und nicht einfach eine Schauspielerin?

2

»Ich bin Inspektor Cagliostri vom Polizeipräsidium Modena. Spreche ich mit Signora Vanessa Silvi?«

»Nein, ich bin die Sekretärin von Carla Celio.«

»Und wer ist Carla Celio?«

»Die Agentin von Vanessa Silvi.«

»Ich habe Ihre Nummer von Commissario Savino und dachte, es sei die Nummer von Signora Silvi. Hören Sie: Ich bin eine Beamtin der Staatspolizei und muss in den nächsten Tagen Ihre Klientin beschützen. Es geht nicht, dass ich jedes Mal, wenn ich sie sprechen will, gezwungen bin, den Umweg über die Sekretärin von Signora Celio, über Signora Celio und möglicherweise auch noch über die Hausangestellte von Signora Silvi zu nehmen. Ich will ihre Privatnummern.«

»Einen kleinen Moment.«

Nach einer Menge kleiner Momente ertönt die Stimme von Signora Celio: »Entschuldigen Sie meine Sekretärin, aber die Agentur dient auch als eine Art Filter zwischen den Schauspielern, die von uns vertreten werden, und Presse und Publikum, denn sonst würden die Künstler Tag und Nacht belästigt werden.«

»Eben deswegen müssen Sie mir Signora Silvis Privatnummer und die Ihres Handys geben.«

»Ich habe gerade mit Signora Silvi gesprochen, und sie hat mich dazu ermächtigt, wenn auch zögernd. Die Person, die sie verfolgt, hat sogar ihre Geheimnummer herausgefunden und sie mitten in der Nacht zu Hause angerufen. Pöbeleien und Drohungen. Das war vor einer Woche. Jetzt hat Vanessa eine neue Nummer, die nur sehr wenige kennen.«

»Hat der Anrufer ihr gedroht, sie umzubringen?«

»Vanessa kann sich nicht genau erinnern. Sie hat geschlafen, als das Telefon klingelte. Nach den ersten Worten hat er sie gleich wieder beschimpft. Ich schlag dich, ich reiß dich auf, ich steck ihn dir rein ... Eher Akte sexueller Gewalt als Morddrohungen.«

»Ist sie sicher, dass es ein Mann war?«

»Die Stimme war verstellt.«

»Ist die Signora im Augenblick in Rom?«

»Sie beendet gerade die Synchronisation des Films, der im nächsten Winter auf Raiuno gesendet wird. Und sie bereitet den Umzug in die Emilia vor. Ein Teilumzug, denn sie behält die Wohnung an der Piazza di Spagna als offiziellen Wohnsitz in Rom. Sie kann sich nicht erlauben, länger als ein paar Monate in Modena zu wohnen, wenn sie im Geschäft bleiben will.«

»Ich höre da heraus, dass Sie ihre Absicht, teils in Rom und teils in Modena zu leben, nicht billigen.«

»Ich hab es ihr gesagt. Wir haben nicht nur ein ausgezeichnetes Arbeitsverhältnis, wir sind auch enge Freundinnen. Sie ist vierzig, auf dem Höhepunkt ihrer Schönheit und ihrer Schauspielkunst ... Und ausgerechnet jetzt hat sie es sich in den Kopf gesetzt, kürzerzutreten und sich lange sentimentale Auszeiten an den Orten ihrer Kindheit und Jugend zu gönnen ... Meiner Meinung nach ist das nicht von Dauer, und das hab ich ihr gesagt. In einem Jahr verkauft sie die Villa und kauft eine an der Costa Smeralda. Ich kenne sie, und ich kenne ihre Launen. Sie ist auch in ihre Nichte vernarrt, die Tochter ihrer Schwester, die siebzehn oder achtzehn ist, Studentin in Bologna. In ihr sieht sie sich selbst wieder, als sie in diesem Alter war ... Vanessa fühlt sich allein und steckt in einer Krise, die bei einer Sechzigjährigen verständlich wäre, aber nicht bei einer Vierzigjährigen, die voll im Leben steht. Sogar die Amerikaner wollen sie, und sie will sich für ein paar Monate im Jahr aufs Land zurückziehen! Wertvolle Monate, die sie nicht vergeuden darf.«

Das große Wohnzimmer der Wohnung im zweiten Stock in der Via Fonte d'Abisso Nummer 8 scheint von zwei Personen eingerichtet worden zu sein, die miteinander gestritten und abwechselnd den Geschmack des anderen akzeptiert haben. Im Bücherregal aus weißem Plastik stehen nur wenige Bücher, dafür zahlreiche VHS-Kassetten, CDs, eine spanische Puppe mit Kastagnetten, eine Kristallkugel mit dem Petersdom darin. Das eine der Sofas ist aus rotem Samt, mit Troddeln, die den Boden berühren, und zwei bunten bestickten Kissen. Das Sofa ihm gegenüber aus naturfarbenem Leinen und mit nur einem einzigen schwarzweiß karierten Kissen hat klare geometrische Linien. Zwischen den Sofas stehen ein Barwagen aus Glas und Bronze mit Blumenmotiven und ein Resopalwürfel mit dem Fernseher darauf.

Camilla hat das moderne Sofa gewählt und betrachtet das Mädchen, das auf dem roten Samt vor ihr sitzt.

»Ihre Tante mag Sie sehr«, sagt sie.

»Haben Sie schon mit ihr gesprochen?«, fragt Tiziana.

»Ich hab mit ihrer Agentin, Signora Celio, gesprochen.«

»Diese Frau ist nicht gerade begeistert, dass meine Tante

sich ein Haus hier in der Gegend gekauft hat, um dort zu wohnen, wenn sie keine beruflichen Verpflichtungen hat. Ich wusste nicht, dass die Agenten sich auch in die Privatdinge ihrer Klienten einmischen. Als ich mit ihr gesprochen habe, hatte sie die Unverfrorenheit, über den augenblicklichen Lebensgefährten meiner Tante herzuziehen.«

»Wer ist das?«

»Cesare Galli, der Regisseur. Mit ihm hat sie *Peccati di gioventù* gedreht: astronomische Einschaltquoten, verkauft nach Frankreich, Deutschland und Südamerika, auch die Celio hat kräftig abgesahnt.«

Sie spricht wie eine, die dazugehört.

»Und was machen Sie?«

»Sie können mich duzen. Ich studiere in Bologna. Im ersten Jahr. Studiengang Kunst, Musik und darstellende Künste, was sonst. Meine Mutter wollte, dass ich Jura studiere. Sie träumte von einer Tochter, die Anwältin ist.«

»Und was für eine Tochter wird sie stattdessen haben?«

»Eine arbeitslose Tochter, wie es vielen Mädchen geht, die dieses Studium absolvieren. Allerdings …«, sie zögert, lächelt, als amüsiere sie der Gedanke, und fügt hinzu: »… glaube ich, dass meine Tante bestimmte Pläne mit mir hat.«

»Siehst du sie oft?«

»Ein paar Mal im Jahr, in den letzten Jahren. Dieses Jahr hab ich sie schon zehnmal gesehen. Sie ist nach Modena gekommen, um sich mit dem Notar zu treffen und mit dem Architekten, der die Villa Galaverna einrichtet, und sogar, um Ostern mit uns zu verbringen, was sie früher nie getan hat, weder Ostern noch Weihnachten. Das letzte Mal hat sie mit Carla Celio gefeiert.«

»Diese Frau scheint mehr als nur eine einfache Agentin zu sein. Eine Freundin, eine Schwester ...«

»Ich mag sie nicht.« Tiziana senkt die Stimme, als verrate sie ein Geheimnis: »Sie steckt zehn Prozent aller Einnahmen von Vanessa Silvi ein.«

Sie hat es ohne Bitterkeit gesagt, lächelnd.

»Sie verschafft ihr Engagements, macht die Verträge, schützt sie vor der Presse und dem Publikum«, bemerkt Camilla. »Ich denke, sie hat ihre Provision durchaus verdient.«

»Sie ist eine schreckliche Nervensäge ...« Tiziana wechselt das Thema: »Sind Sie wirklich Polizistin?«

»Inspektor der Staatspolizei.«

»Und Sie müssen meine Tante während ihres Aufenthalts in Modena beschützen und den Mann verhaften, der sie bedroht.«

»Den Mann oder die Frau.«

»Ich denke, es ist ein Mann. Nur ein Mann kann solche obszönen Sachen sagen. Ich bekomme sie auch oft zugeflüstert, sogar auf der Straße. Weiß der Himmel, was die dabei empfinden.«

Camilla betrachtet Tiziana Paltrinieri, Tochter der Schwester von Vanessa Silvi, mit bürgerlichem Namen Vanessa Pelacani, genauer. Achtzehn, blond, das Haar zu zwei schalkhaften Zöpfen gebunden; kaum geschminkt; eine Schönheit aus der Emilia, frei und ungebunden herangewachsen.

Als hätte sie Camillas Gedanken gelesen oder einfach nur ihren Blick richtig gedeutet, erzählt Tiziana: »Meine Tante will mich unter ihre Fittiche nehmen, auch um mich auf Diät zu setzen und einen Menschen aus mir zu machen, wie sie sagt.«

»Und du bist einverstanden?«

»Das wird bestimmt lustig ... *mamma* ist allerdings nicht so glücklich darüber, weil sie überzeugt ist, dass die Tante mir nur Flausen in den Kopf setzt.«

»Du verstehst dich gut mit deiner Tante ...«

»Wir haben uns zu selten gesehen. Aber wenn sie dann in der Nähe wohnt, werden wir die verlorene Zeit nachholen.«

»Du weißt ja sogar über die Morddrohungen Bescheid, die sie erhalten hat.«

»Sie hat mich extra deswegen angerufen. Es ist schon merkwürdig zu hören, dass sie beunruhigt ist, sie, die immer fröhlich ist, schlagfertig, und die dazu neigt, die Dinge nicht zu dramatisieren und in den Tag hineinzuleben ... Ein bisschen verantwortungslos, wie *mamma* behauptet, die sie mit Sicherheit besser kennt als ich. Meine Tante hat mir gesagt, dass sie sich überwacht fühlt, bespitzelt, ausspioniert, sogar wenn sie zu Hause ist. Aber das ist nur ein Gefühl. Echt sind die Anrufe und die anonymen Briefe aus Worten, die ausgeschnitten und aufgeklebt sind. Alle sagen ihr, es handle sich um Fans, nennen wir sie einmal so, die nicht ganz richtig im Kopf sind. Die Kollegen, Film- und Fernsehschauspieler, haben ihr erzählt, dass sie häufig Botschaften dieser Art erhalten hätten und dass sie sich nicht so viele Sorgen machen solle. Aber die Briefe enthalten neben den derben Ausdrücken auch präzise Morddrohungen.«

»Wer könnte Vanessa Silvi so sehr hassen, dass er sie umbringen will?«

»Das frag ich mich auch, und ich hab auch meine Tante gefragt. Es gibt da eine Menge Leute, bei denen wir uns diese Frage gestellt haben.«

»Immer am Telefon?«

24

»Immer nachts am Telefon. Ich in meinem Bett, sie in ihrem. Sie kann sich astronomische Rechnungen leisten!« Sie lacht. Wird wieder ernst. »Personen, die sie so sehr hassen, dass sie ihr den Tod wünschen, gibt es nicht, wenn wir das Wort Tod im strengen Sinn nehmen. Bei Leuten, die krank im Kopf sind, sieht die Sache allerdings anders aus. Wie alle Schauspieler ist Vanessa Silvi Kollegen auf die Füße getreten, hat sie gedemütigt, um bestimmte Ziele zu erreichen, Männern den Laufpass gegeben, andere zurückgewiesen, einen Produzenten zum Teufel geschickt, Hausangestellte entlassen, die sie bestohlen haben …«

»Hat deine Tante viele Männer gehabt?«

»Wenn man den Illustrierten glaubt, sind fast alle Männer aus der Welt des Showgeschäfts durch ihr Bett gegangen, auch die schwulen.«

»Ich habe mich nicht deutlich ausgedrückt«, korrigiert sich Camilla. »Klatschgeschichten interessieren mich nicht. Ich möchte die echten Geschichten wissen, die nicht Vanessa Silvi, sondern Pelacani erlebt hat. Als nahe Verwandte wisst ihr, du und deine Mutter, vielleicht etwas über eine Liebesaffäre, die schlecht ausgegangen ist, mit Szenen, Drohungen, gekränkten Ehefrauen …«

»Es mag seltsam klingen für jemanden, der meine Tante nur aus den Zeitschriften und den Lügengeschichten nach kennt, die sie verbreiten, oder der sie nach den skrupellosen Personen beurteilt, die sie gespielt hat, aber sie ist die verschlossenste Person der Welt. Sie erzählt kaum etwas über ihr Privatleben und schon gar nichts über ihre Liebesaffären. Ich habe sie nie über ihre Kollegen tratschen oder ein schlimmes Wort sagen hören. Eines Tages erzählte Vanessa, sie habe während einer Reise nach Amerika in Los Angeles Brad Pitt kennengelernt. Vor Begeisterung rief ich spontan: Geil! Brad Pitt! Vanessa sah mich empört an, ich glaube, sie musste sich ganz schön zusammenreißen, um nicht zu schimpfen. Obwohl sie gerade mal vierzig ist und in der Welt des Films lebt, ist sie richtig schamhaft. Fast altmodisch.«

»Dieses Jahr habt ihr euch also häufig gesehen?«

Tiziana überlegt, zählt an ihren Fingern ab.

»Ganz genau neunmal. Zehn, wenn meine Mutter mich nach Rom hätte fahren lassen, als Vanessa mich eingeladen hat. Letztes Jahr waren es nur dreimal. Zum Glück hat sie plötzlich Lust bekommen, ein Haus zu kaufen und wieder öfter herzukommen.«

»Wie erklärst du dir das?«

»Das hab ich meine Mutter gefragt. Meiner Meinung nach hat sie Sehnsucht nach Modena, was sie den einzigen Verwandten, die sie noch hat, wieder nähergebracht hat. Mit dem Kauf der Villa Galaverna will sie ihre Kindheit wiederfinden, ihre frühe Jugend … Normalerweise hat man solche Anwandlungen erst später, aber meine Tante ist immer der Zeit voraus, auch ihrer eigenen. Für meine Mutter ist das nur eine Laune, die nicht von Dauer ist. Die Wahrheit kennt nur Vanessa oder vielleicht nicht einmal sie.«

»Ist Vanessa verheiratet gewesen?«

»Nein. Und sie hat keine Kinder.«

»Ich habe keine weiteren Fragen«, sagt Camilla abschließend. Tiziana weiß nicht viel über das Privatleben ihrer Tante. Sie wechselt das Thema, indem sie sagt:

»Du bist sehr hübsch, sogar mehr als hübsch.«

»Danke.«

»Hast du je daran gedacht, auch zum Film zu gehen, vielleicht mit Vanessas Hilfe?«

»Da wir allein sind und die *mamma* nicht da ist …« –

Tiziana blickt sich mit Verschwörermiene um –, »gestehe ich, dass ich schon mehrmals daran gedacht habe, einfach abzuhauen, das Studium hinzuschmeißen und nach Rom zu gehen. Aber dann ändere ich meine Meinung immer wieder, zum einen, weil meine Mutter nicht gerade begeistert wäre, wenn nach ihrer Schwester auch noch ihre Tochter in diese Welt von Verrückten, wie sie sagt, eintreten würde. Und außerdem hab ich's nicht eilig. Ich träume nicht von einer Karriere als Starlet oder Begleiterin eines berühmten Fußballers. Ich will auf die Accademia d'arte drammatica Silvio d'Amico gehen und es, wenn ich begabt bin, aus eigener Kraft schaffen. Aber vorher muss ich mein Studium beenden, das hab ich meinen Eltern versprochen.«

Camilla steht auf und verabschiedet sich.

»Wir werden Gelegenheit haben, uns wiederzusehen, wenn deine Tante in Modena ist«, sagt sie.

»Werden Sie ihr Bodygard sein?«

»So etwas Ähnliches.«

»Glauben Sie wirklich, dass ihr jemand etwas antun will?«

»Die Welt ist voll von Leuten, die frustriert sind von der Langeweile des täglichen Lebens, von Paranoikern, von Verrückten, die glauben, sie würden den Ruf eines Schauspielers, eines Sängers oder eines Sportchampions zerstören, wenn sie ihn bedrohen oder beschimpfen. Auf einen Verrückten, der John Lennon tötet, kommen Tausende von Perversen, die sich mit anonymen Beleidigungen und Drohungen begnügen und ihren Worten keine Taten folgen lassen. Mach dir keine Sorgen, Vanessa Silvi hat die Gefahr nicht auf die leichte Schulter genommen, und die Polizei wird sie beschützen.«

Tiziana beschränkt sich auf ein Nicken, aber Camillas Worte scheinen sie keineswegs beruhigt zu haben.

3

Das Zeitschriftenarchiv von Mailand ist eines der reichhaltigsten Italiens, und die Persönlichkeiten aus der Welt des Showgeschäfts genießen in den Zeitschriften eine ganz besondere Aufmerksamkeit, vor allem wenn es sich um schöne Frauen handelt wie Vanessa Silvi. Im Zeitraum von zwölf Monaten widmeten ihr die Illustrierten vier Titelblätter, ganz zu schweigen von einer endlosen Flut von Artikeln, die fast alle ihr – wahres oder angebliches – Gefühlsleben betreffen. Camilla entdeckt so viel Material, dass sie einen Monat brauchte, wenn sie alles lesen wollte, aber sie hat für ihre Recherchen nicht mehr als drei Stunden eingeplant, um schnell wieder in Modena zu sein.

Das Titelblatt von *Chi* vom August 2001 zeigt Vanessa auf Sardinien, am Strand von Liscia di Vacca, in Begleitung von Franco Cevolani, dem Wollwarenfabrikanten, der als ihre neue Liebe bezeichnet wird, als der Mann, der sie als Erster zum Altar führen wird. *Gente* vom fünfzehnten März veröffentlicht ein Foto, auf dem Vanessa zusammen mit einem Unbekannten aus einem römischen Restaurant gegenüber dem Pantheon kommt. Der junge Mann wird als ihre jüngste Eroberung bezeichnet.

Camilla findet nur wenig, was über Vanessas wirkliches Privatleben Auskunft geben könnte. Interessanter sind die Artikel über die Arbeit der Schauspielerin. Angesichts ihrer Rollen in Kino- und Fernsehfilmen sowie der Werbeauftritte in Talkshows und Unterhaltungssendungen dürfte ihr nur wenig Zeit für Liebe, Gefühle und private Probleme bleiben. Die meisten der angeblichen Liebesaffären sind von den Journalisten oder ihrer Agentin erfunden, von Ausnahmen wie der letzten abgesehen: der Regisseur Cesare Galli ist mit Sicherheit tatsächlich ihr Liebhaber, da er weder jung noch besonders berühmt ist.

Eine andere nicht erfundene Nachricht, bebildert mit Fotos, die eine in Tränen aufgelöste Vanessa zeigen, betrifft den Abend der Preisverleihung des Filmfestivals in Venedig. Der Film *Il sogno di una donna*, in dem sie die Hauptrolle spielt, wurde bis zum Vorabend als wahrscheinlicher Gewinner des Goldenen Löwen gehandelt, und es galt als sicher, dass die Schauspielerin den Preis für die beste weibliche Hauptrolle mit nach Hause nehmen würde. Gewonnen hatten dann aber ein polnischer Film und eine irische Schauspielerin.

Spärlich sind die Berichte über Vanessa aus der Zeit, als sie noch Pelacani hieß. Geboren in der Provinz Modena, humanistische Schulbildung (falsch: Sie war auf das naturwissenschaftliche Gymnasium Morandi in Finale Emilia gegangen), entwickelte schon als Kind eine Leidenschaft für die Schauspielerei, als ihr Vater sie zu den Aufführungen ins Teatro Sociale mitnahm, auch im Winter bei Schnee und Nebel, und sie bis spät in die Nacht gebannt dem Geschehen auf der Bühne folgte, ohne einzuschlafen. Berichte, die nach Presseagentur riechen und wenig hilfreich sind, die Frau, ihre Jugend und ihre Karriere hinter den Kulissen zu verstehen. Sehr viel wahrscheinlicher ist, dass die Pelacani, geboren 1964, vor dem Fernseher mit Mina und Raffaella Carrà, dem *Denver Clan* und *Die Dornenvögel* groß geworden ist.

Wenn man den Interviews glaubt, arbeitete Vanessa mit zunehmendem Erfolg sowohl in der Werbung als auch im Film. Schön und fotogen und immer in Begleitung bedeutender Männer, die sie lenkten und beschützten; Männer, die anhand der Liste der Sommerflirts und der Begleiter in die In-Restaurants und auf Partys leicht zu identifizieren sind. Letztlich bleiben nur wenige Männer und wenige Bilder übrig: Vanessa im Wagen mit Bob Mancuso, dem italoamerikanischen Inhaber einer Werbeagentur mit Sitz in New York, London und Mailand; Vanessa Hand in Hand auf der Strandpromenade in Forte dei Marmi mit Cesare Galli, ihrem momentanen Begleiter, Regisseur von Fernsehfilmen, der dafür bekannt ist, dass er eine Regierungspartei unterstützt.

Hypothesen, Vermutungen, Rekonstruktionen, bei denen Camilla sich von ihrer Nase leiten lässt, obwohl sie die Hand dafür ins Feuer legen würde, dass die Dinge so sind, weil das eben der Lauf der Welt ist. Aber Vanessa hat auch Glück gehabt; wie viele mit ihrer Schönheit und ihrem Ehrgeiz haben sich die Flügel verbrannt, noch bevor sie sich auch nur einen Zentimeter vom Boden erheben konnten.

Camilla kann es kaum erwarten, sie kennenzulernen. Vielleicht gelingt es ihr ja, ihr Vertrauen zu gewinnen und Dinge über ihre Vergangenheit zu erfahren, die die Illustrierten nie erzählen.

In *Gioia* stößt sie auf ein Interview, das interessanter ist als die anderen. Schade, dass darin nur von Vanessas Jugend die Rede ist. Die Journalistin Bruna Giugni gibt Vanessas Worte wieder, die aufrichtig klingen:

»Ich fuhr mit dem Fahrrad zur Schule, und zweimal am Tag fuhr ich noch ein bisschen weiter, um an der Villa Galaverna vorbeizukommen, einem großen Haus inmitten eines wilden Parks, der an den Dschungel von *Sandokan* erinnerte, was damals im Fernsehen lief. Ich hatte mich mit Carole André identifiziert und war in Sandokan verliebt. Als ich Kabir Bedi letztes Jahr in den Studios der RAI traf, hätte ich es ihm fast erzählt ... Die Villa Galaverna gehörte einer der reichsten Familien der Provinz Modena, Grundbesitzern seit der Zeit von Matilde di Canossa, und für mich war sie ein Wallfahrtsort. Wenn ich beim Gittertor angekommen war, hielt ich an und betrachtete das große Haus am Ende der Eibenallee. Einmal sah ich zwischen den Sträuchern ein Hirschkalb, und es gab sogar einen Teich mit Schwänen. Es hätte mich nicht allzu sehr erstaunt, wenn auch noch ein Drache aufgetaucht wäre. Es war ein traumhafter Ort, der eine Welt des Märchens mit einer Welt des Reichtums in Einklang brachte. Die Villa Galaverna war bewohnt, das war an der Fernsehantenne auf dem Dach zu erkennen, und an einigen Fenstern waren die Läden geöffnet. Aber ich habe niemals eine Menschenseele im Park oder an den Fenstern gesehen. Nicht einmal sonntags, wenn ich ziellos mit dem Fahrrad herumfuhr und länger vor der Villa hielt. Mit der Zeit fing ich an zu glauben, die Villa sei nur von Gespenstern bewohnt, die von Zeit zu Zeit das Licht anmachen, damit man glaubt, dass dort jemand lebt. Als ich größer wurde, verlor ich das Haus aus den Augen, nicht zuletzt, weil meine Familie in ein Dorf umzog, das zu weit entfernt war, um es in meine Spazierfahrten einzubeziehen. Aber ich hab nie aufgehört, davon zu träumen.«

Abschließend fragt die Journalistin Vanessa nach einigen Bemerkungen über den Film, den sie gerade dreht:

»Erinnern Sie sich an eine erste Liebe, die sie in Modena oder in der Bassa erlebt haben?«

Vanessas Antwort lässt keinen Raum für sentimentale

oder pikante Details, wie die Interviewerin vielleicht gehofft hatte: »Ja, aber es ist keine schöne Erinnerung.«

Bruna Giugni verzichtet auf weitere Fragen.

4

Sie schimpft sich eine dumme Gans, weil sie feststellt, dass auch sie aufgeregt ist, wie ein Fan, wie Vanessas Nichte, die immerzu auf die Tafel starrt, die die Ankünfte anzeigt und auf der das Flugzeug aus Rom, das um vierzehn Uhr ankommen soll, noch immer nicht als gelandet gemeldet wird. Jetzt sagt Tiziana zum dritten Mal: »Der Maschine wird doch nichts passiert sein?«

Sie warten zu dritt auf die Schauspielerin in der Wartehalle des Guglielmo-Marconi-Flughafens von Bologna: Inspektor Camilla Cagliostri, Tiziana Paltrinieri, Vanessas Nichte, und Giacomo Paltrinieri, Tizianas Vater und Vanessas Schwager. Sie sind mit Giacomos Wagen gekommen.

»Papa kommt auf *mammas* Befehl mit«, hat Tiziana auf der Fahrt von Modena zum Flughafen erklärt. »Sie hat die fixe Idee, Tante Vanessa könnte mich verderben. Verderben im Sinne von mir Flausen in den Kopf setzen, gerade jetzt, wo ich studieren soll. Sie vergisst immer, dass ich achtzehn bin, dass ich selbstständig denken kann und mir daher selbst schon eine ganze Menge Flausen in den Kopf gesetzt habe.«

Giacomo hat nur gelächelt. Kurz zuvor, als sie noch nicht im Wagen saßen, hatte Tiziana Camilla vor dem Haus in der Via Fonte d'Abisso eingeladen, einen Kaffee in der Bar zu trinken, und ihr anvertraut: »Wenn es nach meinem Vater ginge, könnte ich machen, was ich will. Ich habe immer noch nicht kapiert, ob er ein nachgiebiger Vater ist oder ob ihm einfach alles nur egal ist. Dabei kann es mir nur recht sein. Meiner Mutter gegenüber verhält er sich genauso. Manchmal möchte ich am liebsten eine Schreckschusspistole nehmen und auf ihn schießen, um zu sehen, ob er überhaupt noch reagiert.«

Auch auf dem Flughafen sitzt Giacomo ganz ruhig in einem Sessel, die Beine ausgestreckt, die aufgeschlagene *Gazzetta dello Sport* vor sich, und blickt nicht einmal zu der Anzeigetafel mit den Ankunftszeiten. Zwischen fünfundfünfzig und sechzig, grauhaarig, ziemlicher Bauch – man könnte meinen, er führte sein eigenes Leben.

Tizianas Mutter hat Camilla noch nicht kennengelernt. Gabriella hat sie nicht hinaufgebeten, als sie sich über die Sprechanlage gemeldet hat.

»Gelandet, endlich!«, ruft Tiziana.

Es scheint, als habe sich die Nachricht von Vanessa Silvis Ankunft auf geheimnisvolle Weise wie durch Buschtrommeln verbreitet, denn ein kleiner Menschenauflauf bildet sich am Ausgang der Inlandsflüge. Vanessas Auftritt ist filmreif, angefangen mit der Sonnenbrille, die für Schauspielerinnen sommers wie winters unverzichtbar zu sein scheint. Sie trägt ein Kostüm, dessen Rock sehr kurz ist. Schuhe mit zehn Zentimeter hohen Pfennigabsätzen. Begleitet wird sie von einem hochaufgeschossenen, glatzköpfigen Mann um die sechzig in einem zerknitterten weißen Leinenanzug. Er trägt zwei große Taschen. Camilla erkennt den Regisseur Cesare Galli. Nur ein Mann aus der Filmwelt kann in einem weißen Anzug herumlaufen.

»Das ist Vanessa Silvi aus *Peccati di gioventù*!«

»Wunderschön.«

»Sogar noch schöner als im Fernsehen.«

Und da ist auch das unvermeidliche Mädchen, das ihr einen Kugelschreiber und ein Heft entgegenstreckt. Vanessa gibt ihm brav ein Autogramm. Dann sieht sie Tiziana und läuft auf sie zu. Sie umarmen sich.

Sie ist sehr zärtlich, umarmt Tiziana lange und küsst sie auf beide Wangen. Die Gaffer zerstreuen sich. Giacomo nähert sich und nimmt Cesare die Taschen ab. Tiziana stellt Camilla vor: »Inspektor Cagliostri. Sie wird dein Schutzengel in Modena sein ... Wegen dieser Geschichte.«

Vanessa runzelt die Stirn, aber nur einen kurzen Augenblick, dann schenkt sie auch Camilla dieses Lächeln, das durch den Werbespot für amerikanische Zahnpasta berühmt geworden ist, den sie gedreht hat.

»Ich dachte, sie sei eine Schulfreundin von dir«, sagt sie zu Tiziana.

Das scheint weniger ein Kompliment als Ausdruck von Besorgnis zu sein. Ihre Nichte beruhigt sie, leise, aber nicht zu leise: »Sie ist die Polizistin, die den Serienmörder von Modena verhaftet hat.«

»Ich wollte Ihre Tüchtigkeit nicht in Zweifel ziehen«, erklärt Vanessa Camilla. »Ich hatte nur einen Zwei-Meter-Kerl mit Schultern wie ein Kleiderschrank erwartet.«

Sie gehen zum Parkplatz. Camilla beruhigt sie und sagt: »Meine Vorgesetzten werden sich gedacht haben, dass ein Zwei-Meter-Kerl zu auffällig wäre.«

Sie steigen in den Wagen, die beiden Männer vorn, die drei Frauen hinten, Vanessa in der Mitte, Camilla zu ihrer Linken. Sie nimmt die Sonnenbrille ab. Ihre Augen sind grün, stellt Camilla fest. Aber aus dieser Entfernung sind auch die Krähenfüße nicht zu übersehen.

»Gestern Abend erhielt ich einen weiteren anonymen Anruf«, erzählt Vanessa, ohne Camilla anzusehen. »Pöbeleien und eine Morddrohung: ›Du bist eine Schlampe, ich werde dich eigenhändig umbringen.‹ Die Stimme war verstellt, im Falsett … Was mich beunruhigt, ist, dass der Anrufer mich in meiner Wohnung in Rom angerufen hat, übers Festnetz, auf einer Geheimnummer, die die Telecom mir erst vor drei Tagen zugeteilt hat.«

»Erinnern Sie sich, wem Sie sie gegeben haben?«

»Mir«, sagt der Regisseur.

»Und mir«, fügt Tiziana hinzu.

»Und Ihrer Agentin, nehme ich an …«

»Nein, Carla und ich telefonieren mehrmals am Tag miteinander, aber immer mit dem Handy, und …«

Eine Melodie unterbricht sie. Vanessa holt ein winziges silberfarbenes Handy aus der Tasche ihres Kostüms, öffnet es und liest die Nummer, während die Melodie erneut erklingt.

»Wenn man vom Teufel spricht«, sagt sie. Und ins Telefon: »*Ciao*, Carla.«

Der Rest der Unterhaltung besteht, zumindest von Seiten Vanessas, nur aus bejahenden Antworten: ja, einverstanden, okay, sicher, keine Angst, natürlich … Erst nachdem sie das Gespräch beendet und das Handy in die Tasche zurückgesteckt hat, fügt sie hinzu: »Was für eine Nervensäge!«

Sie lächelt ihrer Nichte zu.

»Wie weit sind die Arbeiten in der Villa?«

»Hast du nicht mit Morisi gesprochen, dem Architekten?«

»Doch, aber ich traue seinen Versicherungen nicht. Ihm zufolge sind wir im Zeitplan.«

»Ich bin gestern dort gewesen. Strom, Heizung und Wasser sind fertig. Das Parkett ist verlegt, und die Wände sind in den Farben gestrichen, die wir zusammen ausgesucht haben. Es fehlen noch die Innentüren und der letzte Schliff, vom Anstrich der Türen und Fenster bis zu den Vorhängen. Die Küche ist leer.«

»Und das nennst du den letzten Schliff!«

Giacomo mischt sich ein: »Du wirst frühestens in zwei Monaten einziehen können ... und dann wirst du immer noch Arbeiter im Haus haben.«

»In zwei Wochen werde ich in der Villa Galaverna wohnen, mit Küche, Vorhängen und Möbeln ...«, sagt Vanessa. »Der Vertrag, den Morisi unterschrieben hat, sieht eine hohe Konventionalstrafe für jeden Tag Verspätung vor. Carla versteht in diesen Dingen keinen Spaß.«

»Darf ich noch einmal auf eine Sache zu sprechen kommen?«, fragt Tiziana ihre Tante.

»Die Fassade?«

»Erraten. Der Architekt bleibt dabei, dass es absurd sei, die Innenräume umzugestalten und das Äußere genau so zu lassen, wie es ist. Wenn man es erst später neu gestaltet, wird es sehr viel mehr kosten.«

»Ich hab dir doch erzählt, dass ich als kleines Mädchen mit dem Fahrrad auf dieser weißen Straße fuhr und anhielt, um die Villa Galaverna zu bewundern. Ich träumte davon, eines Tages die Herrin von Galaverna zu werden. Ich hatte bereits einen Plan. Wie es innen aussah, wusste ich nicht, und deshalb ist es für mich kein Problem, die Innenräume umzugestalten, für den nötigen Komfort zu sorgen und alles neu einzurichten. Aber außen soll sie für immer so bleiben, wie sie ist, mit dieser Farbe, die nur das Alter, der Rauch, die Schwüle und der Reif verleihen können. Kurz, die Fassade wird nicht angerührt!«

»Du hast mir nie von deinem Plan erzählt, die Herrin von Galaverna zu werden«, sagt Tiziana.

»Ich konnte mir nicht vorstellen, dass ich eines Tages genügend Geld haben würde, um die Villa kaufen zu können. Ich hoffte, unter den Bewohnern der Villa, die so zurückgezogen waren, dass sie sich niemals blicken ließen, gäbe es einen Jungen in meinem Alter. Ein ganz einfacher Plan: Ich hätte ihn geheiratet.«

»Hat denn tatsächlich ein Junge dort gewohnt?«, fragt Camilla neugierig.

»Das hab ich nie erfahren. Vielleicht. Ich habe die Villa über ein Maklerbüro gekauft. Die letzte Besitzerin ist eine alte Dame, die seit Jahren in Bologna lebt. Aufgrund ihres Nachnamens, Emilia Baldoni, muss sie aber aus der Bassa kommen.«

Sie steigen vor dem Hotel Real Fini in Modena in der Via Emilia aus.

»Essen Sie mit uns?«, fragt Vanessa Camilla.

»Natürlich«, antwortet die Polizistin.

Obwohl nicht einmal sie weiß, was sie als Schutzengel der berühmten Schauspielerin eigentlich genau zu tun hat.

5

Am Nachmittag schaut Camilla auf einen Sprung im Büro vorbei. Inspektor Nanda Violo eröffnet ihr: »Wenn die Sänger und Schauspieler für Pavarotti and Friends nach Modena kommen, melde ich mich freiwillig als Leibwächter für Mel Gibson.«

»Ich habe nicht darum gebeten, mich um Vanessa Silvi zu kümmern.«

»Bist du nervös? Hast du deine Tage?«

»Nein, aber ich will mich nicht schuldig fühlen, wenn sie dich zwingen, meine Arbeit mit zu erledigen.«

»Entschuldige.«

»Etwas Neues?«

»Der Kerl, den du letzten Monat verhaftet hast, der, der in großem Stil Mädchen aus Moldawien, darunter auch minderjährige, eingeschleust hat. Der Richter hat ihn auf freien Fuß gesetzt.«

»Das will ich gar nicht wissen. Ich hab beschlossen, eine tüchtige Polizistin zu sein, die Befehle auszuführen und mich nicht darum zu kümmern, wie die Dinge ausgehen. Wenn die Gerichte morgens die Verbrecher auf freien Fuß setzen, die wir abends unter Lebensgefahr verhaften, dann hat mich das nicht zu interessieren. Dies ist ein demokratisches Land, gegründet auf das Recht … Provozier mich nicht … Lass mich für ein paar Tage in die glückliche Welt des Showbusiness eintauchen.«

»Ist die Silvi wirklich so schön, wie sie im Fernsehen aussieht?«

»Noch schöner. Und sie ist intelligent. Ich war schon immer der Meinung, dass man im Kino oder beim Fernsehen keine Karriere macht, wenn man nicht auch intelligent ist.«

»Und wenn man nicht gut in Leibesübungen ist.«

»Was für Übungen?«

»Die Beine zur rechten Zeit zu spreizen oder zu schließen.«

»Möglich, aber auch für diese Gymnastik braucht man Intelligenz. *Ciao.*«

»Wohin gehst du?«

»Zu Savino, zum Bericht. Und dann nach Hause. Ich habe frei, weil Vanessa beschlossen hat, auf ihrem Zimmer im Hotel Real Fini zu essen. Ich werde früh schlafen gehen. Morgen Vormittag werde ich sie, ihre Schwester und ihre Nichte aufs Land begleiten, sie wollen kontrollieren, wie die Arbeiten in der Villa vorangehen. Die Silvi will schon in ein paar Tagen einziehen.«

»Sicher eine richtige Luxusvilla!«

»Keine Ahnung. Meiner Meinung nach handelt es sich um eine Laune. Die Villa Galaverna liegt sehr abgelegen, und Vanessa Silvi ist eine Frau, die es gewohnt ist, in Rom zu leben, mit Verabredungen, Anrufen, Partys, Verkehr, Lichtern, Chaos … Ganz zu schweigen von den Morddrohungen, die sie erhalten hat. In zwei Wochen bietet sie das Haus zum Verkauf an. Als kleines Mädchen hatte sie sich die Villa gewünscht, aber dieses Mädchen gibt es schon längst nicht mehr. Und Träume kann man nicht kaufen.«

Commissario Savino hört sich den kurzen Bericht an, den Inspektor Cagliostri ihm gibt.

»Bravo, ausgezeichnet«, gratuliert er ihr, als hätte sie Vanessa Silvi vor dem Angriff durch eine Bande von Rowdys geschützt, und erkundigt sich: »Und wie ist sie so privat, so ganz intim?«

»Ich hab sie noch nicht nackt gesehen.«

Er lacht. Dann wird er wieder ernst und fragt: »Glauben Sie, die Morddrohungen sind das Werk eines harmlosen Mythomanen, oder muss man sich wirklich Sorgen machen?«

»Die Geschichte gefällt mir nicht. Vor ihrer Abreise hat Vanessa in Rom einen Anruf bekommen auf der Geheimnummer, die die Telecom ihr gerade gegeben hatte und die außer den engsten Vertrauten niemand kennt. Wie könnte ein mythomaner Bewunderer oder irgendein Durchgeknallter so organisiert sein, dass er innerhalb weniger Stunden eine Geheimnummer herausfinden kann?«

»Habt ihr eine Liste der Personen erstellt, die die neue Nummer haben?«

»Beim Mittagessen im Hotel bin ich noch mal darauf zurückgekommen. Vanessa hat versucht, sich an die Leute zu erinnern, die sie in den letzten drei Tagen kontaktiert hat. Die Personen, die ihre Geheimnummer kennen, sind …«

Camilla holt das winzige Notizbuch aus ihrer Tasche, in das sie die Namen geschrieben hat: »Cesare Galli, ihr Mann …«

»Lebenspartner?«

»Halb, halb. Wenn ich richtig verstanden habe, ist er verheiratet und pendelt zwischen der Wohnung seiner Frau – und den Kindern – und der der Geliebten. Er behauptet, die Nummer niemandem gegeben zu haben. Er hat sie in sein Notizbuch eingetragen, das ist alles.«

»Und die eifersüchtige Frau findet das Notizbuch in der Tasche ihres Mannes, ruft die Geliebte an und überschüttet sie mit Pöbeleien und Drohungen …«

»Daran hab ich auch gedacht. Aber der Staatsanwalt in Rom lässt die Festnetznummer der Silvi abhören. Ich habe den Kollegen im römischen Polizeipräsidium angerufen, der mit der Sache betraut ist: Der Anruf kam von hier, aus einer öffentlichen Telefonzelle in Ganaceto, einem Dorf in der Nähe von Modena. Und die anonymen Briefe sind in Modena abgeschickt worden.«

»Gallis Frau kann nach Modena gekommen sein, um die Ermittler auf die falsche Fährte zu führen.«

»Zu kompliziert für eine banale Eifersuchtsgeschichte.«

»So kann nur eine Frau aus dem Norden reden.«

»Und du redest wie ein Mann aus dem Süden.«

»Machen wir weiter.«

»Sie hat die Nummer auch ihrer Nichte Tiziana gegeben. Und das Mädchen hat sie ihrer Mutter gegeben, Vanessas Schwester.«

»Und sie verstehen sich gut?«

»Vanessa behandelt Tiziana wie eine Tochter. Den Gesprächen bei Tisch habe ich entnommen, dass die Paltrinieris Geschenke und Geld von Vanessa bekommen. Sie hat ihnen geholfen, die Wohnung zu kaufen, sie bezahlt Vanessas Studium, und sogar die beiden Familienwagen haben vorher Vanessa gehört ...«

»Und Tiziana hat die Nummer nicht weitergegeben?«

»Die Liste enthält zwei weitere Personen aus Modena und eine aus Rom. Der Mann aus Rom ist Elio Franceschini, der Produzent von Vanessas nächstem Film. Der Vertrag ist bereits unterschrieben. Die Modeneser sind der Architekt Morisi, der mit der Umgestaltung der Villa Galaverna betraut ist, und Ottavia Grillenzoni, Journalistin der *Gazzetta di Modena*.«

»Eine Journalistin hat die Geheimnummer!«

»Die Grillenzoni hatte sie per E-Mail um ein Interview über Vanessas frühe Jugend gebeten, die sie in der Gegend von Modena verbracht hat. Sie wollte mit ihr über die Villa Galaverna sprechen. Der Journalistin zufolge ist sie in den ersten Jahren des 20. Jahrhunderts Schauplatz einer Liebesgeschichte gewesen. Ein Drama, das Vanessas und Cesares Neugier geweckt hat. Es scheint wie gemacht für einen Fernsehfilm, auch wenn die Geschichte uralt ist: Der junge Sohn des Gutsbesitzers verliebt sich in die schöne Bäuerin, die Eltern überzeugen ihn, eine Frau seines Standes zu heiraten, die Schöne stürzt sich in den Canale Diversivo. Originell ist die Fortsetzung: Die Bäuerin verschwindet, verwandelt in eine Armee von Fröschen, die jede Nacht unter den Fenstern des Verräters quaken. Vanessa hat der Journalistin ihre Nummer in Rom gegeben, um in Kontakt mit ihr zu bleiben und weil sie eine … sympathische Stimme hatte. Ich habe mit Ottavia Grillenzoni telefoniert. Sie schwört, dass sie sie nicht weitergegeben hat.«

»Wann werden Sie Vanessa wiedersehen?«

»Morgen früh. Wir werden zur Villa Galaverna fahren, um die Arbeiten zu kontrollieren. Die Schauspielerin, ihre Nichte und ich.«

»Der Regisseur kommt nicht mit?«

»Er ist nach Mailand weitergereist. Am Montag wird er sich mit einem Produzenten von Mediaset treffen.«

»Ich würde Vanessa gern kennenlernen«, sagt Savino. Fehlt nur noch, dass er seufzt. »Vielleicht komm ich in den nächsten Tagen mal ins Hotel. Ich will sie beruhigen, ihr versichern, dass sie in Modena in Sicherheit ist.«

»Erst einmal möchte ich noch etwas mehr über Cesare Galli herausfinden.«

»Ich werde sehen, dass ich Ihnen auch Informationen über die beiden anderen Männer auf der Liste, den Architekten und den Produzenten, besorge. Lassen Sie die Schauspielerin keine Sekunde aus den Augen.«

»Ich werde sie nicht aus den Augen lassen. Wenn sie sie nicht nachts in ihrem Hotelzimmer umbringen, müssen sie zuerst mich aus dem Weg räumen.«

»Wenn die Briefe und Anrufe nicht aus Modena gekommen wären, wäre es einfacher.«

Schon deswegen, weil man alles auf die römischen Kollegen abwälzen könnte.

Im Büro empfängt Inspektor Nanda Violo sie, ohne den Blick von der Akte zu heben, die sie gerade studiert.

»Die eine kümmert sich um eine große Schauspielerin und die andere um eine Verkäuferin.«

Camilla, die sich mit dem Sarkasmus ihrer Kollegin mittlerweile abgefunden hat, beschließt, auf sie einzugehen, um sie nicht zu kränken. Sie fragt:

»Und wer ist deine Verkäuferin?«

»Catia Malavasi, vierundzwanzig, ledig, Verkäuferin im Coop Estense in der Via Canaletto, wohnhaft in der Via Lenin Nummer 84.«

»Und was hat diese Catia gemacht?«

Die Frage müsste eher lauten: »Was hat sie nicht gemacht? Sie ist nach der Arbeit nicht nach Hause gekommen, und seit drei Tagen suchen die Carabinieri nach ihr. Die Mutter sagt, ihre Tochter habe sich seit einiger Zeit ausspioniert, bespitzelt, überwacht gefühlt.«

»Von einem Verehrer?«

»Von einem jungen Mann. Er habe wie ein Ausländer ausgesehen.«

»Schwarz?«

»Weiß und blond.«

»Warum dann ein Ausländer? Hat er sie mit einem ausländischen Akzent angesprochen?«

»Er hat sich ihr niemals genähert, und vielleicht interessierte er sich gar nicht für sie. Jedenfalls sah er nicht wie ein Modeneser aus.«

»Echte Modeneser gibt es sowieso nur noch wenige.«

6

Um neun Uhr, zum festgesetzten Zeitpunkt, trifft Camilla Tiziana, die ihrerseits gerade an der Rezeption des Hotels Real Fini eingetroffen ist. Das Mädchen bittet den Portier: »Sagen Sie bitte meiner Tante Bescheid, dass wir da sind.«

Der Portier wählt die Nummer, wartet.

»Die Signora antwortet nicht.« Er sieht im Computer nach. »Die Signora ist ausgegangen.«

»Unmöglich, meine Tante steht immer spät auf.«

Der Mann versucht es erneut, lauscht ein paar Augenblicke dem Freizeichen und legt auf.

»Vielleicht ist sie beim Frühstück.«

Tiziana nimmt Camilla bei der Hand. Die Polizistin ist bereits beunruhigt. Im Frühstücksraum sitzen nur drei Personen.

»Ruf sie auf dem Handy an.«

»Morgens hat meine Tante es immer ausgeschaltet.«

»Versuch es.«

Tiziana sucht die Nummer unter den im Handy gespeicherten Nummern und ruft an.

»Ausgeschaltet.«

Sie kehren zur Rezeption zurück. Der Direktor kommt. Er erklärt: »Wenn die Karte im Zimmer nicht eingesteckt ist, bleibt das Licht aus, was darauf hindeutet, dass der Gast nicht da ist.« Er zeigt ihnen eine Magnetkarte. »Wir können das Zimmer mit dem Generalschlüssel öffnen.«

Der Direktor, Camilla, Tiziana und ein Zimmermädchen begeben sich in den dritten Stock.

»Suite 9.«

Sie klopfen. Der Direktor schiebt die Karte ins elektronische Schloss.

»Mein Gott, was mag mit ihr passiert sein?«, fragt Tiziana Camilla.

Camilla weiß nur, was die Phantasie ihr eingibt, eine optimistische Phantasie, denn sie stellt sich vor, dass Vanessa im Bett liegt und schläft, betäubt von einem Schlafmittel und mit Ohrstöpseln. Oder Vanessa unter der Dusche. Oder Vanessa in Begleitung eines jungen Mannes, der sie vom Telefon ablenkt. Aber warum ist die Karte nicht eingeschoben?

»Signora Silvi?«, ruft der Direktor, bevor er eintritt.

Sie gehen durch den winzigen Vorraum und treten in den Salon, von wo aus man durch die offene Tür das große Doppelbett sehen kann. Es ist leer.

»Sie hat nicht hier geschlafen«, sagt Camilla.

Die blaue Überdecke weist keine Falte auf. Die Unruhe steckt alle an: Tiziana sieht im Bad nach, der Direktor schaut unters Bett, das Zimmermädchen geht auf den kleinen Balkon und beugt sich vor, um nach unten zu blicken, und Camilla sucht in den Schubladen zwischen der Wäsche und Vanessas Sachen, überrascht, alles ordentlich eingeräumt zu finden, als wollte Vanessa für den Rest ihres Lebens hier wohnen, und ärgert sich, weil sie gedacht hatte, eine Schauspielerin müsse zwangsläufig unordentlich sein.

Der Direktor ruft den Portier an.

»Fragen Sie Malaguti, ob er sie während seiner Schicht hat hinausgehen sehen.« Dann, zu Camilla: »Malaguti ist der Nachtportier. Der Portier, der seinen Dienst heute Morgen um sieben angetreten hat, hat die Signora nicht hinausgehen sehen.«

Das Telefon läutet. Tiziana ruft:

»Die Tante!«

Der Direktor nimmt ab. Er sagt: »Danke« und legt auf.

»Der Nachtportier hat gesehen, wie die Signora gestern Abend ein paar Minuten vor Mitternacht das Hotel verlassen hat.«

»Vielleicht ist sie zu Cesare nach Mailand gefahren«, vermutet Tiziana. Sie setzt sich aufs Bett, wühlt in der Umhängetasche und findet das Notizbuch. »Ich versuch, ihn anzurufen.«

Camilla macht sich Vorwürfe wegen des Verschwindens von Vanessa Silvi. Obwohl es nicht ihre Schuld ist; schließlich konnte sie nicht gut mit der Schauspielerin ins Bett gehen oder vor der Tür Wache stehen. Wenn ihr etwas passiert ist, wird Commissario Savino der Schlag treffen.

»Cesare, ich bin's, Tiziana. Ist meine Tante bei dir? … Sie ist aus dem Hotel verschwunden … Die Polizistin und ich, wir waren um Punkt neun mit ihr verabredet und pünktlich da. Sie ist nicht aufgetaucht, und da sind wir in ihr Zimmer gegangen … Das Bett ist unberührt, alles in Ordnung … Ja, ich ruf dich an, sobald sie sich meldet.«

Sie steckt das Handy ein und wendet sich an Camilla.

»Ich hab Angst.«

»Vielleicht hat die Signora Verwandte oder Freunde in Modena besucht«, sagt der Direktor.

»Die einzige Verwandte bin ich«, erwidert Tiziana.

Camilla wendet sich an den Direktor und das Zimmermädchen:

»Niemand darf von dem Verschwinden der Signora Silvi erfahren.«

»Vielleicht hat sie bei einer Person übernachtet, die Sie nicht kennen«, gibt der Direktor zu bedenken.

»Möglich. Jetzt verschließen Sie erst einmal die Suite und lassen Sie die Polizei ihre Arbeit machen.«

7

Gabriella Pelacani, verheiratete Paltrinieri, sitzt auf dem Sofa im Wohnzimmer zwischen ihrem Mann Giacomo und ihrer Tochter Tiziana. Mit dem völlig durchnässten Taschentuch trocknet sie ihre Tränen, schnäuzt sich und wiederholt: »Meine Schwester hat Morddrohungen erhalten, und jetzt verschwindet sie aus dem Hotel, ohne eine Nachricht zu hinterlassen oder anzurufen ...«

Auch Camilla ist besorgt, aber sie muss Vanessas Verwandte beruhigen: »Dafür, dass sie nachts das Hotel verlassen hat, kann es viele Erklärungen geben, und sie müssen nicht tragisch sein. Meine Kollegen suchen nach ihr, und alle Polizeipräsidien sind verständigt worden, sogar die Schweizer Gendarmerie, da Signora Silvi geplant hatte, an einer Talkshow im Fernsehen der italienischen Schweiz teilzunehmen. Leider werden wir ihr Verschwinden nicht lange geheim halten können ... Stefano Marchetti vom *Carlino* und Ottavia Grillenzoni von der *Gazzetta* haben sie schon im Hotel gesucht ...«

Giacomo beschränkt sich, schweigsam wie immer, auf ein »Ach was!« und setzt sich auf den Stuhl, der am weitesten entfernt steht.

Camilla beobachtet die Hausherrin. Sie ist vier oder fünf Jahre älter als ihre Schwester und hat mir ihr nur die gerade, perfekte Nase und die blauen Augen gemeinsam, die ins Grüne gehen, wie auch die von Tiziana. Ansonsten zeichnet sich Gabriella nicht gerade durch Schönheit aus: breite Hüften und ein Körper, der durch zu viele Kilos aus dem Leim gegangen ist, was durch eine zu enge Bluse und einen zu engen Rock noch zusätzlich betont wird. Unordentliches kastanienbraunes Haar, das stellenweise bereits grau wird. Nichtssagend und nachlässig. Und auch nervtötend mit ihrem ständigen: »Ich mache mir große Sorgen.«

»Hat Vanessa keine Freunde aus der Zeit, als sie in Modena wohnte?«, fragt Camilla. »Oder einen ehemaligen Liebhaber, der sie wiedersehen will, sie anruft, den sie wiedertrifft …«

»Meine Tante hat seit vielen Jahren die Brücken zur Vergangenheit abgebrochen«, erwidert Tiziana. »Schön, wie sie damals schon war, hat sie mit Sicherheit mehr oder weniger ernste Abenteuer gehabt …« Sie sieht ihre Mutter an: »Erinnerst du dich an irgendwelche Namen?«

Gabriella zuckt die Achseln. »Das ist zu lange her … Und Vanessa war mir gegenüber immer sehr zugeknöpft und erst recht unseren Eltern gegenüber. Sie ist immer sehr unabhängig gewesen. Hier in Modena hat sie sicher Männer gekannt, und ich denke, dass sie schon ein paar Narben zurückbehalten hat … Ich glaube nicht, dass Vanessa nach so vielen Jahren Lust hat, eine alte Liebe – wenn wir Sie mal so nennen wollen – wiederzusehen.«

»Die Villa Galaverna hat sie bestimmt nicht gekauft, um dort ehemalige Liebhaber zu empfangen.«

»Villa Galaverna!«, ruft Camilla. Sie steht auf: »Sie könnte hingefahren sein, um zu schauen, wie weit die Arbeiten sind.«

»In der Nacht?«, wendet Gabriella ein.

Tiziana geht zu Camilla, die schon in der Tür steht.

»Ich komm mit. Ich hab die Schlüssel für das Portal.«

Giacomo und Gabriella bleiben sitzen. Die Frau beginnt wieder zu weinen.

8

In Camillas Mini fahren sie auf der Straße, die nach der Kirche von Reno Modenese in die Landschaft von Campodoso führt.

»Im Mittelalter erhob sich hier Ponteduce, eine gewaltige Burg, die Matilde di Canossa erbauen ließ und die von Salinguerra zerstört wurde«, erzählt Camilla, um Tiziana auf andere Gedanken zu bringen.

»Und wo ist die Ruine?«

»Verschwunden, nicht ein Stein ist übrig geblieben. In der Ebene gab es nur Schlamm und Wälder, und die Steine waren so kostbar, dass sie sofort wiederverwendet wurden. Die von Ponteduce finden sich überall hier, verwandelt in Kirchen, Bauernhäuser, Heuschober und Ställe.«

»Da ist die Villa meiner Tante. Die Einfahrt ist hinten.«

Camilla fährt langsamer, um das Gebäude zu betrachten, das man jenseits des Gitters hinten im Park erkennen kann. Rechts erhebt sich inmitten des Parks eine kleine Kirche, deren Glockenturm vom Hauptgebäude getrennt ist. Die Straße, die jetzt nicht mehr asphaltiert ist, führt zur Rückseite der Villa, wo eine hohe Mauer den Hof umgibt.

»Die Arbeiter müssten da sein«, bemerkt Tiziana, während sie aussteigen.

»Heute ist Sonntag«, erinnert Camilla sie.

»Die Sache mit meiner Tante hat mich ganz durcheinandergebracht … Gefällt Ihnen der Ort?«

»Sehr emilianisch … Vorne präsentiert sich die Villa als Adelspalais, und hier hinten würde man sie für ein Bauernhaus mit Ställen und Unterkünften für die Saisonarbeiter halten … Was will deine Tante eigentlich mit einem solchen Gebäudekomplex? Allein die Unterkünfte für die Bauern dürften aus etwa vierzig Zimmern bestehen …«

»Alle in miserablem Zustand und ohne sanitäre Einrichtungen. Ich frag mich, wie die Bauern sich gewaschen und ihre Notdurft verrichtet haben, und erst mal der Rest … Im Augenblick lässt meine Tante den herrschaftlichen Teil herrichten.«

Camilla glaubt zu verstehen, was Vanessa will. Sie will sich als Herrin von etwas Großem, Konkretem fühlen, das mit ihrer Heimat verbunden ist. Die Herrin von Galaverna: sie, das kleine Mädchen, das auf der Landstraße vorbeifuhr und anhielt, um die Villa aus der Ferne zu betrachten, ohne dass es ihr je gelang, die Bewohner zu Gesicht zu bekommen, die sie sich nur vorstellte, angefangen mit dem vornehmen und wunderschönen Jungen, der sie eines Tages bemerkt und sich in sie verliebt hätte und …

Sie zuckt zusammen, als Tiziana plötzlich laut ruft: »Tante Vanessa!«

Das Schwirren der Tauben antwortet ihr, die aufgeschreckt über den Heuschober fliegen.

»Hier ist niemand … Es hat keinen Sinn, dazubleiben.«

»Ich würde mich gern drinnen umschauen«, sagt Camilla.

Tiziana hat keine große Lust. Sie verzieht das Gesicht und sagt: »Das ist reine Zeitverschwendung.«

Während sie in ihrer Umhängetasche nach den Schlüsseln sucht und sich dem riesigen Portal nähert, das von den

Holzwürmern zerfressen ist, ist Camilla schon hindurch-
gegangen.

»Es ist nicht abgeschlossen.«

»Ich muss dem Architekten sagen, er soll darauf achten,
dass die Arbeiter das Haus abschließen. Auch wenn die
Möbel noch nicht da sind und nichts, das man wegtragen
kann, könnten doch Vandalen eindringen.«

Der Geruch von frischer Farbe begleitet sie, als sie im
Halbdunkel durch den Flur gehen. Das frisch verlegte Parkett knarrt. Es gibt noch keine Türen.

»Die Türen sind noch beim Schreiner. Die Fenster sind
aber schon eingesetzt«, erklärt Tiziana.

Sie durchqueren langsam eine lange Flucht von großen
leeren Zimmern, die sich alle gleichen. Die mit Blumengir-
landen geschmückten Kassettendecken sind alle original.

»Meine Tante will nur den zentralen Trakt der Villa einrichten: Salon, Arbeitszimmer, Esszimmer, Küche, herr-
schaftliches Schlafzimmer, drei Gästezimmer mit angren-
zenden Badezimmern …

Camilla nimmt mit einem Mal einen anderen Geruch
wahr, schwach, süßlich, unverwechselbar, bewahrt von den
geschlossenen Fenstern. Sie nimmt Tizianas Hand und führt
sie in das nächstgelegene leere Zimmer.

»Bleib hier.«

»Was ist los?«, fragt das Mädchen erschrocken. »Ich hab
nichts gehört.«

Camilla geht allein weiter durch den Flur, der zum Salon
führt, durch dessen große Balkontür man in den Park gelangt, und sucht in ihrer Umhängetasche nach der unvor-
schriftsmäßigen Beretta, die sie mit sich führt, wenn sie in
Zivil arbeitet. Sie nimmt sie heraus.

Das einzige Möbelstück ist ein alter Strohstuhl nach Bauernart, der mitten im Salon steht, unter dem Kabel für den Kronleuchter, neben einem kleinen ovalen schwarzen Teppich gegenüber dem Kamin, einem herrschaftlichen Kamin mit einer Marmorkonsole, die mit Reblingen geschmückt ist. Die Feuerstelle ist so groß, dass sie von zwei steinernen Bänken eingefasst wird. Die vier Terrassentüren sind geschlossen, ihre Scheiben sind mit Kalk und Farbe bespritzt. Der seit Jahren verwilderte Park auf der anderen Seite der Scheiben ähnelt einem Dschungel.

Camilla geht hinein. Was sie da neben dem Stuhl für einen kleinen Teppich gehalten hat, ist ein dunkler, dickflüssiger Fleck. Camilla erkennt, dass es Blut ist; sie hatte den Geruch vom Flur aus wahrgenommen.

Sie sucht nach weiteren Spuren. Anscheinend ist die Arbeit der Arbeiter und Handwerker nicht verdorben worden: Das gleichmäßige Ockergelb an den Wänden, das die Hausherrin ausgewählt hat, ist makellos, auf dem Boden findet sich nicht ein Zigarettenstummel, nicht ein Papierfetzen, kein Steinchen und kein Blatt. Nur das Blut.

Sie kniet sich hin, um den Fleck aus der Nähe zu betrachten. Sie bemerkt, dass das Oval nicht gleichmäßig ist: Auf der dem Stuhl entgegengesetzten Seite franst es aus in winzige Striche, die nur aus der Nähe erkennbar sind, als hätte es ein Besen ganz leicht gestreift. Oder ein Haarbüschel.

In der Mitte des Flecks sind zwei kleine spitze weiße Flecken deutlich erkennbar. Knochensplitter vielleicht.

Camilla versucht, ihre Phantasie zu zügeln, sich nicht zu vorschnellen Schlüssen verleiten zu lassen, vergeblich. Sie sieht Vanessa auf dem Stuhl sitzen, in Erwartung des Mörders, mit dem sie sich verabredet hat, des Mörders, der aus der Dunkelheit auftaucht, bewaffnet mit einer Spitzhacke oder einem Hammer, des Mörders, der die Frau mit einem einzigen Schlag tötet oder schwer verletzt. Vanessa bricht vor dem Stuhl zusammen. Er zögert, vielleicht sucht er etwas, und inzwischen hat das Blut aufgehört zu strömen. Kopfverletzungen bluten nie sehr stark. Nach kurzem Überlegen fällt er eine Entscheidung und schleift den Körper der ohnmächtigen oder toten Frau über den Boden, wobei die Haare den Blutfleck streifen …

Mit Sicherheit gibt es im Flur weitere Spuren, die mit bloßem Auge nicht sichtbar sind. Es wird notwendig sein, dass die Reparti Investigazioni Scientifiche, die RIS, in Parma sich der Sache annimmt; nur deren Techniker können alle Spuren entdecken, die die Tote und ihr Mörder hinterlassen haben. Und bestimmen, ob es sich um das Blut von Vanessa Silvi handelt.

Ein Rascheln hinter ihr. Camilla dreht sich um, die Pistole noch immer in der Hand, und sieht Tiziana. Das Mädchen sitzt auf dem Boden, an die Wand gelehnt. Sie weint, ihr lautloses Schluchzen erschüttert ihre Brust. Camilla steckt die Pistole ein, geht zu Tiziana und streichelt ihre Schulter.

»Das ist Blut, nicht wahr? … Blut von Vanessa.«

»Das ist nicht gesagt.«

»Sie ist unter einem Vorwand hergelockt und getötet worden.«

»Wahrscheinlicher ist, dass sie nur verletzt wurde. Wäre sie getötet worden, warum hat der Mörder die Leiche dann weggeschafft, auf die Gefahr hin, von der Polizei oder den Carabinieri angehalten zu werden?«

Tiziana lässt sich überzeugen, will sich überzeugen lassen. Sie zieht die Nase hoch und sagt:

»Sie haben recht.«

Camilla hilft ihr aufzustehen und führt sie aus dem Salon. Sie ruft mit dem Handy im Polizeipräsidium an.

»*Commissario*, hier spricht Inspektor Cagliostri. Ich habe Vanessa Silvi in der Villa Galaverna in Campodoso gesucht, aber nur einen großen Blutfleck im Salon gefunden. Die Spurensicherung oder die RIS muss sich das ansehen ... Bis dahin müssen wir das Gebäude versiegeln ... Nein, ich habe nichts angerührt. Ich erwarte Sie.«

Tiziana trocknet ihre Tränen und erzählt:

»Als sie mich vor ein paar Tagen aus Rom angerufen hat, hat sie zu mir gesagt: ›Tiziana, das werden die glücklichsten Tage meines Lebens sein.‹«

»Ist diese Villa wirklich ein so wichtiger Moment für sie, der endlich erreichte Höhepunkt?«

»Es muss noch etwas anderes dahinterstecken.« Die Tränen fließen erneut. »Etwas, das mich betrifft, das sie mir persönlich in aller Ruhe sagen wollte, vielleicht an ebendiesem Ort.«

»Und du hast keine Ahnung, was das sein könnte?«

»Vielleicht hat sie eine Arbeit beim Film für mich gefunden. Schon letztes Jahr hatte sie mich gebeten, zu ihr nach Rom zu ziehen.«

Sie kehrt in den Salon zurück, bleibt in der Nähe der Tür stehen, als wollte sie nachschauen, ob der Blutfleck noch immer da ist und es sich nicht nur um einen bösen Traum handelt.

»Wie kann man nur so böse sein?«

9

Commissario Francesco Savino begrüßt Camilla mit folgenden Worten: »Wir stecken bis zum Hals in der Scheiße!«

Und er reicht ihr den Stapel Zeitungen, die Camilla bereits am Morgen kurz nach dem Aufstehen gesehen hatte. Lea, das Hausmädchen, hatte sie ihr gebracht, und Camilla hatte sie bei einem leichten Frühstück aus Tee und Zwieback, das ihr allerdings schwer im Magen liegt, gelesen.

»Soll ich mir einen anderen Beruf suchen?«, fragt Camilla.

»Reden Sie keinen Unsinn. Sie trifft keine Schuld, das ist auch die Meinung des Polizeipräsidenten. Sie konnten ja nicht ahnen, dass Vanessa Silvi wegen einer geheimnisvollen Verabredung nachts das Hotel verlassen würde.«

»Das klingt wie eine Schlagzeile.«

»Wie bitte?«

»Geheimnisvolle Verabredung.«

»Die Schlagzeilen liefern uns die Zeitungen … Alle berichten auf der ersten Seite über Vanessas Verschwinden. Und wir kommen nicht gerade gut dabei weg«, fügt Savino hinzu. Er nimmt den Stapel und liest: »Die Polizei, die von den Morddrohungen wusste, hat nicht gerade viel getan, um die Schauspielerin zu beschützen … Wenn es sich nicht um Vanessa Silvi, sondern um einen Politiker gehandelt hätte, hätten sie ihm ein Dutzend Beamte an die Seite gegeben und nicht eine junge Polizistin in grauem Kostüm …«

»Es war haselnussbraun«, korrigiert Camilla.

»Modena wird zur Hauptstadt der Entführungen und

des geheimnisvollen Verschwindens ... Gibt es unter uns vielleicht eine Bande, die sich auf Entführungen spezialisiert hat? Die Polizei schweigt ...« Savino wirft die Zeitungen in den Papierkorb. »Sie wissen nicht, dass wir für Vanessa Silvi mehr getan haben, als von uns verlangt wurde. Fast alle prominenten Frauen erhalten Drohungen oder obszöne Komplimente, die eigentlich versteckte Drohungen sind ... Leider haben wir das Pech gehabt, es mit einem echten Irren zu tun zu haben, der bis zum Äußersten geht. Oder mit einer Bande von Kidnappern. Um das Gesicht zu wahren, müssen wir Vanessa Silvi finden. Lebend.«

»Einen irren Entführer?«

»Warum nicht? Und es wird nicht leicht sein, ihn zu erkennen. Der Irre ähnelt dem Serienmörder: Er hat keine Verbindung zum Opfer, und das Motiv entspringt seinem kranken Gehirn. Der Irre sieht die Schauspielerin im Kino oder im Fernsehen und beschließt, dass er sie haben will, auf seine Weise. Er pickt sie aus Millionen Menschen heraus ...«

»Ich bin nicht davon überzeugt, dass es sich um das Werk eines Irren handelt ... Derjenige, der Vanessa verfolgt, ist kein Außenstehender.«

»Camilla, fangen Sie schon wieder an, die Dinge kompliziert zu machen?«

»Sie haben gerade gesagt, dass der Irre keine Verbindung zum Opfer hat. Er ist nur ein verrückter Bewunderer. Und wie könnte dieser unbekannte Verrückte Vanessa, die durch die Drohungen bereits in Panik ist, dazu bringen, in die Nacht hinauszugehen, um sich mit ihm in einem unbewohnten Haus zu treffen?«

»Vielleicht haben Sie recht ... Die Obszönitäten und Morddrohungen haben mich auf die falsche Fährte geführt.

Aber wenn sie nicht von einem Irren entführt worden ist, von wem dann?«

Das besorgte Gesicht des *commissario* ist fast schon komisch.

»Wir werden ihn finden«, erwidert Camilla nicht sonderlich überzeugt, aber sie sagt sich, dass wenigstens einer ein bisschen Optimismus ausstrahlen muss.

»Der Polizeipräsident wollte die Ermittlungen Commissario Lanza und Polizeimeister Tosa übergeben, aber Lanza, meine Wenigkeit und der Staatsanwalt, Dottore Ferioli, haben ihn überzeugt, dass der Fall bei Ihnen in den besten Händen ist.«

»Ich mache mich sofort an die Arbeit«, versichert Camilla, die es satt hat, Zeit mit überflüssigem Geplauder zu verschwenden. Aber sie bleibt sitzen.

»Sie werden also die Spur der sorgfältig geplanten Entführung und nicht die des Irren weiterverfolgen … Um nichts unversucht zu lassen, habe ich Tosa gebeten, alle Fälle von Entführung und sexueller Belästigung zwischen Modena, Reggio Ferrara und Bologna durchzugehen.«

»Da wird er eine Weile zu tun haben … Und wer weiß, vielleicht ist das ja die richtige Fährte. Ich werde inzwischen in meiner Richtung weiterermitteln, auf diese Weise kommen wir uns nicht ins Gehege.«

»Etwas anderes habe ich nicht erwartet … Ich weiß, dass Sie gern allein arbeiten. Aber halten Sie mich auf dem Laufenden.«

»Keine Angst.«

»Womit werden Sie anfangen?«

»Mit dem Geld, wie üblich. Ich werde genaue Auskünfte über Vanessas Vermögensverhältnisse einholen. Und dann werde ich so eingehend wie möglich ihr Privatleben durchleuchten. Ich werde nach Rom fahren, und ich brauche eine Genehmigung, um die Wohnung der Schauspielerin gründlich durchsuchen zu können.«

»Versuchen Sie herauszufinden, ob sie irgendwelche Laster hatte, Kokain oder Ähnliches.«

»Natürlich. Und vergessen wir nicht, dass noch weitere Personen verschwunden sind. Möglicherweise besteht zwischen diesen Fällen eine Verbindung.«

»Das schließe ich aus. Glauben Sie wirklich, dass eine Bande von Entführern es auf eine Coop-Verkäuferin abgesehen hat?«

»Angeblich ist noch jemand entführt worden.«

»Davon weiß ich nichts.«

»Ich hab es gestern Abend aus dem Fernsehen erfahren. Es handelt sich um einen jungen Mann aus Nonantola, dreißig, Blumenzüchter. Die Familie hat sein Verschwinden bei den lokalen Carabinieri gemeldet, aber die haben uns bis jetzt noch nicht informiert. Zehn Tage ist das jetzt her, und gestern Abend wurde in der Sendung *Chi l'ha visto?*, in der sie nach Vermissten suchen, ein Foto dieses Tonino Braida gezeigt, ein kräftiger, gut aussehender, dunkelhaariger, lächelnder junger Mann. Er spielt Volleyball und lebt mit einer jungen Frau zusammen, mit der er ein Kind hat. In zwei Monaten wollten sie heiraten. Sie ist zu Hause interviewt worden, völlig in Tränen aufgelöst. Sie sagt, Tonino gehöre nicht zu denen, die sich kurz vor der Hochzeit mit einer anderen aus dem Staub machen.«

»Hoffen wir, dass die Coop-Verkäuferin und der Blumenzüchter sich gemeinsam aus dem Staub gemacht haben, aus Liebe. Drei Entführte wären zu viel für uns!«

Savino blickt Camilla derart erschrocken an, dass sie beinahe laut losgelacht hätte.

»Ich würde ausschließen, dass es eine Verbindung zwischen den drei verschwundenen Personen gibt. Die Eltern der Malavasi sind nicht in der Lage, ein Lösegeld zu bezahlen, und Braida ist, soweit ich das verstanden habe, lediglich gut situiert ... Es sei denn, sie wurden entführt, um uns auf eine falsche Fährte zu locken. Aber warum soll man sich das Leben schwermachen?«

»Und wenn es sich gar nicht um Entführungen aus Geldgier handelt? Wenn es sich überhaupt nicht um Entführungen handelt?«

Und um den Commissario richtig zu provozieren, fährt sich Camilla mit einem Finger quer über den Hals.

»Ich bitte Sie, hören Sie auf! Ich wette, das Coop-Mädchen ist mit einem Rockgitarristen durchgebrannt, und der Blumenzüchter aus Nonantola hat es vorgezogen, sich mit irgendeinem Flittchen, das er in der Diskothek kennengelernt hat, aus dem Staub zu machen, anstatt seine Verlobte zu heiraten. Beschränken wir uns darauf, unsere schöne Schauspielerin zu suchen. Die lieber in Rom hätte bleiben sollen, anstatt uns hier nichts als Ärger zu machen!«

»Etwas Neues von Catia Malavasi?«, fragt Camilla ihre Kollegin Nanda.

Inspektor Violo runzelt die Stirn und nimmt Camillas nächste Frage vorweg: »Gibt es eine Verbindung zwischen beiden Fällen?«

»Ich habe mit Tiziana, der Nichte von Vanessa Silvi telefoniert. Sie hat den Namen Malavasi nie gehört, weder zu Hause noch woanders.«

»Und warum entführt jemand eine Verkäuferin und eine Schauspielerin? Es sei denn, es handelt sich um einen Sexualtäter.«

»Die Hypothese habe ich Commissario Savino schmackhaft zu machen versucht. Aber er will nichts davon hören. Auch deswegen, weil es sich um drei Personen handelt, die verschwunden sind. Füg noch einen dreißigjährigen Mann aus Nonantola hinzu. Die Carabinieri suchen nach ihm.«

»Wo gehst du jetzt hin?«

»Werbeagentur Confortini & Gigli. Ich weiß, dass sie die Sendungen von *Chi l'ha visto?* aufzeichnen, weil einer ihrer Kunden zu den Sponsoren der Sendung gehört. Ich will mehr über das Verschwinden von Tonino Braida wissen.«

»Ich spüre schon, wie es mir kalt den Rücken hinunterläuft.«

»Das liegt an der offenen Tür. Es zieht.«

Fünfmal hat sie sich die komplette Sendung angeschaut. Federica Sciarelli ist eine ausgezeichnete Moderatorin; sie versteht es, die Eltern der verschwundenen Personen zu trösten, ohne ihnen übertriebene Hoffnungen zu machen, und schlachtet die spektakuläre Seite der Fälle nie zu weit aus. Camilla hat nichts Interessantes erfahren, das über das hinausgeht, was Savino ihr bereits mitgeteilt hatte. Nachdem seine drei Angestellten – zwei junge Italiener und ein junger Argentinier italienischer Abstammung – gegangen waren, war Tonino Braida noch in dem großen Treibhaus am Stadtrand von Nonantola geblieben, um seine Arbeit zu beenden: das Eintopfen von Azaleen. Dreißig Töpfe, nebeneinander aufgereiht auf dem Arbeitstisch. Bevor er ging, hatte er sich die Hände gewaschen und abgetrocknet, die Schürze ausgezogen, das Handy auf einen Tisch gelegt und die Jacke angezogen. Sein Spind war offen geblieben, und auch die Tür des Treibhauses und das Gittertor zur Straße standen offen. Nach ein paar Stunden war seine Freundin gekommen, um nach ihm zu schauen, da er sich am Handy nicht gemeldet hatte. Weitere Anrufe blieben ebenfalls erfolglos. Einer, der sich aus dem Staub macht, der ein neues Leben beginnt, lässt die Türen nicht offen und das Handy nicht eingeschaltet.

Camilla telefoniert mit den Carabinieri von Nonantola. Sie sind freundlich und zeigen sich kooperativ, vor allem als sie hören, dass sie auch das Verschwinden der Schauspielerin untersucht. Ob sie mehr wissen, als in *Chi l'ha visto?* berichtet wurde? Felipe Roncarati, der junge Argentinier, der in der Floricoltura Braida arbeitet, habe erzählt, er sei auf dem Heimweg mit dem Fahrrad auf der Straße einem Kleintransporter begegnet, dessen rechter Blinker geleuchtet habe, als wollte er zum Parkplatz der Floricoltura abbiegen. Felipe habe nicht weiter auf ihn geachtet und sich auch nicht umgedreht, um zu sehen, ob er wirklich auf den Parkplatz fahren würde. Ein weißer Kleintransporter, einer von den geschlossenen, ohne Werbeaufschriften, am Steuer ein vierzig, fünfundvierzigjähriger Mann. Blond, dunkelhaarig, mit italienischem Aussehen? Der junge Mann habe darauf nicht antworten können.

10

Cesare Galli trägt einen dunkelgrauen Anzug, ein azurblaues Hemd und eine blaue Krawatte. Eine dem Anlass angemessene Kleidung, unterstrichen noch durch die Sonnenbrille, die er auch in der Lobby des Hotels Real Fini nicht abnimmt, in der Camilla sich mit ihm verabredet hat. Sie sitzen etwas abseits, und er beginnt gleich mit einem

Vorwurf: »Ich verstehe nicht, warum ich nicht in Vanessas Zimmer darf, schließlich haben wir gemeinsam reserviert, und ich habe meine Tasche dort drin.«

»Die Suite ist vom Richter versiegelt worden.«

»Worauf warten Sie, es zu durchsuchen?«

»Schon geschehen.«

»Haben Sie etwas gefunden?«

»Nichts Interessantes, abgesehen von Vanessas persönlichem Notizbuch.«

»Hatte sie etwas eingetragen an dem Tag, an dem sie entführt wurde?«

»Die Seite ist weiß … Am nächsten Tag, Montag, steht das Wort ›Architekt‹ mit drei Ausrufezeichen. Damit sind sicher die Arbeiten in der Villa Galaverna gemeint.«

»Wenn Sie nichts gefunden haben, was Ihre Ermittlungen weiterbringt, warum kann ich dann nicht an meine Sachen? Unter anderem habe ich meinen Montblanc auf dem Nachttisch liegen gelassen.«

»Sie müssen Geduld haben.«

»Ich stecke ganz schön in der Klemme! Die Zeitungen haben geschrieben, dass Vanessa in Begleitung des Regisseurs Cesare Galli nach Modena gekommen ist … Meine Frau hat mich in Mailand angerufen … Zum Glück haben sie nicht erwähnt, dass wir im selben Hotel reserviert hatten … Die Reise nach Mailand hat mich gerettet …«

Bis jetzt hat er noch mit keinem Wort erkennen lassen, dass er sich um Vanessa Sorgen macht, auch wenn die Sonnenbrille einen Ausdruck des Schmerzes und vom Weinen gerötete Augen verbergen könnte. Endlich entschließt er sich doch, etwas zu sagen, das nicht seine Frau und seine missliche Situation betrifft: »Ich denke, dass ihre Nichte Tiziana ganz schön durcheinander ist.«

»Als sei ihre Mutter entführt worden.«

»Vanessa hatte beschlossen, ihre Nichte nach Rom kommen zu lassen. Und ich war einverstanden.«

»Sie und Vanessa leben zusammen?«

»Sozusagen.«

»Was heißt das?«

»Offiziell wohne ich bei meiner Frau. Sagen wir, dass ich mein Leben zu fünfzig Prozent zwischen der Wohnung an der Piazza di Spagna und meiner Wohnung aufteile.« Er zuckt zusammen: »Mein Gott ... und meine Sachen in Vanessas Wohnung in Rom? Die haben Sie doch nicht etwa auch versiegeln lassen?«

»Die Polizei hat sogar dem Hausmädchen den Zutritt verweigert. Morgen werde ich nach Rom fahren, um mich dort umzuschauen.«

»Was suchen Sie denn? Wenn Vanessa von dem Irren, der sie bedroht hat, entführt oder getötet wurde, werden Sie seine Spuren sicher nicht in ihrer Wohnung finden.«

»Ich habe Tiziana gebeten, mich nach Rom zu begleiten.«

»Ich könnte Ihnen ebenfalls behilflich sein.«

»Haben Sie nicht gerade gesagt, Sie seien überzeugt, dass es in der Wohnung keinerlei Hinweise auf das gibt, was mit Vanessa passiert ist?«

11

»Ich fahr auch gern mit dem Zug«, sagt Tiziana, ohne den Blick vom Fenster abzuwenden. Sie ergötzt sich an dem Streifen der Ebene zwischen Modena und Bologna, als handele es sich um einen Film. »Ich erinnere mich noch an meine erste Reise mit der *mamma*, auch nach Rom, um meine Tante zu besuchen, die damals als Verkäuferin in einer Boutique in der Via Margutta arbeitete. Mit den Fotos verdiente sie nicht genug zum Leben ... Ich mochte sogar die Tunnel: Die Dunkelheit war eine Pause, in der man über die Landschaften nachdenken konnte, die man gerade gesehen hatte.«

»Meine Liebe für den Zug ist auch ein Vorwand, um so wenig wie möglich fliegen zu müssen«, erklärt Camilla.

»Eine Polizistin, die Angst vor dem Fliegen hat?«

»Wenn du wüsstest, wovor ich alles Angst habe!«

Die Wagen des Eurostars mögen so schön sein, wie sie wollen, aber die Sitze muss ein geiziger Architekt entworfen haben, denn man sitzt Schulter an Schulter mit dem Nachbarn, und die Gesichter der Gegenübersitzenden sind so nah, dass man ihren Atem spürt. Die Reisebegleiter sind zwei elegante Fünfzigjährige, die ihre Augen und Ohren nicht abwenden von Camilla und Tiziana, auch wenn sie es nicht wagen, ein Gespräch anzufangen.

Camilla liebt die alten sechssitzigen Abteile. Sie erinnern sie an den Orient-Express und die Kriminalgeschichten à la Agatha Christie. *Mord im Orient-Express*. Was übrigens die Polizeiarbeit betrifft, so wird es Zeit, endlich aktiv zu werden; schließlich hat sie Tiziana mitgenommen, um mehr über ihre Tante zu erfahren.

»Vanessa Silvi hat nicht sofort als Schauspielerin gearbeitet?«

»Sie hat sich langsam von unten emporgearbeitet. Tagsüber Verkäuferin und ein paar Werbefotos, abends Schauspielschule. Keine seriöse Schule, dazu fehlten ihr die Zeit, das Geld und die Erfahrung, um zu begreifen, wo sie da eigentlich gelandet war. Eine private Schule, die nicht viel kostete. Vanessa hat mir ein paar Geschichten über die Lehrer erzählt, gescheiterte Schauspieler, Dilettanten oder alte Schmierenkomödianten. Eigentlich amüsant, wenn man heute darüber nachdenkt. Aber damals hat das arme, schöne Mädchen aus der Provinz nicht einmal bemerkt, wie sehr der Schauspieler übertrieb, der Passagen von Pirandello rezitierte, oder wie schwerfällig der neapolitanische Akzent des Lehrers war, der Sprechunterricht erteilte.«

»Aber sie hat trotzdem ihren Weg gemacht.«

»Unter großen Opfern, wie man so schön sagt. Doch darüber spricht meine Tante nicht so gern. Alles, was sie sagt, ist: Ich habe viele Kompromisse gemacht, aber ich bin niemandem etwas schuldig, auch nicht den Männern, die mir geholfen haben.«

Sie sind in Bologna. Die Männer, die ihnen gegenübersaßen, verabschieden sich und steigen aus. Sie haben sich nicht in ihr Gespräch eingemischt. Zu wohlerzogen, und jetzt tut es Camilla ein bisschen leid, dass sie ihnen nicht einmal ein Lächeln geschenkt hat. Die beiden Plätze bleiben leer.

»Jetzt kommen die Tunnel«, kündigt Tiziana an.

»Deine Tante hat dich wirklich gern.«

»*Mamma* und ich sind ihre einzigen Verwandten. Ich bin sicher, dass sie große Pläne mit mir hat.«

»Sie will, dass du Schauspielerin wirst.«

»Aber meine Mutter hofft, dass ich einen Jungen kennenlerne, mich verliebe und heirate. Und so auf eine Schauspielerkarriere verzichte.«

»Gefällt dir die Universität?«

»Ich hab ja gerade erst angefangen.«

»Würdest du die Absicht, Schauspielerin zu werden, aufgeben, wenn deine Tante dir nicht dabei helfen würde?«

»Im Gegenteil. Wenn ich es schaffe, dann wäre es eine Art

Geschenk für Tante Vanessa. Ich werde mich voll reinhängen, nach Rom fahren und mich an der Accademia d'arte drammatica einschreiben, zum Glück muss ich nicht arbeiten, um mein Studium zu finanzieren. Ich werde ernsthaft Schauspielerei studieren. Meine Fotos sind bereits im Umlauf, und mit einer Agentur in Bologna habe ich schon ein paar Werbespots gemacht. Aber bitte, erzählen Sie nichts meiner Mutter. Sie ist altmodisch; sie träumt von einer Tochter mit Studienabschluss, die heiratet, Kinder hat und gleich nebenan wohnt. Soll ich Ihnen was Lustiges verraten? Mein Vater und meine Mutter wissen nicht einmal, was ich studiere!«

»Und was studierst du?«

»Ich will einen Abschluss im Bereich Film, Fernsehen und Multimedia machen.«

»Ich werde nichts verraten. Aber ich glaube, dass deine Mutter gar nicht so altmodisch ist. Sie ist noch keine fünfzig, sie lebt in einer Stadt wie Modena und hat eine Schwester, die Schauspielerin ist. Ich bin sicher, dass sie deine Entscheidung schließlich akzeptieren wird, nachdem sie sich eine Weile Sorgen gemacht hat, die gar nicht so unberechtigt sind, wenn man bedenkt, wie viele Mädchen an ihren Träumen scheitern.« Lächelnd fügt sie hinzu: »Vielleicht hat sie ja vor Jahren, bevor sie geheiratet und die Verantwortung für eine Familie übernommen hat, selbst mit dem Gedanken gespielt.«

Nein. Auch als junges Mädchen mag Gabriella Pelacani, wenn sie sich im Spiegel betrachtete, von vielen Berufen geträumt haben, aber gewiss nicht von denen, die ein Minimum an Anmut verlangen. Und das nicht, weil sie hässlich gewesen wäre, sie ist einfach nichtssagend. Auch charakterlich.

»*Mamma* eine Schauspielerin? Daran hat sie bestimmt nie gedacht. Sie mag die Normalität, die friedliche Ruhe der Familie. Einen tüchtigen Mann, der arbeitet, ein Haus, respektvolle Kinder. Auch sie hat, wie meine Tante, alles bekommen, was sie vom Leben verlangt hat. Aber ...«

Sie blickt wieder zur dunklen Leinwand des Wagenfensters.

»Aber?«, hakt Camilla nach.

»Als junges Mädchen, ja auch schon als Kind muss sie darunter gelitten haben, wie unterschiedlich Vanessa und sie waren. Daran ist auch meine Großmutter schuld, die Bissgurke, Friede ihrer Seele. Ich habe sie nie kennengelernt, aber ich glaube, eine dümmere, unsensiblere und ignorantere Frau hat es nie gegeben. Ich werde Ihnen eine Geschichte erzählen, die ich zufällig von einer alten Freundin der Familie gehört habe, der Nachbarin der Pelacanis in dem alten Haus in Campodoso. Meine Mutter war damals etwa zwölf und Vanessa acht. Eines Tages kam am späten Nachmittag ein Bote der Gemeinde von Finale, um irgendeine Bescheinigung abzugeben. Er fuhr mit dem Fahrrad in den Hof und fand eine Gruppe von Frauen vor, die auf Stühlen im Kreis vor der Tür saßen und miteinander plauderten. ›Das ist für Ihre Tochter‹, sagte der Gemeindebote, der Großmutter vom Sehen her kannte. Und sie, ganz ernst: ›Meine Tochter? Die schöne oder die hässliche‹ Die beiden Mädchen spielten nur ein paar Schritte entfernt. Die Großmutter war stolz darauf, dass sie eine Blume wie Vanessa zur Welt gebracht hatte, was sie bei jeder Gelegenheit zeigte, ohne zu begreifen, wie sehr sie meine Mutter damit verletzte. Zum Glück hat Gabriella einen gutmütigen Charakter, sie hat sich damit abgefunden und macht kein großes Aufhebens darum. Aber im Grunde hatten neben Vanessa auch die anderen Mädchen keine Chance. Meine Mutter ist die beste Freundin ihrer Schwester geblieben, vielleicht die einzige. Sie hat sie immer beschützt und verteidigt, auch wenn sie sich dafür gegen ihre Eltern stellen musste, als Vanessa anfing aufzubegehren. Ich kenne viele Geschichten, in denen Gabriella die Schläge einsteckt, die eigentlich Vanessa hätte bekommen müssen. Auch jetzt noch höre ich sie nie schlecht über Vanessa sprechen. Wir haben sie sogar gemeinsam in Rom besucht. Ich habe nie Schwestern gesehen, die so sehr aneinander hängen.«

»Vanessas Verschwinden muss sie ganz schön durcheinandergebracht haben.«

»Das können Sie wohl sagen! Als ich ihr davon erzählt habe, hat sie sich aufs Sofa gesetzt, ganz blass im Gesicht und mit zitternden Händen. Papa und ich hatten Angst, dass sie ohnmächtig wird.«

»Ich werde noch mal mit ihr sprechen müssen. Vielleicht weiß sie ja etwas aus der Vergangenheit ihrer Schwester, das sie nie jemandem anvertraut hat.«

»Meinen Sie damit irgendeinen Liebhaber aus Modena? Denn über Vanessas Leben in Rom weiß *mamma* nur, was in den Klatschblättern steht.«

Der Getränkewagen kommt durch. Tee und ein Keks für Camilla, Kaffee und ein Keks für Tiziana, die fragt, wie viel es macht.

»Das ist ein Geschenk der Bahn an die Reisenden der ersten Klasse«, erklärt Camilla ihr.

»Wäre es nicht gerechter, Getränke und Kekse den Reisenden der zweiten Klasse zu schenken, die theoretisch ärmer sind?«

Sie betrachten einen jungen Mann, der im Gang steht, und Camilla fragt: »Hast du einen Freund?«

Gleichzeitig fragt Tiziana Camilla: »Sind Sie verlobt?«

Die Antwort kommt ebenfalls gleichzeitig: »Nein.«

Mit einem zärtlichen Gedanken an den Polizisten Donato Barleri – aber das war's dann auch schon – fügt Camilla hinzu: »Einen Mann gibt es schon, aber nichts wirklich Ernstes.«

»Bei mir ein paar flüchtige Abenteuer, ganz unverbindlich, obwohl einer von den Männern meiner Mutter ganz gut gefiel: Er hatte studiert und eine gute Stellung ... Selbst wenn ich eine Million Euro im Lotto gewinnen würde, würde meine Mutter trotzdem weiter davon träumen, mich gut zu verheiraten. Das ist einfach in ihrem Kopf drin.«

Camilla kommt auf das zurück, was ihr auf der Seele liegt:

»Die Adresse deiner Tante in Rom ist Piazza di Spagna Nummer 18.«

»Richtig.«

»Kennst du die Wohnung gut?«

»Ich hab noch nicht dort übernachtet. Meine Mutter, die mich immer begleitet, wohnt lieber in einem kleinen Hotel hinter der Piazza del Popolo, ganz in der Nähe. Um nicht zu stören, wie sie sagt. Bestimmt denkt sie, meine Tante empfängt Tag und Nacht Männer, neben dem jeweils aktuellen Lebensgefährten, und organisiert ständig Partys, auf denen es Alkohol und Kokain in Hülle und Fülle gibt. Soviel ich weiß, führt meine Tante ein eher ruhiges Privatleben und kommt oft todmüde nach Hause. Sie ist gern allein, macht sich einen Teller Spaghetti. Ein ganz normales Leben, zumindest wenn wir in Rom waren, aber ich glaube nicht, dass sie uns etwas vorgespielt hat, dazu hat sie keinen Grund, sie ist nicht der Mensch, der sich Gedanken darüber macht, was die Schwester und die Nichte von ihm halten. Ich glaube, ihre einzige Leidenschaft sind die eigenen vier Wände. Deswegen hat sie die Villa gekauft, von der sie als kleines Mädchen geträumt hat, und genießt ihre Wohnung in Rom. Sie blickt direkt auf die Treppe der Trinità dei Monti.«

»Ist die Wohnung sehr groß?«

Tiziana zählt an den Fingern ab: »Wohnzimmer mit Essbereich, zwei Schlafzimmer, große Küche, ein einziges Badezimmer ... Auch deswegen wollte *mamma*, dass wir ins Hotel gehen. Und eine winzige Terrasse, die auf die Treppe geht, ein richtiges kleines Meisterwerk, mit Geranien und Azaleen, Boden aus Ziegeln und Kacheln mit Blumenmuster an den Wänden.«

»Das muss ein Vermögen wert sein ... die Wohnung, meine ich.«

»Ja, eine Menge Geld«, bestätigt Tiziana nachdenklich.

»Bist du sicher, dass sie auf ihren Namen eingetragen ist?«

»Cesare Galli gehört sie jedenfalls nicht. Einmal hab ich gehört, wie er sagte: ›Wenn das meine Wohnung wäre, würde ein zweites Bad einbauen lassen ...‹ Und ich glaube nicht, dass sie irgendeinem heimlichen Liebhaber gehört, der uralt und steinreich ist. Vanessa ist nicht der Mensch, der sich aushalten lässt. Sie wohnt seit sieben Jahren an der Piazza di Spagna, und in den letzten fünfzehn Jahren hat sie ein Vermögen verdient.«

»Wir sind in Florenz«, sagt Camilla.

12

Muffiger Geruch. Tiziana macht das Fenster zur Terrasse weit auf. Die Sonne und der Lärm von der Piazza di Spagna dringen herein. Camilla geht auf die Terrasse.

»Man kommt sich vor, als wohne man in einer Postkarte.«

Sie gehen wieder hinein. Camilla durchsucht die Schubladen im Schlafzimmer.

»Deine Tante ist eine sehr ordentliche Frau.«

»Darin ist sie der *mamma* ähnlich. Ein Taschentuch, das nicht an seinem Platz ist, macht ihr Angst. Ich dagegen hab gern ein bisschen Unordnung um mich herum.«

»Ich auch.«

Eine Frage des Alters, denkt Camilla. Schon bald werde auch ich wollen, dass alles an seinem Platz ist.

»Was suchen Sie?«

»Ich weiß es nicht.«

Doch ganz abgesehen von den Ermittlungen, liebt sie es herumzuschnüffeln, auch wenn sie das Tiziana gegenüber nicht zugibt. Sie schämt sich ein wenig dafür. In Schränken und Schubladen Kleider, Wäsche und Papiere zu durchsuchen, ist, als spioniere man Momente des Lebens anhand von Fundstücken aus, die stets irgendetwas enthüllen. Vanessa Pelacani, Künstlername Silvi, hat eine Vorliebe für die Farbe Blau und für Leinen. Sie mag keine Unterwäsche mit durchbrochener Stickerei, keine zu sehr ausgeschnittenen Höschen und erst recht keine Tangas, nur weiße Mädchenslips. Pastellfarben die Büstenhalter, Größe C, passend für Abendkleider. Der Rest der Garderobe ist die einer Schauspielerin, lauter große Namen.

71

Das Bett im Schlafzimmer der Hausherrin ist rund. Ein Schreibtisch und ein Tischchen voller Kosmetikartikel und Parfums stehen an der Wand rechts vom Bett. Camilla setzt sich an den Schreibtisch und beginnt systematisch die Schubladen zu durchsuchen. Umschläge und Briefpapier.

»Stört es Sie, wenn ich den Fernseher anmache?«, fragt Tiziana vom Wohnzimmer aus.

»Mach, was du willst.«

Camilla findet Rechnungen – Licht, Gas, Telefon. Ein Heft, in das die Gehaltszahlungen an das Hausmädchen und die Haushaltsausgaben eingetragen sind. Vanessa hat eine mustergültige Ordnung in ihrer Buchführung.

Postkarten aus allen Teilen der Welt. Unverbindliche Grüße. Von Irma, Gianni, Gustav, Hilde, Carlo … Nur ein Satz, der Gefühle verrät, auf einer Karte vom Strand von Puerto Escondido: ›Ich wünschte, du wärst bei mir, Vic.‹

Unter diesen Papieren wird sie nichts Interessantes finden. Aus Gewissenhaftigkeit macht sie weiter bis zur letzten Schublade links unten. Sie enthält Fotos. Bewerbungsfotos für Probeaufnahmen, Kino- und Fernsehfilme, manche im Kostüm: eine Dame aus dem 18. Jahrhundert mit weißer Perücke, Krankenschwester und sogar eines als Polizistin. Mit dem Dienstgrad einer Inspektorin!

»Eine Kollegin.«

»Haben Sie was gesagt?«, fragt Tiziana. Zusammen mit ihrer Stimme dringt die Stimme einer Frau an Camillas Ohr, die erklärt, wie man eine Paella zubereitet. »Haben Sie etwas gefunden?«

»Nichts.«

Zwei Fotos zeigen Vanessa auf einem Sofa, nackt. Und das Sofa aus ungebleichtem Leinen ist das, auf dem Tiziana jetzt sitzt. Auf dem Bild ist auch der große Kaktus zu sehen, der

72

dahinter steht. Vanessa liegt auf dem Bauch und lächelt nicht. Im Unterschied zu den anderen Fotos des Stapels scheinen diese beiden von einem Amateur aufgenommen worden zu sein. Eines ist verwackelt. Doch sie sind nicht vulgär, und Camilla ist auch nicht überrascht, denn sie erinnert sich, einen Kalender in der Hand gehabt zu haben, der Vanessa Silvi nackt auf einer Klippe zeigte, und da lag sie nicht auf dem Bauch. Ganz normal für eine Schauspielerin.

Sie nimmt die Schublade heraus und steckt ihre Hand in den leeren Raum. Das naheliegendste Versteck. Und sie findet auch sofort einen Umschlag, der in dem Raum zwischen der Hinterwand der Schubladen und der Holzwand verborgen ist. Er enthält weitere Fotos, ein Dutzend.

Sie wurden von demselben Fotografen aufgenommen, der die Schauspielerin auf dem Sofa fotografiert hat. Und der Ort ist wiederum die Wohnung, zwischen Sofa, Bett und Küchentisch. Vanessa ist nackt, aber diese Nacktheit soll nicht mehr ihre Schönheit betonen, sondern sie ins Vulgäre ziehen, ja fast entwürdigen. Das Geschlecht ist weit geöffnet, in Nahaufnahme, ausgeleuchtet, möglicherweise um den männlichen Betrachter zu erregen, doch Camilla kommen sie eher wie Studienfotos für angehende Gynäkologen vor. Auf zwei Fotos ist Vanessa nicht allein. Auf dem einen hat sie, aus nächster Nähe aufgenommen, das Geschlecht ihres Partners im Mund. Auf dem zweiten sitzt sie, mit dem Rücken zum Betrachter, auf dem Schoß des Mannes, der sein Gesicht dem Objektiv zuwendet. Etwa vierzig, ein Körper, dem man den regelmäßigen Besuch im Fitness-Studio ansieht, regelmäßige Gesichtszüge. Einer dieser etwas langweiligen Schönlinge, von denen es im Fernsehen nur so wimmelt. Kein Stempel oder Datum auf der Rückseite der Fotos. Camilla steckt das Foto, auf dem das Gesicht des Mannes deutlich zu sehen ist, ein und legt die anderen in das Versteck zurück. Doch dann besinnt sie sich und steckt alle in ihre Tasche. Die Fotos sollten Tiziana oder ihrer Mutter besser nicht in die Hände fallen, wenn die Versiegelung der Wohnung aufgehoben wird. Falls Vanessa nicht zurückkehrt.

Tiziana sieht jetzt einen Dokumentarfilm über die Tiere der Savanne.

»Haben Sie zwischen den Papieren was gefunden?«

»Rechnungen, Quittungen und solches Zeug.«

Das Handy unterbricht die Unterhaltung. Auf dem Display liest Camilla die Nummer von Commissario Savino. Eine richtige Nervensäge.

»Zu Befehl.«

»Etwas Neues?«

»Ich bin in der Wohnung der Schauspielerin. Bis jetzt hab ich nichts Interessantes gefunden, aber ich brauche noch einen halben Tag. Ich will noch einer bestimmten Spur nachgehen …«

Sie kann ihm nicht sagen, dass sie herausfinden will, wer der Mann auf dem Foto ist: Tiziana hört zu, sie hat den Fernseher leiser gestellt, aus Rücksicht, aber auch aus Neugier.

»Es ist nicht mehr nötig, in Rom weiterzuermitteln«, unterbricht Savino sie. »Der Irre, der Vanessa Silvi entführt hat, kommt aus Modena. Leider.«

»Wieso sind Sie sich da so sicher?«

»Er hat einen Drohbrief an Mirta Bellini, die Sängerin, geschickt. Und er hat sie angerufen. Die gleichen Worte, die er Vanessa gegenüber benutzt hat, außerdem ein Satz, bei dem es mir kalt den Rücken hinuntergelaufen ist: ›Du wirst genauso enden wie die Schauspielerin, diese Hure …‹«

»Ich komme so schnell wie möglich zurück.«

»Sofort. Und ich bitte Sie, verbeißen sie sich nicht in diese Idee, Vanessa sei von jemandem entführt worden, der ihr nahesteht. Das ist Unsinn.«

»Ich komme zurück und werde nach dem Irren suchen.«

Doch vorher will sie noch herausfinden, wer der Mann auf dem Foto ist. Sie beendet das Gespräch.

»Wir müssen uns trennen«, sagt sie zu Tiziana. »Ich habe einen neuen Auftrag aus Modena bekommen. Sie nutzen die Gelegenheit, dass ich in Rom bin. Was wirst du machen?«

»Ich fahre zurück nach Hause. Ich will *mamma* im Augenblick nicht zu lange allein lassen.«

13

In Carla Celios Büro, in der Via Dardanelli Nummer 28, nicht weit vom Viale Mazzini und von der RAI.

»Vor dreißig Jahren hab ich mein Büro in Cinecittà eröffnet. Heute ist das Fernsehen wichtig, auch für eine Kinoschauspielerin wie Vanessa. Ohne Fernsehauftritte kann man kein Kino machen. Und mit einem Film pro Jahr, mit Low-Budget-Produktionen verdient ein Spitzenschauspieler weniger als ein Starlet. Das Fernsehen bestimmt … Meine arme Freundin Vanessa. Sie hat es wirklich nicht leicht! … Eine ausgezeichnete Schauspielerin, auch wenn nur wenige Kritiker das bis jetzt bemerkt haben. Und jetzt stürzen die Journalisten sich auf die Entführung und nutzen die Neugier der Leute aus. Sie kramen Vanessas alte Liebesgeschichten hervor, Sommeraffären an den Stränden der

Costa Smeralda, Fotos, die sie in Begleitung eines Mannes in Nachtlokalen zeigen, die privatesten Details. Sie tun so, als wüssten sie nicht, dass das fast alles von mir erfundene Geschichten sind. Ich bin nicht nur Vanessas Agentin, ich kümmere mich auch um ihr Image.«

Carla macht eine Pause. Camilla nutzt sie, um sich umzublicken. Das Büro, in dem die ISA, die International Star Agency, residiert, ist ein großer Raum im Souterrain eines Gebäudes aus den Sechzigerjahren im ruhigsten und bürgerlichsten Viertel Roms, in das sich nie ein Tourist verirrt. Carlas Arbeitsplatz liegt unter einem der Fensterchen, die sich auf den Gehsteig öffnen; die Leute, die vorbeigehen, sind vom Knie abwärts zu sehen. Ab und zu bleibt ein Hund stehen und blickt herein; wenn er wollte, könnte er Carla auf den Kopf pinkeln. Die Tische sind übersät mit Büchern, VHS-Kassetten, DVDs und Reklamezetteln. Die einzige Angestellte arbeitet am Computer, am Tisch neben der Tür. Die Wände sind tapeziert mit Fotos von Schauspielern. Diejenigen an der Wand hinter Carla sind signiert mit herzlichen Widmungen. Auch Vanessa ist darunter: Für meine Freundin Carla in ewiger Dankbarkeit.

Carla deutet auf das Foto und sagt: »Vanessa gehört nicht zu denen, die die harten Zeiten und ihre Freunde vergessen, sobald sie erfolgreich sind. Als ihr Vertrag mit der ISA vor zwei Jahren auslief, hätte sie mich verlassen und das Angebot annehmen können, das ihr eine italoamerikanische Agentur gemacht hatte, die ihr sicherlich den Zugang zu interessanteren Märkten verschafft hätte, was die Qualität der Produktionen und die Gagen angeht. Denken Sie nur an Valeria Golino und Greta Scacchi, die in Amerika bekannter sind als in Italien. Aber nein, Vanessa hat den Vertrag mit mir um fünf Jahre verlängert, die Zeit, die ihr für ihre Karriere noch bleibt, wenn man bedenkt, dass sie schon vierzig ist.«

»Ist das zu alt für eine Schauspielerin?«

»Das kommt darauf an. Nehmen wir Virna Lisi, die ein paar Jahre älter ist. Ihre Schönheit hat sich einfach nur verändert. Sie arbeitet mehr als vorher, mit dem Unterschied, dass sie früher junge Frauen gespielt hat und jetzt den reiferen Frauentyp verkörpert. Und dann gibt es Schauspielerinnen, die von der Leinwand und vom Bildschirm verschwinden, sobald sich die ersten Falten zeigen. Ich bin überzeugt, dass Vanessa mit ihrer … wie soll ich sagen? … erotischen Schönheit in diese Kategorie gehört. Zum Glück hat sie auch Kinofilme gedreht. Der Unterschied zwischen Kino- und Fernsehfilm ist, dass der Erfolg im Kino dauerhaft ist und Kult werden kann, während ein Erfolg im Fernsehen nur bis zur nächsten Wiederholung dauert und dann vergessen wird. Jeden Tag, jede Stunde etwas Neues. Die menschenverschlingende Maschine des Fernsehens braucht ständig neue interessante Männer und schöne junge Frauen, ein riesiger Pferch von Dummköpfen. Vor drei Monaten habe ich eine Anzeige für Romolo Facchinetti geschaltet, der Fernsehfilme in Koproduktion mit der RAI oder Mediaset produziert. Er suchte ein achtzehnjähriges Mädchen mit roten Haaren. Eine echte Rothaarige. Fünfzehntausend haben sich gemeldet. Wenn man bedenkt, dass wir nicht in Irland sind, wo es von Rothaarigen nur so wimmelt, müssen sich sämtliche Rothaarigen Italiens gemeldet haben. Übrigens, was den Commendatore Facchinetti betrifft …«

Camilla unterbricht sie.

»Ich dachte, der Produzent mit diesem Titel sei ein Klischee, ein Scherz der Commedia all'italiana.«

»Facchinetti ist tatsächlich *commendatore*. Und er hat

auch das Äußere des typischen Produzenten. Sechzig, Glatze, Bauch, Zweireiher, Mercedes, Zigarre, lange Berufserfahrung, Hurensohn. Vanessa gegenüber hat er sich wie ein Schwein benommen.«

»Hat er versucht, sie ins Bett zu kriegen?«

»Das ist wirklich ein Klischee der *Commedia all'italiana*. Nein, schlimmer. Schauen Sie.« Sie nimmt einen großen Umschlag aus der Schublade und reicht ihn Camilla. »Fotos von Vanessa Silvi, die bei den Dreharbeiten zu dem Fernsehfilm *La ragazza di Ibiza*, einer italienisch-französisch-spanischen Koproduktion, geschossen wurden.«

Es ist Camillas Schicksal, ständig mit Fotos konfrontiert zu werden, auf denen Vanessa nackt oder fast nackt zu sehen ist. Auf diesen Fotos, in Farbe, die an einem Strand aufgenommen wurden, vielleicht auf Ibiza, trägt sie einen Tanga. Es handelt sich um professionelle Fotos. Manche zeigen in Großaufnahme bestimmte Körperpartien.

»Was bedeuten die Filzstiftpfeile?«, fragt Camilla.

»Die sind von Facchinetti. Sehen Sie genau hin: Sie markieren Makel am Körper und im Gesicht von Vanessa. Es handelt sich nicht ohne Grund um aussortierte Fotos. Die Fotografen schießen hundert, und aus diesen wählen wir ein Dutzend aus, die von den Zeitungen veröffentlicht werden dürfen. Auf den aussortierten Fotos sind die Lichtverhältnisse ungünstig, oder sie zeigen kleine oder große Unvollkommenheiten. Das Schwein, ich meine Facchinetti, hat den Zellulitisschatten auf der Innenseite des Schenkels, ein kleines Polster auf den Gesäßbacken, ein paar hervortretende Adern auf dem Fußrücken, die Krähenfüße in den Augenwinkeln, die vom Blinzeln in der Sonne herrühren, die Hüften, die eine Spur breiter sind, als sie bei einem Model sein dürfen, zu deutliche Augenringe und sogar einen Ausdruck von Müdigkeit mit dem Filzstift markiert. Er hat diese Fotos mit den Pfeilen nicht etwa für den eigenen Gebrauch in einer Schublade aufbewahrt, und er hat sie auch nicht mir, Vanessas Agentin und Freundin, gezeigt, um mich auf die ersten Anzeichen ihres körperlichen Verfalls aufmerksam zu machen. Nein, er hat sie Vanessa gezeigt!«

»Und aus welchem Grund?«

»Um sie zu kontrollieren, um sie unter Druck zu setzen, um ihr klarzumachen, dass er sich jederzeit für eine Jüngere entscheiden kann. Oder einfach aus Sadismus …«

»Und wie hat sie reagiert?«

»Viel besser, als ich an ihrer Stelle reagiert hätte. Sie hat einen Filzstift von Facchinettis Schreibtisch genommen und ein paar Pfeile hinzugefügt, die noch fehlten. Und sie hat ihm empfohlen, auf seine Gesundheit zu achten, und das nicht ohne Grund, denn Facchinetti hat bereits ein paar Herzinfarkte gehabt und läuft mit drei Bypässen herum. Daraufhin hat er die Fotos mir geschickt, nachdem er mich angerufen hatte, um mir die Sache zu erklären. Angeblich hat er die Markierungen gemacht, um Vanessa zu ermahnen, auf sich zu achten und das Kapital ihrer Schönheit nicht aufs Spiel zu setzen, denn ihm sei zu Ohren gekommen, was für ein ausschweifendes Leben sie führe. Sie sei auf einer Party gesehen worden, wo sie ziemlich überdreht gewesen sei.«

»Und dieser Facchinetti wollte sich nicht vielleicht an ihr rächen, weil sie ihn abgewiesen hatte?«

»Ihn interessiert nur das Geld. Er kontrolliert die größte Produktionsfirma für Fernsehfilme.«

»Aber Vanessa Silvi arbeitet doch auch fürs Kino.«

»Ihre Filme sind das, was von ihr bleiben wird. Aber

heutzutage wird, wie gesagt, das große Geld mit dem Fernsehen verdient, zumindest in Italien.«

»Ach, da wir gerade bei Schauspielerfotos sind ...« Camilla holt die Plastikhülle aus ihrer Umhängetasche, in das sie die vergrößerte Kopie des Gesichts von Vanessas Partner gesteckt hat, die sie mit einem Farbkopierer von dem Foto gemacht hat, das sie in Vanessas Wohnung gefunden hatte. »Kennen Sie ihn?«

»Natürlich. Er ist einer meiner Schauspieler ... Er ist bei mir unter Vertrag. Massimo Galavotti, Künstlername Massimo Gala. Aus derselben Stadt wie Vanessa. Sie sind wie Bruder und Schwester, sie hat ihm sehr geholfen, angefangen damit, dass sie ihn mir empfohlen hat. Er hat in zwei Sitcoms von Mediaset gespielt und arbeitet in der Werbung. Woher haben Sie das Foto?«

»Aus Vanessas Wohnung. Ich würde den jungen Mann gern kennenlernen.«

Carla tippt bereits die Nummer ins schnurlose Telefon. »Kein Problem.« Dann, nach ein paar Augenblicken: »*Ciao* ... Gesundheitlich gut ... Ja, auch ich bin noch immer ziemlich durcheinander. Wegen Vanessa ruf ich übrigens an. Die Polizistin ist gerade bei mir, die mit den Ermittlungen betraut ist, eine Kommissarin, glaube ich. Sie hat mir ein Foto von dir gezeigt, das sie in Vanessas Wohnung gefunden hat. Sie möchte mit dir sprechen ... Was? ... Das wusste ich nicht. Ihr wart ein Liebespaar, und ich habe es nicht bemerkt! Ich hab gerade behauptet, ihr seid wie Bruder und Schwester gewesen.« Und zu Camilla: »Passt Ihnen heute Abend?«

»Ich fahre morgen früh zurück, und essen muss ich ja heute Abend etwas.«

»Mögen Sie Fisch?« Auf Camillas Nicken hin sagt sie zu

Massimo: »Wir sehen uns um zehn bei Franco, ar vicoletto.« Sie beendet das Gespräch. »Kennen Sie die Via dei Falisci?«

14

Der erste Eindruck ist, dass es sich um den üblichen eingebildeten und hohlköpfigen Schönling handelt, den Bodybuilder, der nie ein Buch aufgeschlagen hat. Massimo Galavotti, Künstlername Massimo Gala, überrascht sie, als er gleich nach der Begrüßung anfängt, mit Carla über den Fernsehfilm nach einem Roman von Pasquale Festa Campanile zu sprechen, den er gerade in der Campagna Romana dreht. Er gibt zu erkennen, dass er ein aufmerksamer Romanleser ist, auch die Neuerscheinungen kennt. Anschließend spricht er über die Theatersaison in Rom. Camilla kommt der Verdacht, dass er einen guten Eindruck auf sie machen will, obwohl er ihr nur einen flüchtigen Blick und ein angedeutetes Lächeln geschenkt hat.

Camilla blickt sich in dem rappelvollen Lokal um, in dem es nach gegrilltem Fisch riecht und die Leute lachen und scherzen. Franco, der Besitzer, kommt an ihren Tisch, um sie zu begrüßen, und bittet Massimo um ein Autogramm.

Obwohl Camilla ihr Vorurteil über Massimos Hohlköpfigkeit hat revidieren müssen, gelingt es ihr nicht, den Schauspieler in einer anderen Rolle als der von Vanessas Liebhaber zu sehen, in einer Realityshow, die sie zu dritt in der Wohnung an der Piazza di Spagna aufführen: Massimo, Vanessa und der Fotograf. Sie sieht ihn nackt und grob und unsympathisch. Und ohne weiter darüber nachzudenken, holt sie das Foto aus der Tasche, das Originalfoto, nicht die Fotokopie von Massimos Gesicht, und reicht es ihm mit der Frage: »Wer ist der Fotograf?«

Massimo ist darauf nicht gefasst, vielleicht hat er gedacht, die Polizistin, die aus derselben Stadt kommt wie er, würde ihn bitten, ein Porträtfoto zu signieren, um es stolz ihren Kollegen zu zeigen. Er zuckt zusammen, legt das Foto auf den Tisch und lässt zu, dass Carla es sich genauer ansieht. Doch seine Verwirrung dauert nur einen Augenblick. Er nimmt das Foto und gibt es Camilla zurück.

»Die Frau mit dem Rücken zum Betrachter ist Vanessa?«, fragt Carla.

Massimo nickt.

»Mir fehlen die Worte«, sagt Carla.

Man könnte meinen, sie sei gekränkt, weil man sie nicht informiert hat. Camilla ist die Rolle der Agentin noch nicht klar. Das Privatleben ihrer Schauspieler dürfte sie eigentlich nichts angehen. Doch Camilla hat andere Sorgen. Sie wiederholt ihre Frage: »Wer hat Sie fotografiert?«

Massimo blickt sie hasserfüllt an.

»Wo haben Sie das gefunden?«

Carla antwortet an Camillas Stelle: »In Vanessas Wohnung, wo soll sie es sonst gefunden haben?«

»Ich weigere mich zu antworten«, sagt Massimo schroff. »Aus welchem Grund sollte ich mich für mein Privatleben rechtfertigen?«

»Vergiss nicht, dass Vanessa Silvi entführt worden ist«, bemerkt Carla.

»Sie ist in Modena entführt worden.«

»Eben … Auch sie ist aus Modena.«

Massimo hat Angst, er blickt sich um, als fürchte er, es

könnten noch mehr Polizisten kommen und ihm Handschellen anlegen. Er gießt sich ein halbes Glas Wein ein, bevor er zu Camilla sagt: »Ich liebe Vanessa, wenn auch nicht auf die brüderliche Art und Weise, wie Carla geglaubt hat. Sie hat mir geholfen, als ich nicht wusste, an wen ich mich wenden sollte. Sie hat mir sogar Geld geliehen, das ich ihr zurückgegeben habe. Ab und zu gehen wir miteinander ins Bett. Sie schläft gern mit Männern.«

Camilla findet Massimo nach wie vor unsympathisch und bleibt bei ihrem schroffen, aggressiven Ton. Sie wählt sogar sich selbst als Beispiel: »Ich schlafe auch gern mit Männern, aber ich hole mir keinen Fotografen als Zeugen.«

Der Kellner bringt die Spaghetti mit Hummer. Keiner der drei beginnt zu essen.

»Ist es Pino Cattini gewesen?«, fragt Carla Massimo. Sie gibt selbst die Antwort: »Nein, Pino ist ein Profi. Wenn ich richtig gesehen habe, handelt es sich um ein technisch schlechtes Foto. Aber es ist kein Polaroid, also muss es in einem Fotolabor entwickelt worden sein.«

Massimo sagt: »Können wir diese Geschichte nicht auf sich beruhen lassen? Sie hat schließlich nichts mit Vanessas Verschwinden zu tun.«

Er bindet sich die Serviette um den Hals, die sehr viel größer ist als die normalen Restaurantservietten, und beginnt zu essen.

»Ich verfolge alle Fährten, besonders die, die stinken.«

Carla mischt sich ins Gespräch, vielleicht um zu verhindern, dass der Dialog zwischen Camilla und Massimo in Streit ausartet.

»Vanessa war großzügig, altruistisch, korrekt. Ich kann mir nicht vorstellen, dass jemand ihr was antun wollte … Hat es schon eine Lösegeldforderung gegeben?«

Auch sie bindet sich die Serviette um, um sich beim Kampf mit den Spaghetti und dem Hummer vor Flecken zu schützen.

Camilla widerspricht: »Keine Lösegeldforderung. Und es gibt durchaus Leute, die ihr etwas antun wollten. Die Frau von Cesare Galli zum Beispiel.«

Sie legt sich ebenfalls die Serviette um und sagt zu Massimo: »Wenn Sie jetzt nicht vertraulich mit mir reden, dann werden Sie dem Richter antworten *müssen*, wenn er Sie offiziell verhört.«

»Ich werde meinen Anwalt mitbringen.«

Auch Carla redet auf ihn ein: »Wen willst du schützen? Warum habt ihr Hardcore-Fotos gemacht? Was hat euch dazu getrieben, dich und eine Frau wie Vanessa?«

Camilla blickt dem Schauspieler ins Gesicht und fragt:

»Hat jemand sie erpresst? Ein Perverser, der sie in obszönen Posen fotografieren wollte und Vanessas jungen Freund eingespannt hat ... Oder sind Sie selbst der Erpresser?«

Massimo ist fertig und tunkt die Sauce mit einem Stück Brot auf. Vanessas Verschwinden und Camillas Worte haben ihm offenbar nicht den Appetit verdorben. Während die Polizistin langsam ihre Spaghetti isst, ohne sie zu genießen, nimmt er die Serviette ab, wischt sich gründlich den Mund ab und erzählt, ganz ruhig jetzt:

»Es gibt keinen Fotografen. Auch keine Fotografin. Vanessa und ich haben gern unsere kleinen Spielchen getrieben. Mal verkleidete sie sich als kleines Mädchen, das sich auf die Knie ihres Lehrers – ich – setzte, um sich liebkosen zu lassen. Mal trieben wir es zusammen mit anderen Pärchen hinter einer Ginsterhecke bei der Villa Borghese, die Augen hinter großen Sonnenbrillen verborgen. Die Fotos machten wir mit Selbstauslöser. Ich schäme mich nicht, das sind erlaubte Spiele zwischen Erwachsenen; Vanessa gefielen sie, und deswegen hat sie die Fotos aufgehoben.«

»Sie hatte sie gut versteckt«, wendet Carla ein.

»Sie will nicht, dass Cesare Galli sie findet.«

»Wer hat sie entwickelt?«

»Ich. Ich habe eine kleine Dunkelkammer bei mir zu Hause. Das ist mein Hobby. Wenn ich beim Film keinen Erfolg habe, geh ich nach Modena zurück und mach ein Studio auf.«

Camilla glaubt ihm jetzt. Sie vertraut ihrer Nase. Sie sagt: »Es wäre gut, wenn Sie mir sagten, wo Sie in der Nacht waren, in der Vanessa getötet wurde.«

»In Rom. Im Bett. Und nicht allein.«

Sie verschwendet ihre Zeit hier in Rom. Bestenfalls würde sie auf weitere Schweinereien einer Frau stoßen, die mit vierzig noch reifen muss. Commissario Savino hat recht: Der Schauplatz der eigentlich schlimmen Geschichte ist Modena. Wo der Irre seine Aufmerksamkeit jetzt einer Sängerin zuwendet.

15

Schlagzeile: **Die Polizei tappt im Dunkeln.** Eine andere Schlagzeile: **Wo ist Vanessa?** Die noch am wenigsten ärgerliche lautet: **Modena, die Rote, wird zur schwarzen Stadt.** Und eine weitere: **Ermittlungen an einem toten Punkt angekommen.**

Camilla ruft Stefano Marchetti vom *Resto del Carlino* an:

»Warum lasst ihr uns nicht in Ruhe unsere Arbeit machen?«

Stefano erinnert sie ironisch: »Aufgabe der Presse ist es auch, die staatlich anerkannte Behörde zu ermahnen, ihre Pflicht zu tun, in diesem Fall für die Sicherheit der Bürger zu sorgen. Ist es nicht so?«

»Stefano, geh zum Teufel.«

Der lässt sich nicht aus der Ruhe bringen und nutzt die Gelegenheit: »Stimmt es, dass auch Mirta Bellini Drohungen erhalten hat?«

»Erfindungen von jemandem, der glaubt, er müsse die staatlich anerkannte Behörde ermahnen.«

Sie beendet das Gespräch. In einer halben Stunde ist sie mit Mirta Bellini bei ihr zu Hause in Campogalliano verabredet. Sie betrachtet noch einmal ihr Foto in *TV Sorrisi e Canzoni*, das den Artikel von Daniele Soragni begleitet. Achtzehn, perfektes Outfit einer aufstrebenden Rocksängerin: zerrissene Jeans, die auf der Hüfte sitzen, kurzes T-Shirt, das den Bauchnabel zwischen zwei tätowierten Schwalben freilässt, rote Lederjacke, lila Haare, schwarz umrandete Augen, Ohrringe im Ethno-Look, Mikrofon in der Hand und den Mund weit aufgerissen, um zu singen oder zuzubeißen. Ein Foto von Paolo Vignocchi. Hübsch, wohlgerundet, Augen, die trotz der Aggressivität der Aufmachung sanftmütig blicken; denkt man sich die Verkleidung und die Schminke weg, bleibt das schöne Mädchen aus der Emilia übrig, das mit Pasta und Bohnen groß geworden ist.

In der häuslichen Version ist die Verkleidung abgespeckt: Jeans, T-Shirt, geschminkt nur die Augen. Sie ist persönlich herausgekommen, um die Gittertür des kleinen Hauses am

Stadtrand von Campogalliano zu öffnen. Mirta wohnt noch bei den Eltern, die sich nicht blicken lassen, aber zu hören sind: Die Mutter klappert mit den Töpfen in der Küche, und der Vater schneidet Holz mit der elektrischen Säge im Keller. Mirta führt Camilla in ihr Zimmer, das riesige Zimmer eines Einzelkindes. Zahlreiche Sofas, Stereoanlage in der Ecke mit einem doppelten Bücherregal, in dem drei Bücher und Hunderte von CDs stehen. An den Wänden Poster, Konzertprogramme, Hüllen alter Platten. Der Boden glänzt und riecht nach Bohnerwachs; die Mutter hat freien Zugang auch ins Allerheiligste der Tochter. Mirta bemerkt, dass Camilla die bunte Galerie betrachtet, und erklärt: »Die sind alle aus Modena.« Sie deutet auf das Poster der Beatles: »Mit Ausnahme von denen.«

»Das hab ich bemerkt«, erwidert Camilla.

»Modena ist unser Liverpool. Die Besten des italienischen Beat kommen alle von hier.«

Sie gibt Camilla eine Führung:

»Caterina Caselli, Carmen Villani, Vasco Rossi, Francesco Guccini, Maurizio Vandelli, Nek, die Modena City Ramblers ...«

Nachdem sie alle vorgestellt hat, wirft sie sich auf eines der Sofas und duzt Camilla ganz ungeniert, wohl ermuntert durch die Tatsache, dass auch die Polizistin in Jeans ist.

»Wer ist dieser Schwachkopf, der es auf mich abgesehen hat?«

»Das würde ich gern herausfinden. Geht das schon lange so?«

»Seit einer Woche. Meine Mutter nimmt den Anruf eines Mannes entgegen, der behauptet, er sei Agent von Ricordi, und gibt ihn mir. *Mamma* spielt ein bisschen meine Sekretärin und ist vor allem eine Art Filter. Es war natürlich kein

Mitarbeiter der Schallplattenfirma. Gleich nach meinem ›Hallo‹?, hat er angefangen, mich anzupöbeln. Mir haben sich die Haare gesträubt, als ich seine Worte und seine Kastratenstimme hörte. Auch weil ich in den Fernsehnachrichten gerade von Vanessa Silvis Verschwinden und von den Drohungen erfahren hatte, die sie erhalten hat.«

»Erinnerst du dich an die Worte?«

Mirtas Wangen werden feuerrot. Wenn man ihre Songs hört, würde man nicht auf die Idee kommen, das Mädchen könnte erröten; der neueste, auf Platz drei der Hitparade, beschreibt ohne große Umschweife die Lust, die es bereitet, den Partner mit dem Mund zu befriedigen.

Mirta fasst sich ein Herz und wiederholt die Sätze. Die üblichen Obszönitäten der Verrückten, ohne jede Phantasie und wertlos für die Ermittlungen.

»Würde es dir was ausmachen, sie noch einmal zu wiederholen?« Sie erklärt dem Mädchen: »Ich will dich nicht quälen, mir macht es auch keinen Spaß, diese Schweinereien zu hören. Aber …«

Mirta wiederholt die Sätze mit kleinen Varianten.

»Ich hätte sie aufschreiben sollen«, fügt sie hinzu. »Kannst du etwas damit anfangen?«

»Ein vager Hinweis.«

»Erklärst du mir das? Es interessiert mich, wie die Polizei arbeitet.«

»Ich habe da meine ganze eigene Vorgehensweise.«

»Und wie arbeitest du?«

»Ich folge meiner Nase, Gefühlen, Vorahnungen …«

Mirta erlaubt sich zu frotzeln: »Vielleicht errätst du die Namen der Verbrecher aus den Tarockkarten. Und schaust im Horoskop nach, ob derjenige, den du verhaftet hast, auch wirklich schuldig ist!«

Camilla lacht. Das Mädchen ist intelligent. Und seine Angst hält sich in Grenzen. Sie erklärt: »Hellhörig hat mich die Drohung gemacht, dich mit seinem Prügel zu stoßen. Bist du sicher, dass er das Wort Prügel benutzt hat?«

»Dass das der genaue Wortlaut war, würde ich nicht beschwören. Aber ich bin sicher, dass er die Worte ›stoßen‹ und ›Prügel‹ benutzt hat. Warum?«

»Du bist achtzehn, und unter Gleichaltrigen, Jungs und Mädchen, nehmt ihr kein Blatt vor den Mund und nennt die Dinge beim Namen. Zum Schwanz sagt ihr Schwanz, und was es sonst noch an Bezeichnungen für das männliche Geschlecht gibt.«

»Es gibt einen ganzen Haufen. Schniepel, Riemen, Schwengel ...«

»Der Verrückte hat das Wort *cana*, auf Italienisch *canna*, benutzt, ein Dialektausdruck, der nicht mehr so gebräuchlich ist, was bedeutet, dass er nicht mehr ganz jung ist. Und er kommt vom Land, der Modeneser aus der Stadt würde anders reden.«

»Prima. Dank des Schwanzes sind wir einen kleinen Schritt vorwärtsgekommen.«

»Einen sehr kleinen Schritt. Sei bitte weiterhin vorsichtig. Geh nicht allein nach Hause, versuch, immer Menschen um dich herum zu haben, die du kennst. Nimm keine Einladungen von Unbekannten an ...«

»Das hat meine Mutter immer zu mir gesagt, als ich elf war.«

»Der Richter hat verfügt, dir Begleitschutz zu geben.«

»So weit kommt's noch. Ich fühl mich wie ein großer Star.«

»Wir sehen uns.«

»Warte eine Sekunde.«

Mirta geht zum Bücherregal und nimmt eine CD heraus.

»Das ist meine neue Platte, sie ist noch nicht im Handel.«

»Danke. Ich werde sie mir gleich anhören, wenn ich nach Modena zurückfahre.«

16

»Danke. Einen Nachmittag wie diesen hab ich gebraucht«, sagt Camilla zu Donato.

Sie hatten einen Ausflug aufs Land gemacht, in die Gegend von Stuffione: Mittagessen bei Biancospino, ein langer Spaziergang entlang der Gräben. Camilla hatte sich den Spaß gemacht, eine Kröte in die Hand zu nehmen.

»Das hab ich als kleines Mädchen immer gemacht, zum Entsetzen meiner Spielkameraden, auch der Jungs. Ich mochte es, die feuchte und kühle Haut unter den Fingern zu spüren. Die Kröten sind schön, und die hier ist die schönste von allen: eine smaragdgrüne, grün mit gelben und braunen Flecken.«

»Und jetzt wirst du mir sagen, dass sie auch ein intelligentes Tier ist.«

»Sie ist ein Tier.«

»Und du hast keine Angst, dass sie dir ins Gesicht spuckt, wenn du sie so hältst?«

»Sie spuckt einen nicht an. Man merkt, dass du keine Ahnung von Kröten hast. Sie spucken von hinten.«

Donato hatte sich für alle Fälle ein paar Schritte entfernt.

»Jedes Mal, wenn ich mit dir unterwegs bin, lerne ich etwas Neues.«

Jetzt, auf der Strada Panaria, in dem roten Mini, den Camilla angesichts des Verkehrs ein wenig zu gemächlich fährt, ist Donato sich nicht mehr so sicher, ob er die Dankbarkeit seiner Begleiterin wirklich verdient. Sie hat das Restaurant ausgesucht, sie hat entlang der Gräben spazieren gehen wollen, sie fährt nach Hause zurück. Und Donato fühlt sich wie üblich ein wenig benutzt. Gebraucht, wie Camilla sagt. Aber im Grunde ist es ihm ganz recht so, denn zum Abschluss dieses schönen gelb-grünen Tages braucht sie ihn noch in ihrem großen Bett in der Via Lovoleti. Mehr kann er nicht verlangen, auch wenn er wollte. Er würde sie sogar heiraten. Aber vielleicht wäre das Zusammensein danach nicht mehr so unterhaltsam.

Die Ghirlandina kommt in Sicht.

»Heute werde ich ohne Abendessen ins Bett gehen«, erklärt Camilla. Im Biancospino hab ich heute mindestens zwei Kilo zugelegt.«

»Ich werde das Abendessen ebenfalls auslassen«, erwidert Donato. »Aber wenn ich ohne Essen ins Bett gehe, wache ich gegen drei hungrig auf. Warum machen wir uns nicht einen schönen Salat aus Tomaten und Mais? Hast du das zu Hause?«

Damit will er herausfinden, ob der Ausflug eine Fortsetzung in Camillas Wohnung haben wird. Sie versteht, worauf er hinauswill, aber sie hat andere Pläne:

»Ich werde mich mit einem Apfel begnügen, mich vor den Fernseher setzen, irgendeinen Blödsinn gucken und darüber einschlafen, mit dem Griebs in der Hand.«

»Dem Griebs?«

»Dem Kerngehäuse.«

»Ich hatte gehofft, der Griebs wäre ein Teil von mir …«

Er wird rot. Donato schafft es nicht, Schlüpfrigkeiten zu sagen, nette oder dämliche, ohne rot zu werden, wie jetzt. Aber Camilla lässt sich nicht erweichen:

»Ein andermal. Heute Abend verabschieden wir uns vor der Haustür.«

Sie sind bereits in der Via Lovoleti, vor der Garagentür, die Camilla mit der Fernbedienung öffnet. Sie fahren hinein. Camilla parkt den Mini vorsichtig in dem engen Raum zwischen zwei Riesenschlitten.

Das ist ihre große Liebe: der Mini!, denkt Donato.

Sie verlassen die Garage. Donato begleitet Camilla bis zur Ecke und verabschiedet sich mit einem Kuss auf die Lippen, die er kaum berührt.

»Gute Nacht, Camilla.«

Er geht. Ein wenig gekränkt. Sie ist das gewohnt. Sie hat ihn gern, weil er empfindlich, gut, anständig ist.

Sie lächelt innerlich, zufrieden mit dem Tag. Sie hat tatsächlich acht Stunden lang nicht an den Fall Vanessa Silvi gedacht.

Ein Schatten, den die Laterne auf dem menschenleeren Bürgersteig verlängert, und das Geräusch von gedämpften Schritten in Turnschuhen erschrecken sie nicht, und auch nicht die Hand, die sich auf ihre Schulter legt: Donato ist zurückgekommen, um wenigstens einen richtigen Kuss, wie er den Zungenkuss nennt, einzufordern. Sie dreht sich um, und ihr Lächeln erstarrt. Der Mann lässt seine Hand auf ihrer Schulter. Fahrradmütze, weißer Mundschutz, wie die Chinesen ihn benutzen, um sich vor Ansteckung zu schützen, blond, helle, kalte Augen. Er packt sie an den Armen. Camilla versetzt ihm einen Fußtritt, sie spürt die Spitze des Schuhs an seinem Bein, aber er scheint es nicht zu bemerken. Seine Hände sind wie Zangen, sie tun ihr weh. Camilla ruft um Hilfe, und sofort hält eine Hand ihr den Mund zu. Jetzt ist er hinter ihr und schiebt sie gewaltsam vorwärts. Sie ist der Ohnmacht nahe, weil der Angreifer versucht, ihr auch die Nase zuzuhalten. Sein Körper drückt sich gegen ihren, sie spürt sein Geschlecht an ihren Pobacken. Er hievt sie auf die Ladefläche eines Lieferwagens. Sie beißt ihm in die Hand, die für einen Augenblick den Druck auf ihren Mund lockert. Camilla atmet tief durch, sammelt neue Kraft und greift mit ihrer freien Hand nach seinem Hodensack. Sie packt ihn, drückt fest zu und quetscht ihn mit der Kraft der Verzweiflung. Der Angreifer brüllt: »*Blestemat!*«

Er lässt sie um sich selbst kreisen und versetzt ihr einen Faustschlag aufs Kinn.

»Donato?«

»Dein Schutzengel.« Er hat eine in kaltes Wasser getauchte Serviette in der Hand, die er ihr auf den unteren Teil des Gesichts legt. »Hast du Schmerzen?«

Ungeachtet der Schmerzen und der Serviette springt Camilla auf und blickt sich um, als wollte sie sich vergewissern, dass sie auch wirklich in ihrer Wohnung ist.

»Was ist passiert?«, fragt sie Donato.

»Ich bin zurückgekommen, weil mir der Gute-Nacht-Kuss nicht gefallen hat. Gerade rechtzeitig, um zu sehen, wie dich der Kerl mit einem Fausschlag niederstreckt.«

»Was ist aus ihm geworden?«

»Er ist entwischt.«

»Zu Fuß?«

»Ja.«

»Und anstatt ihm hinterherzulaufen, hast du dich um mich gekümmert und mich nach Hause gebracht!«

»Ich bin ihm hinterhergelaufen. Aber er hatte mit Sicherheit keine Tortellini, gefüllten Schweinsfuß mit Linsen und Zuppa inglese im Magen. Er lief wie der Teufel und war bald verschwunden. Daraufhin bin ich zurückgekommen. Zwei Frauen waren über dich gebeugt ...«

»Sie hätten früher kommen sollen. Und du auch!«

Sie lächelt ihm zu und küsst ihn trotz ihres schmerzenden Kinns auf den Mund. Ein richtiger Kuss diesmal.

Sie hebt die Serviette auf, geht ins Bad, hält sie unters Wasser und betrachtet sich im Spiegel. »Mist, das gibt eine schöne Schwellung!« Sie drückt die Serviette aufs Kinn, dann kehrt sie zum Sofa zurück und setzt sich Donato gegenüber. »Das war keine versuchte Vergewaltigung oder ein Raubüberfall. Dieser Mann wollte mich verprügeln. Oder entführen, so wie Vanessa Silvi und Catia Malavasi entführt worden sind.«

Er blickt sie bestürzt an. »Bist du sicher?«

»Nein. Aber jetzt will ich darüber nicht nachdenken, ich bin zu müde. Du kannst hier schlafen, wenn du willst.«

Donatos Augen leuchten vor Freude.

Sollte am Ende er ihr einen Mörder auf den Hals gehetzt haben?

17

Besprechung um fünf Uhr im Büro von Dottore Cosimo Di Nardo, dem Polizeipräsidenten, anwesend Staatsanwalt Dottore Alberto Ferioli, Commissario Francesco Savino, Commissario Teodoro Lanza und Inspektor Camilla Cagliostri.

»Wir sind auf einem guten Weg«, bemerkt Savino.

»Erklären Sie das näher«, sagt der Polizeipräsident.

Savino wedelt mit einem Blatt Papier.

»Die Polizeipräsidien Norditaliens haben mir die Zahl der Personen gemeldet, die in jeder Provinz verschwunden sind. Außerdem bin ich auf die Internetseite der Sendung *Chi l'ha visto?* auf Raitre gegangen, die auf der Grundlage der Anrufe, die die Mitarbeiter erhalten, ständig aktualisiert wird. Sie sind genauer als die Polizei und die Carabinieri, weil sich viele Verwandte zuerst an Federica Sciarelli, die Moderatorin der Sendung, wenden und erst danach an uns.«

»Die Macht des Fernsehens«, bemerkt Lanza.

»Die Zahl der Personen, die in Modena einschließlich der Provinz verschwunden sind, liegt im Durchschnitt«, fährt Savino fort, »eher sogar eine Spur darunter. Brescia liegt an der Spitze mit zehn Anzeigen allein im März. Es sind vor allem zwei Kategorien von Personen, die verschwinden: Jugendliche, die aus Abenteuerlust, wegen schulischer Probleme oder aus Liebe weglaufen, und Erwachsene, die sich verirren oder fortgehen, ohne zu wissen, wohin, weil sie unter Altersdemenz leiden oder Angst davor haben, im Heim zu enden. Fast immer werden diese Personen wiedergefunden. Und dann gibt es die Fälle von Kindern, die verschwinden, nicht viele, aber häufig unaufgeklärt. Erinnern Sie sich an Angela Celentano, die auf dem Monte Faito verschwunden ist, während sie einen Ausflug mit ihren Eltern machte, und an Denise, die Tochter von Mazara del Vallo?«

»Vanessa Silvi, Tonino Braida und Catia Malavasi passen in keine dieser Kategorien«, bemerkt der Staatsanwalt.

»Und ich auch nicht«, fügt Camilla hinzu.

»Glauben Sie immer noch, dass es eine versuchte Entführung und nicht ein versuchter Raubüberfall oder eine versuchte Vergewaltigung war?«, fragt Savino sie. »Was wollen sie mit einer Polizistin?«

»Und mit einer Verkäuferin? Oder einem Blumenzüchter?«, fragt Camilla zurück. »Mein Rumäne hat nicht versucht, mir die Umhängetasche von der Schulter zu reißen, und bestimmt wollte er mich auch nicht vergewaltigen, wenn man die Uhrzeit und den Ort bedenkt. Er wollte mich entführen. Oder verprügeln.«

»Warum verprügeln?«

»Um mich einzuschüchtern.«

»Woran haben Sie erkannt, dass es ein Rumäne war?«, will der Polizeipräsident wissen.

»Er hat ›Blestemat!‹ gerufen. Das bedeutet ›Verdammt!‹ auf Rumänisch.«

Dottore Ferioli, der mit dem Fall Silvi betraute Staatsanwalt, fragt: »Wie haben Sie auf den Angreifer reagiert?«

Savino antwortet für Camilla:

»Sie hat ihn an den Eiern gepackt … Der arme Rumäne wird heute wahrscheinlich ein kleines Problem haben …«

Sie lachen, und Camilla muss wohl oder übel gute Miene zum bösen Spiel machen, obwohl sie diese Kumpanei unter Männern nervt: anzügliche Bemerkungen, Augenzwinkern, Ironie, besonders, wenn auf die eine oder andere Weise sexuelle Dinge ins Spiel kommen.

Der Polizeipräsident lenkt das Gespräch auf die verschwundenen Personen zurück, indem er bemerkt: »Ich kenne die Sendung *Chi l'ha visto?* auch und ziehe ihre Statistiken nicht in Zweifel. Aber es besteht ein grundlegender Unterschied zwischen Personen, die verschwinden, und Personen, die entführt werden. Die Schauspielerin, die Verkäuferin und der Blumenzüchter sind nicht aus freien Stücken fortgegangen ...«

»Zum Glück haben die Zeitungen noch keine Verbindung zwischen den Fällen hergestellt und beschränken sich darauf, über die verschwundene Schauspielerin zu berichten, was angesichts der Popularität der Silvi ganz normal ist.«

»Wir werden sie bestimmt nicht auf einen Zusammenhang aufmerksam machen, den es vielleicht gar nicht gibt«, fügt der Polizeipräsident hinzu.

Savino meldet sich am Telefon.

»Ich hatte Sie doch gebeten, mir keine Anrufe aufs Handy zu legen. Ich habe eine Besprechung mit dem Polizeipräsidenten.« Aber dann hört er doch zu, macht sich Notizen, ruft trotz der Anwesenheit des Herrn Polizeipräsidenten »Verdammte Scheiße!«, beendet das Gespräch und erklärt:

»Es ist noch jemand verschwunden. Oder entführt worden, wie man will. Ein gewisser Gianni Barbieri, vierzig, Unternehmer. Hat eine Fabrik im Industriegebiet von Torrazzi. Gestern Abend ist er von der Arbeit nicht nach Hause gekommen. Seine Frau hatte ihn erwartet, weil sie zum Abendessen gehen wollten, um ihren fünften Hochzeitstag zu feiern.«

18

»Hast du irgendwelche guten Karten in der Hand?«, fragt Nanda Violo Camilla, als diese ins Büro kommt.

»Nein, nur ganz schlechte.«

»Und wie willst du vorgehen?«

»Das weiß der Himmel. Morgen bin ich mit Gabriella Pelacani verabredet, der Einzigen, die Erinnerungen an die Vergangenheit ihrer Schwester in Modena hat.«

»Du bist immer noch nicht überzeugt, dass es sich um einen Verrückten handelt, auch nicht nach den Drohungen, die die Sängerin und die anderen Entführten erhalten haben?«

»Irgendwas muss ich ja tun.«

Inspektor Violo ist versucht, ihr zu sagen, dass sie ihre Zeit ja damit verbringen könnte, ihr bei der Büroarbeit zu helfen. Aber sie schweigt.

»Meine Tochter ist in Bologna, auf der Universität«, informiert Gabriella Camilla, nachdem sie ihr Kaffee eingeschenkt und selbst gebackene Kekse angeboten hat. Sehr gut, die Kekse. »Studieren und mit jungen Leuten zusammen sein ist die beste Methode, um seine Sorgen zu vergessen.«

»Da muss ich Ihnen recht geben.«

»Kann ich Ihnen irgendwie helfen?«

»Ich möchte mehr über Ihre Schwester erfahren aus der Zeit, als sie noch in der Gegend von Modena wohnte.«

»Wozu soll das gut sein?«

»Der Richter ist noch nicht überzeugt, dass sie von einem Verrückten oder einem Erpresser entführt worden ist. Die Blutspuren in der Villa Galaverna lassen das Schlimmste vermuten. Es könnte sich um Rache handeln. Ein früherer Verehrer zum Beispiel, den sie abgewiesen hat.«

»Das kommt mir unwahrscheinlich vor. Das steht in keinem Verhältnis: eine Frau zu entführen oder sogar zu töten, nur weil sie einen vor zehn Jahren verlassen oder abgewiesen hat!«

»Grundsätzlich sehe ich das auch so. Aber je mehr wir über Vanessa wissen, desto näher kommen wir der Wahrheit.«

Gabriella scheint nicht recht überzeugt zu sein, und Camilla ist es auch nicht. Es ist wenig wahrscheinlich, dass sich in Vanessas Vergangenheit etwas findet, das schrecklich genug ist, um Mordgedanken auszulösen. Trotzdem ist Vanessa verschwunden, und es wurden Blutspuren gefunden. Offenbar hatte sie sich mit jemandem getroffen, den sie so gut kannte, dass sie ihm vertraute.

Gabriella hat sich überzeugen lassen. Sie kratzt mit dem Löffel den Zucker zusammen, der am Boden der kleinen Tasse geblieben ist, und beginnt zu erzählen.

»Vanessa ist immer wunderschön gewesen, schon als kleines Mädchen. Als sie neun oder zehn war, hat unsere Mutter angefangen, sich Sorgen zu machen, weil sie älter wirkte. Ihre Brust war bereits entwickelt. Und sie hatte so einen koketten Blick, oder zumindest wirkte er so auf die Jungs. Als sie zwölf war, machten ihr junge Burschen den Hof, die viel älter waren als sie. Sie ging gern tanzen und mochte Liebesfilme. Da wir auf dem Land lebten, in Campodoso ...«

»Wo sich die Villa Galaverna befindet.«

»Nicht weit weg. Das nächstgelegene Dorf ist Finale, vier oder fünf Kilometer entfernt. Wenn sie also zum Tanzen zu Spinelli oder ins Kino gehen wollte, musste ich sie mit dem Fahrrad begleiten und durfte sie nicht aus den Augen lassen. Ich war praktisch ihr Leibwächter. Nicht, dass ich es nicht gern getan hätte, ich habe sie immer gern gehabt, aber da ich vier Jahre älter war, hatte ich meine eigenen Verehrer, und manchmal entzog sich Vanessa meiner Aufsicht, besonders wenn wir tanzen gingen. Einmal bemerkte ich am Ende eines Tanzes, dass Vanessa verschwunden war. Ich hab sie sogar auf der Toilette gesucht. Nach ein paar Stunden fand ich sie im nahen Park, wo sie einen Jungen umarmte. Ich hätte Handschellen benutzen müssen, um sie immer in meiner Nähe zu haben. Im Kino war es besser. Da sie neben mir saß, ließen die Jungs sie in Ruhe. Aber das sag ich so, denn auch in der Dunkelheit des Saals bemerkte ich immer männliche Schatten, die ihr zu nahe kamen. Doch im Kino war Vanessa von anderen Dingen abgelenkt. Sie mochte alle Filme, auch die albernsten, weil sie schon damals davon träumte, Schauspielerin zu werden. Sie suchte sich eine weibliche Person aus und fühlte sich in die Rolle ein. Sie weinte oder lachte mit ihr. Gewöhnlich identifizierte sie sich mit der Hauptperson, vorausgesetzt, sie war schön. Wenn wir mit dem Fahrrad nach Hause fuhren, kommentierte sie den Film und übte manchmal Kritik an der Schauspielerin. Ich hätte das besser gespielt, sagte sie; wenn sie ihn küsst, scheint sie nicht verliebt zu sein, und wenn sie stirbt, merkt man, dass sie nur so tut, sie kann sich kaum das Lachen verkneifen.«

»Kommen wir zum gefährlicheren Alter, als Sie sie nicht mehr zum Tanzen oder ins Kino begleiteten.«

»Mit fünfzehn war Vanessa bereits unabhängig ...«

Camilla unterbricht sie: »Vanessa war kein Modename vor vierzig Jahren ...«

»Ich heiße Gabriella nach meiner Großmutter mütterlicherseits. Meine Mutter wollte sie Vanessa nennen, weil sie den Namen in einer Erzählung in *Confidenze* gelesen hatte und weil er ihr gefallen hatte.«

»Und Tiziana?«

»Den Namen meiner Tochter hat Vanessa ausgesucht.«

»Kommen wir auf die fünfzehnjährige Vanessa zurück.«

»Ab der Zeit wurde es immer schwieriger, sie zu beaufsichtigen, zur großen Sorge unserer Eltern. Sie kam und ging zu jeder Tages- und Nachtzeit, immer in Begleitung von jungen Burschen oder auch von reifen Männern.«

»Ging sie nicht in die Schule?«

»Ich habe nach der Mittelschule aufgehört. Vanessa, die eine ziemlich gute Schülerin war, obwohl sie die Bücher kaum öffnete, schrieb sich auf dem Gymnasium in Finale ein, aber man hat sie nur selten die Schulbank drücken sehen. Die Eltern überwachten sie nicht. Mein Vater war bis zu seinem dreißigsten Lebensjahr Bauer gewesen, danach arbeitete er bei einer Firma, die landwirtschaftliche Maschinen vermietete. Er konnte mit Traktoren, Sämaschinen und Mähmaschinen umgehen. Er hatte drei Jahre die Grundschule besucht. Meine Mutter war noch kürzer in der Schule gewesen. Nachdem sie auf Raten eine Strickmaschine gekauft hatte, arbeitete sie für einige Betriebe in Carpi. Beide hatten nur eine vage Vorstellung von Schule und achteten daher nicht allzu sehr auf unsere Ausbildung. Mit siebzehn fing Vanessa an, als Fotomodell zu arbeiten. Mithilfe eines befreundeten Fotografen hatte sie eine kleine Fotomappe herumgeschickt, und die Agenturen forderten sie für Werbekampagnen an. Nichts Bedeutendes, immer nur in unserer Provinz, aber da die Strickwaren gut liefen, hatte auch der kleinste Betrieb Bedarf an Prospekten, Katalogen und Ähnlichem. Ich erinnere mich an Vanessas erstes professionelles Foto: sie mit nichts als einem Pullover, der ihr bis zur Hälfte des Oberschenkels reichte.«

»Das wird ihr eine Menge Angebote eingebracht haben ... keine Arbeitsangebote, meine ich!«

»Sie hat es mir selbst erzählt: Unter dem Vorwand, eine

Fotoreportage mit ihr machen zu wollen, haben sie sie zum Abendessen eingeladen und versucht, sie ins Bett zu kriegen. Aber Vanessa schickte sie zum Teufel und fügte hinzu, das sei keineswegs die Ziererei einer Jungfrau, sondern die seriöse Berufsauffassung eines professionellen Fotomodells, das sich nicht wegwerfen und in Verruf geraten wolle, indem es mit Fotografen, kleinen Strickwarenfabrikanten und Inhabern von Werbeagenturen ins Bett steigt … Ich glaube, ihre Jungfräulichkeit hatte sie schon mit dreizehn oder vierzehn verloren. Mit Sicherheit verstand sie es vorzüglich, ihr Image, wie man heute sagt, zu verkaufen, und sie hatte große Ziele. Mit zweiundzwanzig ist sie nach Rom gegangen. Um wirklich Karriere zu machen, musste sie raus aus der engen Welt zwischen Modena, Bologna und Ferrara.«

»War unter den Männern, mit denen sie zusammen war, bevor sie endgültig nach Rom ging, einer, der wichtiger war als die anderen?«

»Das weiß ich nicht, aber es ist möglich. Sie hat nicht viel erzählt. Und Namen nannte sie schon gar nicht. Als sie achtzehn war, ist sie sogar mal einen ganzen Monat nicht nach Hause gekommen. Nach ein paar Jahren fing sie an, den Eltern Geld zu schicken. In diesem Punkt ist sie immer sehr großzügig gewesen. Sie verdiente ziemlich gut, wenn auch nicht so viel wie eine Schauspielerin, die es wirklich geschafft hat. Papa und Mama nahmen das Geld, ohne allzu viele Fragen zu stellen.«

»Glauben Sie, dass sie das Geld zum Teil … auf nicht anständige Weise verdient hat?«

»Was meinen Sie mit ›auf nicht anständige Weise‹?«

»Ich will nicht unterstellen, dass Vanessa sich prostituierte, aber es hätte ja sehr gut sein können, dass sie Geldge-

schenke von wohlhabenden Freunden angenommen hat ...
So etwas kommt vor.«

»Woher soll ich das wissen?«

»Hatte sie Freundinnen?«

»Das glaube ich nicht. Vanessa verkehrt nur mit Männern.«

19

Am Telefon hatte sie gesagt: »Ich heiße Federica Maletti, ich
bin eine Freundin von Vanessa Silvi. Ich möchte Ihnen den
Brief zeigen, den sie mir vor ein paar Wochen geschickt hat.
Ich glaube, er könnte die Polizei interessieren.«

»Ich erwarte Sie im Polizeipräsidium.«

»Können wir uns nicht woanders treffen?«

»Wo Sie wollen.«

»Das überlasse ich Ihnen. Nur kommen Sie nicht in Uniform.«

»Kann ich kommen, wie ich will, oder haben Sie bestimmte Vorlieben? Armani, Versace, Balestra, Anna Molinari ...«

Sie hatte gelacht.

Caffè del Corso. Camilla sitzt im Freien, sie zündet sich
eine Zigarette an. Federica Maletti und der Kellner kommen
gleichzeitig, der eine von rechts, die andere von links.

»Was nehmen Sie?«, fragt Camilla.

»Einen Kaffee.«

Federica ähnelt Vanessa in ihrer Art und ihrer Eleganz.
Und in ihrer Schönheit. Sie ist dunkelhaarig. Dunkel sind
auch ihre Augen und ihre Haut. Ein guter Typ. Verheiratet,
ein Ehering aus Weißgold.

»Vanessa und ich, wir haben für dieselbe Werbeagentur gearbeitet. In Bologna. Eines Tages ist sie nach Rom gegangen und hat Karriere gemacht. Und ich habe geheiratet.«

»Wie alt ist Ihre Tochter?«

»Sie haben sich informiert?«

Camilla lacht.

»Berufskrankheit.«

»Meine Tochter ist zwölf.«

»Und Sie und Vanessa waren gute Freundinnen. Ihren Verwandten zufolge hatte Vanessa keine Freundinnen in Modena.«

»Ich glaube, ich war die einzige. Wir haben uns in Bologna kennengelernt, bei der Pipa ... Ja, Sie verziehen zu Recht das Gesicht. Wie kann man nur auf die Idee kommen, eine Agentur für Fotomodelle Pipa zu nennen, ausgerechnet in der Emilia! Ich glaube, die Inhaber haben das mit Absicht gemacht. Wie auch immer, Pipa bedeutet Press International Photography Agency und ist trotz des Namens eine seriöse Agentur. Sie suchten schöne Mädchen, und wir haben uns vorgestellt, eine Blonde und eine Brünette. Wir erwiesen uns als fotogen, und so fingen wir an und träumten wie so viele von einer Karriere als internationale Topmodels. Aber erst einmal machten wir Fotos für die Kataloge unserer Strickwarenfabrikanten.«

»Haben Sie sich auch außerhalb der Arbeit getroffen?«

»Ja und nein.«

»Was heißt das?«

»Wir haben ja nicht in der Fabrik oder im Büro gearbeitet. Abgesehen von den langweiligen Fotoshootings im Studio war die Arbeit sehr abwechslungsreich, weil wir Einladungen zum Aperitif, zu Partys, zum Abendessen und zu Besichtigungen der kleinen Betriebe, die sich an die Agentur wandten, annahmen … Kurz, die Kontaktpflege war Teil unserer Arbeit, dadurch lernten wir Leute kennen, die für uns und die Pipa wichtig waren.«

»Eine Menge Verehrer, nehme ich an.«

»Zu viele. Fotografen wie Kunden versuchten, uns ins Bett zu kriegen. Daran waren sie vor allem anderen interessiert. Wir hatten einen Weg gefunden, uns zu schützen und gleichzeitig die Einladungen zum Abendessen oder zu Partys anzunehmen, ohne in Bedrängnis zu geraten: Wir waren immer zusammen und ließen ihnen keine Gelegenheit, mit einer von uns allein zu sein. Man nannte uns die Unzertrennlichen. Die eine oder andere Ausnahme machten wir natürlich schon, Vanessa ebenso wie ich.«

»Erzählen Sie mir von Vanessas Ausnahmen. Eine große Liebe, ein allzu zudringlicher oder bedrohlicher Verehrer … irgendetwas, das eine Rache rechtfertigen könnte, selbst noch nach Jahren.«

»Darüber hab ich auch nachgedacht, gleich nachdem ich von ihrem Verschwinden erfahren hatte. Vanessa hat nicht wie eine Nonne gelebt, auch wenn sie darauf achtete, sich nicht jedem an den Hals zu werfen …« Federica hält inne, denkt über das gerade Gesagte nach und verbessert sich leicht verlegen: »Nicht dass sie sich dem Meistbietenden hingegeben hätte … Sie wollte nicht in den Ruf eines leichten Mädchens kommen und machte nur dann eine Ausnahme, wenn sie glaubte, der Mann könnte ihrer Karriere wirklich nützen.«

»Niemals aus Liebe?«

»Vanessa ist ein Panzer, eine Kriegsmaschine … Sie hatte beschlossen, Schauspielerin zu werden, und die Arbeit als Model war für sie nur ein Mittel, ihren Lebensunterhalt zu verdienen und bekannt zu werden; in Wirklichkeit strebte sie nach dem großen Erfolg und kämpfte dafür, ohne irgendwelche Rücksichten zu nehmen. Ihr wäre niemals passiert, was mir passiert ist.«

»Ein Unfall.«

»Genau. Ich hab mich verliebt und geheiratet ... Erst vor ein paar Wochen, Anfang Mai, hab ich meine Meinung über Vanessa geändert, als ich den Brief las, den sie mir aus Rom geschickt hat. Vanessa schrieb mir darin von einer Liebe, die sie hier in Modena zurückgelassen habe und die sie unbedingt wiederfinden wolle, um mit ihr zusammenzuleben. Zu unserer Zeit hatte ich nie etwas von einer ernsten Liebesgeschichte bei ihr bemerkt. Vielleicht fiel das in eine Zeit, in der wir nicht zusammen waren, zum Beispiel als sie in London war, um Englisch zu lernen. Das gehörte ebenfalls zu ihrer Strategie: Eine Film- oder Fernsehschauspielerin muss Englisch können.«

»Sie sind die ganze Zeit über in Kontakt geblieben?«

»Immer. Postkarten, wenige Briefe, ein paar Anrufe, später E-Mails und SMS. Und ein paar Mal im Jahr treffen wir uns, wenn sie nach Modena kommt oder ich nach Rom fahre. Sie ist meine Trauzeugin gewesen.«

»Gesprochen hat sie nie über diese große Liebe in Modena?«

»Nie. Nur einmal am Telefon, es mag ein Jahr her sein, war sie irgendwie verändert. Plötzlich sagte sie zu mir: ›Ich werde alt‹. Ich hab sofort mit ihr geschimpft, denn wenn das so wäre, dann würde ich ja auch alt werden. Wir sind gleichaltrig, im selben Jahr geboren, beide im Juli, aber ich bin Krebs, und sie ist Löwe. Sie erzählte mir, ein Bekannter von ihr, ein Produzent oder etwas in der Art, habe Fotos von ihr gemacht, die sie halb nackt zeigen, und mit dem Filzstift habe er die kleinen Mängel markiert: Anzeichen von Zellulitis, Falten, Fettpolster an den kritischen Stellen. Lappalien, aber für sie hatten die Alarmglocken geschrillt, und sie war in eine Depression gefallen. Und sie hatte hinzugefügt, dass sie das Bedürfnis verspüre, sich wieder jung zu fühlen, sich wieder auf anderes zu besinnen als auf die Karriere und wieder auf Menschen zuzugehen, die ihr wichtig gewesen waren. Und dann der Brief.«

Sie holt ihn aus der Handtasche. Blauer Umschlag und blaues Briefpapier, handgeschrieben, mit Kugelschreiber. Eine klare, einfache Handschrift.

Camilla liest laut:

»›Liebste Federica, wie geht es Deiner Tochter? Ich freue mich, dass ihr mein Geburtstagsgeschenk gefallen hat, ich hatte Angst, sie könnte dafür schon zu alt sein …‹«

»Ein riesiger Plüschgorilla«, erklärt Federica.

»›… Mir geht es gut, ich habe gerade die letzten Szenen des Fernsehfilms abgedreht. Der, bei dem Cesare Regie führt. Er lässt Dich übrigens grüßen. Jetzt werde ich eine kleine Ruhephase einlegen, die ich nützen werde, um die beiden wichtigsten Projekte meines Lebens zu einem guten Ende zu bringen. Zwei Liebesgeschichten. Die erste ist das Haus, das weißt Du ja. Der Architekt Morisi arbeitet in der Villa Galaverna. Diese Liebe aus der Vergangenheit bereitet mir keine Probleme. Komplizierter wird es sein, mich der zweiten anzunähern, bei der es sich nicht um ein Gebäude, sondern um eine Person handelt. Sie ist mir wichtiger als alles andere auf der Welt, und ich hoffe, ich kann die verlorene Zeit aufholen. Es war egoistisch von mir, diese Liebe für die Karriere zu opfern. Ich werde nicht um Verzeihung bitten, ich werde die Vorwürfe und Strafen über mich ergehen lassen, aber dann werden wir zusammen sein, und es wird keine Lügen mehr geben. Auch wenn es für jemanden schmerzlich sein wird. Ich werde die Wahrheit sagen, endlich habe ich den Mut dazu. Grüß auch Giulio von mir …‹«

»Giulio ist mein Mann. Der Anwalt Giulio Pola.«

»›… Ich umarme Dich, Vanessa‹.«

»Eine große Liebe … Wenn man bedenkt, dass sie all die Jahre lebendig geblieben ist. Ich denke, es handelt sich um einen verheirateten Mann. Und dieser Jemand, für den das schmerzlich sein wird, ist wahrscheinlich seine Frau.« Federica schaut Camilla in die Augen und fügt hinzu: »Diese Frau hatte sicherlich ein Motiv, Vanessa verschwinden zu lassen. Ich sehe sie vor mir: eine Dame aus Modena um die vierzig, pummelig, nichtssagend, die keine Ahnung von der Jugendliebe ihres Mannes hat und die plötzlich mit der berühmten Schauspielerin konkurrieren muss, mit niemand Geringerem als Vanessa Silvi, der Frau, die sie im Fernsehen zum Weinen gebracht hat. Damals hatte sie aus Sympathie mit der Person, die Vanessa gespielt hat, geweint. Jetzt weint sie, weil sie entdeckt hat, dass die Schauspielerin und ihr Mann sich all die Jahre über geliebt haben. Verdammt, was für ein Stoff für einen Fernsehfilm!«

»Kann ich den Brief haben?«

20

Der Polizist Donato Barleri ruft Camilla auf dem Handy an:

»Ich bin im Viale Reiter Nummer 56 im Erdgeschoss eines Hauses mit zwei Wohnungen. Das Hausmädchen der Mieterin im Erdgeschoss hat uns angerufen, weil sie heute

Morgen die Tür offen und die Wohnung in völliger Unordnung vorgefunden hat. Ihrer Meinung nach sind es Einbrecher gewesen.«

»Gut möglich. Und die Besitzer?«

»Die Besitzerin. Loredana Berri, Single, auf Geschäftsreise.«

»Und warum rufst du mich an?«

»Irgendetwas kommt mir komisch vor. Komm schnell her, bevor das Hausmädchen anfängt aufzuräumen.«

»Ich bin gleich da.«

Sie stellt keine weiteren Fragen. Camilla weiß genau, dass Donato sie nicht wegen einer Lappalie stören würde, und schon gar nicht, weil er sie gern sehen möchte. Seit einer Woche laufen sie sich immer nur kurz über den Weg, in den Gängen des Polizeipräsidiums, und tun so, als verbinde sie lediglich eine Arbeitsbeziehung.

Camilla tauscht die Hose gegen einen Rock. Commissario Savino hat ihr befohlen, im Fall Vanessa Silvi in Zivil zu arbeiten, und sie hat ihn beim Wort genommen; allerdings hat sie darauf geachtet, nicht in einem zu kurzen Rock oder einer zu offenherzigen Bluse im Büro zu erscheinen. Sie benutzt das Fahrrad, ebenfalls ein Zeichen von Bürgerlichkeit, um zum Viale Reiter zu fahren.

Sie wird von Donato und dem Polizisten Salinitro empfangen. Und vom peruanischen Hausmädchen: typisches Inkaprofil, weißes T-Shirt mit der Werbung für ein Waschmittel, tief sitzende Jeans. Sie spricht perfekt Italienisch.

»Ich habe versucht herauszufinden, was sie mitgenommen haben, aber es fehlt nichts«, fällt sie mit der Tür ins Haus.

Missbilligend betrachtet sie das Fahrrad, das an der Magnolie lehnt. Wenn Camilla in Uniform, mit Dienstpistole und in einem Pantera mit heulender Sirene gekommen wäre, würde ihr mehr Achtung entgegengebracht werden.

»Warum rufen Sie nicht die Hausherrin an?«

»Auf dem Handy ertönt das Freizeichen, aber es geht niemand ran. Wer weiß, wo sie ist.«

»Arbeitet sie?«

»Die Signorina arbeitet als Model. Und sie organisiert Modenschauen. Sie präsentiert die Kollektionen von Firmen aus Modena und Carpi. Daher ist sie viel unterwegs. Correggio, Reggio, Ferrara, Mantua. Sogar Bologna.«

»Sieh mal an.«

Camilla hat viele Modenschauen gesehen, in Diskotheken, in privaten Kreisen oder auf Dorfplätzen, bei Weinlesefesten oder den Feste dell'Unità.

»Haben Sie irgendetwas angefasst?«

Die Peruanerin deutet auf Barleri und Salinitro.

»Sie lassen mich nicht einmal die Scherben der Vase zusammenkehren.«

Vom Garten gelangt man direkt ins Wohnzimmer mit Essbereich und offener Küche, die als Bar getarnt ist. Camilla geht zwischen Sofas, Puff, Fernsehtischchen und Zeitungsständer hin und her und bleibt vor einer Anrichte im Empire-Stil stehen. Sie öffnet und schließt die fünf Schubladen.

»Alles in Ordnung.«

»Signorina Loredana achtet sehr auf ihre Sachen«, sagt das Hausmädchen, das Camilla Schritt für Schritt folgt.

Die zerbrochene Vase liegt vor der Anrichte; vorher stand sie auf dem bestickten Mitteldeckchen.

»Ein Einbrecher hätte die Schubladen durchwühlt und ein wildes Durcheinander hinterlassen«, bemerkt Salinitro.

»Und das ist nicht alles«, fügt Donato hinzu und geht

Camilla ins Schlafzimmer voraus. »Auf dem Nachttisch liegt Schmuck. Nichts Besonderes, aber ein Einbrecher hätte ihn bestimmt mitgenommen.«

Ein Armband, zwei Ringe und eine kleine Uhr. Camilla nimmt die Uhr in die Hand.

»Die ist was Besonderes. Eine goldene Piaget, für den Abend.«

»Sie sieht aus wie aus Stahl.«

»Weißgold.«

»Dann war es also richtig, dich anzurufen.«

»Ja, ich bin ganz deiner Meinung.«

Salinitro, der noch überhaupt keine Meinung hat, schaltet sich ein: »Das heißt?«

Sie halten es nicht für nötig, ihm zu antworten.

»Versuchen Sie noch mal, sie auf dem Handy zu erreichen«, bittet Camilla das Hausmädchen.

In der Zwischenzeit geht sie ins Bad. Klein, ordentlich. In der Toilette ist Urin. Schon dunkel geworden. In der Luft der Geruch nach Ammoniak. Das Hausmädchen beeilt sich, die Spülung zu ziehen.

»Jetzt antwortet die Stimme: Kostenlose Ansage, der gewünschte Teilnehmer ist vorübergehend nicht erreichbar.«

Das schnurlose Telefon, schwarz wie der Onyx des Waschbeckens, auf dem es liegt, klingelt. Camilla nimmt den Anruf entgegen: »Ja?«

Eine Männerstimme: »Seit zwei Stunden warten wir auf dich. Wo zum Teufel steckst du? Wir sind alle hier, die Mädchen stehen bereit, das Publikum sitzt auf seinen Plätzen, die Japaner in der ersten Reihe, und die Molesini ist völlig aus dem Häuschen!«

»Hier spricht Inspektor Cagliostri vom Polizeipräsidium Modena.«

»Ist das ein dummer Scherz?«

»Ich fürchte, nein. Signorina Berri scheint verschwunden zu sein. Und wer sind Sie? Waren Sie verabredet?«

»Wohin verschwunden? … Ich bin Lucio Setti, ihr Teilhaber. Loredana hätte um elf hier in Carpi sein sollen, um die Vorführung der neuen Molesini-Modelle zu organisieren. Eine Vorführung für die Großhändler und ein paar wichtige Japaner. Wenn Loredana nicht kommt, erschieß ich mich.«

»Ist sie normalerweise pünktlich?«

»Eine richtige Deutsche, auf die Sekunde genau, und wenn sie etwas organisiert, überlegt sie schon im Voraus, was alles passieren könnte. Mein Gott, sie wird doch keinen Unfall gehabt haben? Sie fährt gern schnell.«

»Was für einen Wagen hat sie?«

»Einen BMW Z4.«

Die Peruanerin, die aufmerksam zugehört hat, schaltet sich ein: »Der Wagen der Signorina steht da, wo sie ihn immer parkt, hinter der Villa.«

21

Die ersten Worte des aus Rom geschickten Superpolizisten sind: »Und Sie haben die Untersuchung der Entführungen einer einfachen Inspektorin anvertraut?«

Sergio Beggiato, *commissario*, theoretisch im gleichen Dienstrang wie Savino und Lanza, kommt aus der Hauptstadt. Ihm geht ein Ruf als Star-Ermittler voraus, wie man sie aus Romanen und Filmen kennt. Ein hartgesottener Bursche, der erfolgreich ein paar Operationen geleitet hat, über die die Zeitungen ausführlich berichteten: die Aushebung eines Nests der Brigate Rosse, bei der vier Brigadisten verhaftet wurden, und die Verhaftung von Francesco Vender, dem Serienmörder, der als Bestie von Ligurien bekannt war. Er hat die Autorität, die nötig ist, um die »Operation Sardinien« zu leiten. Das ist der Name, den er der Untersuchung der Entführungen gegeben hat, da er wie die Beamten des Polizeipräsidiums von Modena überzeugt ist, dass die Entführungen das Werk einer hervorragend organisierten und erfahrenen Bande sind. Ganz nach sardischem Stil.

Camilla ist er gleich unsympathisch. Sie hasst es, Inspektorin genannt zu werden. Warum dann nicht auch Kommissarin und Polizeipräsidentin? Allzu klassisch gekleidet, grauer Zweireiher aus Leinen, maßgeschneidert, wie unschwer zu erkennen ist, perfekt rasierter Bart (mindestens mit einem Vier-Klingen-Rasierer) und dezent nach dem Unisex-Duftwasser von Dolce & Gabbana duftend. Vierzig, dunkelhaarig, an den Schläfen leicht ergraut, wie mit dem Pinsel hingetuscht, was ihm ausgezeichnet steht. Um den Hals trägt er an einer Schnur eine Brille à la Bertinotti; er hat sie auf die Nase gesetzt, um einen Blick auf Savinos Bericht zu werfen. Anwesend sind auch Commissario Lanza und Inspektor Violo.

»Niemand macht Ihnen Vorwürfe«, sagt er, und es ist nicht zu überhören, dass der nächste Vorwurf auf dem Fuße folgen wird. »Aber musste erst eine fünfte Person entführt werden, bevor Sie Verstärkung anfordern?«

In diesem Punkt hat er nicht unrecht.

Savino erklärt:

»Anfangs bestand unsere Aufgabe darin, die Schauspielerin Vanessa Silvi zu beschützen, die anonyme Morddrohungen erhalten hatte. Nachdem sie entführt worden war, ist auch Catia Malavasi, Verkäuferin in einem Supermarkt, verschwunden. Und dann erhielten wir die Nachricht vom Verschwinden des Blumenzüchters Tonino Braida, das den Carabinieri in Nonantola gemeldet worden war, einem Dorf hier in der Nähe ...«

»Ich weiß, wo Nonantola liegt.«

»Während wir versuchten, uns einen Reim darauf zu machen, verschwand der Industrielle Barbieri. Und gleich darauf das Model Loredana Berri.«

Schweigen. Camilla nutzt es, um zu sagen:

»Wenn wir schon dabei sind: Rom hätte uns auch Polizisten zur Verstärkung der Mannschaft schicken können ... Die Kleinarbeit der Ermittlungen besteht aus Nachforschungen in den Polizeikarteien, die noch nicht computerisiert sind, und bei den Einwohnermeldeämtern, aus Anrufen und Faxen an die Carabinieri, Gesprächen mit den Eltern und Freunden der Entführten und der Suche nach Zeugen ...«

Commissario Beggiato unterbricht sie: »Ich kenne die Arbeitsabläufe, und ich bin der Ansicht, das Personal des Polizeipräsidiums von Modena ist absolut ausreichend, wenn es sich richtig organisiert ... Und was Rom betrifft, wie Sie die Direzione Centrale della Polizia Criminale nennen, so hat man mir alles zur Verfügung gestellt, was ich brauche.«

Savino tut so, als merke er nicht, dass die Kritik ihm gilt, und schweigt.

Ganz im Gegensatz zu Camilla:

»Bedenken Sie, dass Sie nur mich und meine Kollegin Violo zur Verfügung haben. Und die Polizisten Salinitro und Barleri.«

»Das ist mehr als ausreichend«, bemerkt Beggiato. »Sie haben lediglich die Aufgabe, die Ermittlungen zu unterstützen.«

Er sieht erst Nanda Violo, dann Camilla an und fragt:

»Wer von Ihnen ist die Inspektorin Cagliostri?«

Man könnte schwören, dass er es ganz genau weiß, obwohl sie einander nicht vorgestellt worden sind. Nanda deutet auf Camilla.

»Cagliostri ist sie.«

»Ich betraue Sie mit einer schwierigen Aufgabe. Sie stellen mir eine Liste der Sarden zusammen, die in Modena und Umgebung wohnen. Die *Anonima sarda* hat sich, auch als sie in der Toskana operierte, immer auf Verwandte und Freunde gestützt, die in der Gegend wohnhaft sind. Und dann wählt sie sie nach ihren Vorstrafen aus. Sie werden Commissario Savino Bericht erstatten, den er an mich weiterleitet.«

Er hat ihr die Büroarbeit aufgehalst, eine völlig stumpfsinnige Arbeit, noch dazu auf einer Fährte, die sie für die falsche hält.

»Fangen Sie gleich an.« Eine Einladung zu gehen. Ja sogar ein Befehl. Sie wird mit Scheuklappen arbeiten müssen, ohne einen Gesamtüberblick über die Ermittlungen zu haben, ohne zu wissen, was die Kollegen machen.

Sie zögert, blickt zu Savino und liest in seinen Augen ein klares »Was soll ich machen? Er gibt die Befehle«. Sie steht auf und geht hinaus.

Ein Kaffee, zwei Zigaretten, und ihre Wut ist verraucht. Sie wird die Befehle ausführen, ohne Eile, und in der Zwischenzeit auf eigene Faust weiterermitteln, wie sie es immer gemacht hat.

Als sie ins Büro zurückkommt, sitzt Nanda Violo bereits

an ihrem Platz. Ihr erster Satz ist: »Ein hübscher Bursche, der *commissario*, den sie aus Rom geschickt haben. Er ähnelt dem jungen Jack Nicholson.«

»Ein Arschloch.«

»Weil er dich für Hilfsarbeiten abgestellt hat? Stell dir vor, ich soll ihm eine Übersicht über die Telefonate zwischen Sardinien und Modena geben und überprüfen, wem die Nummern gehören.«

»Seine Hypothese über die Bande von Sarden ist Blödsinn. Um fünf Entführungen in kurzer Zeit durchzuführen, braucht man eine große Organisation. Das schaffen nur Profis. Und Profis arbeiten für Geld, viel Geld. Die entführten Personen sind mit Ausnahme des Unternehmers und der Schauspielerin nicht in der Lage, ein hohes Lösegeld zu bezahlen. Und seit wann beschäftigt die Anonima sarda rumänische Handlanger?«

»Europa öffnet seine Grenzen, und die Barbagia verbrüdert sich mit Transsilvanien.«

»Die sardischen Banditen sind seriöse Leute, sie würden niemals ausländischen Trotteln vertrauen.«

»Meiner Meinung nach weiß Commissario Beggiato sehr gut, dass nur ein Verrückter eine Coop-Verkäuferin entführen würde, um Lösegeld zu fordern; er ist schließlich kein Dummkopf. Er hat uns nur deswegen auf die Sarden angesetzt, um sich uns vom Hals zu schaffen. Besser gesagt, um sich dich vom Hals zu schaffen. Er kennt deinen Ruf, schließlich stand auch er dank des Serienmörders in Ligurien in allen Zeitungen. Ihr seid Rivalen. Er will bei der Untersuchung die Zügel in der Hand halten und sich das Verdienst nicht mit einem Inspektor, schlimmer noch, einer Inspektorin, teilen.«

»Ich werde die demütige und gehorsame kleine Polizistin

spielen, die verantwortlich ist für die Abteilung Jugendkriminalität und den Vorgesetzten zur Verfügung steht.«

Nanda glaubt ihr nicht und sagt: »All diese Leute, die da verschwinden, und das Duell zwischen Inspektor Camilla Cagliostri und Commissario Sergio Beggiato, jetzt werde ich mich mit Sicherheit nicht mehr langweilen!«

»Es gibt keinen Wettstreit. Es ist nur so, dass ich mich zu sehr involviert fühle, um die Ermittlungen jetzt einfach so aufzugeben. Diese Leute haben versucht, mich zu entführen, und nur durch ein Wunder befinden die Sängerin von Campogalliano und ich uns jetzt nicht in Gesellschaft der Verkäuferin, des Models, des Unternehmers und des Blumenzüchters.«

»Und der Schauspielerin.«

»Ich kann mir einfach nicht vorstellen, dass es zwischen Vanessa Silvi und den anderen einen Zusammenhang gibt. Sie hat das Hotel verlassen, um zu einer nächtlichen Verabredung mit einer Person zu gehen, der sie vertraute. Und da sind die telefonischen und brieflichen Morddrohungen, die die anderen nicht erhalten haben.«

»Die Sängerin hat welche erhalten.«

»Aber sie ist noch zu Hause. Nein, im Fall Vanessa Silvi werde ich weiter Nachforschungen im Kreis ihrer Freunde und Verwandten in Modena anstellen. Ich muss den Mann finden, für den sie in ihre Heimatstadt zurückkehren wollte.«

»Ein Glück, dass du vorhast, als tüchtige und demütige kleine Polizistin die Befehle von Beggiato auszuführen.«

»Es wird mir ja hoffentlich nicht verboten sein, Freunde zu treffen. Und Tiziana, die Nichte der Silvi, und ich sind enge Vertraute geworden.«

Nanda lächelt nicht mehr.

»Der Ärger ist vorprogrammiert.«

»Worüber habt ihr noch gesprochen, nachdem ich Savinos Büro verlassen hatte?«

»Ich bin noch ein paar Minuten geblieben, lang genug, um den Auftrag zu erhalten, eine Übersicht über die Telefongespräche zu erstellen.«

22

Stefano Marchetti hat Camilla als Treffpunkt das Caffè dell'Orologio vorgeschlagen. Sie findet ihn im Freien an einem der Tischchen auf der winzigen Piazzetta delle Ova zwischen der Via Emilia und der Piazza Grande. Er trinkt Coca-Cola. Sie begrüßt ihn, indem sie ihm über den Kopf streichelt.

»Du verlierst deine Haare.«

»*Ciao, bella.* Setz dich.«

»Ich kann dir höchstens zehn Minuten schenken.«

»Immer in Eile! Aber sie werden ausreichen, um mir zu erzählen, was der berühmte Commissario Beggiato in Modena macht. Wir haben keine Nester der Brigate Rosse, der Drogenhandel provoziert keinen Bandenkrieg, und für den Serienmörder bist du zuständig. Er wird doch nicht wegen des Überfalls auf die Banca Popolare gekommen sein oder wegen der Prostituierten aus Nigeria, die durch einen Messerstich verunstaltet wurde, oder wegen des Skandals der Rotlichtkneipen? Oder soll er etwa Vanessa Silvi aufspüren, weil du nicht dazu in der Lage bist?«

»Der *commissario* hat mir den Grund seiner Anwesenheit in Modena nicht mitgeteilt. Meiner Meinung nach handelt es sich um eine einfache Verstärkung. Der Polizeipräsident hatte zehn zusätzliche Polizisten angefordert, und sie haben einen Kommissar aus Rom geschickt. Da wir nichts Besseres bekommen, müssen wir damit zufrieden sein.«

Stefano und die anderen Journalisten aus Modena haben noch keinen Zusammenhang zwischen den Entführungen hergestellt, da sie zu sehr mit dem mysteriösen Verschwinden von Vanessa beschäftigt sind, das für das größte Aufsehen sorgt. Umso besser, denkt Camilla, so können wir leichter arbeiten.

»Ich habe eine Leidenschaft für Statistiken«, fährt Stefano fort. »Und mir scheint, dass die durchschnittliche Anzahl von Personen, die in Modena und Umgebung verschwunden sind, im letzten Monat zugenommen hat, oder irre ich mich etwa?«

Sie muss vor ihrem Freund Stefano auf der Hut sein. Er hat das so ganz nebenbei gesagt, und jetzt fragt er mit seiner üblichen Verschlagenheit: »Noch nichts Neues von den fünf?«

»Fünf was?«

»Den fünf Entführten … Das sind nicht gerade wenig für die Emilia. Schließlich sind wir nicht in Bagdad … Bist du in das Team von Beggiato eingetreten?«

»Der *commissario* ist allein nach Modena gekommen.«

»Wenn du willst, nenne ich dir Vornamen, Familiennamen, Dienstgrade und Aufgaben der Polizisten, die er aus Rom mitgebracht hat, lauter Polizisten, die bei anderen Ermittlungen mit ihm gearbeitet haben.«

»Im Polizeipräsidium hat sich nur Beggiato blicken lassen.«

»Richtig. Die anderen sind im Gästehaus der Accademia untergebracht. Vielleicht will der *commissario* nicht, dass die Anwesenheit seines Teams amtlich wird, oder er misstraut euch … fürchtet, dass es einen Spitzel im Polizeipräsidium gibt. Oder er will nicht, dass ihm eine berühmte Polizistin dazwischenfunkt …«

Stefano weiß mehr als sie. Und Camilla hat bereits den Fehler begangen, den aus Rom geschickten Commissario zu unterschätzen. An die Geschichte der sardischen Entführer glaubt er am allerwenigsten, vielmehr scheint er überzeugt zu sein, dass hinter den Entführungen etwas Spektakuläres steckt. Aber was?

»Ich frage mich, was hinter den fünf Entführungen steckt«, sagt Stefano.

Ich auch. Doch Camilla zögert, dem Journalisten gegenüber mit offenen Karten zu spielen.

»Von jetzt an wirst du dich direkt an Commissario Beggiato wenden müssen. Er leitet die Ermittlungen.«

»Ich habe mich bei einem Kollegen erkundigt, der bei der *Tempo* in Rom arbeitet. Beggiato gibt keine Interviews oder Erklärungen. Seine Beziehung zu den Journalisten beschränkt sich auf ›Guten Tag‹ oder ›Gute Nacht‹, wenn er gut gelaunt ist. Häufig grüßt er überhaupt nicht. Er wurde in der Provinz Treviso geboren, ist vierzig, Junggeselle und hat Jura studiert.«

»Kinderkrankheiten?«

»Beggiato ist nicht Savino, der dich schätzt und mag und sich mehr schlecht als recht durchschlägt. Er ist ein Jagdhund, wie du. Das wird die reine Freude.«

Sie sind bereits drei, die so denken: Nanda, Stefano und Camilla. Sie fragt den bestens informierten Marchetti:

»Was weißt du über die drei entführten Personen aus Modena, was die Zeitungen noch nicht berichtet haben?«

»Sie haben alle ein Leben ohne besondere Vorkommnisse. Keine Vorstrafen, wenn man einmal davon absieht, dass Gianni Barbieri vor dreiundzwanzig Jahren vom Direktor erwischt wurde, als er Haschisch auf der Schultoilette rauchte. Da er das Gras an seine Freunde verteilte, wurde er angezeigt. Aber freigesprochen: Eigengebrauch von Marihuana, und das war's. Lory Berri hab ich immer wieder bei Modenschauen und auf Partys getroffen. Sie ist eine kultivierte Frau von großer Klasse, aus guter Familie, aber nicht so reich, dass es interessant wäre, sie zu entführen. Sie verkehrt in der guten Gesellschaft von Modena, ich hab sie auf Fotos neben Pavarotti, Anna Molinari, Fini, Panini gesehen ... Sie verkehrt im La Meridiana.«

»Irgendwelche Liebhaber, stürmischen Abenteuer ...?«

»Nicht dass mich der Klatsch interessierte, aber mir ist nie etwas Derartiges zu Ohren gekommen. Mit Ausnahme eines Gerüchts, das immer dann entsteht, wenn die Leute zu zurückhaltend sind.«

»Nämlich?«

»Der Verdacht, sie sei lesbisch.«

»Über die Verkäuferin weißt du nichts, nehme ich an.«

»Du irrst dich. Sie kenne ich am besten, sogar persönlich. Catia – dieser Name ist beim Einwohnermeldeamt eingetragen, nicht Caterina – ist ein wunderschönes Mädchen. Rote Haare, ihre natürliche Haarfarbe, nicht sehr groß, gute Figur, ein perfektes Näschen ...«

»Ich sehe, du kennst sie wirklich gut!«, sagt Camilla lächelnd. »Wo hast du sie kennengelernt?«

»Bei dem Casting, das ein venezianischer Fernsehsender letztes Jahr in Bologna organisiert hatte. Sie suchten für eine Sendung über die Regionalküchen eine Assistentin für jede Region. Catia arbeitet als Verkäuferin, aber sie ist sehr ehrgeizig. Sie lässt nichts unversucht. Sie hat sich sogar als

Kandidatin bei der Miss-Wahl präsentiert. In Bologna war sie die schönste unter den Kandidatinnen, die die Emilia-Romagna vertreten haben. Gewonnen hat dann eine blonde Bohnenstange, die überhaupt nichts Emilianisches hatte.«

»Merkwürdig, dass sie zwischen den Castings als Verkäuferin arbeitet …«

»Sie muss schließlich von irgendwas leben. Ihr Vater, ein Bankangestellter, ist vor drei oder vier Jahren gestorben. Die Mutter ist Arbeiterin. Schön, sie könnte als Hure arbeiten oder auch einen Mann suchen, der sie aushält. Aber sie arbeitet lieber bei Coop, bis das große Glück ihr winkt, wenn es jemals so weit kommt. Und wenn nicht, dann hat das Unglück bereits seinen Lauf genommen.«

»Kommen wir zu Barbieri, dem Unternehmer. Mit wem ist er verheiratet?«

»Seine Frau heißt Milena Bizzi. Sie hat die höhere Handelsschule absolviert und ist Geschäftsführerin der MPM SpA. Sie haben keine Kinder und scheinen eine glückliche Ehe zu führen.«

»Was bedeutet MPM?«

»Maschinen für Matratzen.«

»Und weißt du irgendetwas über den jungen Blumenzüchter aus Nonantola?«

»Nur das, was in *Chi l'ha visto* über ihn gesagt wurde, also fast nichts … Was zum Teufel ist mit diesen Personen nur passiert, die so wenig miteinander gemein haben? Eine Schauspielerin, ein Unternehmer, ein Model, das Events organisiert, ein Blumenzüchter, eine Verkäuferin …«

Ganz schweigen von einer Polizistin, die wie durch ein Wunder noch frei herumläuft.

23

Die Nummer 84 in der Via Lenin ist eine Wohnanlage mit mindestens zweihundert Wohnungen, die aber keine Sozialwohnungen sind. Und nach einer Sozialhilfeempfängerin sieht auch die Mutter von Catia Malavasi nicht aus, die Camilla im Wohnzimmer empfängt und ihr etwas zu trinken anbietet. Camilla, die in Zivil ist, lehnt dankend ab und blickt sich um. Delma Malavasi ist noch immer eine schöne Frau, jugendlich gekleidet, roter Rock und geblümte Bluse, Augen und Lippen geschminkt um zehn Uhr vormittags. Catia ist im silbernen Bilderrahmen auf dem Tischchen zu sehen: in Pose auf einem kleinen Sofa, die Arme hinter dem Kopf und mit zahlreichen Schattierungen von Rot, die der Fotograf deutlich herausgearbeitet hat: tizianrotes Haar, kirschrote Lippen, feuerrote Bluse, offen über einem rosa BH. Geschminkt sind nur die Lippen, wenn man einmal von den Augenbrauen absieht, die kunstvoll nachgezeichnet sind. Delma bemerkt Camillas Blick und sagt: »Wenn das Foto Ihnen helfen kann, Catia wiederzufinden, nehmen Sie es mit.«

»Ja, danke.«

Auf jeden Fall wird es ihr helfen, Catia besser zu verstehen. Sie hatte sie sich im Kittel einer Verkäuferin vorgestellt. Sie fragt Delma: »Warum arbeitet Ihre Tochter bei Coop?«

»Warum nicht?«

Camilla erklärt, ohne bessere Worte zu finden:

»Catia kommt mir nicht wie eine Verkäuferin vor, deswegen. Das Foto, die Wohnung und auch Sie, Signora, alles deutet auf ein Streben nach Höherem und auch auf einen gehobeneren Lebensstil hin ...«

»Wir arbeiten beide, da bringen wir schon ein bisschen was nach Hause. Mein Mann ist vor drei Jahren gestorben. Er hat bei der Cassa di Risparmio gearbeitet. Er hat uns sozusagen im Dreck sitzen lassen. Catia hat die Schule hingeschmissen, große Lust hatte sie schon vorher nicht gehabt, und sofort eine Stelle in einer Parfümerie in der Stadt bekommen. Drei Tage ist sie dort geblieben. Der Inhaber hat sich blöd benommen. Meine Tochter ist nicht schüchtern und nimmt kein Blatt vor den Mund. Sie hat ihn zum Teufel geschickt und ihm gesagt, wenn sie ihm wirklich für Geld zu Willen sein solle, dann bestimmt nicht für siebenhundert Euro im Monat. Das Gleiche ist ihr bei den nächsten drei Stellen passiert. Schließlich hat der Coop sie angestellt, wo niemand sie anmacht und wo sie zusammen mit anderen jungen Frauen arbeitet.«

»Aber natürlich ist sie nicht glücklich.«

»Ich bin auch nicht glücklich darüber, bei der Salem zu arbeiten, aber was soll ich machen?«

»Salem?«

»Salumificio Emiliano. Ich arbeitete in der Wurstwarenabteilung, Unterabteilung Mortadella, in der Nachtschicht, tausendzweihundert im Monat ... Für Catia hatte ich mir etwas Besseres erhofft. Sie möchte Fernsehschauspielerin werden. Sie kann auch tanzen und singen und nimmt an Castings teil. Ein paar Mal schon war sie ganz nah dran. Früher oder später wird sie es schaffen, da bin ich sicher. Im Fernsehen haben viel weniger begabte Mädchen Erfolg ...« Sie spricht, als wäre ihre Tochter aus beruflichen Gründen abwesend, doch dann bricht sie plötzlich in Tränen aus. »Jetzt haben sie sie mir weggenommen, und ich weiß nicht einmal, warum ... Sicher nicht wegen des Geldes ...«

Sie trocknet die Tränen, die Camilla nicht sieht. Vielleicht unterschätzt Delma die Situation.

Camilla fragt sie:

»Gibt es Verehrer, die allzu zudringlich oder viel älter sind als sie? Hat sie Drohungen erhalten?«

»Nicht, dass ich wüsste. Anrufe bekommt sie ständig. Das weiß ich, weil zu Hause immer ich drangehe. Die Nummer ihres Handys gibt sie nur sehr wenigen Freunden und Freundinnen. Und Verehrer hat sie viele. Wenn Sie sie vor sich sehen würden, würden Sie verstehen, warum. Meine Tochter ist keine auffallende Schönheit, aber wenn man sie genauer ansieht, ist man verzaubert. Sie hat etwas, das ich nicht erklären kann ...«

»Das sieht man auch auf dem Foto«, sagt Camilla aufrichtig.

»Was will der Entführer? Sich rächen, weil er abgewiesen wurde?«

»Ich glaube nicht, dass ein sexuelles Motiv dahintersteckt ... Gleichzeitig mit Ihrer Tochter sind vier weitere Personen verschwunden. Zwei davon sind Männer.«

»In der Zeitung hab ich von Vanessa Silvi gelesen ...«

»Und ein Model.«

»Das beruhigt mich ein bisschen. Ihr Kollege hat sich darauf beschränkt, die Arme auszubreiten, als ich ihn gefragt hab, was geschieht.«

»Da wir noch nichts Genaues wissen und die Entführer sich noch nicht gemeldet haben, hält sich die Polizei lieber bedeckt. Aber ich versichere Ihnen, dass wir jeder Spur nachgehen. Ein berühmter Commissario ist extra aus Rom gekommen.«

»Ich verlasse mich auf Sie, weil Sie eine Frau sind. Finden Sie meine Tochter wieder.«

»Ich werde mein Möglichstes tun.«

»Warum berichtet das Fernsehen nicht über diese Entführungen?«

»Wir versuchen, so weit wie möglich zu verhindern, dass die Journalisten die Entführungen zu sehr ausschlachten.«

»Das ist falsch. Die Leute müssen wissen, was los ist.«

24

Der Polizist Donato Barleri, Camillas geheimer Liebhaber (er selbst betrachtet sich eher als ihr geheimer Verlobter), raucht nicht, trinkt nicht, und als Camilla ihm einmal vorgeschlagen hatte, gemeinsam mit ihr Haschisch zu rauchen, hätte er sie beinahe verhaftet. Auch für seine Treue würde sie ihre Hand ins Feuer legen.

Eine Ergebenheit, die sie manchmal nervt. So wie sein Mangel an Phantasie sie nervt. Er vögelt sie ausschließlich auf die traditionelle Weise, von Angesicht zu Angesicht, mit einem Minimum an Vorspiel. Doch das, was er macht, macht er zum Glück gut.

»Du bist mein Hündchen«, sagt sie zu ihm, während sie ihn an seinem Gemächt zum Bett dirigiert.

Donato ist nicht beleidigt, weil er glaubt, dass sie damit auf die improvisierte Leine anspielt und nicht auf Treue und Unterwürfigkeit.

»Wenn wir es in der Uniform treiben würden, wäre es amüsanter«, schlägt Camilla vor. »Macht dich mein Dienstgrad nicht an?«

Er sieht sie an, als wäre sie verrückt, begreift nicht. Er braucht keine Spielchen.

Dann liegen sie nebeneinander auf dem Bett, sie mit brennender Zigarette. Sie bläst den Rauch in Richtung Donato, der ihn nicht erträgt. Schon mehrmals hat er sie daran erinnert, dass auch das passive Rauchen krebserregend ist.

»Was wolltest du mir erzählen, bevor ich dich überfallen habe?«, fragt Camilla amüsiert.

»Das Neueste von Commissario Beggiato«, erwidert Donato. »Er hat sein Team mitgebracht, das arbeitet, ohne unseren Kommissaren und unserem Polizeipräsidenten gehorchen zu müssen. Die Männer sind in Zimmern der Accademia untergebracht. Aber sie brauchen eine Verbindung zum Polizeipräsidium von Modena, um unsere Einrichtungen, das Archiv, die Computer benutzen zu können. Also haben sie beschlossen, dass ein Polizist als Verbindungsmann zwischen dem Präsidium und der Sondereinheit fungieren soll. Und weißt du, wen sie auserwählt haben?« Er wartet nicht ab, dass Camilla es errät. »Den Polizisten Donato Barleri.«

»Bravo, meinen Glückwunsch. So kannst du mich über die Bewegungen von Beggiato auf dem Laufenden halten.«

»Klar. Und ich bin gleich gekommen, um es dir zu erzählen.« Er verbessert sich, stammelnd: »Na ja, also … ich bin gekommen, um mit dir zusammen zu sein und um dir alles zu erzählen.«

»Danke. Und wie laufen die Ermittlungen?«

»Laut dem, was im Polizeipräsidium durchsickert, sind sie noch keinen Schritt vorangekommen. Die fünf verschwundenen Personen scheinen wie vom Erdboden verschluckt zu sein. Keinerlei Hinweis, keine Lösegeldforderung. Hast du etwas herausgefunden?«

Donato ist sicher, dass Inspektor Camilla Cagliostri auch dieses Geheimnis lösen wird. Camilla dagegen ist voller

Zweifel, angefangen mit der Absicht, die hinter dem Angriff auf sie steckt. Sie steht vom Bett auf.

»Du wirst dich doch nicht etwa anziehen wollen!«

Das ist eine weitere von Donatos Tugenden: Er hat immer Lust.

»Ich will nur ein paar Fotos holen.«

Sie legt sie nebeneinander aufs Bett, vor sie beide, die sie im Schneidersitz dasitzen. Donato sieht lustig aus mit seinem Glied, das in die Höhe ragt. Camilla konzentriert sich ganz auf die fünf Personen. Die Fotos von Loredana Berri, Gianni Barbieri und Tonino Braida, die sie aus der Zeitung ausgeschnitten hat, das von Vanessa Silvi, das sie aus der römischen Wohnung der Schauspielerin mitgenommen hat, und das von Catia Malavasi, das sie von der Mutter bekommen hat.

»Wenn du willst, füge noch meine Wenigkeit hinzu, leibhaftig anwesend«, sagt Camilla. »Vorausgesetzt, ich sollte tatsächlich den anderen Gesellschaft leisten.«

Auch Donatos Gedanken konzentrieren sich auf die Arbeit, und sein Glied schrumpft zusammen.

»Also?«, fragt er Camilla, nachdem er die Fotos betrachtet hat.

»Sechs Personen, vier Frauen und zwei Männer. Keine Ausgewogenheit der Geschlechter. Und auch nicht der sozialen Verhältnisse. Die Silvi und Barbieri kann man reich nennen, die Berri und Braida so lala, die Malavasi und ich, wir leben von unserem Gehalt.«

»Ich versteh nicht, worauf du hinauswillst.«

»Fällt dir, wenn du die Fotos betrachtest, nichts auf, was wir gemeinsam haben?«

Donato sieht Camilla an. Er nähert sich ihrem Gesicht.

»Kann man es mit bloßem Auge erkennen?«

»Es handelt sich nicht um ein Detail, das auf jedem Foto zu sehen ist. Es ist etwas viel Offensichtlicheres.«

Erneut starrt Donato auf das Quintett, dann betrachtet er Camilla.

»Tja, also …«

»Ich sag's dir …«

»Nein, ich hab's!«, sagt Donato, glücklich, als hätte er die Antwort in einem Millionenquiz gefunden. Er deutet auf die Fotos: »Sie sind alle schön.«

»Bravo!«

»Und du bist auch schön!«

»Lassen wir mich mal beiseite. Dann bleiben drei Frauen und zwei Männer von bemerkenswerter Schönheit. Vanessa ist nicht umsonst Schauspielerin und Loredana Model, Catia hat an Miss-Wahlen und Ähnlichem teilgenommen. Und die beiden Männer arbeiten zwar in ganz anderen Bereichen, sind aber trotzdem hübsche Burschen, wie die Fotos beweisen und die Personen bestätigen, die sie kennen.«

»Schön, ihr seid alle schön und fotogen. Und?«

»Derjenige, der die Entführungen organisiert hat, könnte sie gerade deswegen ausgewählt haben.«

»Aus welchem Motiv?«

»Das wüsste ich selbst gern.« Camilla starrt auf die Fotos. »Es ist, als hätten die Entführer eine Art Casting organisiert, um die Hauptdarsteller für einen Kino- oder Fernsehfilm oder etwas in der Art zu finden.«

»Und wenn es sich um einen Perversling handelt, der sich einen Harem von Sklaven zulegen und sie missbrauchen will?«

»Es ist unwahrscheinlich, dass ein Individuum mit der gleichen Intensität einen vierzigjährigen Mann wie Barbieri und ein achtzehnjähriges Mädchen wie die Malavasi begehren kann. Hast du eine Vorstellung davon, was es bedeutet, sechs Entführungen zu organisieren, die Gefangenen zu verstecken und sie am Leben zu erhalten? Nein, hinter dieser Geschichte verbirgt sich eine andere, neue, furchtbare Perversion …«

»Sagt dir das eine deiner Vorahnungen, oder weißt du mehr darüber?«

»Nur eine Vorahnung.«

Mit einer Handbewegung fegt Camilla die Fotos vom Bett. Donato begreift, dass die Zeit der Arbeit vorbei ist. Auch sein Glied begreift das und richtet sich wieder auf.

ZWEITER TEIL

Der Große Bruder

»Ich hoffe, dass jetzt viele Mädchen
wie ich mich sehen und sich sagen:
›Im nächsten Jahr kann ich gewinnen‹.«

Serena, Siegerin der
vierten Staffel von *Big Brother*

25

Camilla kommt nach Hause, als Lea, das Hausmädchen, gerade geht.

»Alles aufgeräumt, alles sauber. Ein gewisser Marchetti vom *Carlino* hat angerufen, er muss dich unbedingt sprechen, sagt er. Die Post liegt auf dem Küchentisch. Wir sehen uns morgen. *Ciao, bella.*«

Camilla kann gerade noch *ciao* sagen, da ist Lea auch schon im Treppenhaus verschwunden. Sie hasst den Aufzug, sie hat Angst vor ihm. Eine merkwürdige Frau, sie wechselt zwischen du und Sie hin und her, grüßt sie mit einem ungezwungenen *ciao, bella*, respektiert Camilla aber und sieht sie manchmal sogar bewundernd an, vor allem wenn Camilla in Uniform ist, denn sie kann noch immer nicht glauben, dass eine Frau den Beruf der Polizistin ausüben kann. Von Zeit zu Zeit entschlüpft ihr deswegen ein mitfühlender Blick, begleitet von einem Seufzer. Camilla mag Lea gern, auch weil sie ihre bäuerliche Herkunft als Tochter von Feldarbeitern kennt, die in San Giovanni in Persiceto zu Hause waren, der Heimat von Giulio Cesare Croce, und ein bisschen ähnelt Lea Bertoldo, diesem durchtriebenen, guten und oft fröhlichen Bauern.

Leas Fröhlichkeit ist ansteckend. Gut gelaunt legt Camilla eine Platte aus ihrer Sammlung neapolitanischer Lieder auf (zufällig hat sie *Voce e notte* herausgegriffen), wirft sich aufs Sofa und beginnt, die Post zu öffnen. Fast nur Reklame. Eine Karte von Donato aus Verona. Eine Einladung zur Vernissage einer Ausstellung im Circolo degli Artisti. Ein Buch. Nein, das Päckchen ist zu leicht. Auf dem Umschlag keine Adresse, kein Absender, keine Briefmarken. Sie öffnet es. Es enthält eine VHS-Kassette. Ohne Aufdruck und Beschriftung. Camilla hat keine Lust, die Kassette in den Videorekorder zu schieben, um zu sehen, was drauf ist. Bestimmt noch so eine Reklame: Sehen Sie nur, wie schön unser Restaurant ist, das wir in San Felice am Panaro eröffnet haben ... oder eine Panoramasicht, geschickt von der Immobiliare Secchia Rapita, über die neuen Reihenhäuser, Luxusausstattung, Bodenkredit.

Camilla wirft die Kassette in den Zeitschriftenständer und schließt die Augen. Nur noch schlafen.

Ihre Lider müssen mit dem Telefon verbunden sein, zumindest tagsüber, denn kaum hat sie sie für mehr als zwanzig Sekunden geschlossen, klingelt es.

»Stefano.«

»Ich wollte dich gerade anrufen«, lügt Camilla, die Leas Nachricht ganz vergessen hatte.

»Hast du die Videokassette bekommen?«

»Sie liegt zu meinen Füßen. Hast du sie mir geschickt?«

»Es handelt sich um eine Kopie der Kassette, die an die Redaktion des *Carlino* geschickt worden ist. Du warst nicht zu Hause, deswegen hab ich sie in deinen Briefkasten gesteckt. Weitere Kopien sind an die *Gazzetta*, an Antenna Uno, TRC, Telemodena, Telestudio und Teleducato geschickt worden. Jetzt schieb sie ein, sieh sie dir an und ruf mich dann wieder an.«

Er beendet das Gespräch, ohne Camilla Zeit zu lassen, Fragen zu stellen. Sie tut, wie ihr befohlen, auch wenn sie viel lieber hinter ihre geschlossenen Lider zurückkehren würde. Sie stellt die Stimme von Giacomo Rondinella ab, holt den Film aus dem Videorekorder, den sie vorgestern Abend gesehen hat, *Purple rose of Cairo* von Woody Allen, und schiebt Stefanos Kassette hinein.

Gleich bei den ersten Bildern begreift sie, dass es sich nicht um einen Film und auch nicht um die Arbeit eines Profis handelt; die Personen zittern und sind nicht richtig fokussiert. Dann kommt derjenige, der die Kamera führt, besser mit Schärfe und Bildeinstellungen zurecht, versucht, eine der beiden Frauen heranzuzoomen, und entfernt sich wieder.

Die Szene zeigt im Vordergrund den Wohnbereich im linken Teil eines großen Raums, eines Lofts, in dem auch eine Nische mit zwei parallelen Einzelbetten vom Typ Schlafsaal und rechts ein Essbereich mit einem runden Tisch und vier Stühlen zu erkennen sind. Im Wohnbereich sitzen auf zwei über Eck gestellten Sofas links zwei Frauen und rechts zwei Männer. Die Kamera bleibt auf den vier Personen. Ihnen gegenüber steht ein kleiner Tisch, seitlich befinden sich zwei Sessel. Keiner spricht, keiner bewegt sich. Die Kamera geht näher heran und zeigt in Großaufnahme eine der Frauen. Camilla erkennt sie.

Wie weggeblasen sind Müdigkeit und das Verlangen nach Schlaf. Camilla springt auf. Die junge Frau auf dem Sofa ist Catia Malavasi, das bestätigen die roten Haare und die rote Bluse, dieselbe, die sie auf dem Foto trägt, das Camilla von ihrer Mutter hat. Kurzer grauer Rock mit Volants. Mit geschlossenen Lippen sitzt sie reglos da und starrt vor sich hin. Angespannt, wie eine Schülerin, die darauf wartet, geprüft zu werden.

Die Kamera gleitet weiter zu der anderen Frau. Loredana Berri trägt ein pistaziengrünes Kostüm und spitze Schuhe.

Da sie Catia anschaut, ist sie im Profil aufgenommen. Auch sie sitzt ruhig und abwartend da.

»Die beiden Frauen kennen sich also!«, sagt Camilla laut, obwohl sie allein zu Hause ist.

Die Kamera fährt zurück, gleitet nach rechts und richtet sich auf die beiden Männer. Camilla erkennt auch sie.

»Was zum Teufel machen sie alle da in diesem Loft?«

Keine Entführung. Catia Malavasi, Loredana Berri, Tonino Braida und Gianni Barbieri kennen sich, wie die Kassette beweist, die da aufgetaucht ist, kopiert und in Umlauf gebracht von einem enttäuschten Erpresser oder einer betrogenen Ehefrau. Zwei Paare von Ehebrechern, die sich den ehelichen Pflichten und der Arbeit entzogen und sich auf dem Land versteckt haben, um ein Decamerone zu leben, auch wenn draußen nicht die Pest wütet ...

Ein Rascheln geht der Stimme voraus, die eines Mannes:

»Guten Abend, meine Herrschaften ...«

Es gibt also auch den Kommentar von jemandem, der es vorzieht, außerhalb des Bildes zu bleiben. Ein von den vier Personen inszeniertes Spiel?

»... Ich spreche zu Ihnen von der Schwelle des Hauses aus. Die Personen, die Sie im Wohnzimmer sitzen sehen, kennen Sie bereits aus den Zeitungen und den Fernsehsendungen, die ihre Fotos gezeigt haben. Ich stelle sie Ihnen vor, von links nach rechts: Catia, Loredana, genannt Lory, Tonino, Gianni ... Aber ich möchte, dass sie Ihnen selbst mehr von sich erzählen ... Was sie machen, wo sie normalerweise leben, wie sie sind oder zu sein glauben. Ihre wahre Persönlichkeit werden wir nach und nach kennenlernen, während des Spiels, das die Vorzüge und Fehler eines jeden bloßlegen wird ... Und jetzt hören wir die Stimme von Lory. Los, *bella*, du bist dran.«

Die Kamera nähert sich dem Gesicht von Loredana Berri. Die junge Frau hat glänzende Augen, als würde sie jeden Augenblick in Tränen ausbrechen. Plötzlich springt sie auf, schreit: »Ich will nicht!« und sieht ihre drei Gefährten an, die sich nicht bewegt haben. Sie wendet sich an die Kamera: »Ich beschwöre Sie, lassen Sie uns gehen! Was haben wir Ihnen getan?« Sie geht hinter die Sofas und verschwindet rechts aus dem Blickfeld.

»Lory weigert sich trotz meiner Ermahnungen, das Spiel mitzuspielen«, sagt die Stimme. »Sie verdient eine Strafe, wenn auch eine geringe. Ich verstehe, dass eine erfolgreiche freiberufliche Frau, die es gewohnt ist, Befehle zu erteilen, Mühe hat, gewisse Zwänge und das unfreiwillige Zusammenleben zu akzeptieren. Zudem muss man das Trauma der Entführung berücksichtigen. Aber ich hoffe, dass Lory sich beruhigen und die Regeln des Hauses vorbehaltlos akzeptieren wird. Also, wie soll sie bestraft werden? Die Entscheidung liegt bei euch. Ihr lenkt das Spiel, in Freiheit, auch wenn diese Freiheit innerhalb des Hauses relativ ist, aber ich werde euch nicht hineinreden ...«

Camilla kniet auf dem Boden und starrt gebannt auf den Fernseher, nur zwei Handbreit vom Bildschirm entfernt, um ja kein Bild, kein Wort zu verpassen.

Es handelt sich nicht um einen von den vier Personen inszenierten Scherz, wie sie angenommen hatte. Nur eine professionelle Schauspielerin könnte die Auflehnung, das Flehen um Mitgefühl und vor allem die Angst so gut spielen. Die vier Personen sind Gefangene des Hauses, und die Stimme außerhalb des Bildes ist die ihres Entführers. Eine männliche Stimme, mit deutlicher Aussprache, ohne erkennbaren ausländischen oder dialektalen Akzent. Höchstens leicht verfremdet durch einen Filter.

»Also, Tonino, was für eine Strafe verdient Lory?«

Schwarze Hose, blaues Hemd, Lederjacke, weiße Turnschuhe. Tonino Braida wirkt eher benommen als verängstigt. Er blickt sich um, sucht den Blick von Catia und Gianni, die ihm ausweichen, und blickt auf seine Schuhe.

»Stell dich erst mal vor«, fügt die Stimme hinzu.

»Ich heiße Braida Tonino und bin Blumenzüchter.«

»Na los, Tonio, erzähl von dir. Bist du verheiratet?«

»Ich hätte in ein paar Monaten Meri heiraten sollen. Wir haben einen Sohn, Mirko, zwei Jahre ... Darf ich ihn grüßen?«

»Natürlich.«

»*Ciao*, Mirko, sei schön brav!«

»Wie süß, rührend. Weiter.«

»Ich weiß nicht, was ich sagen soll.«

»Wie alt bist du? Wo bist du geboren?«

»In Nonantola, in der Provinz Modena, am 21. Oktober 1973.«

»Die Zuschauer werden Gelegenheit haben, dich besser kennenzulernen. Hast du dir inzwischen überlegt, was für eine Strafe Lory verdient?«

»Sie bekommt kein Abendessen«, erwidert Tonino.

»Bravo ... eine Strafe, die nicht allzu schlimm ist, die man aber spürt ... eine ganze Nacht lang.«

Tonino lächelt, als freue ihn das Kompliment des Kerkermeisters.

Die Kamera kehrt zum Sofa der Frauen zurück. Lory sitzt wieder auf ihrem Platz und sagt:

»Ich bin bereit.«

Sie schnäuzt sich und behält das Taschentuch zusammengeknüllt in den Händen, die auf ihrem Schoß liegen.

»Dann schieß los, meine Liebe.«

»Ich heiße Loredana Berri, ich bin am 2. Februar 1974 in Mailand geboren und wohne seit zehn Jahren in Modena. Ich organisiere Modenschauen und andere Veranstaltungen, die mit Mode zu tun haben. Ich bin ausgebildetes Model.«

»Verheiratet?«

»Nein. Ich habe keine Kinder und auch sonst keine familiären Bindungen.«

»Und die Liebe?«

»Ich hatte eine tiefe Liebesbeziehung.« Sie sieht Catia an. »Sie ging letztes Jahr in die Brüche.«

Warum ist Vanessa Silvi nicht bei ihnen?, fragt sich Camilla. Wird sie erst später auftreten, als prominenter Gast?

»Und jetzt du, Catia.«

Catias Mutter hat recht. Je länger man die Rothaarige betrachtet, desto schöner wird sie. Sie sitzt als Einzige zurückgelehnt da, ein Zeichen, dass sie nicht ganz so angespannt ist. Tatsächlich blickt sie mit einer Selbstsicherheit in die Kamera, die einer Herausforderung gleicht. Die geschminkten Lippen sind das einzige Zeichen von Make-up.

»Ich heiße Catia, Catia Malavasi, ich bin gerade achtzehn geworden. Geboren in Modena, ich wohne bei meiner Mutter. Ich bin nicht verlobt, ich habe keine Kinder, und ich will auch keine. Ich spiele, singe und tanze gern ...«

»Warum willst du keine Kinder?«, fragt die Stimme.

Catia zuckt die Achseln.

»Vielleicht änderst du später deine Meinung ...«

Die Kamera schwenkt zu dem zweiten Mann.

»Dottore Gianni Barbieri ...«

»Ich habe keinen Doktor gemacht.«

»Aber alle nennen dich *dottore* ...«

»In ein paar Jahren werden sie mich *cavaliere* nennen.«

»Lassen wir die Gemeinplätze. Komm, stell dich vor.«

»Gianni Barbieri, geboren im September achtundsechzig in Mirandola, wohnhaft in Modena. Ich bin Unternehmer. Meine Firma, die MPM, liegt im Viertel Torrazzi. Ich stelle Maschinen für Matratzen her.«

»Erklär das genauer.«

»Da gibt es wenig zu erklären: Das sind Maschinen, die zur Herstellung von Matratzen benutzt werden.«

»Verheiratet?«

»Seit fünf Jahren. Meine Frau heißt Milena Bizzi und arbeitet in meiner Firma. Sie hat die höhere Handelsschule absolviert und arbeitet als Geschäftsführerin. Wir haben keine Kinder.«

»Warum nicht?«

»Sie sind nicht gekommen.«

»Wenn ich nicht irre, bist du der Reichste in der Gruppe.«

»Ich denke schon.«

Er wirkt nicht sehr verängstigt. Er blickt zu demjenigen, der ihn befragt, und es ist deutlich zu sehen, dass er sich liebend gern auf ihn stürzen würde, wenn er könnte. Gianni trägt eine blaue Anzughose und darüber ein grünes Sporthemd, das überhaupt nicht dazu passt. Braunes Haar, Schnurrbart und ein winziger Spitzbart. Man sieht ihm nicht an, dass er vierzig ist, er wirkt jünger als Tonino, der neben ihm sitzt.

»Findest du die Strafe gerecht, die Tonino für Lory gewählt hat?«

»Ich hätte ihr verziehen. In unserer Lage verliert man schon mal leicht die Beherrschung.«

Die Kamera macht einen Schwenk über den großen Raum. In der hinteren Wand sind zwei offene Türen, die in ein Badezimmer und ein kleines Schlafzimmer mit zwei

Einzelbetten führen, die denen gleichen, die in der Nische im Loft stehen.

»Ihr habt eure Sache gut gemacht«, sagt die Stimme. »Abgesehen von Lorys dummem Wutausbruch. Aber ich hab's mir überlegt: Da dies euer erster Videoauftritt ist, sollte man ihr vielleicht doch verzeihen und ihr das Abendessen erlauben, wie Gianni vorgeschlagen hat. Seid ihr einverstanden?«

Die Kamera kehrt zu den vier Personen zurück. Gianni, Tonino und Catia antworten im Chor: »Wir sind einverstanden.«

»Und jetzt verabschieden wir uns von den Zuschauern, die noch häufig Gelegenheit haben werden, euch zu sehen und zu hören. Sehr bald schon beginnen die Nominierungen. Ihr kennt das Spiel, sicher habt ihr im Fernsehen andere Realityshows gesehen, die unserer ähneln. Ihr werdet berühmt werden, viel berühmter als die Teilnehmer von *Big Brother* oder der *Insel der Berühmten*. Auch in unserem Spiel wird es nur einen Sieger geben. Ihm winkt ein doppelter Preis: Er wird das Haus lebend verlassen, und er wird so berühmt sein, dass die Türen von Film und Fernsehen und der Werbung ihm weit offen stehen werden. Die Regeln sind die üblichen, mit einer kleinen Änderung, die unser Spiel einzigartig macht. Ihr werdet nicht die Person nominieren, die das Haus verlassen soll. Ihr werdet die Person nominieren, die sterben soll. Und ihr werdet sie selbst töten.«

Die Kamera zoomt auf Lorys Gesicht und hält an. Vielleicht hat der Große Bruder sie gewählt, weil ihr mehr als den anderen die Angst ins Gesicht geschrieben steht.

Die Aufnahme ist beendet, aber das Videoband läuft weiter, und über den Bildschirm laufen unleserliche Kritzeleien in Schwarzweiß. Sie geben sehr gut Camillas innere Verfassung wieder, ein Albtraum, aus dem sie das Klingeln des Handys befreit.

»Hallo.«

»Ich bin's, Savino. Etwas Unglaubliches, Inspektor! Die Personen, die wir suchen, sind von jemandem entführt worden, der sie zwingt, an einer Art *Big Brother* teilzunehmen ...«

»Ich weiß ... Ich hab gerade die Kassette angesehen.«

»Aber sie ist doch gerade erst bei Antenna Uno eingetroffen!«

»Weitere Kopien sind an Zeitungen und Lokalsender geschickt worden. Vielleicht auch an landesweite Fernsehsender und Zeitungen.«

»Mein Gott. Ich kann es nicht glauben!«

»Was soll ich tun?«

»Kommen Sie her. Commissario Beggiato will mit Ihnen sprechen.«

»Nimmt er mich in sein Team auf?«

»Das bezweifle ich. Sie sind für ihn ein wichtiger Zeuge, weil Sie den Mann, der versucht hat, Sie zu entführen, von Angesicht zu Angesicht gesehen haben. Er ist überzeugt, dass der Große Bruder Sie anstelle des Models einsetzen wollte, wie heißt sie noch gleich? Ach ja, die Berri. Er habe sie dann als Ersatz genommen, aber Sie seien für seine Zwecke besser geeignet gewesen ... Schönes Äußeres und ein perfekter Beruf in dem Haus, in dem ein Mörderspiel stattfindet! Es läuft mir kalt den Rücken hinunter.«

»Und das sagen Sie mir, die ich um ein Haar einer der Teilnehmer geworden wäre!«

»Wir erwarten Sie.«

Gemach. Zunächst einmal kopiert sie die Kassette. Es ist

144

gut möglich, dass Commissario Beggiato sie alle beschlagnahmt. Und während sie sie aufnimmt, sieht sie sich den Film ein zweites Mal an. Mit Stefano wird sie später telefonieren, um ihm zu danken und die Kassette zu kommentieren.

Jetzt, ohne die Emotionen beim ersten Ansehen der Kassette, kann sie anfangen zu arbeiten, nach Details zu suchen, die nützlich sein könnten, um den verrückten Großen Bruder aufzuspüren, um herauszufinden, wo sich das Gefängnis befindet ...

Die Möbel, die ganz neu zu sein scheinen, stammen von Ikea, das könnte sie schwören. Nach und nach gekauft, damit die Kassiererin sich nicht erinnern kann. Der Loft hat keine Fenster, vielleicht handelt es sich um einen Keller, einen großen Kellerraum, sicherlich versehen mit Gittern und Panzertüren, die ihn in eine Gemeinschaftszelle verwandelt haben.

Der Große Bruder ist nicht allein. Um vier Personen zu entführen und zu bewachen, braucht er Komplizen, angefangen mit dem jungen Rumänen, der versucht hat, Camilla zu entführen. Wenige gut bezahlte Komplizen. Denn der Große Bruder ist reich. Es ist viel Geld nötig, um das Gefängnis einzurichten, mit Fernsehkameras und Mikrofonen auszustatten, die Kassetten zu kopieren, die verschickt werden sollen ...

Camilla nimmt die beiden Kassetten mit. Eine wird sie Beggiato übergeben. Doch bevor sie ins Polizeipräsidium fährt, wird sie eine Kopie ihrer Freundin in Verwahrung geben, die einen Friseursalon in der Via Farini hat.

26

»Ich glaube, dass die Mitarbeit von Inspektor Cagliostri aufgrund ihrer Ortskenntnis sehr nützlich für uns sein könnte. Zumal sie mit an Sicherheit grenzender Wahrscheinlichkeit ebenfalls in das Haus des Großen Bruders einziehen sollte. Und außerdem hat sie eine gute Spürnase, Intelligenz und Mut.«

Camilla hört Commissario Savino ungläubig zu. Sie hat nicht gewusst, dass ihr Vorgesetzter sie so sehr schätzt. Auf Commissario Beggiato, der ihr gegenübersitzt in dem Dreieck, dessen Spitze Savinos Schreibtisch bildet, scheinen diese lobenden Worte keinen Eindruck zu machen. Ohne weiter darauf einzugehen, sagt er:

»Ich würde es vorziehen, wenn wir diesen Verbrecher nicht ›Großer Bruder‹ nennen und den Ort, an dem er die fünf entführten Personen gefangen hält, um mit ihren sein grausames Spiel zu spielen, nicht als ›Haus‹ bezeichnen.«

»Dafür werden schon die Journalisten sorgen«, bemerkt Camilla, ohne darauf zu warten, dass ihr das Wort erteilt wird. »Morgen werden die Schlagzeilen der Zeitungen uns genau diese Bezeichnungen um die Ohren hauen. Ganz zu schweigen von den Nachrichtensendungen im Fernsehen, die bereits Ausschnitte aus der Kassette gesendet haben. Teleducato hat eine Sondersendung gebracht.«

»Das ist genau die Art Publicity, die der Kerl will«, sagt Beggiato. »Der Irre will Aufsehen erregen, sonst hätte er die ganze Komödie nicht inszeniert.«

»Tragödie«, korrigiert Savino. »Die Idee, die Gefangenen zu zwingen, sich gegenseitig zu töten, indem sie jedes Mal das Opfer auswählen, bis nur noch einer übrig bleibt, ist ebenso barbarisch wie spektakulär. Wenn der Verbrecher sein Spiel wirklich bis zum Ende durchzieht und uns weiterhin Kassetten zuschickt, dann werden wir es mit drei live im Fernsehen gesendeten Morden zu tun haben.«

»Zeitversetzt«, korrigiert ihn Camilla, »falls wir ihn nicht vorher stoppen.«

Beggiato lächelt ihr zu, er scheint ihr etwas Nettes sagen zu wollen, doch nein: »Niemand vom Polizeipräsidium Modena wird sich um diesen Fall kümmern … Ich persönlich werde Commissario Savino über die Fortschritte der Ermittlungen informieren. Er wird als Verbindung zum Polizeipräsidenten fungieren. Der Befehl kommt von der Direzione Centrale della Polizia Criminale.« Sein Lächeln erstirbt, während er verkündet: »Ich habe den Richter gebeten, die Ausstrahlung des Videos und möglicher weiterer Kassetten zu verhindern. Wir dürfen das Spiel der Entführer nicht mitspielen.«

»Zumal ein solches Programm sofort die höchsten Einschaltquoten erzielen würde«, fügt Camilla hinzu.

Sie scheint nicht begriffen zu haben, dass sie sich nicht dafür interessieren darf.

»Warum hat der Große Bruder uns nicht Vanessa Silvi gezeigt?«, wirft Commissario Savino ein. Er pfeift auf Beggiatos Aufforderung, nicht die Bezeichnung »Großer Bruder« zu verwenden, und fährt fort: »Mit einer Fernsehberühmtheit wie ihr gelangt er mühelos auf die Titelseiten der Zeitungen … Es sei denn, er hält sie in Reserve, um sie erst später ins Haus einzuführen. So war es mit Walter Nudo auf der *Insel der Berühmten* …« Er fühlt sich verpflichtet zu erklären: »Das ist eine Art *Big Brother* für bereits bekannte Personen, die auf einer tropischen Insel ausgesetzt werden.«

Camilla lächelt ihm zu. Sie weiß, wie der *commissario* seine Abende verbringt.

»Ich fürchte vielmehr, dass bei der Entführung der Schauspielerin nicht alles glattgelaufen ist«, sagt Beggiato. »Irgendetwas ist schiefgegangen, wie die Blutspuren in der Villa Galaverna beweisen. Sie wird sich wie die Inspektorin Cagliostri gewehrt haben, aber ohne Erfolg.«

Camilla schaltet sich ein:

»Meiner Meinung nach hat der Fall Silvi nichts mit dem wahnsinnigen Spiel des Großen Bruders zu tun. Die vier Personen, die wir als Gefangene im Haus gesehen haben, haben keine Drohungen erhalten. Sie sind ohne Vorwarnung aus dem Verkehr gezogen worden.«

»Auch die Sängerin Mirta Bellini hatte Drohungen erhalten, aber dann ist nichts weiter passiert«, bemerkt Savino.

Beggiato steht auf und sagt:

»Es hat keinen Sinn, Zeit mit Vermutungen und Phantasien zu verschwenden. Ich bin mit dem Richter verabredet. Anschließend werde ich persönlich mit den Herausgebern der Tageszeitungen und den Direktoren der lokalen Fernsehsender sprechen. Wenn ich die Medien nicht dazu verpflichten kann, Stillschweigen zu bewahren, dann verlange ich, dass nur kurze Filmausschnitte in den Nachrichtensendungen gesendet werden. Es wäre unheilvoll, den Großen Bruder in eine Show zu verwandeln … Meine Männer arbeiten bereits an mehreren Fronten.«

»Hals- und Beinbruch«, wünscht Savino ihm.

Commissario Beggiato nimmt die Kassette vom Tisch, die Camilla Savino übergeben hat.

»Ich nehme an, Sie haben eine Kopie gemacht.«

»Natürlich«, erwidert Camilla.

Beggiato geht.

Savino dreht seinen Bürostuhl, blickt aus dem Fenster und sagt:

»Wenn ich nicht mehr in Modena sein werde, werde ich mit Wehmut an seine Dächer zurückdenken. Sie haben eine Farbe, die es nirgendwo sonst auf der Welt gibt.« Er vollendet den Kreis, um Camilla wieder gegenüberzusitzen. »Wir müssen den Irren stoppen. Wie kann sich ein Mensch nur so etwas ausdenken?«

»Wir leben in einer Zeit, in der alles zur Show wird, vom Krieg bis hin zu Autounfällen. Warum also nicht auch aus dem Mord ein Fernsehformat machen?«

»Zum Glück sind die vier Gefangenen anständige Menschen. Jung, fleißig, ernsthaft. Sie werden sich weigern, das Spiel mitzuspielen und sich gegenseitig umzubringen.«

»Da wäre ich nicht so sicher. Der Überlebensinstinkt ist stark. Und grausam.«

»Sehen Sie sich noch einmal genau die Kassette an, die Kopie, die sie behalten haben. Wir brauchen einen Hinweis, etwas, das uns zu dem wahnsinnigen Großen Bruder führt.«

»Da haben Sie eine schöne Schlagzeile gefunden: der wahnsinnige Große Bruder.« Camilla macht eine kurze Pause und fügt hinzu: »Pfeifen wir auf den Super-*commissario*.«

Sie hat übertrieben. Savino blickt sie erschrocken an. Camilla beruhigt ihn: »Ich werde diskret arbeiten, keine Angst.«

Commissario Savino telefoniert nach Hause:

»Teleducato wird einen weiteren Aussschnitt der Aufnahme senden. Der Richter hat sie nicht daran hindern können ... Sie haben eine Armee von Anwälten aufmarschieren lassen ... Ich habe persönlich mit dem Direktor des Senders gesprochen, um ihn zu überzeugen, darauf zu verzichten. Weißt du, was er mir geantwortet hat? ›Das ist die tollste Realityshow, die je produziert wurde!‹ ... Sie hoffen, dass der Große Bruder seine Versprechen hält, und zwar alle!«

27

Camilla sitzt auf dem Sofa und sieht sich zum zwölften Mal die Kassette an. Sie hat nichts Neues entdeckt, doch sie ist überzeugt, dass die Ermittlungen hier ansetzen müssen, vor allem ihre, da sie über keine anderen Mittel verfügt. Donatos Bericht zufolge sucht das Team von Commissario Beggiato zur Stunde nach Personen, die in letzter Zeit Schuppen, Lofts oder geräumige Keller gekauft oder gemietet haben, um darin das versteckte Haus des Großen Bruders einzurichten.

Die Kamera ist auf das Gesicht von Catia Malavasi gerichtet. Sie wirkt, als hätte sie von den vieren am wenigsten Angst. Sie scheint zu posieren, sich bewusst zu sein, dass viele sie sehen werden. Aufgrund ihres jugendlichen Alters oder weil das rote Licht der laufenden Fernsehkamera sie hypnotisiert, ist sie sich der tödlichen Gefahr, in der sie schwebt, nicht bewusst. Sie ist die Bewohnerin des Hauses, die am längsten im Bild ist; auch der Große Bruder hat seine Lieblinge, aber es ist keineswegs gesagt, dass die fotogenste Person oder diejenige, die sich der Kamera gegenüber am ungezwungensten benimmt, auch als Sieger aus den Nominierungen hervorgeht.

Sie sucht in den Details des Hauses nach einem Hinweis,

der verrät, wo es sich befindet. In den nussbraun gestrichenen Wänden gibt es keine Fenster. In der Ecke ist hinter dem linken Sofa, auf dem die Frauen sitzen, oben neben der Badezimmertür eine kleine Videokamera zu erkennen. Die Ausrüstung für die Aufnahmen, Videokameras, Mikrofone und Anlagen für Mischung, Schnitt und Kopieren, müssen ein kleines Vermögen gekostet haben.

Sie ruft Roberto Armenia an, der im PR-Bereich auf lokaler und internationaler Ebene arbeitet.

»Ich brauche dich.«

Wie aus der Pistole geschossen fragt er:

»Wegen des Großen Bruders?«

»Was weißt du vom Großen Bruder?«

»Man spricht ja von nichts anderem. Teleducato hat gerade die Kassette fast in voller Länge gesendet, teilweise wiederholt auf Italia 1 und Sette. Sogar die *New York Times* ist aufmerksam geworden. Frank D'Urso, ihr Rom-Korrespondent, hat mich angerufen. Dieses Drama könnte in die Fernsehgeschichte eingehen ... Wenn es nicht ein vorzeitiges Ende findet, was wir uns alle wünschen ... Allerdings, wenn ich an die Spiele früherer Zeiten denke, von den Gladiatorenkämpfen bis hin zu den Turnieren, dann bin ich mir nicht so sicher, ob die Leute sich das ebenfalls wünschen.«

»Ich will dem Spuk ein Ende bereiten.«

»Wenn ich dir helfen kann ...«

»Ich möchte dich treffen.«

»Passt dir Piazza Grande, in einer halben Stunde unter der Statue der Bonissima?«

Nach der Legende handelt es sich um eine Wohltäterin, die um 1200 gelebt hat und wegen ihrer Güte Bonissima genannt wurde: Während einer furchtbaren Hungersnot trennte sie sich von all ihren Reichtümern, um den Hungernden zu helfen. Die Zeit ist nicht gerade nachsichtig mit der Statue umgegangen, die auf einer Konsole in einer Ecke des Rathauses steht: Die Gesichtszüge sind zerfressen, nur eine vage Frauengestalt ist noch übrig. Und der Name. Gar nicht so wenig, wenn man bedenkt, was nach zehn Jahren von den heutigen Fernsehstars noch übrig sein wird, denkt Camilla, um sich die Zeit zu vertreiben. Nicht dass Roberto Armenia sich verspäten würde, nein, sie hat von zu Hause bis zur Piazza Grande nur zehn Minuten gebraucht.

Roberto kommt aus der Via Castellaro und legt sofort los:

»Vier anonyme Personen ... aber ich glaube, dass der Große Bruder ursprünglich ehrgeizigere Absichten gehabt hat: eine populäre Film- und Fernsehschauspielerin plus eine Polizistin, die berühmt geworden ist, weil sie einen Serienmörder verhaftet hat ... und zwei Männer, die ebenfalls VIPs sind.«

»VIP wirst du gleich sein!«

»*Ciao*, wie geht's? Stimmt es, dass sich außer dem Superpolizisten aus Rom auch der Geheimdienst eingeschaltet hat?«

»Mir geht's gut. Und deine kleine Nichte Agata?« Sie wartet die Antwort nicht ab: »Ich habe keine Ahnung ... Ich bin zu Handlangerdiensten abgestellt. Ein Inspektor entspricht, das sollte man nicht vergessen, immerhin einem *brigadiere* bei den Carabinieri ...«

»Dann wolltest du mich also nur sehen, um zu erfahren, wie es meinen kleinen Nichten und Neffen geht! Es geht allen gut. Trinken wir einen Kaffee?«

Sie gehen ins Caffè Concerto.

Während Roberto die kleine Tasse an die Lippen führt, fragt Camilla ihn:

»Was meinst du, muss man einen Kurs besucht haben und über viel Erfahrung verfügen, um ein kleines unabhängiges Fernsehstudio mit allem Drum und Dran einzurichten und professionell damit zu arbeiten?«

»Du willst wissen, wie viele Personen aus der Gegend um Modena technisch in der Lage sind, einen Schuppen wie das Haus des Großen Bruders auf die Beine zu stellen? Ein Glück, dass du nur die untergeordneten Ermittlungen führst!«

»Antworte!«

»Theoretisch scheinen nur superspezialisierte Techniker, erfahrene Profis dazu in der Lage zu sein. In Wirklichkeit kann jeder so etwas auf die Beine stellen, der über ein Minimum an technischen Kenntnissen verfügt, auch wenn er sie nur aus Büchern erworben und sich das Material zusammengekauft hat. Heute gehen schon die Zwölfjährigen mit Videokameras um. Mit Computern sowieso. Ich hab mir die Frage auch gestellt und mit Gianni Galeotti telefoniert, einem Fachjournalisten für Rundfunk und Fernsehen. Mit ein paar Tausend Euro, Geduld und ein bisschen Verrücktheit ist jeder in der Lage, ein Haus einzurichten. Ein Haus wie das des Großen Bruders.«

»Und wer von unseren Mitbürgern, die in Modena geboren sind oder die Stadt zu ihrer Wahlheimat erkoren haben, hat das nötige Geld und die nötigen Kenntnisse, um ein solches Haus einzurichten?«

»Ich zum Beispiel.«

»Und wer noch?«

»Gar nicht so leicht zu beantworten. Wenn wir nach den finanziellen Möglichkeiten gehen – du glaubst nicht, wie viele Millionäre es bei uns gibt. Leute, die mit dem Fahrrad fahren, die jammern, wie schlecht es ihnen geht, die sich beschweren, dass eine Pizza zehn Euro kostet, und die Beträge mit sechs Nullen auf dem Konto haben. Das hat mir eine Freundin erzählt, die bei der *Cassa di Risparmio* arbeitet, ohne Namen zu nennen. Wenn du nach dem Großen Bruder suchst, wirst du ihn so bestimmt nicht finden.«

»Versuchen wir es über die technischen Kenntnisse.«

»Bist du schon mal bei Net World gewesen?«

»Was ist das?«

»Ein Megastore für audiovisuelle Arbeitsmittel. Mit einer Riesenauswahl. Damit kannst du hundert Häuser einrichten. Du findest ihn an der Via Emilia Est, kurz vor der Autobahnauffahrt. Aber wenn ich als Modeneser klammheimlich ein Fernsehstudio einrichten wollte, würde ich die Ausrüstung stückweise in Megastores kaufen, die über ganz Italien verstreut sind.«

28

Dottore Antonio Bellomi ruft sie auf dem Handy an:

»Das Blut stammt von Vanessa Silvi.«

»Bist du sicher?«

»Der DNA-Test lügt nicht. Das Labor hat das Blut aus der Villa Galaverna mit der Blutampulle verglichen, die du mir gegeben hast. Blut der Pelacanis.«

»Kein Zweifel möglich?«

»Hör endlich auf, an der Wissenschaft zu zweifeln. Vanessa Pelacani, Künstlername Silvi, ist die Mutter der Person, von der das Blut in der Ampulle stammt.«

»Das ist das Blut der Schwester, nicht der Tochter.«

»Tochter. Wäre es von der Schwester, würde die DNA zu fünfzig Prozent mit der Mutter und zu fünfzig Prozent mit dem Vater übereinstimmen. In unserem Fall stimmt die DNA nur mit den fünfzig Prozent der Mutter überein. Klar?«

»Ich fürchte ja.«

»Du schuldest mir ein Abendessen zu zweit in einem Restaurant meiner Wahl ...«

»Schick mir das Ergebnis.«

»Die Untersuchungen zum Verschwinden von Vanessa Silvi gehören zu den Unterlagen, die an Commissario Beggiato gehen.«

»*Ciao.*«

Sie beendet das Gespräch und ruft Tiziana an.

»Ich bin in Bologna, in der Uni«, antwortet das Mädchen. »Haben Sie Neuigkeiten von Vanessa?«

»Noch nicht.«

»Dem *Carlino* zufolge ist auch sie von dem Großen Bruder entführt worden, der auf den richtigen Augenblick wartet, um sie ins Spiel einzuführen.«

»Vergiss die Zeitungen. Sie wissen nichts über deine Tante.«

»Ist das eine gute oder eine schlechte Nachricht?«

»Weder noch.«

»Dann können wir also nur beten und hoffen. Sucht die Polizei auch wirklich nach ihr? Arbeiten Sie an dem Fall?«

»Ja, sonst würde ich dich nicht anrufen. Ich möchte dich etwas fragen ... Als ich dir sagte, dass ich etwas Blut der Pelacanis brauche, um es mit dem vergleichen zu lassen, das wir auf dem Fußboden in der Villa Galaverna gefunden haben, bekam ich drei Stunden später im Polizeipräsidium eine Ampulle, die dein Vater abgegeben hatte.«

»War es nicht in Ordnung?«

»Von wem stammte das Blut? Ich hatte um eine Probe von deiner Mutter, Gabriella Pelacani, gebeten.«

»Sie hatten mich um Blut von einer Pelacani, vorzugsweise von Gabriella, gebeten. *Mamma* hatte keine Zeit, zu Doktor Tibby, unserem Hausarzt, zu gehen, deswegen bin ich gegangen ... Hallo? ... Sind Sie noch da? Ist mein Blut für den Vergleich nicht geeignet gewesen?«

»Ich wollte dir nur mitteilen, dass das Blut in der Villa Galaverna von Vanessa stammt.«

»Wenn meine Tante bei der Entführung verletzt worden ist, dann ist es logisch, das Schlimmste anzunehmen. Sie wird sich gewehrt haben, und dieser Hurensohn hat sie getötet.«

»Aber warum nimmt er die Leiche mit und riskiert, überrascht zu werden?«

»Sie haben recht. Es sind die Lebenden, die entführt werden.«

»Bis bald, Tiziana.«

»Danke, Camilla.«

Vanessas Geschichte wird zusätzlich kompliziert durch eine Neuigkeit, die nicht den Großen Bruder betrifft, sondern allenfalls eine kleine Schwester. Wenn sich die Wissenschaft in Person von Dottore Antonio Bellomi, Gerichtsmediziner, nicht irrt, ist Tiziana Paltrinieri nicht die Tochter von Gabriella Pelacani, verheiratete Paltrinieri, sondern von ihrer Schwester Vanessa Pelacani, Künstlername Silvi.

Tiziana hat während des Telefongesprächs den Namen ihres Hausarztes genannt, Doktor Tibbi, Tippi oder Tibi.

Camilla sucht im Telefonbuch von Modena. Da ist er

schon: Tibby, Filippo, Doktor, Praxis in der Via Medaglie d'Oro Nummer 44.

Sie fährt sofort hin, ohne anzurufen. Es ist sechs Uhr abends, um diese Zeit ist bei den Kassenärzten die Hölle los.

Camilla lässt sich sofort ins Sprechzimmer führen, obwohl das Wartezimmer voller Patienten ist, die sie böse ansehen. Tibby ist etwa vierzig, vielleicht auch etwas jünger, zu jung jedenfalls, um über Gabriella Pelacanis Gesundheitszustand vor zwanzig Jahren Bescheid zu wissen. Camilla fragt den Doktor:

»Sie sind Gynäkologe ... Geburtshelfer?«

»Nein, mein Fachgebiet ist die Neurologie. Aber was wollen Sie genau wissen?«

»Ob Gabriella Pelacani jemals Kinder bekommen hat.«

»Dafür brauchen Sie keinen Geburtshelfer, da reicht das Einwohnermeldeamt ...« Er sieht seine Krankenblätter durch: »Gabriella Pelacani hat eine Tochter, Tiziana Paltrinieri, von ihrem rechtmäßig angetrauten Ehemann Giacomo Paltrinieri.«

»Vergessen Sie das Einwohnermeldeamt ... Wenn Frau Pelacani niemals ein Kind bekommen hätte, weil sie keins kriegen konnte oder keins wollte, hätten Sie als ihr Arzt das bemerkt?«

»Nein, da ich niemals Gelegenheit hatte, sie einer derartigen Untersuchung zu unterziehen. Aber warum interessiert sich die Polizei für Gabriella Pelacani?«

»Berufsgeheimnis.«

»Unsere Berufe haben etwas gemeinsam«, bemerkt Tibby, den die Sache zu amüsieren beginnt. Er schweift ab: »Auch wir Ärzte ermitteln. Und wir versuchen, Verbrecher zu verhaften. Winzige: Viren und Bakterien!«

»Richtig … Aber kommen wir auf Gabriella zurück. Wer war vor zwanzig Jahren ihr Kassenarzt?«

»Ich habe keine Ahnung. Aber ich weiß, wer ihr Gynäkologe gewesen sein könnte. Zu jener Zeit wohnten die Paltrinieris in der Gegend von Finale, und dort war der einzige Gynäkologe, der einen guten Ruf hatte, Doktor Ercole Pareschi in Reno Centese.«

»Praktiziert er noch?«

»Ich glaube nicht. Wenn er noch lebt, müsste er mindestens achtzig sein.«

»Ich werde versuchen, ihn ausfindig zu machen. Ich brauche nicht zu betonen, dass unser Gespräch unter uns bleiben muss.«

»Selbstverständlich.«

Camilla schickt sich an zu gehen.

»Der Nächste, bitte!«, ruft Tibby.

29

Es beginnt mit einer Ansicht des großen Aufenthaltsraums des Hauses, der menschenleer ist. In einer normalen Fernsehsendung kämen jetzt die Vorspanntitel. Die Kamera bewegt sich nicht, zu lange für die ungeduldige Camilla, die in der Redaktion des *Resto del Carlino* auf den Bildschirm starrt. Sie ist in Gesellschaft von Stefano Marchetti, der sie sofort angerufen hat, nachdem er die VHS-Kassette erhalten hatte, die die Putzfrau auf der Schwelle der Eingangstür in der Via Zucchi gefunden hatte, wo die Zeitung ihren Sitz hat.

Endlich betreten die Personen den Raum. Loredana Berri, Catia Malavasi und Tonino Braida kommen aus dem kleinen Zimmer rechts, dem Schlafzimmer mit den beiden Feldbetten; Gianni Barbieri tritt aus der Tür des kleinen Raums links, dem Bad. Die vier setzen sich auf die Sofas im Wohnbereich. Sie wirken weniger verängstigt als das letzte Mal. Loredana lächelt sogar Catia zu. Gianni blickt in Richtung Kamera. Schwer zu sagen, ob er einen Kameramann aus Fleisch und Blut sieht oder nur eine Videokamera hinter einer Glasscheibe oder einem Gitter oder irgendeinem anderen Hindernis, das die Bewohner von dem Auge trennt, das sie ausspioniert.

»Wir müssten das Spiel mitspielen, die Regeln akzeptieren, so grausam sie auch sein mögen«, sagt Gianni zur Kamera, und es ist, als wende er sich an die Fernsehzuschauer. »Aber wir weigern uns. Wir haben lange darüber diskutiert, und wir sind uns einig, dass wir die Ungeheuerlichkeit, die er Nominierung nennt, ablehnen. Sie wissen es ja bereits: Es geht nicht darum, den Kanditaten oder die Kandidatin zu nominieren, der oder die das Haus verlassen soll. Wir müssen den Mitbewohner nominieren, der sterben soll, und zwar durch unsere Hand. Die einzige Nominierung, der alle zugestimmt haben, ist diese: Ich werde der Sprecher von vier Personen sein, die das Unglück vereint hat.« Er blickt zu Tonino, Catia und Loredana: »Da wir nun einmal sterben müssen, werden wir es mit Würde tun, ohne uns in blutrünstige Hanswurste zu verwandeln, die zur Belustigung unseres Kerkermeister beitragen sollen.«

Loredana gleicht nicht mehr dem gepflegten Model, das Camilla in den Katalogen von Firmen aus Modena abgebildet gesehen hat. Statt der Kostümjacke trägt sie heute ein Wolljäckchen, das zwei Nummern zu klein ist. Es presst ihren Busen zusammen, und sogar die Schultern wirken allzu schmal, als sei sie rachitisch. Vielleicht lässt sie sie einfach nur hängen. Leise, ohne große Überzeugung sagt sie: »Wir sind Gefangene, aber der Große Bruder macht uns keine Angst.«

Der unsichtbare Feind geht so weit an Loredanas Gesicht heran, dass dieses den ganzen Bildschirm ausfüllt, und macht die ganze Angst sichtbar, die die Worte zu verbergen suchten. Plötzlich lächelt die Frau, und die Kamera fährt zurück und nimmt den gesamten Raum in den Blick.

Gianni Barbieri wendet sich an Tonino und Catia:

»Na los, sagt auch etwas.«

Tonino runzelt die Stirn, räuspert sich und sagt:

»Ich beuge mich nicht. Wenn der Gebieter oder Große Bruder, wie er genannt werden möchte, uns töten will, dann soll er es tun. Ich rühre meine Mitbewohner nicht an.« Er sieht Catia an und fügt hinzu: »Dieser Hundesohn hat auch gesagt, dass wir uns gern miteinander vergnügen könnten ...«

»Er soll zum Teufel gehen«, zischt Catia Malavasi.

Sie schweigen. Camilla nützt die Pause und wendet sich Stefano zu:

»Wenn sie wenigstens so schlau wären, so zu tun, als spielten sie das Spiel des Verbrechers mit, und uns in der Zwischenzeit chiffrierte Botschaften schicken würden ... Etwas über den Ort, an dem sie sich befinden, vorausgesetzt, sie kennen ihn, oder irgendein Merkmal für ein Phantombild des Großen Bruders.«

»Männlich, mittleren Alters, spricht ein gutes akzentfreies Italienisch.«

»Die Stimme kommt mir verstellt vor«, bemerkt Camilla. »Vielleicht benutzt er einen Filter.«

Die Übertragung scheint beendet zu sein, denn die Kamera richtet sich auf den Bereich rechts, in dem der Esstisch steht, und bewegt sich nicht mehr.

»Kommt noch was?«, fragt Camilla Stefano, der die Kassette bereits gesehen hat.

»Warte.«

Auf dem Bildschirm erscheint der Schriftzug **VIERTER TAG** und verschwindet wieder. Die Kamera wandert nach links und nimmt erneut die vier Bewohner, die im Wohnbereich sitzen, ins Bild. Gianni Barbieri spricht wieder als Erster. Er sagt zu den anderen:

»Er will, dass wir zu Mördern werden!«

Mit vom Weinen verschleierter Stimme ergänzt Tonino:

»Oder alle sterben ... Seit vierundzwanzig Stunden bekommen wir nichts zu essen, als Strafe dafür, dass wir nicht mitspielen.«

»Ihr seid bereit, ihm zu gehorchen, das spüre ich. Ihr denkt: Für zwei kräftige Männer wird es leicht sein, zwei Mädchen zu töten!«, schaltet sich Catia ein.

»Das ist nicht wahr!«, protestiert Tonino. »Und außerdem will der Große Bruder, dass wir zuerst durch eine demokratische Nominierung den Bewohner wählen, der das Haus verlassen soll.«

Loredana bricht in Tränen aus.

»Ich will nicht sterben«, schreit sie. »Zuerst schient ihr alle einverstanden zu sein, dass wir das Spiel des Großen Bruders nicht mitspielen ... Und jetzt seid ihr zu allem bereit, nur um was zu essen zu kriegen ... und lebend hier herauszukommen.«

Sie hat mit übertriebener Emphase gesprochen, vielleicht, um die Situation zu dramatisieren. Als wäre das nötig!

»Nur einer von uns wird am Leben bleiben«, erinnert Catia, die zusammengekauert auf dem Sofa hockt und noch immer die Ruhigste zu sein scheint. Wie ein Igel zeigt sie ihre Stacheln: »Und das wird der Stärkste und der Durchtriebenste sein.«

»Deine Überheblichkeit geht mir auf die Nerven«, sagt Gianni zu ihr. »Man könnte meinen, du gehörst gar nicht zu den Bewohnern des Hauses! Bei der ersten Nominierung werde ich sofort für dich stimmen.«

Schnitt. Die Kamera zeigt die vier jetzt in der Essecke, wo sie an dem runden Tisch sitzen und essen.

»Da sie Essen bekommen haben, haben sie nachgegeben«, bemerkt Stefano.

»Sie essen Brathuhn, Salat, Brot und Äpfel ... Und sie benutzen Besteck, sogar Messer«, bemerkt Camilla. »Das bedeutet, dass der Große Bruder keine Angst hat, ihnen Gabel und Messer zu geben, die sie als Waffen oder Werkzeug für einen Fluchtversuch benutzen könnten.«

»Ich glaube, hinter dem Auge der Kamera gibt es solide Gitter, und die Mauern sind aus Stahlbeton ... Flucht und bewaffneter Aufstand sind also eher unwahrscheinlich.«

»Oder der Große Bruder hat ihnen die Messer gegeben, um die Ermordung desjenigen zu erleichtern, der nominiert wird. Er will vier ehrliche, ernsthafte, berufstätige junge Menschen in Mörder verwandeln.«

»Damit will er beweisen, dass wir alle Mörder sind ... Es hängt nur von den Umständen ab.«

30

»Schließen Sie die Tür«, sagt Savino zu Camilla.

Er fürchtet, Commissario Beggiato könnte hereinkommen, während er und Inspektor Cagliostri über den Großen Bruder sprechen.

»Irgendwelche Fortschritte?«, fragt er, während Camilla sich auf den unbequemen Stuhl setzt.

»Keine. Der Verbrecher verrät sich während der Fernsehaufnahmen nicht. Ich hatte fast schon geglaubt, auf die richtige Spur gestoßen zu sein, als ich entdeckte, dass ein Elektronikmarkt in Castelfranco Emilia zehn Videokameras verkauft hatte. Der Kunde hatte bar bezahlt und es merkwürdig eilig gehabt. Leider handelte es sich lediglich um den Inhaber eines großen Schuhgeschäfts. Die Kameras waren als Überwachungskameras gedacht, um Diebstähle zu verhindern ... Wie kommt Beggiato mit seinen Ermittlungen voran?«

»Überhaupt nicht. Aber ich muss zugeben, dass er eine unglaubliche Aktivität entfaltet und in die richtige Richtung ermittelt. Sein Team durchkämmt im Augenblick die Gegend und verhaftet alle Rumänen, die illegal oder legal hier leben.«

»Dann hat er also endlich eingesehen, dass ich die Geschichte mit dem Rumänen, der versucht hat, mich zu entführen, und der in seiner Sprache brüllt, wenn ich ihm die Eier quetsche, nicht erfunden habe!«

»Ich bin sicher, dass er deine Worte nie angezweifelt hat. Er will einfach nur die Primadonna der Ermittlungen sein«, sagt Commissario Savino, phlegmatisch wie immer. »Jetzt ist er wütend auf den Richter, weil der die Ausstrahlung der Videoaufnahmen nicht verbietet. Die Fernsehsender beschränken sich darauf, die Kassetten unseres Großen Bruders nicht in voller Länge zu senden; es werden nur Ausschnitte ausgestrahlt, begleitet von Kommentaren vorher und nachher, aber das läuft praktisch aufs Gleiche hinaus. Die Sache wird nach allen Regeln der Kunst ausgeschlachtet. Die Zeitungen veröffentlichen Fotos, Nacherzählungen, Zusammenfassungen der Sendungen. Es gibt sogar einen Schwarzmarkt für die Kopien!«

»Ist es denn nicht möglich, die Verteilung der Kassetten zu blockieren?«

»Beggiato und seine Männer haben es versucht. Aber der Briefträger des Großen Bruders ist schlau, und mittlerweile braucht er nur noch zwei oder drei Kassetten zu verteilen, die er vor einem Büro oder vor der Tür einer Wohnung liegen lässt, und schon vermehren sie sich. Hast du gelesen? Unser Großer Bruder ist zu einer populären Sendung geworden.« Er nimmt ein Blatt vom Schreibtisch und liest vor: »Zuschauerschaft des Kriminellen Großen Bruders: 39,39 Prozent Frauen, 49,32 Prozent 15- bis 24-Jährige, Zuschaueranteil von 45,66 Prozent bei den 25- bis 34-Jährigen und von 37,91 Prozent bei den 35- bis 44-Jahrigen. Ein unglaublicher, obszöner, absurder Erfolg!«

»Und die Gäste des Großen Bruders haben noch nicht einmal angefangen, sich gegenseitig umzubringen!«, sagt Camilla.

31

Der Canale Bonifica durchquert die Landschaften von Reno Modenese, sammelt die Wasser, die sonst nostalgisch wieder den früheren Sumpf bilden würden, und führt sie zum Po. Auf dem rechten Damm beobachten, Schulter an Schulter, die Augen aufs Wasser gerichtet, die Neugierigen die Arbeit der Feuerwehrleute, die an Bord eines eisernen Bootes versuchen, den Leichnam herauszufischen, ohne ihn zu beschädigen, wie Commissario Beggiato befohlen hat. Aufgrund des Zustands der Leiche, die lange im Wasser gelegen hat, hat der Chef der Feuerwehrmänner beschlossen, ein Fischernetz zu benutzen. Auf dem Damm versucht Camilla zwischen den Neugierigen, den aus Modena gekommenen Polizisten, den Carabinieri aus Finale und weiteren Feuerwehrleuten unbemerkt zu bleiben. Donato Barleri hatte sie informiert: »Sie haben im Canale Bonifica die Leiche eines der Entführten gefunden.«

»Von wem?«

»Das wissen sie noch nicht.«

Sie hieven das Netz an Bord, das von einer formlosen, triefenden Masse gebläht ist, und das Boot schlingert heftig, droht jeden Augenblick zu kentern, einer der Feuerwehrmänner klammert sich an seinen Kameraden, um nicht von Bord zu fallen. Die Feuerwehrleute auf dem Damm ziehen am Tau, und das Boot kommt ans Ufer.

Eine fleischige weiße Hand legt sich auf Camillas Schulter.

»Was machst du denn hier?«

Dottore Antonio Bellomi lächelt sie an, fröhlich wie immer.

»Ich bin als Zuschauerin hier«, sagt Camilla.

»… rein zufällig.«

»Natürlich. Ich ruf dich morgen an.«

»Der Grund?«

Camilla deutet auf den Leichnam, den die Feuerwehrleute auf das Gras legen: »Um das Ergebnis der Autopsie zu erfahren.«

»Solltest du nicht besser Commissario Beggiato danach fragen?«

»Witzbold!«

»Ruf mich an … aber ich will keine Probleme deinetwegen kriegen.«

»Warte … Ist der Tote ein Mann oder eine Frau?«

»Laut Beggiato handelt es sich um die Schauspielerin.«

»Das hab ich befürchtet.«

Der Gerichtsmediziner geht zu der Mauer von Menschen, die den von Polizisten und Carabinieri abgeschirmten Leichnam umringen, und schlängelt sich hindurch. Commissario Beggiato begrüßt ihn mit einem Händedruck.

Auch Camilla nähert sich. Sie will sicher sein, dass es sich um Vanessa Silvi handelt.

Es scheint fast so, als habe Commissario Beggiato ihre Anwesenheit gespürt. Er löst sich aus der Gruppe, gibt einem Polizisten in Zivil einen Befehl und geht geradewegs auf Camilla zu.

»Wer hat Sie informiert?«

Sie tut so, als verstehe sie nicht: »Worüber?«

»Über die Tote.«

»Die gleichen Buschtrommeln, die die anderen Neugierigen angelockt haben.«

»Bitte gehen Sie.«

Er kann ihr nicht verbieten, auf dem Damm spazieren zu

gehen. Aber sie hat keine Lust, sich mit dem *commissario* anzulegen. Sie geht, nachdem sie sich mit einem »Arschloch« verabschiedet hat, das er geflissentlich überhört.

Anstatt den nächsten Tag abzuwarten, weckt Dottore Bellomi Camilla um zwei Uhr nachts, glücklich, sich in ihre Wohnung und in ihren Schlaf einzuschleichen. Ohne seinen Namen zu nennen und ohne Einleitung sagt er:

»Es handelt sich tatsächlich um Vanessa Pelacani. Und die Todesursache war nicht Ertrinken. Der Schädel weist Frakturen im Bereich des rechten Hinterkopfs auf. Das heißt, sie ist durch einen Schlag mit einem Hammer oder einer Spitzhacke auf den Kopf getötet werden. Weitere Details werde ich dir morgen Nachmittag mitteilen. Ihr Schwager Giacomo Paltrinieri ist ins Institut zur Identifizierung der Leiche gekommen. Ihre Schwester war dazu nicht in der Lage.«

»Hast du die Autopsie von Vanessa Silvi schon beendet?«

»Ich werde noch den Rest der Nacht beschäftigt sein.«

»Warte auf mich, ich bin gleich da!«

»Nein, du kannst nicht ...«

Camilla ist schon dabei, sich anzuziehen.

Bellomi, in blauem Kittel, Schutzmaske, Handschuhen, Lederschürze, begrüßt sie unfreundlich:

»Konntest du nicht bis morgen warten? Ich hätte dir alle Details mitgeteilt, die dich interessieren.«

»Ich wollte sie sehen.«

»Warum?«

»Ich weiß es nicht.«

»Es ist kein schöner Anblick.«

In dieser Nacht ist Dottore Bellomi nicht nach Scherzen

zumute wie sonst, wenn er von seiner Arbeit spricht. Die Blödeleien und die zynischen Bemerkungen über den Tod und die Leichen sind für ihn ein Schutz gegen die Dramen und grauenhaften Dinge, die er in seiner »Beautyfarm« zu sehen bekommt. Er deutet auf einen Kittel, der am Kleiderhaken hängt, und sagt: »Zieh den über und fass nichts an. Und steck dir diese Stöpsel in die Nase.«

Gemeinsam nähern sie sich dem Tisch, auf dem Vanessas Leiche liegt, verborgen unter einer Plastikdecke.

»Wie sie gestorben ist, hab ich dir schon am Telefon gesagt. Eine schwere Hiebwaffe. Ich vermute, eine Spitzhacke. Willst du etwas Bestimmtes wissen?«

»Hat sie jemals ein Kind zur Welt gebracht?«

»Das ist bei dem Zustand der Leiche schwer festzustellen. Möglich, aber dann vor vielen Jahren.«

»Du schließt es also nicht aus.«

»Wenn, dann höchstens ein Kind.«

Er zieht die Decke weg. Camilla weiß jetzt, warum sie Vanessa sehen wollte: Es wird ihr leichter fallen, denjenigen zu hassen, der sie getötet hat.

Vanessa, die auf dem Rücken liegt, Bauch und Brust übel zugerichtet von Bellomis Schlachtermessern, hat kaum noch Ähnlichkeit mit der schönen jungen Frau, die sie persönlich kennengelernt und oft auf der Leinwand gesehen hat. Eine Wasserleiche, aufgequollen, in der Farbe des Moorschlamms, deren Haut Spuren der Welt aufweist, die sie gerade verlassen hat: Grasfasern, Blättchen von Wasserlinsen, eine Algenstickerei direkt unter der Brust.

Camilla nähert ihre Hand Vanessas Gesicht.

»Ich sagte dir doch, du sollst sie nicht mit bloßen Händen berühren!«

Ohne auf ihn zu hören, streicht Camilla über Vanessas

Stirn. Lauwarm, als würde sie schlafen. Doch wenn sie aufwachen sollte, wäre sie gezwungen, erneut in den Kanal zu fliehen, denn niemand würde sie in seiner Nähe haben wollen.

»Mein Gott!«

»Was ist jetzt noch?«

Camilla deutet auf das rechte Ohr der Toten und das Tierchen, das sich ans Ohrläppchen klammert. Bellomi nähert seine Hand, in der er eine Pinzette hält, packt es, presst es zusammen, bis es tot ist, und wirft es in den Stahlbehälter, der voll schmutziger Watte ist.

»Ich glaube, das ist eine Libellenlarve. Sie hatte sich hinter das Ohr geflüchtet.«

»Die hättest du mir ersparen können«, bemerkt Camilla. »Sie hat Vanessa mit Sicherheit nichts angetan.«

32

»Die ganzen letzten Tage hab ich mich der Illusion hingegeben, meine Tante wäre noch am Leben, Gefangene des Verrückten, den die Zeitungen den Großen Bruder nennen. Ich dachte, er würde sie in Reserve halten, wie bei diesen Sendungen, in denen der Ehrengast, der *guest star*, erst in der zweiten Hälfte auftritt. ... Dabei ist Tante Vanessa bereits in der Nacht gestorben, in der man versucht hat, sie zu entführen ...«

Camilla hört Tiziana zu, die mit verweinter Stimme am Telefon spricht. Resigniert. Vielleicht hat sie insgeheim nie wirklich geglaubt, dass Vanessa Silvi nach Hause zurückkehren würde.

Sie verzichtet darauf, Tiziana zu korrigieren, als sie von Entführung spricht. Das Verschwinden der Schauspielerin bleibt rätselhaft im Zusammenhang mit dem Spiel des Großen Bruders, und Camilla bleibt dabei: Sie wird weiter in Richtung einer privaten Angelegenheit des Opfers ermitteln, doch sie zieht es vor, Tiziana nichts davon zu sagen, denn nichts wird ihr Vanessa zurückgeben können.

»Meine Tante war nicht die Frau, die sich ergibt, ohne sich zu wehren«, fährt Tiziana fort. »Deswegen wurde sie getötet. Stimmen Sie mir zu?«

»Ich hoffe, ich werde bald die Wahrheit über diese Nacht herausfinden.«

»Versprechen Sie mir, dass Sie weiterermitteln, mit aller Kraft, um herauszufinden, wer Vanessa Silvi getötet hat, um ihn ins Gefängnis zu bringen?«

»Wer immer es auch ist?«

Camilla bereut die Frage. Tiziana überlegt. Nach längerem Schweigen sagt sie:

»Wer immer es auch ist.«

Sie wird an eine mächtige Person gedacht haben oder im Gegenteil an einen armen Irren. Sie hat keine Ahnung, in welche Richtung Camilla ermitteln wird.

Die Polizistin öffnet die blaue Mappe, die sie aus dem Büro mit nach Hause genommen hat, und nimmt das Foto von Vanessa Silvi und Tiziana Paltrinieri heraus. Sie stehen vor der Porta della Pescheria des Doms von Modena, an einem schönen sonnigen Frühlingstag vor fünf Jahren. Tiziana hat es ihr gegeben, und Camilla bewahrt es zusammen mit einem anderen Bild auf, das die Familie Paltrinieri vollzählig während eines Ausflugs ans Meer zeigt.

Tiziana sieht Vanessa sehr ähnlich, obwohl ihre Schönheit weniger auffällig ist: das gleiche Oval, die gleiche Nase, der gleiche Schnitt der Augen, auch wenn Vanessas Blick eine ganz besondere Intensität besaß, was nicht nur an der Schminke lag. Jedenfalls ähnelt Tiziana mit Sicherheit nicht ihrer Mutter oder Giacomo. Das Mädchen hat wirklich nichts von den Paltrinieris.

Das Telefon klingelt erneut. Es ist Carla Celio aus Rom. Verzweifelt, als hätte sie eine Tochter verloren.

33

Ins Zentrum von Reno Centese fährt man nicht zufällig, man muss schon einen Grund dafür haben, doch dem Schild mit dem Namen des Dorfes begegnet man häufig an der Straße nach Cento, an der Correggese und an den Gemeindestraßen. Wenn man Reno Centese von oben sieht, ähnelt es einer Spinne mit winzigem Körper und endlos langen Beinen, die sich auf die Ebene bei Ferrara stützen. Der Körper ist die Kirche mit dem Pfarrhaus, dem Friedhof, einer Bar, einem Zeitungskiosk und einer Filiale des Credito Cooperativo di Crevalcore und drei oder vier Geschäften.

Wenn Camilla in Reno Centese gewesen war, war sie nie einer Menschenseele begegnet. Heute jedoch, an einem Sonntag, an dem das Dorf ruhig in der sommerlichen Mittagshitze daliegt, sieht sie zu ihrer Überraschung reges Treiben vor dem Kirchturm, als sie in die Via della Chiesa einbiegt. Das zwischen zwei Pappeln aufgespannte bedruckte Transparent enthüllt das Geheimnis: *Sagra del Tortellino* – Tortellini-Fest.

Sie parkt ihren Mini hinter dem letzten Wagen der Reihe, die so lang wie die Straße ist, und macht sich auf den

Weg zur Kirche. Die berühmten Tortellini von Reno Centese werden unter Zeltplanen serviert, an langen Tischen mit
Papiertischdecken und Plastiktellern. Die Tanzkapelle spielt
zusammen mit einem Trio blutjunger Sänger auf einer Bühne, die auf der Allee, die zum Friedhof führt, errichtet wurde. Heute sind auch die Toten fröhlich, während die Lebenden zwischen den Ständen eines kleinen Marktes um-
herschlendern und im Restaurant Platz nehmen. In einem
eingefriedeten Raum arbeiten Köche und Köchinnen in einer Feldküche, die mit Holz befeuert wird, und an runden
Tischen, an denen sie das Rohmaterial zubereiten: Sie kneten, rollen den Teig aus, mischen die Füllung und stellen
schließlich die Tortellini her, unter den Blicken des Publikums, das neugierig zuschaut, obwohl diese Tätigkeit ihnen
vertraut sein müsste.

Camilla wählt eine nicht allzu junge Frau mit dem schönen Gesicht einer Bäuerin und sagt: »Ich suche Dottore Ercole Pareschi.«

Die Frau schüttelt den Kopf.

»Nie gehört.« Sie schaut Camilla besorgt an: »Fühlen Sie
sich nicht wohl?«

Camilla beruhigt sie und geht weiter. Sie fragt andere Frauen, aber keine hat je von Doktor Pareschi gehört.
Dabei müsste er in seinem Heimatdorf eigentlich recht bekannt sein, auch wenn er in Finale praktiziert hat.

»Pareschi? Ich glaube, den Namen habe ich schon gehört.«

Der alte Mann steigt vom Fahrrad, fest entschlossen, der
schönen Frau zu helfen, die ihn angehalten hat.

»Ich weiß, dass er seit einigen Jahren im Ruhestand ist
und in Reno Centese wohnt. Er war Gynäkologe.«

Der Mann lächelt: »Sagen Sie das doch gleich. Hier ist

er als *dutòr dil donn* bekannt. Als er vor fünzig Jahren zu praktizieren begann, war er der einzige Frauenarzt in der Bassa, und die Frauen, besonders die vom Land, misstrauten ihm ein wenig. Da oben kommt er ja, der Herr dort mit dem Hut und dem Bambusstock. Elegant, nicht wahr?«

Pareschi schlendert zwischen den Marktständen umher und dreht nicht den Kopf, als Camilla ihn mit *professore* anredet, vielleicht erinnert nicht einmal er sich daran, dass er einen anderen Titel als *dutòr dil donn* verdient.

»Professore Pareschi.«

»Ja.«

»Ich brauche Sie.«

»Ich praktiziere schon seit vielen Jahren nicht mehr. Wer schickt dich?«

Er duzt sie, wie es alle Ärzte in dieser Gegend tun. Er sieht sie hinter seinen Brillengläsern an, die seine Augen riesig wirken und ihn wie eine drollige Kröte aussehen lassen.

»Ich heiße Camilla Cagliostri und bin Polizeiinspektor. Ich möchte Sie nur um zehn Minuten Ihrer Zeit bitten, für ein paar Informationen ...«

»Zehn Minuten? Ihr jungen Leute seid viel zu präzise organisiert. Ich schenke dir gern alle Zeit, die du willst, aber setzen wir uns in den Schatten.«

Sie finden Platz an der Bar, gut geschützt von dem großen Sonnenschirm.

»Sie sind Gynäkologe und auch Geburtshelfer ... Erinnern Sie sich unter den vielen Kindern, die Sie auf die Welt gebracht haben, vielleicht an eine gewisse Tiziana Paltrinieri, Tochter von Giacomo und Gabriella Pelacani?«

»Nicht ich habe das Mädchen zur Welt gebracht, das gar nicht hätte geboren werden dürfen.«

»Was wollen Sie damit sagen?«

»Gabriella Pelacani wünschte sich ein Kind und kam zu mir, um sich untersuchen zu lassen. Damals hatte ich meine Praxis in Finale, und meine Patientinnen kamen aus Cento, Bondeno und San Felice am Panaro. Ich habe Gabriella Pelacani gesagt, dass sie keine Kinder bekommen könne. Einige Zeit später untersuchte ich sie ein zweites Mal, und nachdem ich eine Reihe weiterer Kontrolluntersuchungen gemacht und sie sogar zu einem Kollegen in Bologna geschickt hatte, bestätigte ich ihr meine erste Diagnose.«

»Entschuldigen Sie«, unterbricht Camilla ihn, »wie können Sie sich nach all den Jahren noch so genau an alle Einzelheiten erinnern?«

»Wegen der Fortsetzung der Geschichte. Die Pelacani hatte eine anormale sanduhrartige Verengung der Vagina und hätte nur durch ein Wunder Mutter werden können. Und das Wunder ist eingetreten. Als ich von ihrer Mutterschaft erfuhr, dachte ich daran, sie zu fragen, ob sie eine Wallfahrt nach Lourdes oder zu Padre Pio gemacht habe. Aber dann hab ich darauf verzichtet ...« Er lächelt verschmitzt: »In meinem Fach sind Wunder gar nicht so selten. Ich habe sogar Frauen erlebt, die wieder Jungfrauen geworden sind.«

»Haben Sie auch Gabriellas Schwester kennengelernt?«

»Die Schauspielerin? Das arme Mädchen ... Ich habe im Fernsehen gehört, auf wie schreckliche Weise sie ums Leben gekommen ist!«

»Sie haben Vanessa nie untersucht?«

»Ich nicht. Aber ich weiß, dass sie sich wegen eines Rats an einen Kollegen in Ferrara gewendet hat. Das ist viele Jahre her, bevor sie nach Rom gezogen ist und begonnen hat, Filme zu drehen.«

»Was für ein Rat?«

Der *professore* nimmt die Brille ab und putzt sie mit dem weißen Taschentuch, das aus der Jacketttasche schaute. Er ist der Einzige, der auf dem Platz von Reno Centese ein Jackett trägt. Jetzt, da seine Augen wieder ihre normale Größe haben, sieht er nicht mehr wie eine drollige Kröte aus.

»Die arme Signora ist tot, und ich glaube, dass sich heute niemand mehr darüber entrüstet. Kurz gesagt, Vanessa suchte jemanden, der ihr helfen könnte, sich von einer ungewollten Schwangerschaft zu befreien.«

»Und hat Ihr Kollege ihr geholfen?«

»Das fehlte noch! Das war nicht seine Aufgabe. Ich weiß nicht, an wen er sie überwiesen hat. Wie auch immer, damals war das Abtreibungsgesetz schon in Kraft, und die schöne Vanessa hat mit Sicherheit rasch den richtigen Weg gefunden.«

Camilla nimmt hinter den Worten die Bosheit dessen wahr, dem es ein diebisches Vergnügen macht, sich über die Sünden der anderen zu verbreiten. Dabei hatte sie ihn für den guten alten Doktor gehalten, der in seinem Leben nur Gutes getan hat.

»Sie haben wirklich ein außergewöhnliches Gedächtnis!«, sagt sie zu ihm.

»Meine schöne Dame, schließlich bin ich erst achtzig!«

»Erinnern Sie sich an das Jahr, in dem Vanessa wegen ihrer Schwangerschaft zu Ihrem Kollegen gegangen ist?«

»Jetzt verlangst du zu viel! Es mag achtundsechzig, neunundsechzig gewesen sein … genau kann ich es dir nicht sagen … Wie wär's mit einem Teller Tortellini? Oder willst du lieber eine Zuppa inglese? Ich lad dich ein.«

Camilla steht auf.

»Ich muss nach Modena zurück«, erwidert sie.

34

»Ist die Beerdigung schön gewesen?«

»Ein gesellschaftliches Ereignis.«

Inspektor Nanda Violo, die eine begeisterte Illustriertenleserin ist, wird ganz aufgeregt.

»Wer war denn alles da?«

»Die bedeutenden Film- und Fernsehleute aus Modena. In der zweiten Reihe, hinter Vanessas Schwester und Nichte, die beiden Witwer: der Regisseur Cesare Galli und Massimo Galavotti, die extra aus Rom gekommen sind. Und Mirta Bellini war da, mit unseren Polizisten als Leibwächtern in Zivil. Der eine war Donato Barleri, mit Sonnenbrille, Jeansjacke und Gel in den Haaren. Da er sich in Mirtas Nähe aufhielt, haben ihn ein paar Fans der Sängerin für einen Rocksänger gehalten und ihn um ein Autogramm gebeten, als er den Friedhof verlassen hat. Und er hat es ihnen ganz ernst, ohne mit der Wimper zu zucken, gegeben. Er hat mir erzählt, er habe den Namen Don Barlery benutzt, mit Ypsilon am Ende …«

»Das Grab einer berühmten Schauspielerin?«

»Viel zu bescheiden: ein Grabstein auf ebener Erde mit der Aufschrift Vanessa Pelacani, und darunter, zwischen zwei Bindestrichen, Vanessa Silvi.«

»Schade, dass ich Dienst hatte«, seufzt Nanda. »Immer wenn etwas Interessantes geschieht, bin ich nicht dabei.«

Für Camilla ist die Beerdigung lediglich eine Zeitverschwendung gewesen. Dass die Mörder an den Beerdigungen ihrer Opfer teilnehmen, weil sie krank im Kopf sind oder spätes Mitleid empfinden, ist eine fixe Idee von Commissario Savino. Auch als Claudia Papazzoni ermordet wurde, hatte er Camilla gezwungen, an der Beerdigung teilzunehmen, und die ganze Feier von dem Polizisten Rodi mit seiner persönlichen Videokamera aufnehmen lassen. Der Mörder befand sich tatsächlich unter der Menge der Neugierigen innerhalb und außerhalb der Kirche San Francesco und später auf dem Friedhof San Cataldo, aber nicht aus krankhafter Neugier oder Verachtung. Vielleicht aus Mitleid.

Verwandte und Freunde waren in tiefer Trauer gewesen, angefangen mit Gabriella Pelacani, die von ihrer Tochter Tiziana gestützt wurde. Das Mädchen hatte ein schönes graues Kostüm getragen. Von Armani, wie eine Frau in der Trauergemeinde neben Camilla meinte. Auch Gabriella war gut gekleidet gewesen, aber sie hatte alles verdorben durch ein großes schwarzes Tuch, das sie unter dem Kinn zusammengebunden hatte, so wie es früher die alten Frauen getan hatten. Die beiden Verwandten, die Freunde und die Prominenten hatten alle Sonnenbrillen getragen. Als sie in die Kirche traten, hatte nur Massimo Camilla gegrüßt, die neben der Kirchentür gestanden hatte. Er hatte ihr sogar ein Lächeln geschenkt.

35

Commissario Beggiato hat dem Polizisten Barleri die Aufgabe übertragen, die VHS-Kassetten zu inventarisieren, die der Große Bruder geschickt hat: fortlaufende Nummerierung, an wen sie adressiert sind, auf welche Weise sie zugestellt wurden.

»Von der letzten Folge sind fünfzehn Kopien an Zeitungen, Fernsehsender und Privatbürger geschickt worden«, erzählt Donato Camilla. »Jedes Mal werden sie auf andere Weise zugestellt. Die für den Direktor von Teleducato ist in der Nacht über die Hecke in den Garten vor dem Haus geworfen worden ... Früher oder später werden wir den Briefträger erwischen, während er die Kassetten zustellt.«

»Ja, in zwanzig Jahren«, bemerkt Camilla. »Beggiato hat Polizisten in Zivil an den Orten aufgestellt, an denen die bisherigen Kassetten zugestellt wurden, aber meiner Meinung nach ist das eine Verschwendung von Zeit und Männern.«

Sie sind bei Camilla zu Hause, im Sessel, die Kassette ist bereits im Videorekorder, die Fernbedienung bereit.

»Jetzt sei still ... Die einzige Hoffnung, den Großen Bruder zu verhaften, sind die Aufnahmen, ein Fehler, den er macht und der uns hilft, seine Identität oder den Ort zu entdecken, wo er das Haus eingerichtet hat.«

Sie drückt auf Play, und die Vorführung beginnt.

Gedämpftes bläuliches Licht verleiht dem Raum eine nächtliche Atmosphäre und verwandelt ihn in eine Art Aquarium. Zu sehen ist das Schlafzimmer, das sich rechts in dem Raum befindet, in dem der Große Bruder das Haus eingerichtet hat. Die Kamera ist auf die beiden Einzelbetten gerichtet, die getrennt stehen. Nur eins ist belegt. Von einem Mann und einer Frau, die sich umarmen. Sie bewegen sich unter der Bettdecke, aus der vielleicht nur die Köpfe herausgucken, die allerdings nicht im Bild sind.

»Sie ficken«, sagt Donato, der es nicht schafft, auch nur eine Minute den Mund zu halten.

»Das sehe ich. Aber wer sind sie?«

178

Donato hat die Kassette bereits im Präsidium gesehen, zusammen mit dem Team von Commissario Beggiato. Er verrät es ihr: »Das sind Gianni Barbieri und das Model.«

»Loredana Berri? Merkwürdig.«

»Ich habe auch gedacht, Barbieri würde die Rothaarige wählen. Sie jammert weniger und hat weniger Angst als Lory, außerdem ist sie hübscher.«

»Du gehst nach deinem Geschmack. Aber er zieht einen gepflegteren Frauentyp vor.«

»Zu kühl, wie alle großen und schlanken Frauen …« Er macht eine Pause und schüttelt den Kopf. »Verrückt!«, ruft er.

»Was?«

»Gianni Barbieri ist verheiratet: Er weiß ganz genau, dass er von Kameras aufgenommen und dass seine Frau ihn sehen wird. Und trotzdem vögelt er mit einer Mitgefangenen!«

»Versetz dich an die Stelle der Bewohner im Haus. Auch die der normalen *Big-Brother*-Version. Nach einer Weile kommt dir die Welt zwischen diesen Mauern wie die ganze Welt vor. Und du redest und bewegst und verhältst dich, als wärt ihr, du und deine Mitbewohner, wirklich allein auf der Erde, auch wenn du dir bewusst bist, dass es ein Drehbuch gibt, ein Szenarium, das sich jemand ausgedacht hat. Du spielst das Spiel mit, das Spiel wird das Leben, und die Tausende von Menschen, die dir zuschauen, einschließlich Eltern, Verwandte, Liebhaber, Ehefrauen, Ehemänner und Freunde, reduzieren sich auf das Auge einer einzigen Person, virtuell und alles in allem anonym, wenn auch mächtig wie ein Gott: der Große Bruder.«

Donato scheint nicht so recht überzeugt zu sein.

»Das mag alles sein … Großer Bruder oder nicht, die beiden sind völlig hemmungslos.«

»Der übliche Moralapostel … Gianni und Lory machen sehr viel mehr: Sie spielen das Spiel mit und festigen Bündnisse, wie im Drehbuch vorgesehen. Bei insgesamt vier Bewohnern bildet ein Zweierbündnis, gefestigt durch das Band der Liebe, bereits eine starke Front.«

Die beiden Liebenden haben aufgehört, sich zu bewegen. Das Auge der Kamera nähert sich genau in dem Augenblick, in dem sie sich voneinander lösen und sich auf den Rücken legen, wodurch die Gesichter jetzt deutlich sichtbar sind. Lory spricht als Erste: »Morgen wird die erste Nominierung stattfinden … Für einen von uns ist dies die letzte Nacht.«

»Es ist nicht gesagt, dass es dich oder mich trifft.«

»Früher oder später wird das geschehen, schließlich darf nur ein Bewohner am Leben bleiben. Für wen wirst du morgen stimmen?«

»Ich werde Tonino nominieren«, erwidert Gianni.

Lory setzt sich auf. Sie zeigt ihre kleine, wohlgeformte Brust und einen tätowierten Schmetterling auf der rechten Schulter.

»Eine Tätowierung hätte ich eher bei Catia vermutet«, bemerkt Camilla. »Vielleicht hab ich mich auch in meinen anderen Urteilen über Lory geirrt. Sie ist nicht so verängstigt, wie es anfangs schien, und auch sie strickt an einer Überlebensstrategie.«

»Ich würde lieber Catia aus dem Weg räumen«, sagt Lory, und es klingt fast wie eine Bestätigung von Camillas Worten.

»Das Mädchen werden wir später eliminieren. Ich hab mit ihr gesprochen. Auch sie wird Tonino nominieren. Wenn wir nur noch drei sind, dann bilden wir beide die Mehrheit …«

»Ich will gar nicht an die letzte Nominierung denken!«
Gianni spricht jetzt sehr leise, vielleicht glaubt er, dass die
Mikrofone ihn so nicht aufnehmen:

»Ich hoffe, dass die Polizei uns bis dahin befreit haben
wird. Deswegen müssen wir Zeit gewinnen.«

»Wie werden wir Tonino töten?«

»Dem Großen Bruder ist das egal. Er soll nicht leiden.«

»Wir brauchten Gift«, sagt Lory. Sie umarmt Gianni und
legt sich auf ihn: »Wir reden schon wie Mörder und ver-
wechseln das Spiel mit der Realität. Derjenige, der das Haus
lebend verlässt, wird, angenommen, der Große Bruder hält
sein Versprechen, wegen Mordes im Gefängnis landen.«

»Wir töten nur, um nicht getötet zu werden. Das ist Notwehr.«

Überblendung. Der Große Bruder, oder wer auch immer
für ihn an der Kamera ist, beherrscht die Mittel der Fern-
sehübertragung immer besser.

Zu sehen ist jetzt der Wohnbereich des Lofts, der in Ta-
geslicht getaucht ist. Catia Malavasi und Tonino Braida sitzen auf den beiden Sofas und schauen sich an, ohne zu reden, fast als warteten sie auf die Klappe des Großen Bruders.

Catia spricht als Erste: »Morgen wird die erste Nominierung stattfinden.«

»Ich werde mich der Stimme enthalten«, sagt Tonino.
»Ich will nicht einen von euch zum Tode verurteilen. Und
ich will nicht töten. Wärst du dazu fähig?«

»Ich habe nicht mal ein Huhn getötet.«

»Sie sind im Pyjama«, bemerkt Camilla. »Vielleicht haben sie ihre Betten verlassen, damit die beiden Turteltäubchen das Schlafzimmer für sich allein hatten.«

Auch Catia trägt einen Männerpyjama, weit, mit breiten

vertikalen Streifen. Er ist vorn nicht zugeknöpft, so dass bei jeder Bewegung ihre Brust zu sehen ist, um dann sofort wieder zu verschwinden. Tonino scheint nicht weiter auf dieses Versteckspiel zu achten, er ist zu sehr vom großen Spiel in Anspruch genommen.

»Wen wirst du nominieren?«, fragt er sie.

»Ich werde deinen Namen nennen.«

Die Antwort lässt ihn erstarren. Er versucht zu lächeln, hofft, sie sagen zu hören, das sei ein Scherz, aber Catia bleibt ernst und entschlossen; seine Angst scheint sie nicht zu kümmern.

»Warum gerade ich? Willst du dich rächen?«

Die schlechte Tonqualität verstärkt das Schluchzen, das die Stimme des Mannes brechen lässt.

Völlig ungerührt erklärt Catia: »Einer muss schließlich als Erster gehen. Du hast Angst vor allem, sogar mehr als Lory. Wenn sich die Gelegenheit böte, den Großen Bruder oder einen seiner Helfershelfer anzugreifen, wenn sie irgendwann einen Fehler machen sollten, dann würdest du dir in die Hosen machen, anstatt zuzupacken. Außerdem spielst du schlecht.«

»Das ist nicht wahr!«

Tonino wird wütend. Er scheint sie ohrfeigen zu wollen. Dann überlegt er es sich, steht auf und geht zu einem der beiden Betten, die sich in dem Raum zwischen Bad und Schlafzimmer befinden. Er zieht die Decke über sich und bleibt unbeweglich liegen.

»Ende der Kassette«, sagt Donato.

»Jetzt haben wir die Bestätigung, dass der Große Bruder nicht allein ist«, sagt Camilla. »Catia hat uns mitgeteilt, dass es Helfer gibt. Einer muss der junge Mann rumänischer Herkunft sein, der versucht hat, mich zu entführen. Wenn der Große Bruder die Nachricht durchgelassen hat, dann bedeutet das, dass sie nicht viel wert ist. Klar, dass ein einzelner Mann nicht die Aufnahmen organisieren, die Gefangenen überwachen und Lebensmittel besorgen kann ...«

»Ich bin ein Fan von Catia«, sagt Donato. Und er fügt hinzu: »Schade, dass bei dieser *Big-Brother*-Version das Publikum nicht abstimmen kann.«

Er macht den Fernseher aus.

»Es gibt da einen Satz von Tonino, den ich nicht verstehe«, sagt Camilla. »Als er Catia fragt: Willst du dich rächen? Was meint er damit?«

»Er muss irgendwann einmal grob zu ihr gewesen sein. Wir dürfen nicht vergessen, dass wir nur Ausschnitte aus der langen Zeit zu sehen kriegen, die die Armen in dem Haus zubringen. Das erzwungene Zusammenleben führt neben Freundschaften, Liebe und entsprechender Eifersucht auch zu Reibereien, Spannungen, Streit.«

36

Milena Bizzi, Gianni Barbieris Frau und seine Mitarbeiterin in der Firma, hat Camilla in ihr Büro im Viertel Torrazzi bestellt. Camilla kommt pünktlich, sie weiß sehr gut, dass Managerinnen großen Wert darauf legen.

Milenas Sekretär, dreißig, gut aussehend, begrüßt Camilla mit einem Lächeln, während er auf Englisch am Telefon spricht.

»Ich bringe Sie hin«, sagt er, nachdem er das Gespräch beendet hat.

In Milenas Büro gibt es nichts, was nicht mit ihrer Arbeit zu tun hätte, nicht eine Blume, nicht ein Bild, nicht eine Nippesfigur. Nur eine riesige Luftaufnahme der Firma. Diese übertriebene Nüchternheit offenbart die Furcht, weibliche Schwächen zu zeigen. Nicht zufällig trägt sie einen Blazer und Hose.

»Danke, dass Sie mich empfangen«, beginnt Camilla, auch um sich abzusichern; sie hat kein grünes Licht für ihre Ermittlungen, da ist es besser, das Treffen wie einen Höflichkeitsbesuch aussehen zu lassen.

Milena Bizzi ignoriert die Einleitungsfloskel und sagt:

»Ich nehme an, Sie sind wegen meines Mannes gekommen.«

»Haben Sie die letzte Kassette gesehen?«

»Die mit Gianni im Bett mit dem Model aus Carpi?«

»Sie ist aus Modena«, korrigiert Camilla, mehr um die Situation zu entdramatisieren als aus Genauigkeitsliebe. »Was sagen Sie dazu?«

»Ich empfinde Mitgefühl für die vier unglücklichen Gefangenen eines Geistesgestörten. Ich denke bestimmt nicht schlecht von meinem Mann. Seine Lage ist wie die der anderen so ungewöhnlich, dramatisch und angsteinflößend, dass man sie gar nicht wirklich begreifen kann, wenn man nicht an ihrer Stelle ist. Aber entschuldigen Sie, Sie sind doch sicher nicht gekommen, um von mir zu hören, dass ich mich als betrogene Ehefrau fühle, nachdem ich gesehen habe, wie Gianni und die Berri vor der Kamera ficken wie zwei aufeinandergehetzte Hunde?«

Sie hat absichtlich das Wort »ficken« und den Hundevergleich benutzt, um die Angelegenheit in die richtige Dimension zu rücken, rein körperlich und vulgär. Als hätte der Große Bruder sie bei der Darmentleerung im Badezimmer gezeigt.

»Ich habe erfahren, dass Sie in diesen Tagen den Organisationsplan der Firma modifiziert haben ...«

»In der Tat. Jetzt ist die MPM SpA trotz der Abwesenheit des obersten Bosses voll funktionsfähig. Ganz brutal ausgedrückt: Wenn Gianni nicht zurückkommt, erleidet die Firma keinen Schaden.«

»Ist dieser Pessimismus ...«

Milena unterbricht Camilla, um sie zu korrigieren:

»Weitblick.«

»Ist Ihr Weitblick nur Vernunft, oder wissen Sie etwas über Ihren Mann, das wir noch nicht wissen?«

»Ich habe keine neue Kassette erhalten und auch keinen Anruf oder Brief vom Großen Bruder oder von meinem Mann. Aber man braucht nicht viel Phantasie und muss auch nicht der geborene Pessimist sein, um zu begreifen, dass keiner der Entführten das Haus lebend verlassen wird.«

»Der Große Bruder wird das Spiel bis zum bitteren Ende durchziehen. Es zumindest versuchen. Kriminelle Irre seines Kalibers halten ihr Versprechen. Ich bin zahlreiche Fälle der Vergangenheit durchgegangen, in denen Serienmörder die Polizei mit grausamen Spielen herausgefordert haben. Vom äußeren Ablauf her ähnelt keiner dieser Fälle dem Großen Bruder, aber vom Wesen her. Und daher müsste einer der Entführten, der Sieger des Spiels, überleben. Aber wir hoffen, das Spiel rechtzeitig beenden zu können ...«

»Mir bleibt nichts anderes übrig, als darauf zu setzen, dass Gianni aus den drei Nominierungen als Sieger hervorgeht«, bemerkt Milena sarkastisch.

»Er bereitet sich besser als die anderen darauf vor. Auch seine Beziehung zu Loredana Berri ist Teil einer Strategie, wie sie zu einer normalen Realityshow gehört, bei der die Kandidaten nach und nach eliminiert werden.«

Milena verzieht das Gesicht in einer Grimasse des Angewidertseins, das sie in folgende Worte kleidet:

»Dann wird er sich darauf vorbereiten, Tonino Braida zu nominieren ... und ihn zu töten!«

»Und damit hätte er recht, da Braida der Hilfloseste von den vieren zu sein scheint.«

»Ein widerlicher Kerl!«

»Glauben Sie, Ihr Mann ist fähig, jemanden zu töten?«

»Dem Großen Bruder zufolge sind wir alle potentielle Mörder, und es ist ganz einfach, ein Model, einen Unternehmer, einen Blumenzüchter und eine Verkäuferin in Individuen zu verwandeln, die fähig sind, sich gegenseitig umzubringen ... Vom Alter und seiner Erziehung her ist Gianni derjenige, der am ehesten geeignet ist, damit zu beginnen.«

Erstaunt sagt Camilla:

»Das müssen Sie mir erklären. Hat Ihr Mann etwa schon mal getötet? Er ist nicht alt genug, um im Krieg gekämpft zu haben.«

»Vierzig, dynamisch, aggressiv, passionierter Unterwasserfischer ... Ich habe gesehen, wie er Zackenbarsche, Kraken, Muränen durchbohrt hat und sogar einen jungen Delphin.«

»Männer haben immer schon Fische durchbohrt oder Hasen und Wildschweine geschossen ... Jäger und Fischer sind deswegen keine potentiellen Mörder«, bemerkt Camilla, die sich unbehaglich zu fühlen beginnt.

Logischer wäre es gewesen, wenn die Provokation von ihr ausgegangen wäre.

»Okay, aber richtig ist auch, dass ein Geschöpf, das von einer Harpune oder einer Ladung Schrot verletzt wurde, ebenso leidet wie ein Mensch, der im Sterben liegt. Der Jäger ist kein Mörder, natürlich nicht, aber er steht in gewisser Weise auf vertrautem Fuß mit dem gewaltsamen Tod, für den er verantwortlich ist. Wir werden sehen, ob Gianni, wenn es ihn trifft, fähig ist, den Nominierten zu töten. Oder sich mit der Stärke des gehetzten wilden Tieres zu wehren weiß, falls er nominiert werden sollte. Vorausgesetzt natürlich, dass bis dahin nicht bereits die Luft aus dieser Geschichte raus ist … Der Große Bruder könnte des Spiels ja auch überdrüssig werden und alle nach Hause schicken. Was meinen Sie?«

»Wir wissen noch nicht, ob wir es mit einem Verbrecher zu tun haben, der bis zum Mord geht, oder mit einem Verrückten, der vor dem Äußersten zurückschreckt.«

»Kurz, die Polizei weiß nicht mehr als ich.«

»Die Untersuchung wird von Commissario Sergio Beggiato geleitet, nicht von mir. Er allein kennt den genauen Stand der Ermittlungen.«

»Das Äußerste ist ja bereits geschehen: Ist Vanessa Silvi nicht vom Großen Bruder getötet worden? Das berichten zumindest die Zeitungen: Der Entführungsversuch endete in einer Tragödie.«

Camilla bleibt vage.

»Wir werden sehen«, sagt sie.

»Schlimmer wäre es, zumindest aus meiner Sicht, wenn Gianni sich mit Catia zusammengetan hätte oder wenn sie nominiert würde.«

»Warum?«

»Ich kenne sie. Sie war mit meiner Schwester Carlina in derselben Klasse in der Mittelschule. Ein- oder zweimal ist sie zu uns nach Hause gekommen.«

»Was für ein Mensch ist sie?«

»Ich erinnere mich nicht, mehr als Guten Tag oder *ciao* zu ihr gesagt zu haben.«

Sie spricht ins Telefon: »Ich hatte Ihnen doch gesagt, Sie sollen mir keine Anrufe durchstellen, solange die Polizistin bei mir ist!« Sie hört zu. Der Sekretär oder jemand anderer muss sie von der Wichtigkeit des Anrufs überzeugt haben, denn Milena hält den Hörer mit der Hand zu und sagt zu Camilla: »Ich muss mit München sprechen, das wird länger dauern. Wir sind doch fertig?«

Camilla steht auf, schüttelt Milena die Hand und geht zur Tür. Sie hört gerade noch den ersten Satz von Signora Barbieri, auf Deutsch.

Als sie das Bürogebäude verlässt, stößt sie auf Commissario Beggiato. Er erkennt Camilla nicht gleich wegen der Sonnenbrille, dann runzelt er die Stirn und fragt: »Inspektorin Cagliostri, was machen Sie denn hier?«

Camilla nimmt die Sonnenbrille ab, damit die Augen ausdrücken, was sie antworten will: Das ist meine Sache. Sie beschränkt sich jedoch darauf zu sagen:

»Ich brauche eine Matratze.«

Ohne zu bedenken, dass die MPM gar keine Matratzen herstellt, sondern Maschinen zur Herstellung von Matratzen.

Der *commissario* grüßt sie mit einem Kopfnicken und setzt seinen Weg zum Büro von Signora Barbieri fort.

37

Die neue Folge des *Großen Bruders* ist nur in fünf Kopien verteilt worden. Weitere zehn Kassetten sind von einem Schutzmann in einem Schulranzen auf einer Bank im Parco delle Rimenbranze gefunden worden. Der Erkennungsdienst hat den Schulranzen auf Fingerabdrücke und andere Spuren untersucht, die zum Großen Bruder oder zum Haus führen könnten. Der Bote, der mit der Verteilung der zehn Kassetten beauftragt war, muss von einer Polizeistreife in Zivil, die ihre Runde durch die Stadt macht, gestört worden sein. Die übrigen fünf VHS-Kassetten sind Teleducato, Telemodena, dem *Resto del Carlino*, der *Gazzetta di Modena* und der Redaktion der RAI in Bologna in der Via della Fiera zugestellt worden.

Inspektor Camilla Cagliostri kann sie sich in der Redaktion des *Carlino* ansehen.

Die Folge beginnt mit den Bewohnern auf den beiden Sofas, die zu einem einzigen nebeneinandergestellt worden sind. Von links: Catia, Gianni, Lory und Tonino. Sie schauen in die Kamera.

Gianni beginnt: »Wir sind bereit, den Ersten zu nominieren, der das Haus verlassen wird. Unsere Entscheidung kann nicht von den Zuschauern gebilligt werden, wie das bei anderen Realityshows der Fall ist. Der Große Bruder wird die Wahl für gültig erklären und die … des Nominierten, Mann oder Frau, erlauben.«

Das wichtigste und schwerwiegendste Wort war nicht zu verstehen, da es sehr leise ausgesprochen und vom Mikrofon nicht erfasst worden war. Das Wort »Tötung«.

Gianni sieht Catia an. Das Mädchen zögert nicht, und während sie mit lauter Stimme den Namen ausspricht, bleibt ihr Ausdruck unverändert. Sie kratzt sich an der Nase und sagt: »Ich nominiere Tonino Braida.«

Obwohl er damit gerechnet hat, ruft dieser:

»Ich?«, steht auf, wendet der Kamera den Rücken zu und verdeckt Catia. »Du bist gemein!« Dann setzt er sich wieder.

»Du bist dran«, sagt Gianni zu ihm.

»Dann nominiere ich Catia Malavasi!«

Er hat den Namen seiner Mitgefangenen voller Genugtuung ausgesprochen, zufrieden, sich rächen zu können.

Lorys und Giannis Stimmabgabe geschieht nach dem Pakt, den sie in der vorhergehenden Folge geschlossen hatten.

»Tonino Braida«, sagt Gianni Barbieri.

»Tonino Braida«, sagt Loredana Berri.

Schweigen. Die Kamera wandert durch den Loft, verharrt auf dem zerwühlten Bett, auf dem Catias Pyjama liegt, und fährt über den Esstisch, auf dem noch die Reste der letzten Mahlzeit stehen. Das Essen befand sich in Aluminiumbehältern ohne Werbeaufschrift. Der Große Bruder liefert eine Vorspeise, ein Hauptgericht mit Beilagen, Obst und Süßspeise.

»Jetzt werden wir dich töten müssen«, sagt Giannis Stimme aus dem Off.

Die Kamera kehrt schnell zu den vier Personen zurück und zeigt in Großaufnahme das Gesicht von Tonino, das mehr Wut als Angst ausdrückt.

»Ich mache nicht mit! Ich bin euer Freund, einer, der das Pech gehabt hat, einem Kriminellen in die Hände zu fallen, der mit dem Leben der anderen spielt … Ihr könnt ihm nicht gehorchen!«

»Wenn du nicht stirbst, werden wir alle sterben«, erwidert Catia ruhig.

»Ihr werdet sowieso sterben. Wer sagt euch, dass der Große Bruder sein Versprechen halten wird?« Er wendet sich zur Kamera und ruft: »Der Große Bruder ist …«

Dunkel und Schweigen. Der Große Bruder hat die Übertragung unterbrochen.

Camilla fragt Stefano: »Könntest du zurückspulen und an der Stelle anhalten, wo Catia ihre Nominierung macht und sich an der Nase kratzt?«

Der Journalist drückt auf Return, und über den Bildschirm läuft im Schnelldurchgang und rückwärts eine irreale Welt. Er hält das Bild auf Catia an. Die junge Frau kratzt sich mit Zeige- und Mittelfinger der linken Hand an der Nasenspitze. Am Handgelenk trägt sie eine kleine Uhr.

Camilla nähert sich dem Bildschirm und starrt ihn lange an.

»Das ist nicht gut für die Augen«, warnt Stefano sie.

»Kannst du mir dieses Bild ausdrucken?«

»Kein Problem.«

38

Das vierte Juweliergeschäft ist das von Walter Calzolari. Dem Inhaber genügt ein Blick auf das Farbfoto, das aus dem Drucker gekommen ist, um die Uhr zu erkennen: »Cartier, Modell Tank, in Gelbgold mit Saphir auf dem Rädchen zum Aufziehen.«

»Haben Sie die Uhr Signorina Malavasi persönlich verkauft?«, fragt Camilla ihn.

»Catia hatte sie sich schon so lange gewünscht.«

»Catia? Sind Sie Freunde?«

»Ich habe sie insgesamt dreimal gesehen, und immer waren meine beiden Verkäufer dabei. Außer beim ersten Mal, als ich sie in meinem kleinen Büro hinten im Laden empfangen habe.«

»Könnten wir uns nicht in Ihrem kleinen Büro hinten im Laden weiterunterhalten?«

So klein ist es gar nicht, denn es enthält neben dem Arbeitstisch einen Metallschrank und einen massiven Tresor sowie ein dreisitziges Sofa. Der Juwelier, um die fünfzig, graues Haar, Schnurrbart, blaue Jacke, azurblaues Hemd, weiß gepunktete blaue Krawatte und kräftig nach Kölnischwasser duftend, bietet Camilla das Sofa an und setzt sich auf den Armstuhl hinter dem Arbeitstisch.

»Ich habe mich der Malavasi gegenüber korrekt verhalten«, sagt er.

»Daran zweifle ich nicht. Aber warum erzählen Sie mir die Geschichte mit der Cartier-Uhr nicht genauer?«

»Ein merkwürdiger Mensch, dieses rothaarige Mädchen. Vor fünf oder sechs Monaten kommt sie eines Morgens gegen zehn rein, nachdem sie lange die Damenuhren in der Auslage betrachtet hat. Sie kommt geradewegs auf mich zu, weil ich das Aussehen oder das Alter habe, um der Inhaber zu sein. Sie sagt: ›Können wir unter vier Augen reden? Ich will eine Uhr kaufen.‹ Ich führe sie ins Büro. Sie setzt sich auf das Sofa, da, wo jetzt Sie sitzen, Inspektor, und lächelt mich an, ohne etwas zu sagen. Ich habe sie gefragt, ob sie schon eine Vorstellung habe, ob sie im Schaufenster etwas gesehen habe oder in einer Zeitungsanzeige. ›Ich will die kleine Cartier-Uhr, die Sie im Schaufenster haben, die rechteckige aus Gelbgold, mit dem blauen Rädchen.‹ Ich lasse sie mir von meinem Verkäufer bringen und präsentiere sie ihr auf einem Samtkissen, wie es bei wertvollem Schmuck üblich ist. Aber irgendwie hatte ich im Gefühl, dass das Mädchen sich eine Cartier-Uhr nicht leisten kann, auch wenn das betreffende Modell gar nicht zu den teuersten gehört. Ich nenne ihr den Preis. ›Ich liebe es, von Zeit zu Zeit etwas Verrücktes zu tun‹, sagt sie, ›aber ich habe das Geld nicht sofort. Ich werde es Ihnen in zwei oder drei Raten bringen, vertrauen Sie mir.‹ In einer solchen Situation hatte ich mich noch nie befunden, und ich fühlte mich unbehaglich. In väterlichem Ton habe ich ihr erklärt, dass man Sicherheiten habe müsse, wenn man etwas auf Kredit kauft. ›Ich zeige Ihnen meine Sicherheiten‹, hat Catia gesagt. Und dann ist sie vom Sofa aufgestanden und hat den Rock hochgezogen.«

Camilla scheint nicht sehr begeistert von dem zu sein, was sie da hört, und der Juwelier beeilt sich, sein Lächeln einzustellen.

»Erzählen Sie weiter.«

»Mir blieb nichts anderes übrig, als sie zu bitten, mein Geschäft zu verlassen.«

Camilla wartet auf die Fortsetzung, während Walter Calzolari sich den Schweiß von der Stirn wischt.

»Ist es Ihnen so schwergefallen, Catias Angebot abzulehnen?«, fragt Camilla.

Der Juwelier sieht sie beleidigt an.

»Ich dachte, ihr von der Polizei wüsstet Bescheid über uns … Ich bin schwul, das wissen alle.«

»Verzeihen Sie«, sagt Camilla.

Vor dreißig Jahren wäre eine solche Szene andersherum gelaufen: Der Juwelier wäre beleidigt gewesen wegen des Verdachts, schwul zu sein.

»Etwa zwanzig Tage später kommt die rothaarige Signorina wieder in meinen Laden und legt vor meiner Nase siebentausendfünfhundert Euro in Scheinen auf das Samtkissen. Ich gebe ihr die Cartier-Uhr. Ich habe sie nicht mehr gesehen, erst wieder im Fernsehen, als der Große Bruder sie zusammen mit den anderen Spielteilnehmern gezeigt hat.«

»Gefangene, sie sind Gefangene.«

»Catia benimmt sich im Haus genauso hochmütig und provokant … Ein richtiges Scheusal.« Er nimmt all seinen Mut zusammen und fügt grinsend hinzu: »Ich setze Sie davon in Kenntnis, dass sie eine echte Rothaarige ist.«

39

Commissario Savino ruft Camilla um drei Uhr nachts an. Er lässt ihr nicht einmal die Zeit, Hallo zu sagen.

»Jetzt ist es passiert. Die Bewohner des Hauses haben den ersten Nominierten getötet.«

Camilla hat Mühe, sich aus ihrem Traum zu lösen. Sie spielte am Ufer des Panaro mit einem Mädchen, das sie nicht kannte. Sie wechselt in den Albtraum hinüber.

»Tonino Braida?«

»Ein Schutzmann hat unter der Statue von Alessandro Tassoni auf der Piazza della Torre eine Videokassette gefunden. Er hat sie uns vor zwei Stunden übergeben, aber ich habe Commissario Beggiato noch nicht geweckt, um ihn zu informieren.«

»Wer hat sie gesehen?«

»Wenn der Große Bruder wie sonst auch vorgegangen ist, sind weitere Kopien an Journalisten gegangen.«

»Wie haben sie ihn getötet? Wer von den dreien hat den Mut dazu gehabt?«

»Das ist nicht bekannt. Die Folge ist nur zehn Minuten lang. Sie beginnt im Wohnbereich des Hauses mit Gianni, Lory und Catia, die auf den Sofas sitzen. Lory an Gianni geschmiegt. Catia abseits. Finstere Gesichter, Tränen in den

Augen. Einer von ihnen hat Tonino getötet, mit der Billigung der anderen.«

»Sie könnten es auch gemeinsam getan haben. Es ist nicht so leicht, einen jungen, starken Mann zu überwältigen, der weiß, dass es ihm an den Kragen geht. Wo ist die Leiche?«

»Sie liegt in der Mitte des Raums, in einer Blutlache, ein Tafelmesser im Herzen. Er sieht aus wie eine Leiche aus einem Kriminalfilm der Fünfzigerjahre.«

»Ich verstehe nicht, warum Sie so bestürzt sind. In den vielen Jahren, die Sie bei der Polizei sind, haben Sie schließlich eine Menge Ermordete gesehen!«

»Aber da hat es sich immer um normale Verbrechen gehandelt. Doch als ich jetzt die Kassette des Großen Bruders angeschaut habe, habe ich das Gefühl gehabt, einer Show beizuwohnen, nicht grausamer als die Filme, die im Fernsehen gezeigt werden. Sogar die rote Farbe des Bluts kam mir künstlich vor, dosiert von einem Bühnenbildner oder wie immer man ihn nennen soll. Und dann ist mir bewusst geworden, dass es sich ja um echtes Blut handelt und dass ich zum ersten Mal Zeuge eines echten Verbrechens geworden bin, das man in eine Show verwandelt hat. Der Tote und seine Mörder waren echt, und ich konnte von der anderen Seite des Bildschirms aus nichts unternehmen.«

»Genau das will der Große Bruder erreichen. Die Wirklichkeit mit der Show zu vermischen. Oder, wenn es Ihnen lieber ist, die Wirklichkeit in eine Show zu verwandeln. Aber wenn wir es recht bedenken, geschieht das ja täglich … Man braucht nur die Fernsehnachrichten zu nehmen: Auch die Nachrichten kommen einem vor wie Fiktion. Erinnern Sie sich an den letzten Akt der Flucht von Luciano Liboni, dem Killer, der einen Carabiniere ermordet hatte? Das Fernsehen hatte ihm sogar einen Spitznamen gegeben, wie er zu einer gehetzten Bestie nicht besser passen könnte: Wolf. Der Showdown spielt sich vor einem Stand ab, der Wassermelonen verkauft, mit dem Circo Massimo im Hintergrund. Die Kamera zeigt die Details in Großaufnahme: das Blut, die Patronenhülsen, die Handschellen des sterbenden Verbrechers nach einer Folge von Fahndungsfotos, solchen, auf denen sogar der heilige Luigi wie der Teufel aussieht. Der Carabiniere, der den Banditen gestellt hat, ist der zweite Protagonist, vor dem Mikrofon von TG5 findet er genau die richtigen Worte und den richtigen Grad an Emotion. Auch die Passanten mischen sich ein, angefangen mit der Frau, die die Schutzleute als Erste auf den Wolf aufmerksam gemacht hat. Und alle sind imstande, in die Kamera zu blicken, in der richtigen Entfernung zum Mikrofon zu sprechen und die notwendigen dramatischen Details zu erzählen. Ein vorbeigehender Mann fragt, ob da gerade ein Film gedreht wird. Ein Medium ist so gut wie das andere, auch die Wirklichkeit ist ein Medium, und wir sind alle Kinder des Großen Bruders.«

»Was Sie da sagen, erschreckt mich«, sagt Savino. »Kehren wir in unsere kleine Welt zurück und hoffen wir, dass es Beggiato gelingt, diesem Hurensohn das Handwerk zu legen.«

»Wie weit sind die Ermittlungen des Super-*Commissario*?«

»Warten Sie … Ich habe Ihnen den Inhalt der Kassette noch nicht fertig erzählt … Sie endet mit einem eingeblendeten Text vor dem Hintergrund der Leiche von Tonino Braida.«

»Jetzt benutzt der Große Bruder also auch das geschriebene Wort!«

»Er schreibt wörtlich, in Großbuchstaben: **DER GROSSE BRUDER HAT NICHTS ZU TUN MIT DEM GEWALT- SAMEN TOD DER SCHAUSPIELERIN VANESSA SILVI. DIE POLIZEI MUSS WOANDERS SUCHEN. FERN VON MEINEM HAUS UND MEINEM SPIEL.**« Der *commissario* kichert (es sei denn, das Geräusch ist eine Störung in der Leitung) und fügt hinzu: »Der Große Bruder bestätigt Ihre Theorie: Vanessas Ermordung ist eine andere Geschichte … Aber der Mann, der aus Rom gekommen ist, wird Ihnen die Freude nicht machen. Ich höre ihn jetzt schon: Wie kann man den Worten eines Verbrechers trauen?«

»Und die Ermittlungen?«, fragt Camilla noch einmal.

»Beggiato hat versucht, unter den rumänischen Immig- ranten die Handlanger ausfindig zu machen, die der Große Bruder angeworben hat.«

»Da hat er recht. Das ist das einzige schwache Glied.«

»Und Ihre Privatermittlungen?«

Camilla zieht es vor, sich Savino gegenüber bedeckt zu halten. Auch weil sie keine handfesten Spuren verfolgt. Es sind alles nur vage, ungreifbare, nebulöse Ideen. Und wie die Wolken ändern sie ständig ihre Gestalt.

Aber aus den Wolken entstehen die Unwetter.

40

Die Zeitungen titeln auf der ersten Seite: **DER GROSSE BRUDER EIN MÖRDER.** Und sie marschieren im Gleich- schritt mit ihm, zumindest in den Aufmachern, die mit Fra- gezeichen enden, die bewusst gesetzt sind, um die Leser einzubeziehen. Welcher der drei Bewohner hat Tonino getötet? Wer wird als Nächster nominiert werden? Die Kommentare der Fernsehkommentatoren sind beschwichtigend und knapp, sie üben sich in Selbstzensur, vielleicht weil sie sich verantwortlich fühlen für ein Spiel, das als Fernsehformat erfunden wurde. Kein Sender, nicht einmal der kleine und skrupellose Teleducato, hat das Bild des toten Tonino Braida gesendet, obwohl in der Redaktion eine Kopie der jüngsten Kassette zirkuliert. Doch die Zuschauer protestieren, sie wollen es sehen. Die Redaktionen erhalten Anrufe und E-Mails, in denen sie sich unter Berufung auf die Informationsfreiheit darüber beschweren, dass das Spektakel des Kriminellen Großen Bruders der Zensur unterworfen wird.

Inspektor Camilla Cagliostri besucht die Lebensgefährtin von Tonino Braida. Sie wohnt in einem Häuschen mit Garten am Stadtrand von Nonantola, unweit der Villa Emma. Meri empfängt sie sofort, ihren kleinen Sohn Mirko auf dem Arm, die Augen gerötet vom Weinen.

»Gerade ist Ihr Kollege gegangen.«

Meri führt Camilla ins Wohnzimmer. Mirko lächelt im Schlaf, das Köpfchen an der Schulter seiner Mutter. Er ist ein strammes blondes Bürschchen.

Camilla berührt leicht sein zur Faust geballtes Händchen.

»Wunderschön.«

»Jetzt ist er ohne Papa«, sagt Meri, und der Schmerz weicht der Wut. »Den haben ihm die drei genommen.«

»Schuld ist der Verbrecher, der sich ›Großer Bruder‹ nennen lässt. Seine Gefangenen sind alle Opfer, und schon bald wird ein Weiterer sterben müssen.«

»Ja, das hat der *commissario* vorhin auch gesagt.«

»Was wollte er wissen?«

»Arbeiten Sie denn nicht zusammen?«, fragt Meri erstaunt.

Camilla bleibt vage:

»Wir haben die Aufgaben untereinander aufgeteilt.«

»Er hat mich gefragt, ob Tonino Feinde hatte. Stellen Sie sich das mal vor!«

»Sonst nichts?«

»Er wollte auch wissen, ob Tonino vor seiner Entführung Kontakt, und sei es auch nur flüchtig, mit den anderen Bewohnern des Hauses gehabt hat ... Lory, Gianni oder Catia.«

Der *commissario* ermittelt also auch in diese Richtung. Camilla muss aufpassen, dass sie ihn nicht unterschätzt.

»Das wollte ich Sie auch fragen.«

»Soviel ich weiß, hat Tonino sich niemals mit einem der drei getroffen. Oder der vier, wenn wir die Schauspielerin, die im Kanal gefunden wurde, miteinbeziehen. Wie sollte er auch? Sie lebten in zu verschiedenen Welten, und außerdem haben wir immer schon in Nonantola gewohnt und gearbeitet.«

»Wie hat Tonino seine Freizeit verbracht?«

»In den letzten Monaten war er ein wenig zerstreut und nervös. Er hat nicht mit mir gesprochen, aber er ging fast jeden Abend aus; vielleicht suchte er jemanden, der ihm einen Rat geben konnte. Ich hab sogar gedacht, man habe Schutzgeld von ihm erpressen wollen und er versuche, das Problem mithilfe seiner Freunde zu lösen.«

Sie fängt wieder zu weinen an, lautlos, aber Mirko wacht auf, löst sich von ihrer Schulter und fängt ebenfalls zu weinen an.

»Wer waren seine Freunde?«

»Die aus Giacomos Bar.« Sie wischt sich die Tränen mit

dem Rücken der linken Hand ab, während sie mit der anderen Mirko hält, der aufgehört hat zu weinen. Sie erklärt: »Giacomo war ein Schulfreund von Tonino, und sie haben ihren Militärdienst zusammen gemacht, bei der Panzertruppe.«

»Wo finde ich diese Bar?«

»Im Zentrum, wenige Schritte von der Abtei entfernt. Bar Monreali.«

Um diese Zeit, vier Uhr nachmittags, befinden sich nur zwei junge Marokkaner in der Bar, die sich die Zeichentrickserie *Pokemon* anschauen. Auch der Barbesitzer schaut zu, hinter seinem Tresen. Er wirkt verärgert, als Camilla ihn stört, um einen Kaffee zu bestellen.

»Ich möchte kurz mit Ihnen reden.«

»Warum?«

Camilla zeigt ihm ihre Polizeimarke.

»Geht es die Geschichte von neulich Abend? Ich hatte überhaupt nicht bemerkt, dass sie um Geld gespielt haben.«

»Ich sammle lediglich Informationen über Tonino Braida. Ich habe gehört, Sie und er waren gute Freunde.«

Giacomo, dreißig, dunkelhaarig, violette Augenringe, dunkler als die beiden Marokkaner, stößt einen lauten Fluch aus und ruft: »Wie kann man nur so sterben? Ermordet von seinen Kameraden … Man müsste den Kerl, der das Haus eingerichtet hat, zum Tode verurteilen!«

»Erzählen Sie mir, wie Tonino war, wenn er nicht gearbeitet hat.«

»Ein Goldjunge …«

Camilla unterbricht ihn und sagt: »Ich bin nicht hier, um Tonino irgendwelcher Verbrechen zu beschuldigen oder ihm irgendwelche Laster oder Fehler vorzuwerfen ... Und ich will auch nicht die üblichen Komplimente hören, die man den Toten macht: fleißiger Arbeiter, liebevoller Vater und Partner ... Es wird alles unter uns bleiben, aber ich will wissen, ob er Glücksspiele spielte, ob er zu Huren ging, ob er neben Meri noch andere Frauen hatte, ob er sich von Zeit zu Zeit betrank, ob er tabletten- oder kokainsüchtig war ...«

»Tonino hatte keines von diesen Lastern ... Er spielte Billard, trank nur bei Tisch, und nach der Geburt des Jungen hatte er sogar zu rauchen aufgehört.«

»Wirklich ein Goldjunge.«

»Ein Goldjunge, der von Zeit zu Zeit seine Krisen hatte ...«, fährt Giacomo fort, der sich schließlich damit abgefunden hat, dass er *Pokemon* nicht in Ruhe weitersehen kann. »Wie letztes Jahr, als er Meri verlassen wollte, um mit einer aus Modena zusammenzuziehen. Die Schlampe hatte ihm den Kopf verdreht. Aber das hat nicht lange gedauert. Meiner Meinung nach war sie nur an seinem Geld interessiert.«

»Das Geld eines Blumenzüchters?«

»Tonino war milliardenschwer. Entschuldigen Sie, aber ich rechne noch immer in Lire, das ist einfacher. Die Treibhäuser der Floricoltura Braida, ganz modern und ausgestattet mit Befeuchtern und Klimaanlagen und all solchem Zeug, sind allein schon eine Milliarde wert. Dazu die Böden, die eine weitere Milliarde wert sind. Und wenn wir die Pflanzen, das Saatgut, die Düngemittel, die Töpfe und die ganzen Geräte und Ausrüstungen dazunehmen und den Wert des Betriebs als Handelsunternehmen hinzurechnen, dann brachte Tonino es gut und gern auf drei oder vier Milliarden. Ganz abgesehen von einer Wohnng in Nonantola und einer in Modena, die er wie alles andere vom Vater geerbt hatte. Ein hübsches Vermögen, groß genug, um das Fernsehen und die Zeitungen Lügen zu strafen, wenn sie behaupten, Tonino und Catia seien die Armen im Haus. Was die Malavasi angeht, keine Ahnung, aber Tonino war ganz bestimmt nicht arm.«

»Der Name der Frau in Modena?«

»Keine Ahnung. Tonino hat mich als guten Freund um Rat gebeten. Sie hatte ihm Daumenschrauben angelegt: Sie hatte als Liebespfand von ihm verlangt, dass er die Wohnung in der Via Farini in Modena auf sie überschreibt. Ich sagte ihm, er solle sie zum Teufel schicken. Er hielt dagegen, er habe noch nie eine getroffen wie sie.«

»Was heißt ›eine wie sie‹?«

»Eine außergewöhnliche Schönheit, so dass er allein schon bei ihrem Anblick Lust bekam ... Na ja, ganz erregt wurde. Seine Worte. Er hat sie mit etwas gewagten Worten beschrieben. Ich weiß nicht, ob ich sie wiederholen kann ...«

»Ich werde versuchen, nicht rot zu werden.«

»Er sagte, sie sei von Kopf bis Fuß nur Muschi gewesen.«

»Ein Name, ein Spitzname, eine Adresse in Modena, irgendeine Beschreibung ... ich weiß nicht, ihre Haarfarbe oder ihre Größe ... Wie nannte er sie, wenn er von ihr sprach?«

»Er benutzte zwei Bezeichnungen, je nach Laune: das Mädchen aus Modena oder die Schlampe aus Modena. Aber ist das wichtig, jetzt, wo ...?«

Camilla fragt unbeirrt weiter: »Hat man versucht, Schutzgeld von ihm zu erpressen? Meri hat diesen Verdacht geäußert.«

»Ich weiß. Tonino hatte diesen Verdacht bewusst genährt, um seine Nervosität und sein Versagen vor allem im Bett zu entschuldigen. Dabei war er lediglich verliebt. Oder verhext. Oder, noch besser, verblödet. Und dann wurde er in das Haus verschleppt, und nach dem, was jetzt passiert ist, kommt einem dieser ganze Liebeskram nur noch wie belangloses Zeug vor.«

41

Tiziana hat sich mit ihr im Juta Cafè am Piazzale Pomposa, wenige Schritte von Camillas Wohnung entfernt, verabredet. Sie begrüßen sich wie alte Freundinnen mit einer Umarmung und Küssen auf die Wangen. Sie nehmen im Freien Platz, und noch bevor sie etwas zu trinken bestellen, sagt Camilla zu Tiziana: »Ich verstehe, dass die Geschichte des Großen Bruders euch Polizisten ganz schön auf Trab hält, aber wenigstens Sie sollten den Tod von Tante Vanessa untersuchen, und sei es auch nur, weil Sie mir versprochen hatten, ihren Mörder ins Gefängnis zu bringen. Der nicht der Große Bruder ist, stimmt's?«

»Er ist es nicht gewesen.«

Das Mädchen hält seine Vorwürfe für berechtigt. Dabei hat Camilla den Fall der ermordeten und in den Kanal geworfenen Schauspielerin bereits gelöst. Jetzt muss sie den Mörder – oder die Mörderin – nur noch mit einem Beweis in die Enge treiben. Doch wenn Camillas Hypothese stimmt, dann wird die Wahrheit für Tiziana noch erheblich schmerzlicher sein als der Tod ihrer geliebten Tante.

Sie bestellen zwei Espressi Marocchini. Tiziana holt vier

mit einem Gummiband zusammengehaltene Briefe aus ihrer Tasche.

»Die hat Massimo Gala meiner Tante geschrieben.«

»Wo hast du sie gefunden?«

»In ihrer Wohnung in Rom. Die jetzt mir gehört. Das Gericht hat die Siegel entfernen lassen, und Vanessas Testament, das bei dem Notar Guidetti in Rom hinterlegt war, ist eröffnet worden. Meine Tante hat mich als Universalerbin eingesetzt. Aber auch ohne Testament wäre ich ihre Erbin gewesen, da ich die einzige Tochter ihrer einzigen Schwester bin, aber diese Aufmerksamkeit hat mich doch sehr gefreut. Für meine Tante bin ich wirklich wie eine Tochter gewesen.«

»In der Tat.«

»Die Briefe hab ich zufällig gefunden.«

»Ein Glück, dass ich jeden Winkel durchsucht hatte! Wo waren sie?«

»In der Küche, in einer Dose mit der Aufschrift ›Kakao‹.«

Tiziana reicht Camilla die Briefe.

»Sie beweisen, dass Massimo Gala ein Motiv hatte, Vanessa zu töten.«

»Sehen wir mal …«

»Sie sind bereits chronologisch geordnet … In den ersten beiden ist nur von Liebe die Rede.«

Massimo erklärt Vanessa seine Liebe, schwört, nie zuvor einer schöneren und leidenschaftlicheren Frau begegnet zu sein. Es ist klar, dass sie bereits miteinander im Bett gewesen sind, vielleicht noch am selben Abend, an dem sie sich in der Via Margutta kennengelernt haben, auf einer Vernissage in der Kunstgalerie Novella Parigini. Unter den Bildern von Ugo Corrias ist auch ein Akt von Vanessa gewesen. Massimo schreibt, er habe sich schon beim Betrachten des Bildes verliebt, noch bevor sie die Galerie im Blitzlichtgewitter der Fotografen betreten habe.

Im dritten Brief dankt Massimo ihr dafür, dass sie ihm eine kleine Rolle in dem Fernsehfilm *Amanti per l'éternità* verschafft habe. Er schreibt auch, er sei zu etwas Anspruchsvollerem bereit, vielleicht an ihrer Seite. Und er fleht sie an, Cesare zu verlassen, der kein Mann für sie sei und ihr nichts bieten könne, da er verheiratet sei und seine Familie niemals verlassen werde. Er erinnert sie daran, dass Cesares Frau nicht nur reich, sondern auch die Tochter eines führenden Politikers der Ersten Republik sei, der noch immer großen Einfluss bei der RAI habe. Der Brief endet mit dem unterstrichenen Satz: Ich dagegen würde Dich schon morgen heiraten!

»Meine Tante muss sich in Massimo Gala oder Galavotti verliebt haben. Dass er aus Modena ist, hat mit Sicherheit dazu beigetragen, dass sie sich mit ihm eingelassen hat. Trotz Cesare, der Freunde, der Arbeit und der Millionen Fans, die sie wegen ihrer Kino- und Fernsehfilme liebten, muss Vanessa sich einsam gefühlt haben, besonders nachts. Massimo hat das bemerkt und auszunutzen versucht. Doch nachdem Vanessa aus dem Zauber des ersten Verliebtseins aufgewacht war, hat sie ihn zum Teufel geschickt. Lesen Sie den vierten Brief, er ist der kürzeste und interessanteste.«

Camilla liest laut: »Liebe, süße Vanessa, Du irrst Dich, wenn Du mich einen Erpresser nennst, nur weil ich Dir vorgeworfen habe, Du seist mir nicht treu, und Dich daran erinnert habe, dass auch ich Abzüge der Fotos aufbewahre ...«

Tiziana unterbricht sie: »Das müssen sehr gewagte Fotos

sein, auf denen Vanessa zusammen mit Massimo zu sehen ist ...«

»Ja, ich hab sie gesehen.«

»Wo?«

»Sie waren in Vanessas Schreibtisch in Rom versteckt. Ich hab sie an mich genommen.«

»Ohne mir was zu sagen. Da zeigt sich die Polizistin!«

Camilla ist nicht gekränkt.

»Ich hatte vorgezogen, dich nicht zu verwirren. Obwohl gar nichts Besonderes zu sehen ist: nur die beiden beim Liebesakt. Im Kino sieht man heutzutage Schlimmeres. Oder Besseres. Und deine Tante sah das genauso wie ich ...« Sie liest weiter: »›Du sagst, die Fotos seien Dir egal, Du sagst, in den Filmen sehe man Dich häufig nackt in den Armen eines Mannes. Aber niemand hat Dich je gesehen, wie du jemandem einen ...‹« Camilla lässt das Wort aus, aber Tiziana beendet den Satz, wütend, als wollte sie sich nichts ersparen: »... bläst.« Und sie fügt hinzu: »Arschloch, ordinärer Kerl und Erpresser.«

»›... Wenn Cesare Galli, Romolo Facchinetti und die ganze Welt des Kinos und Fernsehens sehen, wie Du in den Arsch gefickt wirst, dann bin ich nicht so sicher, ob sie Dich auch weiterhin für eine kultivierte, auf die Rolle der guten Frauen spezialisierte Schauspielerin halten werden, das Engelsgesicht, das zu den Italienern ins Wohnzimmer kommt. Sie werden Dir allenfalls noch den Posten geben, den Moana Pozzi freigemacht hat. Denk darüber nach. Noch ist es Zeit, wieder zusammenzukommen und ein wunderbares Schauspielerpaar zu werden. In unveränderter Liebe, Dein Massimo‹.«

»Meine Tante hat ihn abserviert, und er ...«

Camilla unterbricht sie:

»In der besagten Nacht in der Villa Galaverna war Massimo Galavotti in Rom, im Bett mit einer Frau, einem rumänischen Starlet, das in Italien das große Glück suchte. Eine der vielen, die sich als Prostituierte durchschlagen. Das Alibi wurde vom Polizeipräsidium in Rom überprüft.«

»Ist das so sicher? Für Geld macht so eine Hungerleiderin alles.«

»Aber warum hätte Galavotti deine Tante töten sollen? Gewöhnlich versucht das Erpressungsopfer, den Erpresser aus dem Weg zu räumen.«

Tiziana wirkt enttäuscht.

»Dann sind diese Briefe also Makulatur?«

42

»Wenn du mich statt zum Mittagessen zum Abendessen eingeladen hättest, dann hätte unser Treffen eine Fortsetzung bei mir oder bei dir haben können, aber so muss ich sofort in die Beautyfarm zurück, wo ein Kunde auf mich wartet«, sagt Dottore Bellomi, ohne den Blick von dem halben Perlhuhn zu heben, das er geschickt entbeint.

»Das war Absicht«, erwidert Camilla.

»Ich weiß.«

Sie sitzen draußen, im Giardino della Bianca, und während Camilla in aller Ruhe ihr Vitello tonnato isst, stellt sie sich ihren Freund, den Gerichtsmediziner, im Kampf mit anderen Messern und denen, die er seine Kunden nennt, vor.

»Warum werden, zumindest hier in Modena, überwiegend Frauen ermordet?«, fragt Camilla.

»Ihr tut eben nicht genug, um geliebt zu werden.«

»Sprechen wir jetzt von einem ermordeten Mann.«

»Ich dachte, du hättest mich nur deswegen eingeladen, weil du meine Gesellschaft schätzt.«

»Auch. Aber jetzt will ich erst einmal wissen, was du zu der Tötung von Tonino Braida sagst. Du weißt, von wem ich spreche?«

»Von einem Leichnam, der nicht so bald durch meine Hände gehen wird. Ja, ich habe die Kassette des Großen Bruders gesehen, dein Rivale hat sie mir gezeigt. Auch er wollte wissen, was ich von diesem Tod halte.«

»Nenn Commissario Beggiato nicht meinen Rivalen! Er ist derjenige, der die Ermittlungen leitet, ich bin nur eine neugierige Frau.«

»Neugierig, undiszipliniert, Befehle missachtend, dickköpfig, eine überaus tüchtige Ermittlerin, die geborene Polizistin ... kurz und bündig: Inspektor Camilla Cagliostri.«

»Ist dir irgendetwas aufgefallen, das dich nicht überzeugt, irgendwas, das seltsam ist oder das du nicht verstehst, als du Braidas Leichnam gesehen hast, so wie der Große Bruder ihn uns gezeigt hat?«

»Dafür müsste ich ihn leibhaftig und aus der Nähe untersuchen. So ist mir nichts seltsam vorgekommen.«

»All das Blut ... War das nicht zu viel?«

»Wenn die Klinge die Aorta durchtrennt hat, schießt das Blut nur so heraus! ... Warum fragst du? Glaubst du etwa, Tonino Braida war noch am Leben, als er uns mit dem Messer in der Brust gezeigt wurde?«

»Hat er ausgesehen wie ein Toter?«

»Ein Toter hat kein bestimmtes Aussehen, lass dir das von jemandem gesagt sein, der viele gesehen hat. Der eine sieht aus, als hätten die Flammen der Hölle ihn bereits entstellt, ein anderer scheint lediglich zu schlafen. Der eine schaut dich an. Ein anderer lächelt dich an.«

Tonino Braidas Leichnam ist verschwunden. Zu sehen sind Catia, Lory und Gianni, die auf einem der beiden Sofas sitzen. Sie schauen in die Kamera, zum Großen Bruder, zum Publikum.

Camilla fragt sich, ob sie den Großen Bruder von Angesicht zu Angesicht sehen oder ob er maskiert oder hinter einem Vorhang verborgen ist. Wenn sie wenigstens so intelligent wären, Botschaften zu senden … Das sagt sich leicht, wenn man zu Hause sitzt, in Sicherheit, vor dem Fernseher, der das soundsovielte Drama zeigt, das mit unserem Leben nichts zu tun hat!

Der Große Bruder spricht stets aus dem Off, und er tut nichts, um sympathisch zu wirken. Seine leicht krächzende Stimme, die von Rauschen und Knistern etwas überlagert wird, ertönt: »Vor uns sitzen die überlebenden Bewohner des Hauses. Einer der drei hat den vierten Bewohner getötet. Vielleicht haben sie ihn aber auch zu zweit getötet. Oder alle zusammen. Sie hatten Tonino nominiert, weil er der Schwächste der Gruppe war: Er hatte keine Freunde im Haus, er hatte keine Geliebte und verbrachte die Zeit damit, an seinen kleinen Sohn zu denken. Daneben warf er begehrliche Blicke auf Catia, ohne sich entschließen zu können, sie zu umwerben. Er hatte Angst vor Veränderung und weigerte sich, Verantwortung zu übernehmen. Er zweifelte sogar daran, Mirkos Vater zu sein. Sein mangelndes Vertrauen in seine Mitmenschen führte dazu, dass er im Haus isoliert wurde, zu seiner Nominierung und schließlich zu seinem Ausschluss. Seinem Ausschluss, der in unserem Spiel, das extremer ist als die anderen Realityshows, den Tod bedeutet

… Heute, liebe Fernsehzuschauer, vergnügen wir uns damit zu erraten, wer Tonino getötet hat. Ich werde die Ermittlungen leiten. Die drei Bewohner werden auf meine Fragen antworten, wobei sie das Recht haben zu lügen. Mit wem fangen wir an?«

Die Kamera zeigt in Großaufnahme Catias Gesicht, dann Lorys und schließlich Giannis, auf dem sie ruhen bleibt.

»Wir können Gianni jetzt als den Führer der Gruppe ansehen«, fährt die Stimme des Großen Bruders fort. »Er ist dazu prädestiniert aufgrund seines Alters – er ist vierzig –, seines Berufs – er leitet eine bedeutende Firma – und seines Hobbys: Er ist Unterwasserfischer und tötet Zackenbarsche, Muränen und andere wunderschöne und unschuldige Geschöpfe des Meeres. Zweifellos ein mutiger und intelligenter Mann, wie er seit den ersten Tagen seines Aufenthalts im Haus bewiesen hat. Er hat die Regeln des Spiels begriffen und es verstanden, eine treue Verbündete zu gewinnen …«

Die Kamera schwenkt auf Lorys Gesicht. Die junge Frau reißt die Augen auf und dreht den Kopf zu Gianni, als wollte sie ihn ihrer Treue versichern, und gleich darauf zu Catia, die zu ihrer Rechten sitzt, als wollte sie sie um Entschuldigung bitten. Catia, die jetzt ins Bild kommt, schneidet eine Grimasse, die schwer zu deuten ist. Vielleicht verzeiht sie ihrer Mitgefangenen. Die Kamera kehrt zu Gianni zurück, und die Stimme des Großen Bruders fährt fort: »Die Vermutung liegt nahe, dass du Tonino getötet hast. Ist es so?«

»Ich bin es nicht gewesen«, erwidert Gianni.

»Erinnern wir die Zuschauer daran, dass das Opfer mit einem Messerstich ins Herz getötet wurde. Es war vollständig angezogen und befand sich in der Mitte des Wohnbereichs. Es hat also ein Zweikampf stattgefunden zwischen ihm und einer Person, die stärker war als er …«

Gianni unterbricht ihn: »Das ist nicht gesagt. Die Zuschauer kennen nicht alle Einzelheiten …«

»Dann lass hören.«

»Tonino ist angezogen ins Bett gegangen. Catia, die ihn gefragt hatte, warum er sich nicht ausziehen würde, hatte er geantwortet, er habe Angst. Vielleicht fühlte er sich durch die Tageskleidung geschützt. Oder er wollte gerüstet sein für den Augenblick, da die Polizei kommen und uns befreien würde. Wir haben Toninos Leichnam in der Mitte des Wohnbereichs gefunden, wo ihn auch die Zuschauer gesehen haben, aber sein Bett ist jetzt noch blutbeschmiert … Der Mörder hat ihn im Schlaf getötet und dann über den Boden geschleift. Das Blut strömte weiter aus ihm heraus und bildete eine Lache unter seinem Körper.«

Jetzt sieht man in Großaufnahme von oben Toninos Bett, zerwühlt und mit blutgetränkten Laken. Aus dem Off ist noch immer Giannis Stimme zu hören: »Auch eine Frau ist imstande, mit einem Stich in die Brust einen Mann zu töten, der schläft. Und erst recht meine beiden Mitgefangenen …«

»Ich habe euch gebeten, gewisse Wörter nicht zu benutzen!«, unterbricht ihn der Große Bruder mit schriller Stimme, bei der es einem kalt den Rücken hinunterläuft, als führe jemand mit einem Nagel über eine Schiefertafel.

Lory hält sich die Ohren zu. Catia, die die nackten Füße auf das Sofa stützt, verbirgt ihr Gesicht zwischen den Knien.

Gianni korrigiert sich hastig:

»Ich wollte sagen, meine Mitbewohnerinnen …«

»Sprich weiter.«

»Die beiden Mädchen sind stark genug, um einen Mann anzugreifen. Lory geht regelmäßig ins Fitnessstudio, und auch Catia kommt mir stark vor.«

»Aber ich hab Tonino nicht umgebracht, weder im Wachzustand noch im Schlaf«, widerspricht Catia, die sofort von der Kamera erfasst wird. Sie deutet auf Lory: »Sie war es!«

»Wie kommst du zu dieser Behauptung?«, fragt der Große Bruder.

»Gianni spielt das Spiel mit, aber er ist keiner, der sich die Hände schmutzig macht. Er beherrscht jetzt Lory, er hat sie zu seiner Sklavin gemacht. Er sagt, es sei nur eine Frage der Zeit, bis die Polizei uns befreit. Bis dahin müsse man sich dem Großen Bruder fügen, wenn man am Leben bleiben will. Tonino und Catia müssen als Erste das Haus verlassen, der Unsicherste und die Gedankenloseste, so hat er uns genannt. Lory hat gewartet, bis Tonino schlief, und ihm dann das Messer ins Herz gerammt. Dann hat sie ihn bis in die Mitte des Wohnbereichs geschleift.«

»Eine interessante Hypothese«, bemerkt der Große Bruder. »Und du, Lory, sagst nichts?«

»Doch, ich hab ihn getötet ... weil ...«

»Weil?«

»Weil ich nicht sterben will.«

»Ein toller Grund! Niemand will sterben«, bemerkt Catia.

Lory, in Großaufnahme, will noch etwas hinzufügen, aber das Fernsehbild zerbröselt in die Einzelteile eines bewegten Mosaiks. Die Stimmen verschwinden, und der Bildschirm wird dunkel.

Es muss etwas passiert sein, sagt sich Camilla. Eine technische Panne, oder einer der drei Gefangenen hat versucht,

eine Botschaft zu senden, und der Große Bruder hat es vorgezogen, die Übertragung abzubrechen. Zumal Loredana
Berri zugegeben hat, Tonino Braida ermordet zu haben.

43

Alle Zeitungen und Fernsehsender berichten weiter über
die Tötung von Tonino im Haus des Großen Bruders. Canale 5 hat dem Fall sogar eine Sondersendung zur Haupt-
sendezeit gewidmet. Im Studio sitzen neben Journalisten
Kriminologen, Soziologen, Psychiater und Anwälte. Zwei
Schaltungen: eine nach Rom zum Polizeichef, die andere
nach New York zu dem FBI-Agenten, der vor zehn Jahren
den Irren verhaftet hat, der berühmte Persönlichkeiten des
amerikanischen Fernsehens bedroht und auf die Hauptdarstellerin einer Seifenoper geschossen hatte, diejenige, die das
gute und brave Mädchen gespielt hatte.

Camilla hat die Sendung aufgenommen. Vergebliche Lie-
besmüh: zu viel leeres Gerede, sogenannte Experten, die
sich zu sehr in den Vordergrund spielen, angefangen mit
dem Psychologen, der die psychologischen Profile von
Lory und Tonino, der Mörderin und ihrem Opfer, erstellt
hat. Nichts als Phrasen. Niemand scheint bemerkt zu haben,
dass Lorys Geständnis lückenhaft ist. Und schematisch, wie
einstudiert. Es sei denn, das hätte etwas zu bedeuten.

Camilla ist verbittert. Sie verbringt mehr Zeit vor dem
Fernseher als mit den Ermittlungen. Sollte der Bildschirm
tatsächlich eine Spur liefern, so wäre sie mit Sicherheit
falsch. Oder virtuell.

Camilla beschließt, sich um den Fall Silvi zu kümmern.

So wird sie wenigstens echte Menschen treffen. Sie entscheidet sich für Tizianas Vater.

»Das sind Frauensachen. Dafür hab ich mich nie interessiert.«

»Wie, ich sage Ihnen, dass Ihre Frau keine Kinder bekommen konnte, und Sie antworten mir, das sind Frauensachen!«

Giacomo Paltrinieri wiederholt ungerührt: »Ich bin meinen ehelichen Pflichten stets nachgekommen. Als junger Mann jeden Abend, jetzt zweimal pro Woche. Alles andere ist Frauensache, und damit will ich nichts zu tun haben.«

Camilla sieht ihn fassungslos an. Gabriella Pelacanis Mann, der Vater von Tiziana und Schwager der verstorbenen Vanessa Silvi, hat sich so sehr in seinem Egoismus verschanzt, dass er sogar vor der Realität die Augen verschließt.

Camilla hält ihn für den Schwächeren der beiden. Selbst wenn ihre Vermutungen berechtigt wären, Gabriella würde sich niemals von einem Draufgänger überrumpeln lassen. Jetzt ist sie allerdings nicht mehr so sicher, etwas von Giacomo zu erfahren. Wenn er Unannehmlichkeiten auf sich zukommen sieht, flüchtet er sich in einen Satz, den er endlos wiederholt, gegen alle Logik. »Das sind Frauensachen.« Als ginge das, was vor achtzehn Jahren geschehen ist, nur Gabriella an.

Um ihn allein zu Hause anzutreffen, hat sie warten müssen, bis Tiziana in Bologna, an der Uni, war. Um sicherzugehen, hat sie sie auf dem Handy angerufen. Dann hat sie in der Via Fonte d'Abisso Posten bezogen, vor dem Haus, in dem die Familie Paltrinieri wohnt, und gewartet, bis Gabriella herauskommt. Sie hat sie bis zu der Garage beschattet, in der sie ihren Wagen, einen Punto, stehen hat, und hat sie wegfahren sehen, weiß der Teufel, wohin. Erst jetzt hat sie bei Giacomo geklingelt. Durch die Sprechanlage hat sie etwas von einem dringenden Problem erzählt, das sie unbedingt klären müsse. Ein Satz, an den er sie erinnert:

»Ich verstehe nicht, was so dringend daran ist zu klären, ob meine Frau, als sie jung war, keine Kinder kriegen konnte.« Und er fügt hinzu: »Sie sehen ja, dass sich das Problem gelöst hat: Wir haben eine Tochter.«

»Ist das Mädchen zu Hause oder im Krankenhaus zur Welt gekommen?«

»Im Krankenhaus, in Bologna.«

»In welchem Krankenhaus?«

»Wie soll ich mich nach fast zwanzig Jahren noch daran erinnern?«

»Gewöhnlich erinnern die Väter sich sehr genau an das glückliche Ereignis. Die Blumen für die *mamma*, das erste Stillen des Neugeborenen ...«

»Ich habe Tiziana zum ersten Mal gesehen, als ich nach Italien zurückgekehrt bin, und da war sie bereits sieben Monate alt.«

»Zurückgekehrt von wo?«

»Aus Frankreich. Mein älterer Bruder, Antonio, hat eine Werkstatt in Lyon. Einen Reifendienst. Ich war zu ihm gezogen, weil ich dachte, ich könnte mich auch im Ausland niederlassen und meine Frau nachholen. Aber ich habe nichts gefunden, was mir gefallen hätte. Letztlich wäre ich nur Angestellter bei meinem Bruder gewesen. Also bin ich nach Italien zurückgekehrt. Und das war gut so. Nichts gegen Frankreich oder Amerika, aber hier bin ich zu Hause.«

»Als Sie weggegangen sind, war Ihre Frau da schon schwanger?«

»Ich nehme es an, wenn ich nachrechne.«

»Aber sie hatte noch keinen Bauch?«

»Man hat noch nichts gesehen.«

»Dann haben Sie sie also nie schwanger gesehen und waren bei der Geburt nicht dabei ... Ist das für Sie normal, dass ein Mann seine Frau in einer so schwierigen Situation allein lässt, ohne sich auch nur einmal blicken zu lassen?«

»Das war ein schwieriger Moment, meine liebe Signorina. Ich war in Frankreich, hatte kaum Geld und kaum Aussicht auf Arbeit.«

Camilla glaubt in Giacomos Lächeln die Genugtuung eines Mannes zu erkennen, der sich schlau vorkommt. Als wollte er sagen: Lass mich in Ruhe, ich hab damit nichts zu tun.

Da sich die Hoffnung, ihn zu überrumpeln, in Luft aufgelöst hat, beschließt Camilla, etwas deutlicher zu werden.

»Laut Dottore Pareschi aus Reno Centese, der damals der Gynäkologe von Signora Gabriella war, konnte Ihre Frau aufgrund einer Missbildung keine Kinder bekommen.«

»Warum sprechen Sie darüber nicht mit Gabriella?«

Er steht auf, um deutlich zu machen, dass die Unterredung beendet ist, und er wiederholt: »Gynäkologe ... Missbildung ... Alles Frauensachen!«

44

Camilla trifft Savino mit einem der Fotos seiner zahlreichen Nichten und Neffen in der Hand an, die auf seinem Schreibtisch stehen: dem von Miriana, der Tochter seiner Schwester Maria Carmela, die in Catanzaro wohnt. Da sie sein besorgtes Gesicht sieht, fragt sie sofort: »Ist dem Mädchen irgendetwas zugestoßen?«

»Ja, sie ist heute vierzehn geworden.«

»Und Sie freuen sich nicht darüber?«

»Ich würde mich freuen, wenn ich nicht gerade die Zeitungen gelesen hätte. In was für eine Welt kommt heute eine Jugendliche, die mit dem Fernsehen groß geworden ist?«

Camilla setzt sich ihrem Vorgesetzten gegenüber.

»Meinen Sie die Geschichte der beiden Jugendlichen aus Vignola, die vom *Resto di Carlino* interviewt worden sind?«

»Genau. Er sechzehn, sie vierzehn; und dann heißt sie auch noch Miriana, wie meine Nichte. Ich dachte, das sei ein seltener Name ...«

»Es ist der Name eines Showgirls.«

»Wie auch immer, die Nachricht hat mich erschüttert. Zwei Minderjährige, die einem Journalisten erklären, sie wollten sich als Freiwillige für das Haus des Großen Bruders melden. Aber nicht etwa für das von Mediaset, wo man berühmt wird, auch wenn man nichts kann, und wo man nichts verliert. Nein, Antonello und Miriana wollen an dem Spiel des Kriminellen Großen Bruders teilnehmen, und sie akzeptieren die Regeln des Hauses, alle. Wissen Sie, dass bei Teleducato, dem Sender, der dem *Großen Bruder* am meisten Sendezeit einräumt, Briefe, Anrufe, SMS und E-Mails mit dem Namen desjenigen eingehen, der als Nächster das Haus verlassen soll? Die Zuschauer wollen sich beteiligen, denjenigen wählen, der sterben soll. In was für einer Welt leben wir denn? ... Und in was für einer Welt sterben wir?«

»Wenn Sie das nicht wissen, wo Sie seit dreißig Jahren Polizist sind und alles Mögliche erlebt haben ... Wer liegt vorn?«

»Wovon sprechen Sie?«

»Von der Nominierung der Zuschauer.«

»Gianni ist ihnen am unsympathischsten, gefolgt von Lory. Für Catia haben sich nur wenige ausgesprochen.«

Savino stellt das Foto von Miriana, seiner ältesten Nichte, an seinen Platz zurück.

»Kehren wir zur Arbeit zurück. Erzählen Sie mir alles!«

»Sie haben mich doch zu sich gerufen.«

»Richtig. Ich stecke ein bisschen in der Klemme, seit die Geschichte mit dem *Großen Bruder* angefangen hat … Commissario Beggiato will Sie sprechen. Sie sollen zu ihm kommen, in sein Büro.«

»In die Accademia?«

»Ja, dort hat der Herr sich mit seinen Männern eingerichtet, um ja nicht mit uns schäbigen Provinzpolizisten in Berührung zu kommen.«

»Und was will er?«

»Ich habe nicht die blasseste Idee. Aus seinem Ton am Telefon schließe ich, dass er Sie nicht zum Abendessen einladen will.«

Das Büro von Commissario Sergio Beggiato in der Accademia militare, dem einstigen Palast der Herzöge der Hauptstadt Modena, ist ein feuchter, dunkler Kellerraum, dessen kleine Fenster zum Hof gehen. Camilla hatte sich einen Raum voller moderner wissenschaftlicher Apparate vorgestellt, doch stattdessen steht nur ein riesiger Tisch im Zimmer, übersät von Papieren und mit einem Telefon und einem ausgeschalteten Laptop darauf.

»Guten Tag, *commissario*.«

»Guten Tag, Cagliostri. Setzen Sie sich.«

»Wo?«

Beggiato blickt sich um. Er scheint erst jetzt zu bemerken, dass der einzige Stuhl von ihm besetzt wird. Er nimmt das Telefon und tippt eine Nummer, die aus nur einer Ziffer besteht: »Bringen Sie mir einen Stuhl.«

Der Polizist, in Zivil, kommt sofort. Er bringt einen Hocker. Camilla ist damit zufrieden, obwohl sie wegen ihres zu engen und zu kurzen Rocks gezwungen ist, Beggiato ihre Schenkel zu zeigen. Sie denkt: Schau ruhig hin, mehr bekommst du eh nicht.

Beggiato kommt gleich zur Sache. »Wir haben den Mann verhaftet, der Sie überfallen hat.«

»Den Rumänen?«

»Nicolae Grigorescu, geboren in Brasov vor dreißig Jahren, in Italien ohne Aufenthaltserlaubnis.«

»Woher wissen Sie, dass er es war?«

Beggiato reicht Camilla ein Fahndungsfoto.

»Erkennen Sie ihn wieder?«

»Sein Gesicht war unter einer Maske verborgen. Kann ich ihn verhören?«

»Nein.«

»Warum haben Sie mich dann herkommen lassen?«

»Beim Verhör hat Grigorescu sofort zugegeben, dass er Sie überfallen hat. Aber er hat erklärt, er habe nichts mit dem Großen Bruder und den Entführern zu tun. Er sei von einer Frau dafür bezahlt worden, die Inspektorin Camilla Cagliostri zu verprügeln. Die Frau habe ihm zweihundert Euro und die Adresse des Opfers gegeben.«

»Und wer ist die Auftraggeberin?«, fragt Camilla.

»Er behauptet, sie nicht zu kennen, und auf mich macht er einen ehrlichen Eindruck. Er sei ihr abends begegnet, im Parco Novi Sad. Sie war mit dem Fahrrad unterwegs und schien jemanden zu suchen. Er habe sie um ein Almosen gebeten. Er lebt von Almosen, kleinen Gelegenheitsarbeiten und vielleicht kleinen Diebstählen und Dealereien. Die Frau habe ihm zehn Euro gegeben und ihm den Job angeboten. Sie hätten sich bei zweihundert Euro geeinigt. Bezahlung im Voraus. Nachdem die Frau in der Dunkelheit verschwunden sei, habe er sie nicht wiedergesehen und auch nichts mehr von ihr gehört. Der Auftrag sei einfach und präzise gewesen: die Polizistin bis aufs Blut verprügeln und ihr die Knochen brechen. Und er habe versucht, den Auftrag gewissenhaft zu erfüllen.«

»Ein seriöser und ehrlicher junger Mann!«

»Haben Sie mir sonst nichts zu sagen?«

»Wenn Sie mich den Rumänen nicht einmal verhören lassen, was soll ich Ihnen dann sagen?«

»Haben Sie keinen Verdacht, wer die Auftraggeberin sein könnte? Mit Ihrer Arbeit haben Sie sich doch sicherlich Feinde gemacht.«

»Möglich. Jeder verhaftete Verbrecher kann eine Mutter, eine Schwester, eine Frau oder eine Tante haben, die ihn rächen will.«

»Machen Sie sich nicht über mich lustig.«

»Das würde ich mir nie erlauben.«

»Dann können Sie sich also nicht vorstellen, wer die Frau sein könnte, die Sie ins Krankenhaus bringen wollte?«

Camilla verpackt ihre Lüge in ein liebreizendes Lächeln: »Ich habe keine Ahnung.«

45

Lucio Setti sieht immer wieder auf seine Uhr und rutscht auf seinem Stuhl hin und her. Dann macht er dem Kellner ein Zeichen, um ihn zu mahnen, ihnen das Bier zu bringen, das er und Camilla bestellt haben.

Gereizt sagt Camilla zu ihm: »Seien Sie doch nicht so ungeduldig, entspannen Sie sich. In einer halben Stunde sind wir fertig.«

»Das erscheint mir übertrieben, schließlich weiß ich gar nicht, was ich Ihnen sagen soll. Ich bin nur der Teilhaber von Loredana Berri.«

»Wenn ich Sie ins Präsidium bestellt hätte, wären Sie nicht unter zwei Stunden weggekommen. Wollen Sie sich beschweren, anstatt mir zu danken?«

»Entschuldigen Sie, aber die Geschichte von Lorys Entführung hat mich völlig durcheinandergebracht. Ich will Ihnen gar nicht sagen, was das für unsere kleine Firma bedeutet. Drei Verträge sind geplatzt, die Herbsttournee ist gefährdet ...«

»Können Sie die Modenschauen nicht ohne die Berri organisieren?«

»Lory ist die künstlerische Direktorin. Sehen Sie, eine Modenschau ist nicht einfach nur ein Laufsteg, über den Models gehen und Kleider, Pullover, Pelze, Wäsche oder Schuhe zeigen. Eine Modenschau ist ein kleines Kunstwerk, das neben weiblichen und männlichen Models und Modeschöpfern auch Licht, Farben, Dekorationen, Musik einbezieht. Und jedes Mal neue Ideen. Ich bin in der Firma, die insgesamt nur aus zwei Personen besteht, derjenige, der die Kunden akquiriert, sich um die Verwaltung kümmert, die

Mitarbeiter koordiniert, die Rechnungen bezahlt. Der kreative Kopf ist Lory. Wenn ich eine Modenschau organisieren würde, würde sie wie eine Militärparade aussehen. Ich bete zum Himmel, dass meine Teilhaberin wiederkommt, und das möglichst schnell.«

Der Kellner kommt mit den zwei Bier.

»Das wünsche ich Ihnen von ganzem Herzen«, sagt Camilla, während sie die Gläser zum Mund führen. Man könnte meinen, sie trinken auf das Wohl von Lory. Ein Schluck, und Camilla fügt hinzu: »Sie schätzen sie sehr.«

»Sie hat es verdient.«

»Die Beziehung zwischen Ihnen beschränkt sich auf Freundschaft und Arbeit …?«

»Gegenseitige Wertschätzung, das ist alles.«

»Dann waren Sie also nicht eifersüchtig, als Sie im Fernsehen die Vorführung gesehen haben, die der Große Bruder geboten hat, Loredana Berri und Gianni Barbieri, die miteinander geschlafen haben …«

»Nein. Ich war lediglich verblüfft und konnte es nicht glauben.«

»So reagieren alle, seit Beginn der Geschichte. Zum ersten Mal in der Geschichte der Entführung von Personen sieht das Publikum die Opfer in ihrem Gefängnis … oder das, was der Entführer zeigen will.«

»Mich interessiert nicht, was der Große Bruder will. Was mich verblüfft hat, ist, dass Lory mit einem Mann im Bett war. Lory ist lesbisch. Immer schon. Voller Überzeugung, ohne Komplexe, ohne Gewissensbisse oder Versuche, etwas dagegen zu tun. Es hätte mich nicht erstaunt, wenn sie mit der anderen Frau ins Bett gegangen wäre, der Rothaarigen mit dem schalkhaften Blick, ganz Lorys Typ. Ihr Orgasmus in den Armen von Gianni Barbieri wirkte echt, aber es gibt keine Frau auf der Welt, die nicht imstande wäre, einen Orgasmus vorzutäuschen. Ich glaube, der Große Bruder hat den beiden Bedauernswerten befohlen, den Liebesakt zu spielen.«

»Oder Lory hat Gianni etwas vorgemacht, um ihn für die ersten beiden Nominierungen als ihren Verbündeten zu gewinnen.«

»Möglich ist alles, außer dass Lory sich in einen Mann verliebt und Gefallen daran findet.«

»Hat sie viele Geliebte gehabt?«

»Sogar Mädchen und Frauen aus der guten Gesellschaft von Modena, Verheiratete, Verlobte oder solche, die kurz davor waren, in die Gesellschaft aufgenommen zu werden.«

»Eine Verführerin.«

»Eine Verführte. Lory ist kein weiblicher Casanova, der erobert und sein Opfer gleich darauf zynisch verlässt, um sich eine andere zu suchen. Meine Teilhaberin ist eine von denen, die sich jedes Mal verlieben und die Lust und Gefühle nicht voneinander trennen können. Sie hat sich ein paar Mal wahnsinnig verliebt, Liebesgeschichten, die Monate dauerten, und mit Selbstmordgedanken endeten, wenn die Sache auseinanderging. Das eine oder andere Mädchen hat das auch ausgenutzt, um ihr Geld abzuknöpfen.«

»Verdienen sie gut mit ihrer Arbeit?«

»Nicht schlecht. Sie dürfen nicht an die Haute Couture denken, Armani, Versace, Valentino und so weiter, wo es um Millionen geht, in Dollar, und wo offiziell Englisch gesprochen wird. Wir arbeiten in der Provinz, wir präsentieren die Kollektionen der lokalen Modeschöpfer, die manchmal mehr Handwerker als Industrielle sind, und im Umgang mit ihnen ist es immer noch nützlich, den Dialekt von Modena als zweite Sprache zu beherrschen.«

»Wissen Sie, ob es vor der Entführung irgendwelche Kontakte zwischen Loredana und Tonino Braida gegeben hat?«

»Vor seinem Fernsehauftritt im Haus des Großen Bruders habe ich nie was von ihm gehört oder gesehen.«

»Und Gianni Barbieri?«

»Niemals.«

»Catia?«

»Das schließe ich aus.«

»Könnte sie sich nicht als Model für Ihre Firma beworben haben?«

»Die Models wählt Lory aus, aber nicht über Anzeigen oder Castings. Sie wendet sich einfach an Agenturen. In Bologna gibt es ein paar ausgezeichnete ...«

»Dann bleibt mir nichts, als Ihnen zu danken ...«

»Allerdings ...«

»Allerdings?«

»Manchmal kommen Mädchen zu uns, die von einer Modelkarriere träumen und denken, sie wären bei uns an der richtigen Adresse. Gewöhnlich empfängt Lory sie und schickt sie mit ein paar freundlichen Worten und guten Ratschlägen wieder nach Hause. Manchmal, wenn sie glaubt, sie seien von ihrer Intelligenz her, ihrem Aussehen und ihrer Art, sich zu bewegen, für den Beruf geeignet, schickt sie sie zu Pino Dorio ...«

»Wer ist das?«

»Ein ehemaliger Schauspieler, Mime und Tänzer, der über Erfahrung im Bereich Regie und Mode verfügt und ganz gern den Talentscout spielt. Er führt die jungen Leute, die zeigen, dass sie in einer der zahlreichen Sparten des Showbusiness Talent haben, in den Beruf ein ...«

»Erfolgreich?«

»Er hat Fernanda Centa bekannt gemacht.«

Camilla zieht es vor zu verschweigen, dass sie noch nie von einer Fernanda Centa gehört hat.

»Lässt er sich bezahlen?«

»Nein. Oder doch, aber nicht gleich. Wenn Pino erkennt, dass ein junger Mensch wirklich Talent hat als Sänger, Tänzer, Musiker, Mime, Imitator, Model oder auch als Moderator oder DJ, dann unterrichtet er ihn, präsentiert ihn überall, empfiehlt ihn weiter und lässt sich nicht einmal die Telefonate bezahlen. Aber er nimmt ihn unter Vertrag und wird sein Agent. Die betreffende Person verpflichtet sich, ihm fünf Jahre lang zehn Prozent ihrer künftigen Einnahmen zu überweisen.«

»Wo finde ich ihn?«

»Pino? Wenn er nicht in Rom, Mailand oder Bologna ist, dann finden Sie ihn zu Hause, Corso Canal Chiaro Nummer 18. Wenn Sie ihn treffen wollen, ruf ich ihn gleich an. So wissen wir, ob er da ist.«

»Einverstanden.«

Obwohl es nichts bringen wird. Lucio Setti hat bereits ausgeschlossen, dass Loredana ihre Mitgefangenen vor der Entführung gekannt hat.

46

Pino Dorio ähnelt Gabriele d'Annunzio: Glatze, Spitzbart, von kleiner Statur, schmächtig, verstörte Augen (man könnte wetten, dass er Kokain nimmt). Diese Ähnlichkeit wird auch durch den Morgenrock unterstützt, den er trägt, aus Seide, mit einem feuerspeienden Drachen auf dem Rücken, und durch die Einrichtung seines Wohnzimmers, Möbel aus dem frühen 20. Jahrhundert, Teppiche, die nicht einen Zentimeter des Bodens frei lassen, und überall kleine Gegenstände – Statuetten, Vasen, Kristall- und Silberservice, Aschenbecher und Erinnerungen aller Art und aus allen Ecken der Welt, darunter ein Phallus aus Elfenbein in Originalgröße auf einem kleinen Altar aus Teak.

Der Hausherr hat Camilla einen türkischen Kaffee serviert und sitzt jetzt ihr gegenüber auf einem mit blauem Samt bezogenen Zweiersofa.

»Sie sind die erste Polizistin, die ich kennenlerne … Und Sie wirken wie eine von denen, die man im Fernsehen sieht. Viel zu schön, um echt zu sein.«

»Ist das ein Kompliment?«

»Natürlich.«

Camilla ist versucht, ihn nach seinen sexuellen Vorlieben zu fragen. Der Morgenrock, die roten Jeans, die darunter hervorschauen, die arabischen Pantoffeln und die Chinoiserien, die die Wohnung schmücken, würden Pino Dorio als einen femininen Schwulen ausweisen, doch der Blick, der Camillas Beine liebkost und gleich danach ihre Augen sucht, gehört einem Mann, der die weibliche Schönheit nicht nur aus ästhetischen Gründen schätzt. Aber warum tarnt er sich auf diese Weise? Oder ist er wirklich schwul?

Besser, sie besinnt sich auf den Grund ihres Besuchs.

Er kommt ihr zuvor, indem er sagt: »Die arme Loredana, was für ein abscheuliches Schicksal!«

»Kennen Sie sie schon lange?«

»Mindestens ein Dutzend Jahre. Ich habe ihr geraten, den Beruf des Models zu wählen. Groß, gepflegt, schöner Gang, sie war für den Laufsteg geboren. Ich hatte ihr eine glänzende Karriere als Topmodel vorhergesagt. Doch von einem bestimmten Moment an hat Lory aufgehört und es vorgezogen, sich mit Lucio Setti zusammenzutun und die anderen arbeiten zu lassen, auch wenn sie häufig persönlich an den Modenschauen teilnimmt. Sie war nicht ehrgeizig genug, ihr fehlte das heilige Feuer, das zum Erfolg führt, aber große Opfer verlangt. Und außerdem verliebt sie sich leicht, wie Lucio Ihnen sicher erklärt hat.«

Camilla ist gezwungen, weitere Fragen zu stellen. Pino lehnt sich zurück, schlägt die Beine übereinander und wartet lächelnd. Er muss knapp fünfzig sein. Schöne blaue Augen.

»Haben Sie die Folgen des *Großen Bruders* verfolgt?«

»Meinen Sie den, der Lory entführt hat?«

»Ja, die anderen interessieren mich nicht.«

»Ich habe die Ausschnitte, die im Fernsehen gebracht wurden, sogar aufgenommen. Wenn Lory wieder frei ist, werden wir sie uns zusammen anschauen.«

»Was lässt Sie glauben, dass Ihre Freundin nicht ebenso enden wird wie Tonino Braida?«

»Ich bin Optimist.«

»Ich wünsche mir, Sie behalten recht … Eine letzte Frage: Wissen Sie, ob Lory Gianni Barbieri und Tonino Braida kannte, bevor sie gezwungen wurden, gemeinsam in dem Haus zu wohnen?«

»Das schließe ich aus. Und ich schließe aus, dass sie jemals Catia Malavasi getroffen hat.«

»Wie können Sie da so sicher sein?«

»Ich habe ein ausgezeichnetes Gedächtnis für Gesichter. Natürlich spreche ich von Begegnungen, die den Beruf von Loredano Berri betreffen. Ob sie privat Tonino oder einen der anderen getroffen hat, kann ich nicht sagen.«

»Was die Szene mit Lory und Gianni im Bett betrifft …

Wer Lory gut kennt, hält es für unwahrscheinlich, dass sie sich in einen Mann verliebt hat.«

»Liebe Inspektorin, im Leben muss man alles ausprobieren. In dieser Situation als Gefangene mit der Aussicht, möglicherweise zum Tode verurteilt zu werden, hat vielleicht auch Lory den Rausch der heterosexuellen Liebe kosten wollen.«

Camilla antwortet nicht. Vielleicht hat Pino ja recht. Sie steht auf.

»Danke für Ihre Mitarbeit.«

»Darf ich Ihnen zwei Fragen stellen?«

»Bitte«, erwidert Camilla.

»Wieso arbeiten Sie an dem Fall des Großen Bruders? Ich weiß, dass der Staatsanwalt, der für die Untersuchung zuständig ist, von einem Team von Polizisten aus Rom unterstützt wird, das von dem berühmten Sergio Beggiato geleitet wird. Der *commissario* soll die Polizei von Modena von den Ermittlungen ausgeschlossen haben.«

Überrumpelt, wie sie ist, weiß Camilla nicht, was sie antworten soll. Auch weil Pino Dorio die Situation sehr zutreffend beschrieben hat.

»Und die andere Frage?«

»Die ist einfacher: Wollen Sie in den nächsten Tagen mit mir zu Abend essen?«

»Warum?«

»Sie gefallen mir. Sie sind eine intelligente, willensstarke und schöne Frau.«

»Wir telefonieren.«

Als Mann gefällt er ihr nicht. Und als Frau auch nicht. Aber er hat sie neugierig gemacht. Und sie hat den Eindruck, dass er vieles weiß, nicht nur, was die Arbeit von Polizei und Staatsanwaltschaft betrifft.

47

In einer Kleinstadt wie Modena kennen viele Camilla und gehen davon aus, dass sie mit dem Segen des Richters und ihrer Vorgesetzten arbeitet.

Informierte Leute wie Pino Dorio gibt es nicht viele. Es wäre interessant herauszufinden, welches seine Quellen sind, aber im Augenblick hat sie andere Dinge im Kopf.

Ganz nützlich wäre ein richterlicher Beschluss, um Auskünfte über die Konten von Barbieri, der Berri und der Malavasi einholen zu können. Ob Commissario Beggiato sich diese Informationen bereits besorgt hat? Laut Donato Barleri, Camillas fünfte Kolonne in der Accademia, verwendet der Superpolizist alle Energie darauf, das Haus und die Rumänen zu suchen, die dem Großen Bruder zur Hand gehen. Aber die rumänische Spur fällt in sich zusammen, wenn der Auftraggeber des Überfalls auf Camilla nicht der Große Bruder ist, der sie im Haus haben wollte.

In Modena, einer reichen Stadt mit viel Handel und Industrie, gibt es jede Menge Banken. Im Telefonbuch findet man an die fünfzig. Eine gewaltige Arbeit für Camilla. Und möglicherweise sinnlos, was Barbieri und die Berri betrifft, die beide Unternehmer sind, wenn auch sehr unterschiedlicher Größenordnung, aber beide verfügen über dicke Konten. Anders stellt sich die Situation der Malavasi dar, der Coop-Verkäuferin, die plötzlich eine Cartier-Uhr bar bezahlt hat.

Die der Via Lenin Nummer 84, wo das Mädchen mit seiner Mutter wohnt, am nächsten gelegene Bankfiliale befindet sich in der Nummer 25 derselben Straße. Lächelnd zeigt Camilla, die einen Minirock trägt, ihre Polizeimarke. Der

Filialleiter ist ein junger Mann, höchstens fünfunddreißig, und der Minirock beeindruckt ihn mehr als die Polizeimarke. Er bittet Camilla in sein Büro und fragt sie nicht einmal, wofür sie die Informationen braucht. Ohne den Computer zu bemühen, bestätigt er: »Ja, Catia Malavasi und Delma Malavasi haben ein Konto bei uns ... Catia kenne ich gut, eine wunderschöne Rothaarige. Viel schöner als im Fernsehen. Das arme Mädchen, dass ausgerechnet sie in die Klauen dieses wahnsinnigen Großen Bruders geraten musste!«

»Ich möchte mehr über die Vermögensverhältnisse der Malavasis wissen. Haben Mutter und Tochter ein gemeinsames Konto?«

»Getrennte Konten, aber mit gegenseitiger Vollmacht. Ich überprüfe sofort die Höhe der Anlagen und der Barmittel, die auf den Konten verfügbar sind.« Er sucht im Computer, lächelt Camilla an, die ihm gegenübersitzt, und erklärt: »Es handelt sich um unbedeutende Beträge. Die Malavasis sind Leute, die von ihrer bescheidenen Arbeit leben. Da hab ich's ... Adelma Contini, verwitwete Malavasi. Auf dem Konto befinden sich mit heutigem Datum 1 563 Euro. Allerdings hat sie ihre Ersparnisse in Obligationen unserer Bank investiert, dreißigtausend Euro, festgelegt für drei Jahre. Der Kauf dieser Obligationen liegt ein Jahr zurück. Schauen wir uns jetzt die schöne Catia an. Sie heißt wirklich Catia, nicht Caterina. Catia Malavasi ... auf dem Konto hat sie ... Verdammt, ich werd verrückt! ... Entschuldigen Sie.«

»Bitte. Was veranlasst Sie zu diesem Ausruf?«

»Die Summe. Hundertdreißigtausend Euro in bar. Das Mädchen besitzt keine Papiere. Und bis vor ein paar Wochen hatte sie nicht einmal fünftausend Euro auf dem Konto.«

»Ist das ganze Geld auf einmal eingezahlt worden?«

»Ja, am achtundzwanzigsten März. Drei Schecks, die gedeckt waren. Entschuldigung …«

Er ruft eine Angestellte an. Nach ein paar Augenblicken steht die junge Frau in der Tür.

»Irma, hast du kürzlich einen Kundencheck gemacht, um die Höhe der Girokonten zu überprüfen, vor allem das Konto von Catia Malavasi?« Ohne die Antwort anzuwarten, erklärt er Camilla: »Wenn ein Kunde viel flüssiges Kapital hat, rufen wir ihn an, um ihm Investitionsmöglichkeiten vorzuschlagen. Festgeld bringt heute nicht einmal genug, um die Kontogebühren zu decken.«

»Ich hab die Malavasi angerufen, aber sie war nicht zu Hause. Die Mutter, die Vollmacht über ihr Konto hat, sagt, dass sie sich um das Geld ihrer Tochter nicht kümmere. Und dann hab ich in der Zeitung gelesen, dass das arme Mädchen entführt worden ist, und hab es nicht weiter versucht. Einen Augenblick hab ich sogar gedacht, sie sei entführt worden, um Lösegeld zu erpressen, aber die Summe war nicht hoch genug, um für eine Verbrecherbande interessant zu sein.«

»Danke, dass war's schon.«

»Könnte ich den Namen der Person oder der Gesellschaft erfahren, die die drei Schecks ausgestellt hat?«

Der Filialleiter zögert einen Moment.

»Ich weiß nicht, ob …«

»Kein Problem«, sagt Camilla.

Ein eigentlich nichtssagender Satz, aber er genügt, um den jungen Filialleiter zu beruhigen.

Er schreibt Name und Adresse auf einen Zettel.

»Die Schecks waren ordnungsgemäß vom Geschäftsführer einer Firma in Correggio unterschrieben. Die Copitra S.p.A., eine Traktorenfabrik.«

48

»Wie geht's?«

Tiziana lächelt Camilla zu, aber ihre Antwort ist traurig:
»Ich führe wieder ein normales Leben. Zu Hause, Uni,
der Wunsch, etwas zu ändern, ohne mich entschließen zu
können. Nach dem Tod von Tante Vanessa ist mein ganzer
Ehrgeiz wie weggeblasen. Ich will nicht mehr nach Rom gehen, und Schauspielerin zu werden, ist für mich nicht mehr
das Schönste auf der Welt. Ich bin reicher, einsamer und
unsicherer.«

»Mit achtzehn? Du hast alle Zeit der Welt, um wieder ins
Träumen zu kommen. Warum ziehst du nicht nach Rom,
wenigstens für eine Weile?«

»Meine Mutter will einen Immobilienmakler mit dem
Verkauf der Wohnung an der Piazza di Spagna beauftra-
gen.«

»Warum?«

»Zu viele Erinnerungen an Vanessa. Wenn ich dort wohnen würde, wäre ihr Geist ständig präsent, und ich wäre
dort nur traurig.«

»Ist das deine Meinung oder die von Gabriella?«

»Von *mamma*. Aber ich glaube, sie hat recht.«

Sie fahren auf der Straße zwischen Carpi und Correggio, in Camillas Mini. Tiziana hatte Camilla angerufen, um
sich mit ihr zu treffen, und Camilla hatte sie gefragt, ob sie
sie begleiten wolle: »Ich mache dich zu meiner Assistentin.« »Untersuchen Sie immer noch den Mord meiner Tante? Okay, ich komm mit … Ich habe Lust, Vizeinspektor
zu spielen.«

Nachdem sie ein Schild am Straßenrand kommentiert

hat, das Werbung für die Firma Suini – Intimo femminile macht, die Damenunterwäsche herstellt, sagt Tiziana überraschend: »Ich wette, dass Sie der Lösung des Falls Vanessa Silvi ganz nahe sind.«

Camilla zieht es vor zu schweigen. Sie spürt, dass Tiziana noch nicht alles gesagt hat. Und tatsächlich, nach einer kurzen Pause erzählt das Mädchen: »Als sie starb, hatte Vanessa auch ihre Brieftasche bei sich. Mit Kreditkarten, Führerschein, Visitenkarten, einem Ausweis, mit dem sie erlaubte, dass im Falle ihres Todes ihre Organe verwendet werden dürften … aber nachdem sie so lange im Wasser gelegen hatte, konnte ihr Wunsch nicht mehr erfüllt werden. Und sie hatte ein Foto dabei, ein einziges. Von mir als Kind.«

»Wir haben ja gewusst, dass sie dich gern hatte.«

»Haben Sie Neffen oder Nichten?«

»Ich habe keine Geschwister. Meine Schwester ist sehr jung gestorben.«

»Als Kind?«

»Sie war schon ein junges Mädchen. Sie fehlt mir bis heute …«

Tiziana fragt nicht weiter, aus mangelnder Neugier oder aus Takt. Nach einer ganzen Weile fügt Camilla hinzu:

»Sie hat sich umgebracht.«

»Wer?«

»Meine Schwester. Wegen eines Mannes.«

»Die Arme.«

Das klingt aufrichtig, Tiziana hat es mit diesem Hauch Schmerz gesagt, den man für eine Person empfinden kann, die man nie kennengelernt hat. Camilla hätte sie gern als Schwester.

Tiziana scheint an etwas anderes zu denken, doch dann sagt sie:

»Sie haben sie sicher gerächt.«

»Das ist viel zu lange her«, sagt Camilla, um das Thema zu beenden. »Du hattest das Foto von dir erwähnt …«

»Was meinen Sie, haben Tanten die Fotos ihrer Neffen und Nichten in der Brieftasche?«

»Warum nicht? Besonders, wenn sie nicht verheiratet sind und keine Kinder haben.«

»Das hat meine Mutter auch gesagt. Und hinzugefügt, dass ich Vanessa nicht kennen würde. Vermutlich habe sie das Foto vor zehn Jahren in ihre Brieftasche gesteckt und dann vergessen. Sie hat mir erzählt, sie habe ihr einmal einen Brief geschrieben und sie gebeten, ihr umgehend zu antworten: Es ging um die Umbettung ihrer Eltern aus den alten Gräbern in die neuen. Vanessa antwortete nach einem Jahr mit einem Brief, der mit den Worten begann: ›Ich beeile mich, Dir mitzuteilen …‹ Kurz bevor sie sich in die Villa Galaverna verliebt und ihre Jugend in Modena wiederentdeckt hat, war meine Tante unzuverlässig, zerstreut und abwesend. Das sind Gabriellas Worte, die mal behauptet, ihre Schwester gut zu kennen, und dann wieder, sie sei eine Fremde für sie: weit weg, in einer anderen Stadt, in anderen Kreisen, mit einer anderen Mentalität.«

»Erzähl mir von deinem Verhältnis zu deinen Eltern.«

»Warum?«

»Einfach so, um uns die Zeit zu vertreiben, während wir im Schritttempo hinter den LKWs herzockeln …«

»Es ist unmöglich, sich nicht mit Papa zu vertragen. Er hat mich immer tun lassen, was ich wollte, kritisiert nicht, gibt keine Ratschläge. Wenn ich es mir recht überlege, ist es, als existierte ich gar nicht.«

»Das ist nicht gerade ein Kompliment.«

»So sollte es auch nicht klingen. Mama ist genau das Gegenteil. Sie kritisiert, mischt sich ein, und wenn es nach ihr ginge, würde ich noch mit achtzig zu Hause wohnen. Gut und lieb, aber besitzergreifend. Sie hat mich verhätschelt, verwöhnt und ein bisschen erstickt. Die einzige Tochter zu sein ist kein Zuckerschlecken. Ich erinnere mich, dass sie mich wie eine Puppe angezogen hat, als ich klein war. Eine Art Barbie-Puppe. Ich war wirklich hübsch, und die Komplimente der Frauen, denen wir auf dem Markt oder in der Kirche begegneten, erfüllten Gabriella mit Stolz, der ihre Mutterliebe noch steigerte. Deswegen begann ich als Mädchen aufzubegehren, allein schon, weil es mir Spaß machte, und mich in Begleitung von Jungs zu zeigen. Um sie zu provozieren. Sie hat immer die fixe Idee gehabt, ich könnte vor der Ehe schwanger werden. Eines Tages drohte sie mir, mich auf eine Klosterschule zu schicken. Ich sagte ihr, ich würde sofort weglaufen, den ersten Wagen mit einem Mann am Steuer anhalten und mich mitnehmen lassen, wohin er wollte. Sie gab mir eine Ohrfeige, eine von denen, wo man die Fingerabdrücke im Gesicht sieht, aber sie hat begriffen, dass ich es ernst meinte. Das waren die schwersten Jahre für mich, aber auch für sie. Sie wollte, dass ich ein kleines Mädchen bleibe, gehorsam, liebevoll, wie eine Barbie-Puppe gekleidet. Sie akzeptierte schweren Herzens, dass ich größer wurde, aber sie fand sich damit ab. Und ich hörte auf, sie zu hassen, wenn ich sie überhaupt jemals gehasst hatte.«

»Warum bist du nicht ausgezogen?«

»Aus Trägheit. Jetzt schiebe ich das Studium vor, um mir mit einer Freundin ein Apartment in Bologna zu teilen. Ich musste Mama versprechen, jedes Wochenende nach Hause zu kommen und oft anzurufen. Wenn ich es vergesse, schickt sie mir ein Telegramm nach Bologna. Sie gehört zu der Generation, für die ein Telegramm ein wichtiges Dokument ist, das man nicht vernachlässigen darf. Die Nachrichten sind ein bisschen merkwürdig, weil sie ohne Punkt und Komma geschrieben sind: **Treffen wichtige Entscheidung gemeinsam Freitag Mamma, Erwarte Dich Wochenende um Mamma zu begleiten fachärztliche Untersuchung**. Oder ein einfaches und knappes: **Muss dich sehen Mamma**. Erst in letzter Zeit lässt sie mich dank der Verwirrung, die die Nachricht von Vanessas Rückkehr in die Familie gebracht hat, ein wenig in Ruhe, auch telegrafisch.«

Sie sind am Stadtrand von Correggio. Camilla, die noch unsicher ist, ob sie Tiziana sagen soll, was sie weiß, fragt sie, ein wenig unvermittelt und in der Absicht, sie selbst auf die Wahrheit kommen zu lassen:

»Was meinst du, hat Gabriella Vanessa beneidet?«

»Bestimmt nicht. Es ist undenkbar, dass sich eine altmodische Frau wie meine Mutter ein so aufregendes und anstrengendes Leben wie das einer Schauspielerin wünschen könnte.«

»Ich glaube auch nicht, dass die Arbeit einer Schauspielerin Gabriella verlockt hat, auch nicht, als sie jung war. Ich meinte eher das, was Vanessa gehabt hat und sie nicht: Schönheit, Charme, Klasse und später Geld, Erfolg, Ruhm.«

»Ich habe sie nie klagen hören. Sie war zufrieden mit ihrem ruhigen Leben in ihrem Häuschen, mit einem guten Ehemann und …«

»Und einer braven, intelligenten und schönen Tochter. Wenn ich richtig verstanden habe, hat sie dir ihre ganze Zeit und ihre ganze Liebe geschenkt. Vanessa hat alles. Gabriella hat ihre Tochter, die ihr ganzes Leben ist.«

»Und?«

Camilla hält vor dem Tor der Traktorenfabrik an der Straße, die von Carpi kommt.

»Wir sind da.«

Corrado Pignatti, der Chef, wirkt nervös.

»Wir sind nicht von der Zollbehörde«, sagt Camilla, um ihn mit einer scherzhaften Bemerkung zu beruhigen.

Doch der Besitzer der Copitra S.p.A. nimmt alles sehr ernst. Er zuckt zusammen, wischt sich den Schweiß ab und fragt: »Kommt denn der Zoll auch noch?«

Das hört sich nicht gerade nach ruhigem Gewissen an! Camilla und Tiziana setzen sich in das kleine Wohnzimmer, das in einer Ecke des geräumigen Büros des Besitzers der Traktorenfabrik eingerichtet ist. Sogar ein großer Fernseher steht dort, ausgeschaltet.

»Sie sind wegen der drei Schecks für Catia gekommen, nicht wahr?«

»Ganz recht.«

Pignattis Blick richtet sich auf Tiziana, und er schaut sie verblüfft an, als sähe er sie erst jetzt.

»Die Polizistinnen werden immer jünger.«

»Ich bin zwanzig«, erklärt Tiziana, die sich älter macht, um Camillas Spiel mitzuspielen.

»Sprechen wir über Catia Malavasi«, mahnt Camilla.

»Die das achtzehnte Lebensjahr vollendet hat«, erinnert Pignatti, um sich abzusichern. »Als ich sie kennenlernte, war sie bereits volljährig.«

»Immer noch ein halbes Jahrhundert älter.«

Pignatti korrigiert Camilla: »Siebenundvierzig.«

Siebenundvierzig und hundert Kilo zu viel.

»Wie hat sich das ergeben?«

»Ich suchte eine Sekretärin. Ich suche die Angestellten,

die eng mit mir zusammenarbeiten, gern persönlich aus. Diplom, mündliche und schriftliche Englischkenntnisse, Computererfahrung. Unter den Bewerberinnen war auch Catia. Sie erfüllte keines der erforderlichen Kriterien, aber das erfuhr ich erst später. Zu Beginn des Vorstellungsgesprächs fragte ich sie, ob sie Referenzen habe. Sie stand auf, hob den Rock bis zum Bauchnabel und sagte: ›Das sind meine Referenzen!‹«

Camilla erinnert sich an das, was Walter Calzolari, der Uhrenhändler, erzählt hatte. Damals hatte sie ebenso gehandelt, als sie ihre Sicherheiten präsentierte.

»Trug sie ein Höschen?«, fragt Tiziana dazwischen.

Camilla wirft ihr einen strafenden Blick zu. Das ist nicht der Augenblick zum Scherzen. Pignatti könnte sich entspannen.

Das ist nicht der Fall. Der Mann scheint seinen gewaltigen Hintern auf Dornen gesetzt zu haben. Er windet sich, sieht Camilla, die ältere Polizistin, an und entschließt sich, so ernst wie möglich zu antworten: »Sie trug eines dieser Höschen, die heute so in Mode sind: drei schmale Bänder, die hinten in der Ritze verschwinden und vorne ein winziges Stoffdreieck bilden. Schwarz.«

Eine knappe und präzise Beschreibung. Corrado Pignatti ist kein Dummkopf und auch keiner, der hinter jungen Mächen her ist, das könnte sie schwören. Camilla hat das Gefühl, ihn bei der Arbeit zu sehen: Zwölf-Stunden-Tag, der Erste, der in die Fabrik kommt, und der Letzte, der sie verlässt. Vielleicht war er als junger Mann Schmied. Oder Bauer. Zu Hause wartet eine Frau, die wie für ihn gemacht ist, halb Dame, halb weibliches Familienoberhaupt.

Nur liebt er nun einmal das Ficken, da kann man nichts machen, und von Zeit zu Zeit geht es mit ihm durch. Oft sogar. Mit einer englischen Ballerina, auf Tournee im Teatro Storchi in den Sechzigerjahren, mit einer Arbeiterin der Fiat Trattori, mit der Tochter eines Freundes, Mitglied wie er im Golfklub Giardino di Carpi. Jedes Mal hat die Affäre ihn eine Menge Geld gekostet. Aber keine hat ihn so erschreckt wie die Rothaarige: Einen Monat nach dem Ende ihrer Beziehung, die drei Wochen und drei Schecks gedauert hat, kommt sie zu ihm nach Hause, zur Fernsehzeit, auf dem Bildschirm, entführt zusammen mit anderen Personen von einem Kriminellen, der sich Großer Bruder nennen lässt. Und wenn der Große Bruder sie nun beispielsweise fragen würde, mit wem sie in letzter Zeit im Bett gewesen sei, und sie ganz ungeniert antworten würde: »Mit dem Fabrikbesitzer Corrado Pignatti aus Correggio«? Und das alles vor seiner Frau und seiner Tochter, die genauso alt wie Catia ist. Das ist zwar bislang nicht geschehen, aber die Vorahnung, dass diese Geschichte Unheil anrichten könnte, ist geblieben und hat sich soeben erfüllt, wie die Anwesenheit der beiden Polizistinnen beweist.

»Unsere Beziehung hat insgesamt zwanzig Tage gedauert«, erzählt Pignatti Camilla, entschlossen, nichts zu verbergen. »In dieser Zeit haben wir uns nur sonntags gesehen, in einem Hotel in Bologna, wo wir die Nacht miteinander verbracht haben. Und wo ich ihr die Schecks gegeben habe.«

»Würden Sie sie eine Prostituierte nennen?«, fragt Camilla.

»Nein. Zu mir ist sie wegen des Geldes gekommen, das ist offensichtlich, aber sie ist ein ehrgeiziges Mädchen, das den Erfolg sucht, koste es, was es wolle, und sich auf die Männer stürzt, die ihr nützlich sind. Sie brauchte Bargeld, und sie hat mich gewählt. Ich bin sicher, dass sie nicht auf einer Straße oder in einem Bordell enden wird und dass sie nicht mit jedem geht.«

»Ein Mädchen ohne große Skrupel.«

Ruhiger geworden und ermutigt von Camillas Bemerkung, fügt Pignatti noch ein paar Farbtupfer hinzu:

»Es gibt viele ehrgeizige Mädchen, aber nur wenige sind so schön wie Catia. Ich habe schön gesagt, aber sie ist anders als die Frauen im Kino oder im Fernsehen. Catia hat etwas ... etwas, das ich nicht erklären kann und das die Männer verhext. Die Haut zum Beispiel. Da sie eine echte Rothaarige ist, ist die Haut von einem Rosa, das im Dunkel die Farbe von Bernstein annimmt ...«

»Sie sind ein Dichter!«, beglückwünscht Camilla ihn. Doch sofort verdirbt sie ihm die Freude: »Und ein Hurenjäger.«

Sie liest in seinem Gesicht den Wunsch, sie mit Fußtritten aus seinem Büro zu befördern.

Er beruhigt sich wieder und sagt abschließend: »Ein Mann verliert leicht den Kopf wegen Catia. Ich war überrascht, als ich sie im Fernsehen sagen hörte, dass sie nur eine Verkäuferin ist.«

49

Laut Commissario Savino, der optimistisch ist, auch wenn ihm die Hände gebunden sind, bedeutet die Tatsache, dass keine neuen Folgen des Großen Bruders verbreitet worden sind, dass die Freilassung der Überlebenden des Hauses bevorsteht.

Laut Commissario Beggiato, der pessimistisch ist, ist es

nicht ausgeschlossen, dass der Große Bruder des Spiels tatsächlich überdrüssig ist, doch anstatt die Gefangenen freizulassen, hat er allen die Kehle durchgeschnitten und sie in einen der zahlreichen Kanäle der Bassa geworfen, wie er es mit Vanessa gemacht hatte.

Laut Inspektor Cagliostri, doch das ist ihre private Meinung, die sie nur Savino anvertraut hat, wird die neue Folge bald kommen und die zweite Nominierung vorbereiten.

Camilla hat richtig geraten. Sechs Kopien der VHS-Kassette werden den beiden Zeitungen der Stadt, den Zeitschriften *Modena Mondo* und *Il Ducato* und den Buchhandlungen Nuova Tarantola und Feltrinelli zugestellt. Alle werden nachts vor die Türen gelegt. Eine Verhöhnung von Beggiatos Polizisten, die die Redaktionen der *Gazzetta* und des *Carlino* überwachen.

Es ist nie völlig dunkel, das blaue Licht bleibt nachts an und erlaubt den Videokameras, Gegenstände und Personen zu erfassen. Das kleine Schlafzimmer wirkt wie ein Aquarium.

Catia steht auf. Sie hat die weiße Bluse an, die ihr bis zu den Knien geht und die sie als Nachthemd trägt. Die Strümpfe sind bis zur Mitte des Beins gerollt. Sie geht auf den Betrachter zu. In dem anderen Bett schläft Lory; nur der Kopf, der mit der linken Wange auf dem Kissen ruht, schaut hervor. Catia verschwindet. Mit ihr verschwindet das Schlafzimmer und wird durch den Wohnbereich ersetzt. Catia erscheint wieder, sie durchquert den Wohnbereich und geht ganz nah an dem Bett vorbei, in dem Gianni schläft. Toninos Bett ist frisch bezogen worden. Catia geht ins Badezimmer. Der Wohnbereich verschwindet, und der Regisseur wechselt zu der starren Kamera im Badezimmer.

Man sieht Catia wieder, von hinten, die zur Toilette geht. Sie hebt den Deckel hoch, klappt den Sitz herunter, nimmt etwas Toilettenpapier von der Rolle; das Mikrofon überträgt das Geräusch, als sie es abreißt. Sie wischt mit dem Papier über den Sitz, wirft es in die Toilette. Dann dreht sie sich um. Man sieht sie von vorn, sie hebt das Hemd hoch und setzt sich auf den Sitz. Das Mikrofon nimmt das Rauschen auf, kurz, laut. Sie reißt erneut Toilettenpapier ab und wischt sich zwischen den Schenkeln ab. Catia steht auf. Für ein paar Augenblicke bleibt das Hemd oben, auf den Pobacken, dann gleitet es hinunter. Das Rauschen der Spülung. Überblendung.

Helles, weißes, grelles Licht des Wohnbereichs, Gianni und Lory sitzen am Tisch. Sie beenden ihr Mittagessen. Lory, weiße Hose und kurzes gelbes kurzärmliges Top mit Schleifchen, schält eine Orange mit den Fingern; Gianni, schwarze Hose und blaues Hemd, zerteilt mit dem Messer einen Apfel.

Catia sitzt in der Wohnzimmerecke im Sessel, eine Zigarette in der Hand. Sie trägt ein Spitzenkleid mit Volants und amerikanischem Dekolleté. Ihre Beine sind übereinandergeschlagen, die Schenkel deutlich sichtbar. Sie hat noch immer die Strümpfe der nächtlichen Szene an, bis zur Mitte des Beins gerollt, und Ballerinas. Die Kamera fährt auf sie zu und zeigt sie in Großaufnahme. Sie bläst den Rauch in Richtung Kamera.

»Heute werde ich Catia interviewen«, sagt die Stimme des Großen Bruders. »Hast du Lust, von dir zu erzählen?«

Das Mädchen zuckt die Achseln. Das zerzauste rote Haar wirkt ein wenig schwer, es könnte eine Haarwäsche vertragen.

»Was wollen Sie wissen?«

»Den Zeitungen zufolge bist du ein ehrgeiziges Mädchen, das nicht nur unzweifelhaft schön ist, sondern auch vielseitig begabt.«

Catia zuckt erneut die Achseln.

»Und?«

»Du hast an verschiedenen Castings und Wettbewerben teilgenommen, du hast an viele Türen geklopft ... aber nur mit mäßigem Erfolg. Was willst du denn später genau machen? ... Vorausgesetzt, es gelingt dir, das Haus zu verlassen.«

»Ich kann singen und tanzen und sogar schauspielern, auch wenn ich nie eine richtige Schule besucht habe«, erwidert Catia, während die Kamera sie immer näher heranzoomt. Ihr Gesicht füllt jetzt den gesamten Bildschirm aus.

Die Stimme des Großen Brudes im Off, sarkastisch:

»Vielen Mädchen, auch weniger begabten, gelingt es, in der Welt des Showbusiness Fuß zu fassen.«

»Ich will gleich in der Oberliga spielen, ohne den Umweg über zweitrangige Sender oder Provinztheater und ohne mich durch alle Betten zu schlafen, um nach ein paar Jahren mit Falten und leeren Händen dazustehen.«

»Und wie hoffst du, Erfolg zu haben?«

»Ich bin die geborene Siegerin.«

»Die Welt des Showbusiness ist eine Scheißwelt ...«

»Wie der Rest der Welt!«, präzisiert Catia. »Aber der Rest kümmert mich nicht. Ich hab erlebt, wie pummelige Mädchen, die völlig unbegabt waren, ausgewählt wurden, weil sie die richtigen Leute kannten ...«

»Ist das nicht auch ein Gemeinplatz?«

»Was ist ein Gemeinplatz?«

»Eine Phrase, eine vorgefertigte Meinung.«

»Der wahre Grund, warum bis jetzt noch keiner auf mich

aufmerksam geworden ist, ist die erdrückende Konkurrenz. Unter so vielen Leuten aufzufallen, ist fast unmöglich. Wissen Sie, dass es bei der letzten Misswahl siebentausend Kandidatinnen gab?«

»Ich frage dich noch einmal: Auf welche Weise hoffst du, in der Welt des Showbusiness Fuß zu fassen?«

»Ich bin schön, begabt, stark und entschlossen.«

»Und bescheiden.«

»Wenn Sie mich am Leben lassen, werde ich siegen.«

»Ach übrigens, hast du über die nächste Nominierung nachgedacht?«

»Wir reden über nichts anderes.«

»Gianni, Lory oder Catia.«

»Warum entscheiden Sie nicht, wo Sie doch unser Gebieter sind?«

»Das wäre gegen die Tradition des *Großen Bruders*.«

»Ich entscheide mich, wenn es so weit ist.«

»Kommen wir auf Catia zurück. Zeig mir und den Zuschauern, ob du wirklich tanzen und singen kannst, wie du behauptest.«

»Dann sorgen Sie mal für Musik.«

Wie ein DJ, der bereit ist, die Wünsche des Publikums zu erfüllen, beeilt sich der Große Bruder, dem nachzukommen.

50

Camilla und Donato sind auf Streife im Zentrum von Modena. Donato sitzt am Steuer des Pantera, Camilla betrachtet müde die menschenleere Via Emilia.

»Nicht mal ein Penner, ein Betrunkener, eine Hure oder ein Ladendieb …«

»Es ist drei Uhr nachts.«

»Oder morgens?«

Camilla langweilt sich. Aus Spaß hat sie Donato vorgeschlagen, auf der Piazza Mazzini unter den Bäumen zu halten, um zu bumsen. Er hat gedacht, sie meint es ernst, und ist blass geworden, hat gesagt, ein Nachtwächter oder eine Streife von Carabinieri könnte vorbeikommen, wie würde das aussehen, zwei Polizisten in Uniform, eine Inspektorin und ein Polizist, die miteinander schlafen in einem Pantera, der im Zentrum von Modena geparkt ist.

»Hast du Catias Auftritt im Haus des Großen Bruders gesehen?«, fragt er Camilla, um sie von den gefährlichen Gelüsten abzulenken. »Er wurde auf allen Kanälen gesendet.«

»Stefano hat mir sofort eine Kopie der Kassette geschickt.«

»Wirklich gut. Sie singt und tanzt wie ein Profi.«

»Eine schöne Stimme, sicher geführt, wenn auch ein bisschen ungeschliffen. Was das Tanzen betrifft, ihre Bewegungen erinnern irgendwie an den Kubismus.«

»Sie ist sehr sexy«, bemerkt Donato. Obwohl er Neapolitaner ist, hört man seiner Ansprache die Emilia an, die ihm Gastfreundschaft gewährt, denn er sagt »sessi«.

»Ein hübsches Dummchen«, vereinfacht Camilla. »Ihr Arbeitgeber, der Abteilungsleiter des Coop, nannte sie ein undurchsichtiges Persönchen.«

»Was soll das heißen?«

»Das heißt unaufrichtig, undurchschaubar, nicht sehr vertrauenerweckend.«

»Ich wünsche mir, dass sie nicht nominiert wird.«

»Würdest du lieber Lory oder Gianni sterben sehen?«

»Das wollte ich damit nicht sagen. Aber dadurch, dass man diese Leute im Fernsehen sieht, hat man das Gefühl, sie sind keine wirklichen Menschen, nur Schauspieler, die in einem Fernsehfilm mitwirken.«

»So geht es mir auch.«

»Leider machen Commissario Beggiato und sein Team keine Fortschritte. Ich glaube, es ist eine Nachricht aus Rom eingetroffen, mit einem Rüffel vom Polizeichef. Als ich ihm vorgestern Dokumente, um die er Commissario Savino gebeten hat, in die *Accademia* gebracht habe, war er furchtbar wütend. Gestern dagegen fand ich ihn ganz entspannt vor. Er hat mich nach dir gefragt.«

Der Schlaf, der Camillas Gedanken umgarnte, ist wie weggeblasen. Alarmiert reißt sie die Augen auf.

»Nach mir?«

»Nach der Inspektorin Cagliostri.«

»Hat er den Verdacht, dass ich im Fall des Großen Bruders ermittle?«

»Nichts in der Richtung.«

Sie sind im Viale Fabrizi. Camilla bemerkt ein Lebenszeichen: ein Nachtschwärmer, der seinen Hund Gassi führt.

»Erzähl von Anfang an und spann mich nicht auf die Folter.«

»Zum ersten Mal hat Commissario Beggiato mich eingeladen, einen Kaffee mit ihm in der Bar in der Accademia zu trinken. Ich hab sofort begriffen, dass er mich etwas fragen wollte, und ich hab auch erraten, dass es dich betrifft.«

»Weiß er von unserer Freundschaft?«

»Er hat keinen Schimmer, sonst hätte er sich nicht mich ausgesucht. Er wollte keine dienstlichen Informationen. Er wollte mehr über Camilla als Frau, über ihr Privatleben wissen. Mit gewundenen Worten, an die ich mich nicht mehr so genau erinnere, und in einem freundschaftlichen Plauderton hat er mich gefragt, ob du einen Mann hast, ob du leicht Freundschaften schließt, ob du ein aufregendes Leben führst … lauter solche Dinge eben. Nicht schwer zu erraten, worauf er hinauswollte.«

»Worauf deiner Meinung nach?«

»In zwei Worten: Er will dich ins Bett kriegen.«

»Das sind sechs.«

»Was?«

»Die Worte: er, will, dich, ins, Bett, kriegen.«

»Und so wird es auch kommen.«

»Machst du Witze?«

»Das sieht man doch immer in den Filmen. Er und sie arbeiten in derselben Firma oder bei der Polizei oder sind Spione. Sie machen sich Konkurrenz, ärgern sich gegenseitig, sprechen schlecht über den anderen, hassen sich, und dann, gegen die Mitte der zweiten Hälfte, eines Abends, nach einem etwas harten Tag, der erste Kuss, und in der nächsten Szene sind sie bereits im Bett.«

Camilla lacht. Donato hat, ernst wie immer, ganz präzise eine der häufigsten Liebes- und Sexgeschichten des Kinos erzählt.

»Bei mir ist das anders. Ich versichere dir, dass ich nicht in Commissario Beggiato verliebt bin.« Camilla sieht den Einwand voraus, den Donato nicht sofort macht, weil er nicht die richtigen Worte findet: »Und ich will auch nicht mit ihm vögeln.«

Donato scheint überzeugt zu sein, doch auf der Höhe des Viale Tassoni fügt er hinzu: »Mag sein …«

»Vertrau mir«, sagt Camilla. »Und was hast du unserem Freund erzählt?«

»Dass du meines Wissens nicht mit einem Mann zusammenlebst. Dass du nicht leicht zu verstehen bist.« Er seufzt: »Verliebst du dich denn nie?«

»Ist das eine Frage von Beggiato?«

»Nein, meine.«

Eine gute Frage. Auch Camilla hat sie sich oft gestellt. Sie würde sich gern in Donato verlieben oder sogar in Sergio Beggiato, warum nicht? Oder in einen anderen Mann, der in ihre Nähe kommt. Es gelingt ihr einfach nicht, auch die früheren Affären waren in Wirklichkeit Vernarrtheiten, Liebeleien, an denen Kopf und Muschi beteiligt waren, aber nie das Herz.

Sie würde sich wirklich gern verlieben, auch auf die Gefahr hin zu leiden, hinters Licht geführt zu werden.

»Ich hatte gehofft, du würdest sagen, du seist in mich verliebt«, sagt Donato. Und wechselt schnell das Thema: »Du hast also mit Catias Chef gesprochen. Was hat er dir gesagt, abgesehen davon, dass er sie für ein undurchsichtiges Mädchen hält?«

»Sie war mehr zu Hause als in der Arbeit. Beurlaubungen aus familiären Gründen, Krankheiten, vorgezogene Ferien … Ihm zufolge hätte unsere Freundin früher oder später ihren Job verloren. Sie war noch in der Probezeit.«

»Jetzt riskiert sie, ihr Leben zu verlieren … In dem wir alle in der Probezeit sind«, fügt Donato feierlich hinzu.

Er hat recht, wir sind in der Probezeit, und es gibt keine Gewerkschaft, die uns schützt.

51

Sie sehen sich zu dritt in Camillas Wohnung die neue Kassette des Großen Bruders an: Camilla, Stefano Marchetti und Giampaolo Ferraresi, ein Kameramann, der jetzt im Ruhestand ist, nachdem er dreißig Jahre für die RAI in Bologna gearbeitet hatte. Eine brandneue Kassette, gefunden vor einer Stunde auf der Schwelle der Redaktion des *Carlino*.

»Was halten Sie, technisch gesehen, von der bisherigen Folgen?«, fragt Camilla Ferraresi, bevor sie den Fernseher einschaltet.

»Sie sind mit fixen Kameras aufgenommen, die an verschiedenen Stellen des Hauses angebracht sind, außerdem mit einer mobilen Kamera, die ziemlich anfängerhaft gehandhabt wird. Das Haus ist kein professionelles Fernseh-Set. Keine Kameraschwenks, schlecht fokussierte Bilder, Großaufnahmen, die einen Teil der Haare oder das halbe Gesicht abschneiden. In den letzten Folgen habe ich Verbesserungen bemerkt. Was mich aber verwirrt ...«

Ferraresi verzieht das Gesicht, als fände er nicht die richtigen Worte.

»Was?«

»Es liegt nicht an der technischen Qualität der Aufnahmen. Seit diese Geschichte angefangen hat, habe ich mir die Ausschnitte, die die verschiedenen Sender ausgestrahlt haben, Dutzende Male angeschaut. Ich habe sie aufgenommen, ich habe sie in Zeitlupe laufen lassen, ich habe mir manche Szenen genauer angesehen. Es scheint, als würden sich alle Bewohner an ein genaues Drehbuch halten ...«

Stefano mischt sich ein und bemerkt: »Weil sie dem

Großen Bruder gehorchen. Der Wille desjenigen, der befiehlt, ist eine Art Drehbuch, ein Szenarium, wenn auch nur in groben Zügen.«

»Überzeugt?«, fragt Camilla Ferraresi.

»Nicht ganz. Es kommt mir vor, als sei der *Große Bruder* der Regisseur, einflussreich und auch recht tüchtig, aber die Geschichte, die wir da sehen, steht.«

»Schauen wir uns die neue Folge an«, sagt Camilla und beendet die Diskussion.

Sie braucht Gewissheiten. Mit vagen Gefühlen kann sie einen Laden aufmachen.

»Habt ihr entschieden, wen ihr nominiert? *Bene vi ringrazio*«, sagt der Große Bruder. Ich danke euch.

Camilla hat das Gefühl, die Stimme zu erkennen, obwohl sie durch einen Filter oder irgendeine andere elektronische Teufelei verstellt ist. Eine feste Stimme, wie das Wort bene beweist, ausgesprochen mit offenem e, wie es nur die Toskaner tun und diejenigen, die Sprechunterricht gekommen haben. Sicher nicht die Emilianer mit ihrem geschlossenen e. Auch das z in *vi ringrazio* gehört nicht den Emilianern, die es wie s ausprechen. So wie sie das s wie z aussprechen.

Die Kamera ist jetzt auf Gianni gerichtet, der eine dunkle Hose und ein weißes Hemd trägt, und nähert sich ihm so sehr, dass sein Gesicht verzerrt wird.

»Der Name?«, drängt ihn die Stimme.

Der Große Bruder ist also Italiener, wenn auch nicht aus der Emilia. Oder ein Schauspieler, der Sprechunterricht genommen hat und im Arno die schmutzigen Akzente von Po, Secchia, Reno oder Panaro reinwäscht.

Gianni antwortet: »Ich nominiere Catia.«

»Das war vorauszusehen«, sagt Stefano. »Angesichts des

Pakts, den die beiden Turteltäubchen geschlossen haben. Die Rothaarige ist an der Reihe, das Haus zu verlassen, getötet zu werden … Danach wird es schwierig, ein Nervenkrieg zwischen Gianni und Lory: Wie nominiert man sich selbst? Ich glaube, dass der Große Bruder …‹

»Warte!«, unterbricht Camilla ihn. »Hören wir erst die anderen.«

Die Kamera richtet sich auf Catia, die nicht zögert: »Gianni.«

»Klar, wie erwartet«, kommentiert Ferraresi.

Catia trägt ein kurzes, sehr tief dekolletiertes, fuchsienfarbenes Kleid, das den rosa BH sehen lässt. Die Kamera nähert sich arglistig und wandert neugierig über die Brust bis zur rechten Brustwarze, die durch den durchsichtigen Stoff sichtbar ist.

»Auch Lorys Antwort ist klar«, sagt Stefano. »Arme Catia!«

Das Model trägt einen grünen Blazer und eine weiße Hose.

»Sie tragen jedes Mal andere Kleidung«, bemerkt Camilla. »Maßgeschneidert und auf ihre Persönlichkeit abgestimmt.«

»Man merkt, dass der Große Bruder als junger Mann Stylist war«, scherzt Ferraresi. »Neben dem Essen, den Zigaretten und allem Übrigen liefert er auch die maßgeschneiderte Kleidung.«

Lory sitzt mit verschränkten Armen, die rechte Hand im Jackett, neben Gianni.

»Du bist dran«, fordert der Große Bruder sie auf.

Lory zögert nicht lange: »Ich nominiere Gianni.«

Gianni Barbieri springt auf und brüllt: »Scheiße!«

»Setz dich!«, befiehlt der Große Bruder.

Gianni gehorcht. Er blickte Catia hasserfüllt an, und das so überzeugend, dass das Mädchen in Gelächter ausbricht.

»Es ist also entschieden, dass Gianni auszieht«, sagt der Große Bruder.

Gianni zur Kamera: »Das gilt nicht. Bis vor ein paar Stunden war Lory mit mir einig, Catia zu nominieren. Das ist Verrat, ein abgekartetes Spiel unter Frauen!«

»Gerade diese Unwägbarkeiten machen den Reiz des Spiels aus …«, bemerkt der Große Bruder. »Ich bedaure nur, dass ihr nicht mehr seid, um Grüppchen, kleine Parteien bilden, Liebes- und Sexbündnisse eingehen und richtige Verschwörungen anzetteln zu können. Das nächste Mal werden wir mehr Personen ins Haus holen …«

»Es wird kein nächstes Mal geben«, sagt Catia, als hinge das von ihr ab.

Die Kamera zeigt alle drei. Gianni sieht die beiden Frauen mit einer Grimasse an, die zur Karikatur eines Lächelns, ein höhnisches Grinsen wird.

»Ich bin gespannt, wie ihr es anstellen wollt, mich zu töten, bevor ich euch umbringe«, sagt er schließlich.

Er hat das letzte Wort noch nicht beendet, als Lory ihre rechte Hand aus dem Jackett zieht. Sie umklammert eine Gabel. Mit aller Kraft, die noch gesteigert wird durch eine rasche Drehung ihres Oberkörpers, rammt sie sie in Giannis Brust, auf der Höhe des Herzens. Sie zieht die Hand zurück und lässt die Gabel, wo sie ist. Gianni versucht, die Gabel heruszureißen, die in der Mitte des Blutflecks, der immer größer wird, aus dem Hemd ragt. Er springt auf. Das Blut tropft ihm auf die Hose. Er sieht aus, als könne er es nicht glauben, blickt auf das Blut, blickt zu den beiden Frauen. Er fällt auf die Knie, dann auf die Seite und bleibt reglos auf dem Boden liegen.

Totale des Hauses. Die Stimme des Großen Bruders sagt: »Beherzt, schnell und effizient. Jetzt seid ihr noch zu zweit.«

Die Übertragung bricht ab.

52

»Es hat sogar eine parlamentarische Anfrage gegeben«, erinnert Commissario Savino Camilla.

»Ich weiß. Ich habe noch nie erlebt, dass eine Entführung so viel Staub aufwirbelt, abgesehen von Aldo Moro. Zeitungen und Fernsehnachrichten sprechen nur von Loredana Berri, die Gianni Barbieri ermordet hat, und von Catia Malavasis taktischer Intelligenz. Alle sind sich darin einig, dass der Große Bruder eine anständige und fleißige Frau in eine Mörderin verwandelt hat.«

»Zum Glück haben sie den Kollegen aus Rom geschickt«, fügt Savino hinzu. Er lächelt unter seinem buschigen grauen Schnurrbart. »Noch ist es ihm nicht gelungen, den Großen Bruder zu verhaften, aber die Wutausbrüche des Polizeichefs und des Innenministers entladen sich über ihm.« Er denkt einen Augenblick nach und fügt der Gerechtigkeit halber hinzu: »Unsere kleinen Polizisten aus Modena sind doch auch noch nicht viel weitergekommen, oder?«

»Wollen Sie wissen, an welchem Punkt sie sind?«

»Natürlich!«

Savino hofft noch immer, dass Camilla das Rätsel des Großen Bruders löst. Das wäre eine tiefe Genugtuung für ihn: er und ein Inspektor gegen das Team aus Rom. Vielleicht geht er jeden Morgen in den Dom, um eine Kerze anzuzünden.

Sie lächelt ihn an.

»Trotz allem scheinen Sie zufrieden zu sein«, bemerkt Savino hoffnungsvoll.

»Ich bin eine unverbesserliche Optimistin. Und ich habe einen Verdacht ...«

»In Bezug auf wen?«

»In Bezug auf etwas. Aber es ist noch zu früh für einen Bericht. Geben Sie mir noch ein paar Tage Zeit.«

»Haben Sie kein Vertrauen zu mir?«

»Ich hab kein Vertrauen zu meinen Gefühlen. Ich suche etwas, das sie in eine konkrete Idee oder einfach nur ein Indiz verwandelt.«

»Ich bin in Ihren Händen«, sagt Savino resigniert. Und schließlich: Je weniger er über Camillas Ermittlungen weiß, desto weniger muss er sich, falls es zu Komplikationen kommt, vor Commissario Beggiato und dem Polizeipräsidenten dafür rechtfertigen. Er nimmt einen Zettel vom Schreibtisch und liest: »Gianni zweiundachtzig Prozent, Loredana neun Prozent, Catia neun Prozent.«

»Was sind das für Prozentzahlen?«

»Die hat Teleducato verbreitet. Der Sender sammelt die Stimmen, die die Zuschauer per Fax, Telefon, E-Mail oder SMS schicken. Eine Nominierung, um die der Große Bruder nicht gebeten hat. Eine Privatinitiative, die Teleducato unterstützt. Ich weiß nicht, wie ich dieses Verhalten nennen soll: rücksichtslose Ausbeutung, morbides Interesse, Wunsch nach Teilnahme, Blutrausch, Fernsehsucht, Verwechslung von Realität und Fiktion, Ignoranz und mangelnde Sensibilität gegenüber dem traurigen Schicksal der Entführten ...«

»Warum schaltet Dottore Ferioli Teleducato nicht ab?«

»Das würde nichts bringen. Mindestens zwei andere Privatsender spielen das gleiche Spiel, einer in Apulien und einer in der Lombardei.«

»Teleducato übertreibt.«

»Sie haben schon immer übertrieben. Der Eigentümer, Cavalier Bertoli, hat sein Geld mit Fernsehauktionen und Fernsehhexen gemacht. Dabei hatte der Sender sich anfangs den Schulproblemen gewidmet und Bildungsprogramme gesendet, sogar Italienischkurse für Ausländer ... Es war ein Spiel mit dem Namen: *tele educato*. In Modena spricht man auch von *tele ducato*, in Anspielung auf den Herzog von Este. Aber in einem Interview in der *Gazzetta* hat Cavalier Bertoli die richtige Interpretation von Teleducato enthüllt: *ducato* im Sinne von Dukaten. Für ihn ist der Sender nichts anderes als ein Dukatenesel.«

»Sollen sich die Leute doch amüsieren, wie sie wollen.«

»Die Nominierung der Fernsehzuschauer ist drei Tage vor Barbieris Tod über den Sender gegangen. Die Nominierung innerhalb des Hauses hat sie bestätigt. Das bedeutet, dass der Große Bruder sich im Einklang mit den Wünschen der Zuschauer befindet, ihren Sympathien und Antipathien.«

»Das glaube ich nicht. Den Großen Bruder kümmern die Leute nicht. Er macht seine Show, nach einem Drehbuch, das er geschrieben hat oder ein anderer, der auch ihn lenkt.«

»Mir ist die ganze Geschichte nach wie vor rätselhaft, und ich hoffe, dass sie bald ein Ende hat.«

53

Da Inspektorin Nanda Violo auf Dienstreise in Bologna ist, hat Camilla das Büro ganz für sich allein. Es klopft. Der Polizist Salinitro kommt herein, eine blaue Aktenmappe unter dem Arm.

»Hier hab ich die Informationen über Giuseppe Dorio, um die Sie mich gebeten hatten.«

Salinitro geht wieder. Die Aktenmappe ist leicht. Sie enthält nur ein Blatt, noch heiß vom Drucker.

Giuseppe Dorio, genannt Pino, geboren in Bologna am 23. Januar 1959, Theaterregisseur, langer Aufenthalt in Rom, wo er als Schauspieler, Bühnenbildner und Regisseur für ausgezeichnete Theatertruppen gearbeitet hat. 1987 hat er im Teatro Quirino einen umjubelten *Hamlet* inszeniert. Kurze Mitarbeit bei Teleradio Castelli. Nachdem er 1999 nach Modena gezogen war, hat er für Teleducato als Regisseur von Auktionen und Verkaufsshows gearbeitet. Zurzeit ist er Leiter und einziger Mitarbeiter einer Schauspieleragentur. Homosexuell. Drei Anzeigen wegen Verführung Minderjähriger und eine Verurteilung zu vier Monaten auf Bewährung wegen versuchter Vergewaltigung eines Minderjährigen. Der Grund für seine zahlreichen Entlassungen ist nicht in seiner Homosexualität zu suchen. Seine Arbeitgeber, Fernseh- und Theaterdirektoren, Leiter von Schauspielertruppen, und Kollegen bezeichnen ihn übereinstimmend als ausgezeichneten Schauspieler und hervorragenden Regisseur, aber auch launisch, unberechenbar, unausgeglichen. Selbstgefällig, wie er ist, duldet er keine Kritik und nimmt keine Ratschläge an, vor allem nicht in künstlerischen Dingen. Es wird vermutet, dass er gelegentlich Drogen nimmt …

Die Geschichte von Pino Dorio unterscheidet sich, abgesehen von den Problemen, die sich aus seiner Liebe zu Jungs ergibt, nicht von der Geschichte vieler Männer aus der Welt des Showbusiness, die, obwohl sie begabt sind, nicht wirklich Erfolg haben. Vom Regisseur am Teatro Quirino zum Verkäufer von Kochtöpfen auf Teleducato.

Sinnlos, diese Spur weiterzuverfolgen. Camilla legt das Blatt in die Aktenmappe zurück. Sie ruft Donato an und fragt:

»Kannst du in mein Büro kommen?«

»Bin gleich da.«

Er kommt herein und grüßt militärisch.

»Zieh dich aus!«, befiehlt Camilla ihm.

Er wird blass, blickt zur Tür, die er hinter sich geschlossen hat. Er weiß nie, wann Camilla einen Scherz macht. Er nimmt alles ernst.

»Entspann dich.«

»Du bist so verrückt, dass ...«

»Danke!«

»Was kann ich für dich tun?«

»Nicolae Grigorescu, der Rumäne, der mich überfallen hat, ist er noch in Haft?«

»Ja, Commissario Beggiato und der Richter sind nach wie vor überzeugt, dass er was mit den Entführungen zu tun hat.«

»Ich will ihn treffen.«

»Ohne dass der *commissario* davon erfährt?«

»Wenn möglich.«

»Dottore Ferioli wird wohl keine Einwände haben. Ich hab das Gefühl, dass auch er den Polizisten aus Rom nicht besonders mag. Commissario Beggiato übergeht zu oft den für die Ermittlungen zuständigen Staatsanwalt. Was Grigorescu betrifft, so hätte eigentlich schon bei seiner Verhaftung eine Gegenüberstellung mit der Person, die er auf Bestellung überfallen hat, stattfinden müssen. Auch wenn der Rumäne praktisch gleich alles zugegeben hat.«

»Ich werde mit dem Staatsanwalt telefonieren.«

»Was willst du von dem Rumänen?«

»Ihm ein Foto zeigen.«

54

»Erkennen Sie die Frau, die Sie bezahlt hat, damit Sie mich verprügeln?«

Camilla reicht Grigorescu den vergrößerten Ausschnitt des Fotos, auf dem die Frau zusammen mit anderen Personen zu sehen ist. Sie ist darauf gefasst, dass er leugnet oder sie ohne böse Absicht nicht erkennt.

»Sie ist es.«

»Sind Sie sicher?«

»Die werde ich nie vergessen. Wegen ihr sitz ich jetzt in der Scheiße.«

»Daran sind Sie selbst schuld«, erinnert ihn Camilla und steht von dem unbequemen Schemel des Besucherraums auf.

»Ist das alles, was Sie wissen wollen?«, fragt Grigorescu.

»Ich weiß bereits alles.«

»Ist die Frau, die mich bezahlt hat, eine Komplizin des Großen Bruders? Das behauptet der *commissario*, der mich verhört hat.«

Die Wochenzeitschriften haben sich Catias und Lorys bemächtigt, um sie populär zu machen, als wären sie Schauspielerinnen, Popsängerinnen oder zumindest freiwillige Gefangene im Haus des guten Großen Brucers. Dass eine von ihnen dazu verurteilt ist, getötet zu werden, genau wie Tonino und Gianni, hält sie nicht davon ab, sie wie Prominente zu behandeln. Vor allem Catia. Lory, die Farblosere, bringt die Schönheit der Mitgefangenen, die jetzt ein Star ist, erst richtig zur Geltung. Sogar Delma, ihre Mutter, ist interviewt worden, und der lange Artikel wird ergänzt durch Fotos von Catia als Kind und als junges Mädchen sowie durch eine ganze Serie von Fotos, die bei ihren Versuchen, in der Welt des Showbusiness Fuß zu fassen, aufgenommen wurden.

»Was kann Ihre Tochter?«, fragt die Journalistin Delma Contini, verwitwete Malavasi.

»Alles.«

»Alles ist etwas zu viel. Ich vermute, sie hat irgendeine besondere Begabung ... teils aus Leidenschaft, teils aus Veranlagung.«

»Sie tanzt mit großer Anmut und singt besser als viele andere, die Erfolg haben. Man braucht bloß die Probeaufnahmen zu sehen, um sich davon zu überzeugen, dass ich nicht übertreibe.«

»Das Herz einer Mutter.«

»Ich sag nur die Wahrheit. Und was ihre Schönheit und ihre Telegenheit ...«

»Man sagt Telegenität.«

»Sie haben mich trotzdem verstanden ... Sie brauchen sich meine Catia bloß anzuschauen, um bezaubert zu sein. Sie ist eine außergewöhnliche Schönheit, vielleicht keine auffällige, wegen ihrer Größe, aber ganz sicher eine einzigartige. Nicht, dass sie klein wäre, ein Meter neunundsechzig, aber im Vergleich mit den Bohnenstangen, die aus dem Osten gekommen sind ... Frauen, denen es sofort gelingt, beim Fernsehen unterzukommen, als gäbe es keine schönen Italienerinnen.«

»Sie scheinen sich mehr Gedanken um die Karriere Ihrer Tochter zu machen als um die gefährliche Situation, in der sie sich befindet. Jetzt ist der Augenblick der Entscheidung gekommen: Catia oder Lory.«

»Catia ist clever genug, um auch diese hagere Schreckschraube zu täuschen.«

»Und wenn der Große Bruder sein Versprechen, den Sieger des Spiels freizulassen, nicht hält? Er ist ein zu gefährlicher Zeuge für ihn.«

»Ich bin sicher, dass Catia siegen und der Große Bruder sein Versprechen halten wird. Die Bewohner des Hauses wissen nicht, wo sie sind, und sie haben den Mann, der zu ihnen spricht, nie von Angesicht zu Angesicht gesehen.«

»Wenn Ihre Tochter nicht nominiert wird und wenn die Sache gut ausgeht, wird ihr die Mitwirkung in Realityshows, Unterhaltungsshows und Fernsehfilmen angeboten werden. Ruhm und Geld.«

»Meine Catia hatte es auch vorher schon verdient, berühmt zu werden. Aber sie haben sie abgelehnt.«

»Bedeutet das, dass sie sich weigern wird aufzutreten, weil die bisherigen Ablehnungen sie gekränkt haben?«

»Das wollte ich damit nicht sagen. Aber mit Sicherheit wird sie nur solche Angebote annehmen, die ihr wegen ihrer Begabung gemacht werden und nicht solche, die den Leuten nur eine Person aus den Klatschspalten zum Fraß vorwerfen wollen.«

»Catia Malavasi bestimmt mittlerweile den Modetrend: Die Mädchen kleiden sich wie sie, der Minirock kommt wieder in Mode, mit Volants oder plissiert, Organza, hautenge Wolljäckchen, Strümpfe bis zum halben Bein … und die rote Farbe …«

Das Klingeln des Handys unterbricht Camillas Lektüre.

»Ich bin's, Tiziana. Stör ich?«

»Nein. Geht's dir gut?«

»Ich hab gerade eine Prüfung gehabt.«

»Mit einer guten Note?«

»Sprechen wir nicht darüber, aber gut genug, um sie nicht wiederholen zu müssen. *Mamma* ist zufrieden.«

»Wie geht es Gabriella?«

»So lala. Seit dem Drama ist sie nicht mehr dieselbe. Manchmal ist sie so nervös, dass man nur ein Wort zu sagen braucht, und schon zuckt sie zusammen oder wird sogar richtig wütend. Dann wieder ist sie schweigsam und abwesend, als existiere die übrige Welt gar nicht, versunken in weiß der Teufel was für Gedanken … Und wie geht es Ihnen? Kriegen Sie den Großen Bruder noch, bevor das Blutbad beendet ist?«

»Das wird schwierig. Es gelingt uns einfach nicht, die Spur zu finden, die zu ihm führt. Obwohl ich da so eine Idee hab … eine etwas verrückte Idee.«

»Ich wette, es ist die richtige. Sie sind die größte Polizistin der Emilia Romagna, ja ganz Italiens, ganz Europas.«

»Warum nicht gleich der ganzen Welt?«

»Sie haben es erfasst. Schade, dass der Fall Vanessa Silvi ungelöst bleibt.«

Es war vorauszusehen, dass Tiziana vorhatte, das Gespräch auf die ermordete und in den Kanal geworfene Schauspielerin zu bringen. Camilla kann ihr nicht sagen, dass sie nur noch den Schuldigen zu verhaften braucht und dass sie gerade ihretwegen zögert. Sie antwortet:

»So tüchtig bin ich also gar nicht.«

»Trotzdem …«

»Trotzdem?«

»Nichts. Sehen wir uns einmal?«

»Auch zweimal.«

»Ich hab ganz vergessen, warum ich Sie angerufen hab.«

»Ich dachte, du wolltest mir nur Guten Tag sagen.«

»Auch. Aber ich hab einen Film auf Sky 3 gesehen. Einen Krimi aus den Vierzigern, keiner von den berühmten. Mit James Stewart. Wissen Sie, wie die junge Hauptdarstellerin den Mann ermordet, der ihren Vater ruiniert hat? Sie sitzen nebeneinander, er spricht, sie hat die Arme verschränkt, eine Hand in den Blazer geschoben. Plötzlich zieht das Mädchen ohne Vorwarnung die rechte Hand aus dem Jackett. Sie umklammert eine Gabel, die sie dem Mann ins Herz rammt, bevor James Stewart sie davon abhalten kann. Der Film heißt *Die Dinge des Lebens*.«

»Eine Szene ganz ähnlich wie die, die der Große Bruder aufgenommen hat.«

»Sie wurde nicht gesendet, weil sie zu grausam ist. Aber die Journalisten haben sie in allen Einzelheiten geschildert. Die gleiche Szene.«

»Ich danke dir für den Hinweis.«

»Können Sie damit was anfangen? Glauben Sie, der Große Bruder gibt den Bewohnern auch vor, wie sie töten sollen, nachdem er sich von alten Filmen hat inspirieren lassen?«

»Schon möglich.«

55

Großreinemachen im Haus. Keine Spuren mehr von Tonino und Gianni. Die Sofas haben einen neuen Überzug. Blau. Catia und Lory sitzen nebeneinander und blicken in die Kamera. Der Titel läuft über das Bild: *Das baldige Ende*. Der Große Bruder wird immer geschickter im Umgang mit der Technik.

»Wir stehen kurz vor der nächsten Nominierung ...«, ertönt seine Stimme. Lorys Hand sucht die von Catia. Catias Hand kommt ihr entgegen. Sie finden sich, drücken sich, verschränken die Finger. Sie machen sich gegenseitig Mut, noch Busenfreundinnen, bevor sie gleich zu Todfeindinnen werden. Falls sie sich nicht entschließen, sich dem Spiel, das der Gebieter ihnen aufzwingt, zu verweigern und beide zu sterben.

»Ihr müsst entscheiden, wer das Haus verlassen soll ...«

»Catia«, sagt Lory.

»Lory«, sagt Catia.

»Ich habe euch nicht gebeten, sofort Stellung zu nehmen. Denkt darüber nach, überzeugt die Gegnerin, sich zu opfern, oder treibt sie in die Enge, so dass sie den Auszug aus dem Haus als das kleinere Übel wählen wird.«

»Absurd«, sagt Lory, die heute endlich einen Rock trägt. »Wie können Sie verlangen, dass eine von uns sich selbst nominiert? Das Spiel ist in dem Augenblick zu Ende, in dem wir nur noch zu zweit sind, und die Nominierung kann nur zu einem Unentschieden führen. Eins zu eins. Wir haben beide gewonnen, ich ebenso wie Catia.«

»Nein, beim *Großen Bruder* gibt es immer nur einen Sieger!«

Catia lässt die Hand ihrer Mitbewohnerin los. Lory wirkt plötzlich verstört, als hätte der Kontakt sie bis jetzt im Gleichgewicht über einem Abgrund gehalten. Catia sagt zu ihr: »Liebst du mich?«

Lory zögert, bevor sie mit einem schwachen Ja entwortet. Catia fragt nach: »Echte Liebe oder nur, weil wir gezwungen sind, in einem Gefängnis zusammenzuleben?«

»Ich hab dich auch vorher geliebt.«

»Dumme Gans!«, ruft Catia. »Draußen haben wir uns gar nicht gekannt.«

»Ich wollte sagen, es ist, als würde ich dich schon immer kennen.«

»Wenn du mich wirklich liebst, kannst du meinen Tod nicht wollen.«

»Ich will ihn ja nicht.« Sie deutet auf die Kamera. »Er will ihn!«

»Der Große Bruder lässt uns unsere Willensfreiheit. Wie Gott. Er ist unser kleiner Gott, der uns mit einer Handbewegung auslöschen kann. Du wirst dich für mich opfern und für immer in meinem Herzen bleiben.«

»Nein. So weit geht meine Liebe nicht.«

»Ich werde dich überzeugen.«

Die Kamera entfernt sich. Die Stimme des Großen Bruders sagt: »Ausgezeichnet, ihr habt mir gefallen.«

Camilla schaltet den Fernseher aus. Ja, sie sind ausgezeichnet gewesen, wie der Gebieter gesagt hat, aber mit einer gewissen Neigung zur Übertreibung. Nichts Besonderes: Die beiden Frauen saßen friedlich da, ihre Stimmen waren ruhig, doch die Worte wirkten etwas gestelzt, wie es in manchen Komödien geschieht, wenn die Autoren des Guten zu viel tun wollen oder die Schauspieler nicht gut genug sind, um die Dialoge natürlich klingen zu lassen. Der Satz: »Er lässt uns unsere Willensfreiheit, wie Gott, er ist unser kleiner Gott …« klingt aus dem Mund des Mädchens allzu tiefgründig und feierlich, wie auswendig gelernt.

Camilla geht ins Bad, um sich zu schminken. Sie muss mit Commissario Beggiato zu Abend essen. Er hat sie am Vormittag im Büro angerufen.

»Ich würde gern ein wenig mit Ihnen plaudern, Inspektorin Cagliostri.«

»Über den Großen Bruder?«

»Über etwas weniger Ernstes.«

»Ich komme am Nachmittag in die Accademia.«

»Ich habe zu viel zu tun. Treffen wir uns nach dem Dienst, zum Abendessen. Kennen Sie ein gutes Restaurant, das nicht im Zentrum von Modena liegt und wo wir von Journalisten unbehelligt sind?«

»Ich werde einen Tisch in der Osteria della Fefa in Finale bestellen. Ich hoffe, dass sie Maltagliati con fagioli auf der Karte haben.«

Camilla betrachtet sich im Spiegel. Ihr steht ein Duell bevor, wie das zwischen Catia und Lory, das sie gerade im Fernsehen gesehen hat. Auch wenn Beggiato und sie nicht um ihr Leben spielen.

Sie lächelt sich zu.

»Donato irrt sich. Ich werde nicht mit dem *commissario* aus Rom im Bett landen.«

56

Einer Nachbarin zufolge arbeitet Meri in der Parfümerie Balocchi e profumi in der Via Marconi, in der Nähe der Abtei. Camilla nutzt die Gelegenheit für einen Besuch der Kirche, die zum Glück leer ist. So kann sie die Schönheit in Ruhe genießen. Einmal, als ein Freund sie fragte, warum sie die romanischen Kirchen so sehr liebe (sie hatte ihn nach einer ausführlichen Besichtigung des Doms von Modena nach Quarantoli und San Cesario geschleppt), hatte sie spontan geantwortet, dass man in den romanischen Kirchen Gott näher sei.

Unwillkürlich fällt ihr diese Liebesgeschichte wieder ein, die kaum länger als die Runde durch die romanischen Kirchen in der Ebene von Modena gedauert hat. Er hieß Corrado, und sie hat keine schöne Erinnerung an ihn. Nicht einmal eine unangenehme. Nicht Fisch und nicht Fleisch, wie so oft.

Sie trifft Meri allein in der Parfümerie an, damit beschäftigt, das Schaufenster zu dekorieren. Sie erkennt sie nicht.

»Guten Tag, was wünschen Sie?«

»Zehn Minuten Ihrer Zeit für eine Sache, die der Justiz dient. Ich bin Inspektor Camilla Cagliostri, erinnern Sie sich nicht an mich?«

»Ach ja, die Polizistin!«

»Ist das Ihr Geschäft?«

»Es gehört meiner Schwester Nives. Ich helfe ihr, dadurch muss sie keine Verkäuferin bezahlen und gibt mir das Gehalt, das ich gut gebrauchen kann.«

»Wer erbt die Floricoltura?«

»Unser Sohn Mirko. Zum Glück hat Torino ihn gleich bei der Geburt anerkannt, sonst wäre alles zwischen seinen Angehörigen aufgeteilt worden. Aber wir können über nichts verfügen, bis mein Mann für tot erklärt worden ist. Wenn vorher nicht seine Leiche gefunden wird.«

Meri scheint das Drama um Toninos Ermordung gut verarbeitet zu haben. Eine junge Frau kommt herein.

»Entschuldigen Sie«, sagt Meri zu Camilla.

Die Kundin weiß genau, welchen Lippenstift sie will, bezahlt und geht.

»Kam Ihnen Tonino in letzter Zeit weniger liebevoll vor als sonst?«, fragt Camilla.

»Im Gegenteil. Er ist oft mit Mirko in den Park gegangen ... Aber wozu stellen Sie diese Fragen? Jetzt wo ...«

»Ich habe mich falsch ausgedrückt. Ich wollte wissen, ob Tonino im Bett zärtlich zu Ihnen gewesen ist. Ich meine, haben Sie in den Monaten vor der Entführung nicht bemerkt, dass sein sexuelles Verlangen nachließ?«

Meri antwortet ohne zu zögern: »Er hat mich praktisch kaum noch angerührt. Er war immer müde oder nervös oder hatte Kopfschmerzen.«

»Ist Ihnen nie der Gedanke gekommen, dass das Ihre Heiratspläne gefährden könnte?«

»Wenn er mich nicht geheiratet hätte, hätte ich ihn umgebracht ...«

»Wie erklärt sich sein Verhalten?«

»Ich habe ihn nicht um eine Erklärung gebeten, weil ich keinen Streit wollte. Ich hatte gehofft, das würde vorbeigehen.«

»Ich wollte eigentlich wissen, wie Sie es sich erklärt haben. Ob Sie an eine nervöse Erschöpfung oder eine Krankheit dachten, Sorgen in der Arbeit, ein Nachlassen des Interesses aufgrund von Gewohnheit, an eine heimliche Geliebte …«

»Es war unmöglich, nicht sofort an eine andere Frau zu denken. Oder an Probleme mit der Arbeit … Er hatte etwas von einer Schutzgelderpressung angedeutet, aber er hat nicht mehr die Zeit gehabt, näher darauf einzugehen … Und jetzt hat es keine Bedeutung mehr, meinen Sie nicht? Lassen wir den armen Tonino, wo er ist, ganz gleich, ob im Paradies, im Fegefeuer oder in der Hölle.«

»Wie geht es Mirko?«

»Gut, danke. Er ist in der Kindertagesstätte. Ich werde ihn am Nachmittag abholen, wenn Nives mich im Laden ablöst.«

»Die Polizei versucht, den Verbrecher zu verhaften, den man den Großen Bruder nennt … Sie müssen uns einen großen Gefallen tun.«

»Wenn ich kann …«

»Fragen Sie mich nicht, warum, aber die Zeitungen müssen eine Nachricht bringen, die Ihren kleinen Sohn betrifft … Seien Sie ganz ruhig, Mirko wird nichts passieren …«

57

Camilla kommt aus Nonantola zur Osteria della Fefa in Finale. Eine halbe Stunde zu spät, Sergio Beggiato sitzt bereits am Tisch und unterhält sich mit der Besitzerin des alten Lokals.

»*Ciao*«, begrüßt Giovanna sie.

Der *commissario* erhebt sich. Wie immer elegant und parfümiert, hellblaues Hemd, keine Krawatte, knallenger Anzug. Camilla fühlt sich unbehaglich, schweißgebadet äußerlich wie innerlich, in einem Leinenkostüm, das ganz zerknittert ist von der langen Autofahrt, die sie gemacht hat, um Meri zu treffen. Es hat sie einige Mühe gekostet, sie ohne Erklärungen zu überzeugen, ein paar Tage zu Hause zu bleiben und so zu tun, als sei Mirko, ihr kleiner Sohn, schwer erkrankt. Dreimal auf Holz geklopft.

»Signora Giovanna hat mir von Ihrer Leidenschaft für die Maltagliati con fagioli und Zuppa inglese erzählt«, sagt der *commissario* zu Camilla.

»Haben Sie sie da?«, fragt Camilla Giovanna.

»Sowohl die Zupppa als auch die Maltagliati.«

Die Wirtin geht, und Camillas Unbehagen nimmt zu. Falls Beggiato die Verabredung ausnutzen will, um ihr den Hof zu machen, wird er der Gelackmeierte sein. Sie wird ihn zwingen, bei dem Thema zu bleiben, das sie interessiert. Sie fällt mit der Tür ins Haus, indem sie sagt: »Wie geht es dem Großen Bruder?«

»Früher oder später werden wir den Mörder schnappen, aber leider wird er sein kriminelles Spiel vorher noch beenden können.«

»Warum Mörder?«

»Das ist doch offensichtlich. Der einzige Schuldige ist er, er hat die Gefangenen gezwungen zu töten. Ich habe mit dem Anwalt Sereni darüber gesprochen ... ich soll Sie übrigens von ihm grüßen, Sie haben in dem Fall des Mädchens, das seine Mutter getötet hat, in Ferrara zusammengearbeitet ...«

»Danke.«

»Ihm zufolge kann derjenige, der gezwungen wird zu töten, Notwehr geltend machen. Ich kann es gar nicht erwarten, diesen Hurensohn endlich zu verhaften. Er muss auch für den Mord an Vanessa Silvi bezahlen.«

Er erwartet, dass Camilla wie gewöhnlich Einspruch erhebt, der Tod der Schauspielerin sei eine andere Geschichte, aber sie schweigt und fährt fort, Grissini zu knabbern.

»Der Logik nach sind der Schwachpunkt des wahnsinnigen Unterfangens die Komplizen des Großen Bruders, skrupellose Männer, die mit Sicherheit nicht aus der EU kommen«, fährt Beggiato fort. »Leider ist uns nur Grigorescu ins Netz gegangen, auch wenn der immer noch behauptet, Geld von einer Unbekannten genommen zu haben, um die Inspektorin Cagliostri krankenhausreif zu prügeln, aber nicht, um sie zu entführen. Übrigens sagt der Rumäne, er habe die Auftraggeberin auf einem Foto erkannt, dass Sie ihm gezeigt haben. Kann ich es auch sehen?«

»Da ich mir nicht sicher war, ob er die Geschichte mit der Auftraggeberin nicht erfunden hat, habe ich ihn im Gefängnis besucht und ihm das Foto einer Tante von mir gezeigt, die vom Alter und vom Körperbau her der Beschreibung des Zeugen entspricht. Er hat sie sofort wiedererkannt, was beweist, dass er uns zum Narren hält.«

»Also hatte er doch die Absicht, eine Polizistin zu entführen, um sie ins Haus des Großen Bruders zu bringen?«

»Vielleicht. Der Mörder will den Auftraggeber nicht verraten. Loyalität unter Verbrechern. So was kommt vor.«

»Woran arbeiten Sie, Inspektorin Cagliostri?«

»Routine. Streife, öffentliche Ordnung, Überprüfung von minderjährigen Bettlern und Prostituierten. Wie Sie sich erinnern werden, leite ich die Abteilung für Jugendkriminalität.«

»Dann hätten Sie den volljährigen Nicolae Grigorescu nicht verhören dürfen.«

»Das war kein Verhör. Ich habe nur mit der Genehmigung des Richters den Kerl im Gefängnis besucht, der mich überfallen hat. Und ich habe die Gelegenheit genutzt, ihm das Foto meiner Tante zu zeigen.«

Die Maltagliati kommen.

»Passt Parmesan dazu?«, fragt Beggiato.

»Ich geb ihn sogar über den Salat«, erwidert Camilla.

Die Maltagliati mit Bohnen schwächen die Gereiztheit etwas ab, die in ihr hochsteigt. Sie darf nicht vergessen, dass sie hier ist, um Commssario Beggiato zu benutzen, nicht um sich benutzen zu lassen. In keiner Hinsicht.

»Gut?«, fragt sie ihn.

»Ich bin aus dem Veneto, und Pasta mit Bohnen können auch wir zubereiten.«

Camilla gönnt ihm keine Ruhe.

»Ich glaube nicht, dass der Große Bruder ein Mörder ist.«

»Beziehen Sie sich auf unser Gespräch von eben? Gianni und Lory Opfer und Mörder?«

»Ich will sagen, dass das Spiel eine ganz andere Wahrheit verbirgt.«

Jetzt ist es am *commissario*, nervös zu werden. Er isst rasch die *maltagliati* auf und gießt sich zwei Fingerbreit Lambrusco ein.

»Wenn Sie Details kennen, die dem Richter und mir unbekannt sind, sollten Sie uns davon in Kenntnis setzen, wenn Sie keinen Ärger haben wollen.«

Keine Spur von Versöhnung oder Süßholzraspeln, wie Camilla angesichts der Umstände und des Ortes erwartet hatte. Beggiato ist überheblich wie immer. Er hat Camilla nicht richtig zugehört, droht ihr und vergisst nicht einen Augenblick, dass er ihr Vorgesetzter ist. Allerdings nur dem Rang nach, wenn man bedenkt, dass er nach wie vor im Dunkeln tappt wie am ersten Tag.

Camilla verzichtet darauf, ihn um seine Zusammenarbeit hinsichtlich der Falle zu bitten, die sie in Nonantola vorbereitet hat. Mit aller ihr zu Gebote stehenden Sanftheit sagt sie: »Mir sind keine Gerüchte zu Ohren gekommen, ich habe keine Hinweise, und ich suche auch nicht danach. Wie können Sie denken, dass eine Polizistin, ein einfacher Inspektor, ganz allein erfolgreicher sein könnte als ein Team von Spezialisten?«

Beggiato tut so, als bemerke er den Sarkasmus nicht, und entschließt sich zu einem Waffenstillstand.

»Genug geredet von der Arbeit! Was empfiehlst du mir als zweiten Gang?«

Er ist ohne Vorwarnung zum Du übergegangen. Oder hat sie sich verhört?

»Tagliata mit Ruccola, Parmesan und Aceto balsamico.«

»Ich vertrau dir … in jeder Hinsicht.«

Er ist wirklich zum Du übergegangen. Doch Camilla zieht es vor, ihm auch weiterhin nicht zu trauen. Sie wird ihm nichts von ihren Vermutungen über das Spiel des Großen Bruders erzählen. Und dass sie weiß, wer Vanessa Silvi getötet hat.

Beggiato erzählt von seinem Treviso. Der Dom, die Menschen, die Osterie, der Sile, der ganz in der Nähe entspringt und der nicht verschmutzt ist, so dass man sein Wasser trinken könnte, wenn die Leute nicht den guten Wein vorziehen würden.

»Kennst du es?«

»Ich bin nie in Treviso gewesen. Einmal, vor vielen Jahren, hatte ich Lust hinzufahren, nachdem ich den Film von Pietro Germi, *Aber, aber, meine Herren* gesehen hatte.«

»Ein Meisterwerk. Aber jetzt hat sich auch meine Stadt verändert, und niemand regt sich mehr auf, wenn ein Mann wegen der Kassiererin einer Bar seine Frau verlässt.«

»Bist du verheiratet?«

»Geschieden. Laut meiner Ex liebe ich zu sehr meine Arbeit als Polizist – sie sagte ›Scherge‹ –, um mich einer Frau widmen zu können.«

»Und hat sie recht?«

»So ziemlich.«

Giovanna erscheint, und Sergio bittet sie um neues Brot. Das aus dem Körbchen hat er ganz allein verschlungen.

»Ich bin ganz verrückt nach dem Modeneser Brot.«

»Es ist ferraresisch«, korrigiert Camilla ihn. »Finale liegt vor Modena, aber in seiner Küche und in seinem Dialekt spürt man die Nähe zu Ferrara.« Sie hebt eines der Brote hoch, die Giovanna auf den Tisch gestellt hat: »So haben sie sie schon am Hof der Este gemacht, wie der berühmte Seneschall Cristoforo da Messisburgo erzählt: zwei kleine Brote mit verschlugener Kruste, in der Mitte verbunden durch Muster, die an das weibliche Geschlecht erinnern. Eine Hommage an unsere Frauen.«

Sie legt das Brot hastig in das Körbchen zurück. Sie könnte sich in die Zunge beißen, dass sie in ein so pikantes Thema gerutscht ist. Doch Beggiato scheint das nicht ausnutzen zu wollen.

»Am Sonntag fahr ich auf einen Sprung nach Treviso. Ein Freund will eine kleine Wohnung in der Altstadt verkaufen, und ich würde sie gern kaufen … wenn er mir mit dem Preis entgegenkommt. Warum begleitest du mich nicht? Wir essen im Foghèr zu Mittag, trinken etwas in der Osteria Al Bassanello, ich zeig dir das Wasser des Sile, und du sagst mir, was du von der Wohnung hältst.«

»Danke, aber Samstag, Sonntag und Montag muss ich arbeiten. Eine Operation, die wichtig ist.«

Überrascht von der Ablehnung, verrät Beggiato sich: »Ich dachte, du hättest am Wochenende keinen Dienst …«

Als kleiner Stratege der Staatspolizei hat er doch tatsächlich die Dienstpläne überprüft.

Er findet sich sofort mit seinem Schicksal ab: »Dann eben ein anderes Mal. Nehmen wir noch einen Kaffee?«

Er verlangt auch die Rechnung. Giovanna breitet die Arme aus: »Camilla hat bereits bezahlt …

Etwas verlegen sagt Beggiato: »Das nächste Mal bin ich aber dran.«

»Einverstanden.«

Falls es ein zweites Mal geben wird. Sie will niemandem etwas schulden.

58

»*Ciao*, Stefano. Du musst mir einen kleinen Gefallen tun.«

»Stets zur Verfügung der schönsten und vermutlich tüchtigsten Polizistin.«

»Warum nur ›vermutlich‹?«

»Du hast das Geheimnis des Großen Bruders noch nicht gelöst.«

»Gib mir Zeit.«

»Du hast nicht mehr viel. Die letzte Nominierung hat stattgefunden.«

»Ist eine neue Kassette im Umlauf?«

»Die Putzfrau hat sie im Park meiner Wohnanlage gefunden … Der Große Bruder muss die Adressen aller Journalisten von Modena haben. Weitere Kopien sind auf einer
Bank im Parco Novi Sad gefunden worden. Deine Vorgesetzten sind bereits informiert. Wenn du sie in der Redaktion anschauen willst …«

»Ich werde in einer Stunde da sein.«

»Was war der kleine Gefallen, um den du mich bitten
wolltest?«

»Auf der Lokalseite von Modena eine bestimmte Meldung zu veröffentlichen.«

»Meldungen zu veröffentlichen ist unser Beruf. Wenn es
sich um eine geheime Information, eine Neuigkeit, eine Ex-
klusivmeldung handelt, noch besser.«

»Ich sag es dir, wenn ich bei dir bin.«

Als sie am Schreibtisch von Stefano Marchetti in der Redaktion des *Resto del Carlino* sitzt, neben dem Journalisten,
der zögert, auf die Play-Taste der Fernbedienung zu drücken, wiederholt Camilla: »Sag mir nicht, wie die Nominierung ausgegangen ist … Du würdest mir das Vergnügen der
Überraschung nehmen.«

»Auch du bist schon so weit, meine Polizistin! Siehst du,
dass der Große Bruder recht hat? Wir sind bereits alle Sklaven seines tragischen Spiels.«

»Drück endlich diesen Knopf!«

Stefano gehorcht.

Sofort erscheinen Lory und Catia, in der Szene, die zu der
vorhergehenden Folge gehört: Die beiden jungen Frauen
nennen jeweils den Namen der anderen:

»Catia.«

»Lory.«

Jetzt sind wir in der Gegenwart, jener, die der Große Bruder gewollt hat, der durch die Aufnahmen, die Schnitte, die Abwesenheit von Fenstern zur Außenwelt auch Herr über die Zeit ist. Die Kamera zeigt die beiden Bewohner, die in der Mitte des großen Raums stehen und sich bei der Hand halten; Lory hat den Blick gesenkt, Catia starrt vor sich hin. Sie wirkt nervös, und nach ein paar Augenblicken lässt sie Lorys Hand los. Sie sehen aus wie zwei Schulmädchen vor einer wichtigen Prüfung.

Der Große Bruder spricht: »Ihr hattet vierundzwanzig Stunden, um in aller Ruhe gemeinsam nachzudenken ...«

Szenenwechsel: Catia und Lory im Essbereich. Lory schält einen Apfel und lächelt. Auch Catia isst einen Apfel, ohne ihn zu schälen, sie beißt einfach hinein.

»Es reicht nicht, den Apfel nur zu waschen, um die Giftstoffe zu entfernen«, sagt Lory zu ihr. »Du solltest ihn besser schälen.«

Catia, verblüfft: »Du machst dir Gedanken um meine Gesundheit ... wo du in wenigen Stunden meinen Namen nennen und mich zum Tod verurteilen wirst!«

»Bring mich nicht zum Weinen, lass mir diese wenigen heiteren Augenblicke, in denen ich unsere Situation vergesse und lebe, als wohnten wir in einer Wohnung in der Stadt oder in einem Häuschen auf dem Land.«

Abblende. Die Stimme des Großen Bruders:

»Friedliches Zusammenleben wechselt ab mit Momenten des Kampfes ...«

Catia und Lory im Wohnbereich, sie umklammern sich in einer Art Kampf auf dem Sofa, Lory ist oben und versucht, Catia, die auf dem Rücken liegt, ruhig zu stellen, indem sie sie an den Handgelenken festhält.

»Lass mich los!«, ruft Catia.

»Nein, ich bin die Größere und Stärkere!«, sagt Lory.

Catia ergibt sich, entspannt ihren Körper und schließt die Augen. Dann versucht sie plötzlich, mit einem seitlichen Stoß Lory aus dem Sattel zu werfen, aber diese lässt sich nicht überrumpeln. Sie fallen vom Sofa, einander noch immer umklammernd, rollen über den Teppich bis zu dem kleinen Tisch und bleiben in der gleichen Position wie vorher liegen, Lory oben, Catia unten. Lory nähert ihr Gesicht Catia, sie scheint ihr etwas so leise sagen zu wollen, dass der Große Bruder es nicht hören kann, aber ihre Lippen berühren die von Catia.

»… Und mit Momenten der Liebe …«, teilt der Untertitel des Großen Bruders mit.

Lorys Hände lassen Catias Handgelenke los. Catia liegt reglos da, passiv. Überblendung in den Essbereich. Rückkehr zur Anfangsszene, in der die jungen Frauen in der Mitte des Raums stehen.

Die Stimme des Großen Bruders:

»Ich hoffe, dass ihr euch nach so vielen kleinen und großen Ereignissen entschlossen habt, denselben Namen zu nennen.«

»Ich nominiere Lory«, sagt Catia.

»Ich nominiere Lory«, sagt Lory.

Zoom auf Lorys Gesicht. Sie hat Tränen in den Augen. Dunkelheit.

»Das ist das Ende der Kassette«, sagt Stefano. »Jetzt wird Catia Lory töten müssen, mit dem Segen des Großen Bruders und dem Lorys. Und hoffen, dass er sein Versprechen halten und ihr die Freiheit zurückgeben wird … Aber dich scheint die Entwicklung des Dramas nicht sehr beeindruckt zu haben.«

»Da hast du recht.«

»Gewöhnst du dich an die Morde?«

»Nein, aus einem anderen Grund«, erwidert Camilla. »Aber mehr kann ich dir nicht sagen, zumindest nicht, bis ich Beweise habe.«

»Werde ich der erste Journalist sein, den du informierst?«

»Natürlich, da ich dich ja um diesen Gefallen bitten muss. Morgen wirst du eine Meldung bringen. Sie ist nicht direkt falsch, aber etwas übertrieben.«

»Eine Meldung?«

»Mirko Braida, der kleine Sohn des armen Tonino, des ersten Bewohners, der das Haus verlassen hat, um zum Himmlischen Großen Bruder zu gehen, ist schwer erkrankt. Tiefe Verzweiflung von Meri Accorsi, der *mamma*, die noch unter dem Schock der Ermordung ihres Lebensgefährten steht.«

»Ist das alles?«

»Platzier die Nachricht gut sichtbar auf der Seite.«

»Okay, wenn das der Justiz dient. Aber verstehen tu ich's nicht …«

»Ich erklär's dir später.«

59

Camilla und Donato haben tagsüber in Zivil die Umgebung von Meris Haus in Augenschein genommen. Meris Haus, umgeben von einem kleinen Garten, grenzt an die identischen Gärten der kleinen Doppelhäuser links, rechts und dahinter. Die Straße ist nur für Anlieger, und es gibt jede Menge Parkplätze.

»Ich werde im Wagen bleiben, hundert Meter vom Gittertor entfernt, um im Auge zu haben, wer das Haus betritt und verlässt. Du versteckst dich im Garten, hinter dem Ginsterstrauch. Er kann uns nicht entwischen.«

»Wenn es sich wirklich so verhält, wird das ein ganz schöner Schlag für die Arme sein ... Vorausgesetzt, sie gehört nicht ebenfalls zu der Bande.«

»Ich glaube, sie ist das Hauptopfer des Spiels.«

Während sie jetzt im Dunkeln in ihrem Wagen sitzt und ohne tröstende Zigarette zu der dunklen Villa hinüberstarrt, beginnt Camilla zu zweifeln, ob die Falle wirklich eine so gute Idee war. Und sie fragt sich, ob sie recht hat, ob es nicht Zeitverschwendung ist, während sich im Haus des Großen Bruders zwei junge Frauen ein tödliches Duell liefern.

Sie denkt über die letzte Folge nach, kurz, dramatisch, in der Lory sich selbst nominiert hat, als ein letztes Opfer für ihre Freundin. Die Journalisten haben große Worte bemüht, wie Holocaust und Liebe, die über den Tod hinausgeht. Aber aus welchem Grund sollte Lory sich opfern? Könnte es sein, dass sie so sehr in Catia verliebt ist, dass sie den Tod wählt, um sie zu retten? Selbst in einem Film hätte Camilla das unwahrscheinlich, melodramatisch gefunden; außerdem passt es so gar nicht zu Loredana Berri, die hinter Frauen her ist und sich leicht verliebt, aber nur, solange sie dabei kein Geld verliert.

Die ganze Geschichte des Großen Bruders wirkt übertrieben. Wie eine Fiktion. Oder wie eine geschlossene Welt, in der man den Faden der Logik verliert. Vielleicht würde sogar sie, Camilla, sich so verhalten, wenn sie Gefangene im Haus des Großen Bruders wäre, und, ob sie es will oder nicht, die Aufmerksamkeit auf sich lenken.

Ein Wagen nähert sich. Er fährt langsam die Straße entlang und an Meris Haus vorbei. Er wird nicht im Wagen herkommen. Er wird ihn weiter weg abstellen und zu Fuß kommen, vorsichtig, im Schutz der dürftigen Straßenbeleuchtung im Viertel.

Camilla ist müde und beginnt zu bereuen, dass sie Commissario Beggiato nicht um seine Mitarbeit gebeten hat. Eine so wichtige Operation kann nicht nur von zwei Personen durchgeführt werden. Der rechte Teil des Hauses bleibt unüberwacht; man braucht nur in den Nachbargarten zu schleichen, über eine niedrige Hecke zu steigen und durch ein Fenster im Erdgeschoss ins Haus einzudringen, ohne dass man dabei gesehen wird.

Zwei Uhr nachts. Camilla tröstet sich damit, dass Donato Barleri, der hinter dem Ginsterstrauch kauert, sitzt oder kniet, den unangenehmeren Teil abgekommen hat.

Ein grelles Licht erleuchtet die ganze Straße taghell, wird vom Rückspiegel zurückgeworfen und blendet Camilla. Um nicht gesehen zu werden, rutscht sie auf ihrem Sitz nach unten, bis ihre Augen auf Höhe des Armaturenbretts sind. Das Motorengeräusch kommt näher. Das große Motorrad fahrt ganz dicht am Mini vorbei. Camilla kann wieder hochrutschen. Das Motorrad, eine Honda, hält vor Meris Haus, der Mann steigt ab und nimmt den Helm ab. Ganz ruhig, ohne zu versuchen, irgendetwas zu verbergen, nicht einmal das Gesicht, das unter der gelben Laterne deutlich zu erkennen ist.

Ein Fenster des Hauses wird hell. Meri blickt hinaus, sieht den Mann vor dem Gittertor und schreit den Namen »Tonino« so laut, dass sofort auch in den Häusern ringsum das Licht angeht.

»Sei still, dumme Pute«, sind die ersten Worte, die der Auferstandene zu Meri sagt.

Camilla steigt aus dem Wagen, und Donato kommt hinter dem Ginster hervor. Meri ruft, noch immer sehr laut:

»Mirko geht es gut.«

Tonino Braida begreift. Er sieht Donato im Garten und hört Camillas Schritte, die angerannt kommt. Er wirft den Helm weg, springt auf das Motorrad, lässt den Motor an und rast mit kreischenden Reifen davon.

»Verdammt, er entwischt!«, ruft Camilla.

Sie läuft zum Mini. Sinnlos, auf Donato zu warten. Motor. Licht. Erster Gang. Mit lautem Dröhnen fährt sie los. Nach der Kurve sieht sie wieder das Licht des Motorrads, nicht mehr als tausend Meter vor ihr. Sie sind zu zweit auf der Straße. Die Honda beschleunigt.

»Schauen wir mal, ob der Mini Cooper S wirklich die zweihundertdreißig erreicht!«

Das Motorrad bremst ab, fährt zuerst nach rechts, dann nach links. Es biegt in eine Straße, die mit einem Schild mit großem T bezeichnet ist.

»Sackgasse … Tonino kennt das Viertel gut …«

Camilla hält vor einer Reihe von Prellsteinen. Die Straße führt, nicht asphaltiert, weiter ins Dunkel. Das Motorrad ist zwischen zwei Prellsteinen hindurchgefahren, und sein Licht wird bereits immer schwächer.

Camilla kehrt zum Haus zurück, das jetzt hell erleuchtet ist. Donato trinkt ein Glas Wasser. Meri geht sofort auf Camilla los: »Sie blöde Kuh, Sie hätten mir ruhig sagen können, dass mein Tonino lebt!«

Donato tadelt sie: »Mäßigen Sie Ihre Worte. Sie haben eine Amtsperson beleidigt.«

»Lass gut sein, Donato.« Camilla wendet sich an Meri: »Entschuldigen Sie, aber Sie durften die Wahrheit nicht wissen. Nur ein Wort zu einem Freund oder einem Verwandten hätte genügt, die Nachricht zu verbreiten … und Tonino wäre nicht ans Bett seines kranken Sohns geeilt. Sie müssten sich doch eigentlich freuen: Ihr Mann lebt und ist gesund, und zwar so, dass er nachts mit einem Motorrad herumfährt.«

»Ich weiß nur, dass ich wegen dieses Schufts Rotz und Wasser geheult habe. Wie viele Nächte hab ich damit verbracht, Mirko zu betrachten, der ruhig schlief, ohne zu wissen, dass er Waise geworden war … Warum nur diese Inszenierung? Ich vermute, dass auch Gianni Barbieri lebt und dass Catia nur so tun wird, als würde sie Lory töten.«

»Ein Spiel …«

»Kommt man nicht ins Gefängnis dafür, dass man die Leute so hintergeht?«

Donato mischt sich ein, wie immer ganz präzise:

»Vortäuschung einer Straftat. Artikel 367 des Strafgesetzbuchs.«

»Ich denke, sie haben sich abgesichert«, kürzt Camilla ab.

»Und wie?«

»Keine Vortäuschung einer Straftat. Sie haben eine Show inszeniert und aufgenommen, die Nullnummer einer Realityshow, die den Zeitungen und Fernsehsendern zur Ansicht zugeschickt wurde … Und sie tun so, als hätten sie das Aufsehen, das sie damit erregen würden, nicht vorhersehen können.«

»Es passt alles zusammen«, bemerkt Barleri, nachdem er über Camillas Worte nachgedacht hat. »Ich hoffe, sie werden trotzdem teuer dafür bezahlen müssen.«

»Bezahlen werden sie, aber mit guten Anwälten werden sie billig davonkommen.«

»Und Vanessa Silvi?«, fragt Meri.

»Sie ist wirklich tot. Aber daran ist nicht der Große Bruder schuld.«

»Was wird die Polizei jetzt tun?«

»Das werden Sie aus den Zeitungen erfahren«, erwidert Camilla, die sich beim besten Willen nicht vorstellen kann, wie Commissario Beggiato reagieren wird. »In der Zwischenzeit dürfen Sie mit niemandem über diese Nacht sprechen. Spielen Sie weiterhin die arme Witwe von Tonino Braida …«

»Dieser Narr, dieser Scheißkerl … Ich wette, da steckt eine Frau dahinter. Die Rothaarige … ich bin sicher, das Sie es ist. Ich hatte so gehofft, dass sie nominiert würde, dass sie von Lory oder Gianni abgeschlachtet wird …«

Camilla und Donato im Mini auf dem Weg nach Modena. Auf der Brücke über den Panaro kommt die Sonne heraus und begrüßt sie.

»Wie bist du darauf gekommen?«, fragt Donato.

»Die Situationen waren zu übertrieben, das Drehbuch zu sehr auf Showeffekte bedacht …«

»Für mich ist das, was man im Fernsehen sieht, immer wahr.«

»Da bist du nicht der Einzige.«

»Dann bist du einzigartig … Das sag ich ja schon immer.«

»Danke.«

»Wirst du Commissario Beggiato Bericht erstatten?«

»Er soll selbst sehen, wie er zurechtkommt.«

»Und Savino?«

»Nicht sofort.«

»Du wirst dir ganz schönen Ärger einhandeln.«

»Sollen sie sich doch amüsieren.«

»Aber wenn wir sie nicht verhaften, wird der Große Bruder auch Lory töten lassen!«

»Was hast du gesagt?«

Donato lacht.

»Ein Teil von mir kann die Realität immer noch nicht glauben … Du hast recht, wir haben keine Eile, niemand läuft Gefahr, getötet zu werden. Aber ich versteh das Motiv nicht. Der Große Bruder und seine Freunde riskieren eine Anzeige, nur weil sie sich einen Spaß erlauben wollten?«

»Das Motiv heißt Catia.«

60

»Es scheint dich ja nicht besonders zu interessieren, was im Haus passiert«, sagt Stefano, nachdem er Camilla begrüßt hat, die mit einer Stunde Verspätung in die Redaktion des *Resto del Carlino* gekommen ist. »Dabei sind wir bei der letzten Folge angekommen.«

Camilla setzt sich auf den Hocker neben Stefano vor dem Fernseher, der auf dem Schreibtisch steht. Sie erwidert:

»Ich weiß schon, was passiert.«

»Hast du die Kassette im Präsidium gesehen?«

»Ich bin gerade erst aufgestanden. Heute Nacht ist es spät geworden.«

»Was meinst du, tötet Catia Lory?«

»Ich hab keine Lust zu spielen. Drück auf Play!«

Nächtliche Atmosphäre. Blau getöntes Licht im ganzen Haus des Großen Bruders. Der Wohnbereich ist leer.

Szenenwechsel ins kleine Schlafzimmer mit den beiden Betten, in denen Catia und Lory liegen.

»Sie schlafen nicht. Sie tun nur so«, bemerkt Stefano. »Wer könnte auch schlafen, wenn er weiß, dass er töten muss oder getötet wird.«

»Lory muss das Haus verlassen oder sterben.«

»Kann doch sein, dass sie sich anders besinnt und sich vom Opfer zum Henker verwandelt, falls es ihr gelingt ... Das ist Teil der Regeln.«

»Der Große Bruder hat noch nicht gesprochen.«

»Wir werden ihn erst gegen Ende hören, wenn er mitteilt, dass das Duell zu Ende ist. Im Augenblick zieht er es vor, mit Schweigen und Schatten zu arbeiten. Er wird immer geschickter, auch wenn er gezwungen ist, für das Finale nur eine fest montierte Kamera zu verwenden. Weißt du, dass De Laurentiis aus dieser Geschichte einen Film machen und die Regie Ridley Scott übertragen will?«

»Ich hab's im *Corriere della Sera* gelesen. Aber ich fürchte, er wird die Regie Blake Edwards oder Mario Monicello übertragen müssen.«

»Warum?«

»Weil er besser einen Spezialisten für Filmkomödien nehmen sollte.«

»Jedenfalls sollte er dir die Rolle der Polizistin geben, die den Großen Bruder verhaftet ... Mit Jack Nicholson als Commissario Beggiato.«

»Wer sagt dir, dass ich den Großen Bruder verhaften werde?«

»Ich habe fünfzig Euro auf dich gewettet.«

»Rausgeschmissenes Geld.«

»Sogar Ludovico Ariost hält dich für tüchtig und kämpferisch.«

»Ariost?«

»Er kannte sie gut, die Frauen der Emilia ... Im Zwanzigsten Gesang des *Rasenden Roland*, auf den mich meine Mutter, die Literatur unterrichtet, aufmerksam gemacht hat, schreibt er … schreibt er …« Er sucht die Notiz unter den anderen Papieren, findet sie und liest:

> *Im Schlachtgetümmel und mit der Musen Zungen*
> *vollbrachten Wunderdinge die Fraun in alter Zeit,*
> *mit ihren schönen Werken haben sie errungen*
> *großen Ruhm, der hell erstrahlte in aller Welt.*
> *Harpalyke und Camilla werden besungen,*
> *weil sie mutig waren und allzeit kampfbereit.«*

»›In alter Zeit‹, na vielen Dank!«

Catia setzt sich im Bett auf. Sie trägt ein Unterhemd.

»Nur das Unterhemd«, betont Stefano. Er hat Ariost vollkommen vergessen.

»Verrat mir nichts.«

»Das war nur eine Randbemerkung.«

Lory setzt sich ebenfalls auf, als mache sie sich ein Spiel daraus, die Bewegungen ihrer Mitbewohnerin nachzuäffen.

»Und wenn wir uns dem Willen des Großen Bruders widersetzen würden?«, schlägt Catia vor.

»Er würde uns beide töten«, sagt Lory. »In diesem Augenblick hört und schaut er zu und nimmt alles auf. Und zusammen mit ihm schaut uns die halbe Welt zu. Der Große Bruder weiß, dass er nach dem Gesetz für den Tod von Tonino und Gianni verantwortlich ist. Er hat nichts zu gewinnen, wenn er sich uns gegenüber großzügig zeigt.«

»Um uns zu töten, muss er ins Haus kommen, seine Hände benutzen. Bis jetzt hat er die schmutzige Arbeit uns überlassen. Na los, komm her.«

Catia rückt zur Seite, um Platz in ihrem Bett zu machen. Sie hebt das Laken und die leichte Bettdecke hoch und zeigt sich ganz in ihrem Unterhemd, das gerade mal bis zu den Leisten geht und bei jeder Bewegung unterschiedliche Schatten zeichnet. Lory gehorcht ihr wie üblich. Sie trägt ein männlich geschnittenes Oberhemd, das bis zum Knie reicht. Sie legt sich neben Catia und sagt:

»Ich werde alles tun, was du willst.«

Stefano, der einfach nicht den Mund halten kann, sagt:

»Was, glaubst du, wird jetzt geschehen?«

»Sie küssen sich.«

»Erraten. Aber schau dir die Szene genau an!«

Die beiden Frauen liegen auf dem Rücken und betrachten die dunkle Decke. Lory dreht sich zur Seite; dann legt sie sich auf Catia und nähert ihre Lippen den Lippen der Freundin. Catias Arme liegen auf Lorys Rücken, die linke Hand ruht geöffnet auf dem Hemd, die rechte Hand, die etwas erhoben ist, umklammert ein Küchenmesser, das sie unter dem Kissen versteckt hatte.

Die Hand mit dem Messer so hoch wie möglich erhoben, zögert sie, aus Unsicherheit oder um die nötige Kraft zu finden.

»Mein Gott, wie schrecklich«, bemerkt Stefano. Und zu Camilla: »Wie kannst du nur so ruhig bleiben, als wärst du im Kino?«

»Wie recht du hast.«

Er hört sie nicht, interpretiert Camillas Satz nicht, ist zu sehr gefangen genommen von der Szene.

Das Messer senkt sich auf Lorys Rücken, dringt ein, und ihr Körper krümmt sich auf dem von Catia. Kein Wort, kein Röcheln. Lory bricht leblos auf ihrer Mitbewohnerin zusammen.

Das Zimmer verschwindet, der in blaue Nacht getauchte Wohnbereich erscheint. Die Stimme des Großen Bruders sagt:

»Catia hat das Spiel des Großen Bruders gewonnen. Sie hat Mut, Intelligenz, Unternehmungslust und Skrupellosigkeit bewiesen. Und diese Spur von Bosheit, die man im Leben braucht. Die Welt ist nicht für die Guten. Sie wird mit Freiheit und Erfolg belohnt werden, obwohl sie blutbesudelt ist, obwohl sie einen Mord begangen hat. Wir sind alle Mörder, das habe ich Ihnen schon am Ende der ersten Folge gesagt. Und jetzt leben Sie wohl, meine Freunde, die Sie uns voller Leidenschaft zugeschaut haben. Vielleicht sehen wir uns ja wieder, möglicherweise im Rahmen eines regulären Fernsehprogramms.«

Es erscheint das Wort »Ende«.

»Worte eines Wahnsinnigen. Ich bin erschüttert«, erklärt Stefano.

»Ich nicht«, sagt Camilla.

Sie geht ohne ein weiteres Wort und ohne sich weiter um den befreundeten Journalisten zu kümmern, der sie mit Sicherheit für zynisch und unsensibel halten wird. Kurz, für herzlos, nicht viel besser als der Große Bruder.

61

Commissario Savino steckt den Kopf in Camillas Büro. Er lächelt. Er ist der einzige Polizeibeamte in Modena, der den Mut hat, nach Loredana Berris Tod zu lächeln. Das ganze Land ist in Trauer, und es hagelt Kritiken in Modena. Savino, der es geschickt versteht, zwischen den Klippen hindurchzusegeln, lenkt sie alle auf die Zweigstelle von Beggiato in der Accademia.

Er teilt Camilla mit: »Wir haben den Mord an Vanessa Silvi aufgeklärt!«

Camilla zuckt zusammen.

»Haben Sie sie verhaftet?«

Savino kommt zu Camillas Tisch.

»Ihn verhaftet. Der Mörder ist ein Mann. Und Sie kennen ihn nur allzu gut.«

»Erzählen Sie nicht, dass ihr den Rumänen beschuldigt, Vanessa ermordet zu haben!«

»Commissario Beggiato zweifelt nicht daran. Und Dottore Ferioli auch nicht, der ihn offiziell angeklagt hat. Wie du weißt, sitzt Grigorescu ja bereits wegen Angriffs auf eine Amtsperson im Gefängnis.«

»Der Rumäne ist unschuldig.«

»Hat er Sie nicht verprügelt?«

»Er hat die Schauspielerin nicht ermordet. Der wahre Mörder hat ihn benutzt, um mich krankenhausreif zu schlagen und dadurch zu verhindern, dass ich weiterermittle. Mit der gleichen einfachen List hat er auch Mirta Bellini, die junge Sängerin aus Campogalliano, beschimpft und bedroht; sie sollte vom wahren Motiv und vom wahren Ziel ablenken. Sterben sollte Vanessa Silvi, nur sie, und so ist es geschehen. Kein Irrer, der die Prominenten von Modena verfolgt, kein wahnsinniger Fan, kein abgewiesener Liebhaber. Die Wahrheit ist privater. Und schmerzhafter, weil sie auch andere verletzt.«

»Kurz und gut, der *Super-Commissario* hat danebengepinkelt«, sagt Savino hochzufrieden.

»Geben Sie mir die Zeit, die Geschichte ganz aufzuklären, und ich serviere Ihnen den wahren Mörder.«

»Mörderin. Sie haben vorhin die weibliche Form gebraucht.«

»Was hat Beggiato denn von Nicolae Grigorescus Schuld überzeugt?«

»Nach intensiven Ermittlungen, zahlreichen Razzien und Verhören von Rumänen ist es unserem Freund gelungen, Grigorescus Wohnung ausfindig zu machen. Laut Kartei hatte er keinen festen Wohnsitz. In Wirklichkeit wohnt er bei einem Landsmann in Modena, der eine gültige Aufenthaltserlaubnis und eine kleine Wohnung in Cittanova hat. Er zahlt seine Miete regelmäßig, weil er als Hilfsarbeiter bei einer Firma argestellt ist, die auf Straßenbau spezialisiert ist. Und er bessert sein Gehalt damit auf, dass er ein paar Landsleute beherbergt. Einer von ihnen ist Grigorescu. In seinem Schrank, einem Kardex aus Metall mit Vorhängeschloss, bewahrte der Rumäne seine Schätze auf. Etwas Schmuck, ein bisschen Geld. Nicht viel. Aber drei Fünfzig-Euro-Scheine gehörten zu der Summe, die Vanessa Silvi von ihrem Konto abgehoben hatte, bevor sie ihre letzte Reise nach Modena antrat.«

»Wie konnten die Kollegen die Scheine erkennen?«

»Sie stammen aus einem Bündel funkelnagelneuer Banknoten, deren Seriennummern bei der Banco di Roma registiert sind. Dieser Hurensohn, der Große Bruder, hat mit diesem Mord nichts zu tun, wie Sie ja immer behauptet haben. Vanessa Silvi, die nicht schlafen konnte, ist zur Villa Galaverna gefahren, um zu sehen, wie weit die Arbeiten vorangeschritten waren. Sie wollte es ganz allein machen, um in aller Ruhe die Arbeit des Architekten kontrollieren zu können. Der Rumäne hat gesehen, wie sie nachts allein das Hotel verließ. Er ist ihr gefolgt, hat sie überfallen, getötet und beraubt. Für mich klingt das überzeugend. Wie soll man sonst erklären, dass sich Vanessas Banknoten in seinem Besitz befanden?«

»Er ist bezahlt worden. Der Auftraggeber hat ihm das Geld gegeben, damit er mir die Knochen bricht.«

»Kommen Sie schon, spucken Sie den Namen der Mörderin aus.«

»Sie werden ihn als Erster erfahren, sobald ich einen Beweis habe. Oder, besser noch, ein Geständnis.«

Commissario Savino dringt nicht weiter in sie. Er geht hinaus. Dann steckt er den Kopf noch einmal durch die Tür.

»Zwischen Ihnen und Beggiato fühl ich mich wie das fünfte Rad am Wagen.«

62

»Ich habe keinerlei Interesse daran, Sie oder andere Polizisten zu treffen«, antwortet Gabriella Pelacani Camilla am Telefon. »Für mich hat Vanessas Geschichte mit ihrem Tod ihr natürliches Ende gefunden …«

Camilla hakt sofort ein: »Ihre Schwester ist keines natürlichen Todes gestorben«, erinnert sie Gabriella.

»Warum wollen Sie meine Familie noch quälen?«

»Ihr Mann wirkt nicht wie jemand, der sich quält … was auch geschieht, er zuckt mit keiner Wimper, solange die Schale, in der er glücklich lebt, keine Sprünge bekommt. Und was Tiziana betrifft, so hätte auch ich sie lieber rausgehalten und über alles im Dunkeln gelassen. Aber wie soll das gehen? Sie ist kein Kind mehr.«

»An meinen Schmerz denken Sie nicht?«

»Gabriella, hören Sie auf mit dem Theater! Meine Kollegen haben den Rumänen verhaftet. Er hatte das Geld, das Vanessa gehörte. Ich weiß, dass er es nicht geraubt hat.«

»Kommen Sie her. Jetzt, sofort.«

»Werden wir allein sein?«

»Giacomo ist beim Boccia und Tiziana in Bologna.«

Gabriella öffnet, murmelt etwas, vielleicht eine Begrüßung, und tritt beiseite, um Camilla hereinzulassen. Im Wohnzimmer setzt sie sich auf das alte Sofa, Camilla setzt sich auf das moderne.

»Also …«, sagt Camilla, ohne zu wissen, wie sie anfangen soll.

Gabriella, die einen Morgenrock trägt und Lockenwickler im Haar hat, beobachtet sie. Sie entschuldigt sich:

»Die Haare … ich war gestern beim Friseur, und ich möchte, dass die Frisur wenigstens bis morgen hält. Meine Tochter und ich müssen zu einer Hochzeit.«

»Wer heiratet?«

»Die Nichte meines Mannes. Der Empfang findet im Restaurant Papi di Crevalcore statt … Was ist das?«

Sie zeigt auf das zweimal gefaltete Blatt Papier, das Camilla aus ihrer Umhängetasche geholt hat.

»Ein Brief, den Vanessa einer Freundin in Modena geschickt hat.«

»Vanessa hatte keine Freundinnen in der Stadt.«

»Wie können Sie das behaupten? Das ehemalige Model Federica Maletti und Vanessa Silvi haben sich die ganzen Jahre über geschrieben und getroffen, in Modena oder in Rom.«

»Und was schreibt Vanessa in diesem Brief so Wichtiges?«

»Ich les ihn Ihnen vor ... ›Liebste Federica, wie geht es Deiner Tochter? Ich freue mich, dass ihr mein Geburtstagsgeschenk gefallen hat, ich hatte Angst, sie könnte dafür schon zu alt sein. Mir geht es gut, ich habe gerade die letzten Szenen des Fernsehfilms abgedreht. Der, bei dem Cesare Regie führt. Er lässt Dich übrigens grüßen. Jetzt werde ich eine kleine Ruhepause einlegen, die ich nützen werde, um die beiden wichtigsten Projekte meines Lebens zu einem guten Ende zu bringen. Zwei Liebesgeschichten. Die erste ist das Haus, das weißt Du ja. Der Architekt Morisi arbeitet in der Villa Galaverna. Diese Liebe aus der Vergangenheit bereitet mir keine Probleme. Komplizierter wird es, mich der zweiten anzunähern, bei der es sich nicht um ein Gebäude, sondern um eine Person handelt. Sie ist mir wichtiger als alles andere auf der Welt, und ich hoffe, ich kann die verlorene Zeit aufholen. Es war egoistisch von mir, diese Liebe für die Karriere zu opfern. Ich werde nicht um Verzeihung bitten, ich werde die Vorwürfe und die Strafen über mich ergehen lassen, aber dann werden wir zusammen sein, und es wird keine Lügen mehr geben. Auch wenn es für jemanden schmerzlich sein wird. Ich werde die Wahrheit sagen, endlich habe ich den Mut dazu. Grüß auch Giulio von mir ...‹« Camilla blickt Gabriella an und schließt »›Ich umarme Dich, Vanessa‹.«

»Jetzt wissen wir, dass Vanessa nicht nur wegen der Villa Galaverna nach Modena zurückkommen wollte, sondern auch, weil sie eine alte Liebe wiedergefunden hatte. Einen Mann, der sie verlassen oder abgewiesen hatte oder der nicht bei ihr bleiben konnte, weil er bereits verheiratet war ... Aber ich habe keine Ahnung, wer das sein könnte. Sind Sie deswegen gekommen?«

»Ich bin hier, weil ich die Wahrheit hören will.«

Gabriella zuckt mit den Achseln.

»Vanessa ist tot ...«

»Das reicht der Justiz nicht. Zumal einem Unschuldigen dreißig Jahre Gefängnis drohen.«

»Ein Verbrecher weniger, der frei herumläuft.«

»Wie kommen Sie darauf, dass es sich um einen Verbrecher handelt?«

»Ist er nicht der Mann, der Sie überfallen und verprügelt hat?«

»Er ist dafür bezahlt worden. Mit Geld, das der wahre Mörder von Vanessa bekommen hat.«

»Das ist zu kompliziert für mich.« Gabriella führt die Hände an ihre Schläfen und massiert sie, als wollte sie ihrem Gehirn helfen zu verstehen. Oder die Gedanken verscheuchen.

»Dabei ist der Fall relativ leicht zu lösen, wenn man erst einmal das Motiv erkannt hat, das den Mörder dazu getrieben hat, Vanessa Silvi aus dem Weg zu räumen. Nachdem ich den Brief Ihrer Schwester gelesen hatte, dachte ich zunächst genau wie Federica an einen Liebhaber aus Modena, einen Mann, den Vanessa verlassen hatte und den sie jetzt wiedertreffen wollte, um ihn um Verzeihung zu bitten und mit ihm zusammen in der Villa Galaverna zu leben, in dem Haus ihrer Träume, das sie eben dafür erworben hatte. Merkwürdig daran war nur, dass ihre Schwester Gabriella, ihre Freundin Federica und ihre Agentin Carla, also die Personen, die ihr besonders nahestehen, nichts von dieser großen Liebe wissen sollten, die Vanessa erlebt hatte, bevor sie nach Rom ging. Vanessa hat in ihrer Zeit als Fotomodell zahlreiche Affären, aber keine wirklich ernste und leidenschaftliche Liebesbeziehung. Der Brief spricht jedoch eine ganz klare Sprache ... allerdings ohne die Worte ›Mann‹,

›Liebhaber‹, ›verliebt‹ zu benutzen. Er spricht von einer ›Person‹ und von einer ›Liebe‹, die sie wiederfinden will.«

Gabriella unterbricht sie. »Da müssten Sie schon Vanessa selbst fragen.«

»Wir brauchen die Toten nicht zu bemühen. Das Wort ›Liebe‹ hatte mich auf die falsche Fährte geführt, und auch der tiefe Wunsch, nach so vielen Jahren zusammenzuleben. Und erstaunt hat mich auch die lange Dauer dieser Jugendliebe. Ich habe den Brief sicher hundertmal gelesen. Als es mir endlich gelungen ist, der Person, der Liebe ein Gesicht zu geben, war alles plötzlich ganz einfach, jedes Mosaiksteinchen war auf einmal an seinem Platz ... Vanessa liebt keinen Mann, sie beschließt nicht, die Villa Galaverna mit dem Mann einer anderen Frau zu teilen. Es ist viel einfacher: Nachdem sie die Schwelle zur Vierzig überschritten hat, am Beginn des körperlichen Verfalls und vielleicht auch des Karriereknicks, beschließt Vanessa Silvi, sich zu ihrer Tochter zu bekennen und sie zu sich zu nehmen.«

Camilla hat Gabriellas Gesicht nicht aus den Augen gelassen. Die Frau zeigt keine Regung.

»Sprechen Sie weiter«, sagt sie.

»Um besser zu verstehen, müssen wir einen Schritt zurückgehen. Zurück, bis zu der Zeit, in der zwei Schwestern auf der Tenne des Hauses in Campodoso in der Bassa spielten. Die jüngere Schwester ist sehr schön, bekommt Komplimente, wird verhätschelt und als der Schatz der Familie herumgezeigt. Es sind einfache, ja ungebildete Menschen. Und vielleicht auch unsensibel. So sehr, dass eines Tages, als die beiden Schwestern bereits junge Mädchen waren, ein Gemeindediener, der eine der beiden suchte, gefragt wurde: ›Meine schöne Tochter oder meine hässliche?‹ Die Jahre vergehen, und es ändert sich nicht viel. Das wunderschöne Mädchen hat zahlreiche Verehrer und beschließt, das auf zulässige, aber auch skrupellose Weise auszunutzen. Sie spielt ein nicht ungefährliches Spiel mit den Männern, um Karriere zu machen, um zu lernen, sich zu bewegen. Sie verdient tatsächlich ihr erstes Geld, und die Fotografen werden auf sie aufmerksam. Die Schwester lebt abseits. Sie hat einen Verlobten, arbeitet, schlägt sich mühsam durch. Nicht einmal ihr Wunsch, eine normale Familie zu gründen, ist vom Glück begünstigt, denn sie muss erfahren, dass sie keine Kinder bekommen kann. Auch in diesem Fall ist das Schicksal ungerecht. Die schöne Schwester, die keine Lust hat zu heiraten und noch weniger, Kinder zu kriegen, wird ausgerechnet in dem Augenblick, da sie kurz vor ihrem Umzug nach Rom steht, wo das Kino, das größte Ziel für Mädchen wie sie, auf sie wartet, schwanger. Doch die Lösung liegt ganz nahe. Mithilfe einer großzügig bezahlten Hebamme wird das Kind, ein Mädchen, zu Hause geboren, wie es damals üblich war, in einem Haus, das in einem abgelegenen Ort gemietet worden war. Oder es wird in einer entgegenkommenden Klinik geboren. Von den beiden Schwestern ist die eine die Wöchnerin und die andere diejenige, die ihr beisteht. Diejenige, die nach Hause, nach Modena, zurückkehrt, wo die kleine Familie nach der Heirat lebt, ist die hässliche Schwester. Sie hält das Neugeborene in den Armen, ein wunderschönes kleines Mädchen. Soll ich weitererzählen?«

»Wie Sie wollen«, erwidert Gabriella.

Sie sitzt mit gesenktem Kopf da und hört aufmerksam zu.

»Alle Probleme scheinen gelöst zu sein, da jede das hat, was sie wollte. Ein perfektes Happy End, auch weil das Schicksal von nun an beiden Schwestern hilft. Diejenige, die nach Rom gezogen ist, setzt sich in der Welt des Showbusiness durch, wird eine berühmte Schauspielerin, die das Fernsehen in alle Häuser bringt. Sie hat Geld, einflussreiche Männer, eine tolle Wohnung. Sie ist erfolgreich. Die Schwester hat einen maßgeschneiderten Ehemann, eine Tochter, die sich gut entwickelt: schön, intelligent, liebevoll. Das Ende der Geschichte? Nein, das Ende der ersten Hälfte. Bis dahin war es ein sentimentaler Schnulzenfilm mit ein paar bitteren Szenen. Jetzt verwandelt er sich in ein Drama, ja geradewegs in einen Kriminalfilm. Die Schauspielerin hat alles. Oder fast alles. Mit vierzig entdeckt sie, dass ihr zwei Dinge fehlen: das Haus, von dem sie als Mädchen geträumt, und die Tochter, die sie weggegeben hat. Sie kann es sich leisten, die Villa auf dem Land zu kaufen. Und sie kann sich auch leisten, sich zu ihrer Tochter zu bekennen, die inzwischen achtzehn ist und verstehen und verzeihen wird.«

»Sie hatte alles!«, unterbricht Gabriella sie. Sie hebt den Kopf. Ruhig, ohne Tränen. Als würde sie tatsächlich über einen Film sprechen, den sie im Fernsehen gesehen hat. »Geld, Häuser, Männer, Berühmtheit ... Und Schönheit und Gesundheit. Ich dagegen hatte nichts. Nur eine Tochter, die Liebe einer Tochter. Und Vanessa beschließt aus einer Laune heraus, mir auch das wegzunehmen, nach so vielen Jahren. Ich habe Tiziana aufgezogen, ich bin nachts aufgestanden, um sie zu füttern oder ihre Windeln zu wechseln, ich habe mir Sorgen gemacht, wenn sie hohes Fieber hatte, ich habe mit den Lehrern gesprochen, wenn sie schlechte Noten nach Hause brachte. Ich war bei ihr im Krankenwagen, als sie ins Krankenhaus gebracht wurde, um in letzter Minute am Blinddarm operiert zu werden, ich habe ihr die Dinge des Lebens beigebracht, was mit einem Mädchen geschieht, wenn es eine Frau wird … Ich bin achtzehn Jahre lang ihre Mutter gewesen, und plötzlich will meine Schwester sie mir wie eine Diebin wegnehmen, nur weil sie sie irgendwann heimlich zur Welt gebracht und dann weggegeben hat, so wie sie alles weggeschoben hat, was ihrer Karriere hätte schaden können … Sie hatte alles, und ich hatte nur Tiziana …«

»Daraufhin beginnen Sie, Vanessa anzurufen, aus öffentlichen Kabinen, wobei Sie Ihre Stimme mithilfe eines Taschentuchs verstellen. Drohungen, Beschimpfungen … Derbe Ausdrücke, die der erste Hinweis für mich waren: Dialektausdrücke, typisch für die Bassa, die früher sehr gebräuchlich waren und heute fast vergessen sind … Und dann kurze anonyme Briefe, deren Worte aus Zeitungen ausgeschnitten waren, wie Sie es in Filmen gesehen haben. Geschickt versuchen Sie, die Ermittlungen auf eine falsche Fährte zu lenken, indem sie noch ein anderes berühmtes Mädchen aus Modena bedrohen und beschimpfen: die Sängerin Mirta Bellini. Vanessa kommt nach Modena, entschlossen, Tiziana die Wahrheit zu sagen. Sie will es nicht brieflich und auch nicht telefonisch machen. Das wäre feige. Sie will ihrer Tochter ins Gesicht blicken. Im Grunde verstehen sie sich bereits sehr gut, lieben sich bereits …«

»Sie hatte sie erobert, indem sie ihr vom Kino, vom Theater, vom Fernsehen erzählte … Welches achtzehnjährige Mädchen lässt sich von dieser Welt nicht verzaubern? Ich öffne dir das Tor zum Erfolg, meine Tochter, du brauchst nur hindurchzugehen. Ohne zu überlegen, dass Tiziana ein Mädchen aus der Provinz ist und keine Ahnung hat, was ihr in diesem Saustall passieren kann.«

»Daraufhin …«

»Daraufhin habe ich Vanessa angerufen. Ich will dich in

der Villa Galaverna treffen. Ja, jetzt, es geht um Tizianas Wohl, hab ich zu ihr gesagt.«

»Erzählen Sie weiter.«

»Ich bin mit einem schweren Meißel in der Handtasche zu der Verabredung gegangen. Das war die einzige Waffe, die ich gefunden habe. Sie erwartete mich im Salon, saß da auf einem Stuhl wie auf einem Thron. Sie fühlte sich bereits als Herrin von Galaverna. Wir haben kein einziges Wort gesagt. Ich kannte den Ort, Tiziana war einmal mit mir hingefahren. Ich hab mich Vanessa von hinten genähert und ihr mit dem Meißel einen Schlag auf den Kopf versetzt, das war's. Als ich auf der Rückfahrt nach Hause die Brücke über den Diversivo erreichte, ist mir der Gedanke gekommen, dass es vielleicht besser wäre, die Leiche in den Kanal zu werfen. Ich hab gedacht, sie würde von den Welsen und den amerikanischen Flusskrebsen aufgefressen. Ich bin umgekehrt, hab sie in den Wagen geladen, auf den Damm gebracht und ins Wasser gleiten lassen. Den Meißel hab ich ebenfalls ins Wasser geworfen …«

Kein Mitleid, keinerlei Reue. Im Gegenteil, aus ihrer Stimme ist der Hass auf ihre Schwester herauszuhören, unvermindert, greifbar, erschreckend. Camilla stellt sich den schweren und spitzen Meißel vor, der in Vanessas Schädel eindringt, ihn zertrümmert, das Blut, das herausspritzt. Und Gabriella, die den Leichnam zum Wagen schleift, hineinlegt, zum Kanal fährt und im Wasser versenkt, wo sie hofft, dass er von den grässlichen Tieren verschlungen wird, die sich in den Wassern der Ebene eingenistet haben.

»Keinerlei Mitgefühl?«

»Sie ist selbst schuld, warum musste sie unser Leben durcheinanderbringen?«

»Hoffen Sie wirklich, ungestraft davonzukommen? Was

hat Sie nur geritten, diesen Dummkopf von Rumänen anzuheuern, um mich von meinen Ermittlungen abzuhalten, und ihn auch noch mit dem Geld zu bezahlen, das Vanessa Ihnen gegeben hatte?«

»Geld ist Geld. Und Sie, Camilla, haben mir Angst gemacht. Zu Recht.«

63

Anstatt ihr zu sagen, wie tüchtig sie sei – das Mindeste, was man verlangen könnte –, blickt Savino Camilla an, als sei sie ein seltenes und gefährliches Tier, das einem Beamten der Staatspolizei kurz vor der Pensionierung schaden könnte.

»Ist das sicher? Gibt es Beweise?«

»Die Mörderin hat gestanden, was wollen wir mehr?«

»Sie kannten den Namen der Mörderin von Vanessa Silvi schon länger und haben sich erst gestern entschlossen, sie in die Zange zu nehmen!«

»Gabriella Pelacani hat ihre Schwester getötet, weil sie ihre Welt, ihr emotionales Gleichgewicht bedroht sah. Das Leben hatte ihr nur ein einziges Glück geschenkt: eine schöne und brave Tochter, die sie liebte und die der alleinige Grund war, warum es ihr gut ging. Sie dachte, sie hätte ihre Vergangenheit endgültig begraben und mit ihr die Tatsache, dass Tiziana die heimliche Tochter der blutjungen Vanessa war. Die Schauspielerin hatte vor achtzehn Jahren ihre gerade begonnene Karriere nicht mit einer außerehelichen Schwangerschaft gefährden wollen. Und plötzlich droht Gabriellas Welt zusammenzubrechen: Die Schauspielerin will die Wahrheit erzählen und sich ihre Tochter zu rückholen. Dieser Entschluss bringt Gabriella vollkommen durcheinander, und ihr Hass auf Vanessa, die ihr von Kindheit an überlegen war, nimmt überhand ...«

»Und sie rächt sich, indem sie mit einem Meißel auf Vanessas Kopf einschlägt.«

»Es bestand nicht die Gefahr einer Wiederholungstat, deswegen hatte ich es nicht eilig, Ihnen und dem Richter die Fakten darzulegen.«

»Keine Gefahr, verdammt! Diese Frau hat nach der Tat die Sängerin bedroht und einen brutalen Schläger auf Sie gehetzt!«

»Um mir wehzutun, mich zu erschrecken und von den Ermittlungen abzuhalten, nicht, um mich zu töten. Und dass sie Mirta Bellini beschimpft und bedroht hat, war der einzig intelligente Schachzug ihres Plans. Sie muss in irgendeinem Gangster-Film so was Ähnliches gesehen haben.«

»Wahnsinnig und naiv, doppelt gefährlich.«

Savino entspannt sich. Jetzt, da sie ihn angelogen hat, glaubt er ihr. Er weiß nicht, dass Camilla sich vorgenommen hatte, die wahre Geschichte der Ermordung der Schauspielerin in einem privaten Winkel ihres Gedächtnisses zu archivieren. Sie hatte es für Tiziana tun wollen, um dem Mädchen nicht zu enthüllen, dass ihre leibliche Mutter von der Frau ermordet wurde, die sie für ihre Mutter hielt. Zwei Frauen, die sie liebte und die sie liebten. Lediglich die Beschuldigung von Nicolae Grigorescu hatte Camilla veranlasst einzugreifen.

»Laut Commissario Beggiato haben Sie im Fall Vanessa Silvi weiterermittelt, obwohl die Befehle aus Rom uns alle im Polizeipräsidium von Modena von den Ermittlungen gegen den Großen Bruder ausgeschlossen haben.«

»Ich wusste bereits und habe immer wieder gesagt, dass Vanessa nicht das Opfer des Großen Bruders war.«

»Sie werden sich nie ändern.«

»Ist der *Super-Commissario* wütend auf mich?«

»Wenn ich bedenke, wie er Sie am Telefon genannt hat, würde ich sagen, ja.«

»Wie hat er mich denn genannt?«

»Das muss aber unter uns bleiben.«

»Mein Ehrenwort.«

»Undiszipliniert, anmaßend, Lügnerin, arrogant.«

»Ich bin nie arrogant gewesen.«

Sie schickt sich an, das Büro von Commissario Savino zu verlassen. Auf halbem Weg besinnt sie sich und setzt sich wieder vor den Schreibtisch.

»Was noch?«, fragt Savino besorgt.

»Ich fürchte, dass Beggiato noch mehr Grund haben wird, wütend auf mich zu sein, und diesmal richtig!«

»Mein Gott.«

»Es handelt sich um eine gute Nachricht, aber für uns Polizisten wird es sein, als … als wäre eine Bombe unter den Tisch jedes einzelnen Beamten des Präsidiums und der Zweigstelle, die Beggiato in der Accademia eingerichtet hat, gelegt worden.«

»Spucken sie's schon aus.«

»Die Morde, die auf Befehl des Großen Bruders von den Bewohnern des Hauses begangen worden sind …« Camilla macht eine Pause, sucht nach den richtigen Worten. Dann entschließt sie sich und sagt: »Es handelt sich um eine Inszenierung, eine Komödie, eine Fiktion in Fortsetzungen, aufgenommen für die Presse im Vertrauen auf die Leichtgläubigkeit der Leute und mit der Absicht, Polizei, Carabinieri und so weiter auf den Arm zu nehmen.«

»Der Große Bruder hat stets von einer extremen Show gesprochen, von einem grausamen Spiel, das er erfunden habe, um zu beweisen, dass alle Menschen potentielle Mörder sind, wenn sie in besondere Umgebungen und Situationen versetzt werden. Und Sie behaupten, das sei alles nur gespielt? Und die Ermordeten?«

Savino ist erneut zutiefst erschrocken. Er weiß nicht, worüber er sich mehr Sorgen machen soll, über den grausamen kriminellen Großen Bruder oder über den Großen Bruder, der sich einen bösen Streich ausgedacht hat und alle verhöhnt.

»Die drei Toten – Tonino, Gianni und Loredana – sind nie gestorben.«

»Wie kommen Sie darauf?«

»Ich habe …«

Beinahe hätte Camilla gesagt, sie habe den »Ermordeten« Tonino Braida gesehen, wie er nach Hause kam, um seinem angeblich kranken kleinen Sohn beizustehen. Doch sie zieht es vor zu schweigen. Savino würde eine so wichtige Nachricht nicht für sich behalten können. Er würde sofort Commissario Beggiato anrufen, und sei es nur, um sein Vertrauen zu gewinnen.

»… eine Art Vorahnung.«

»Sie wollen sagen, die Hypothese der vorgetäuschten Verbrechen im Haus ist nur so eine Idee von Ihnen oder ein Traum, den Sie heute Nacht hatten? Sie vergessen die drei armen Teufel, die vor laufender Kamera getötet wurden. Das Blut, die angstverzerrten Gesichter, den Schmerz der Angehörigen …«

»Vielleicht haben Sie recht«, sagt Camilla.

Sie würde gern einwenden, dass man mit den Requisiten eines Horrorfilms und einem guten Regisseur sogar noch überzeugender sein könnte. Doch sie braucht noch Zeit. Sie will zuerst sehen, wie Commissario Beggiato reagiert, wenn sie ihm erzählt, dass der Große Bruder sie nur verhöhnt hat.

»Wenn Ihre Hypothese stimmt, können Sie sich vorstellen, was für eine Blamage das für die Polizei wäre?«

»Immer noch besser als ein krimineller Irrer, der frei herumläuft.«

64

Es ist unmöglich, den Wagen in der Nähe der Wohnung von Pino Dorio auf dem Corso Canal Chiaro in der Altstadt von Modena zu parken. Jetzt steht sie in Zivil, mit Geduld, einer Pistole und ihrem Handy bewaffnet, gegenüber dem Haus und lässt den Eingang der Nummer 18 nicht aus den Augen.

Das Handy vibriert. Donato Barleri.

»Nichts Neues«, teilt er ihr mit.

Der Kollege wartet in dem getarnten Polizeiwagen, der nicht weit entfernt am Piazzale Risorgimento geparkt ist.

»Soll ich dich ablösen? Du stehst jetzt schon vier Stunden da. Sie werden dich bemerkt haben.«

»Solange er mich nicht bemerkt ... Warte! ... Jemand kommt aus der Nummer 18 ... Es ist Pino Dorio! Rasierter Schädel, Jeans, scharlachrotes Hemd, Sonnenbrille, Reisetasche über der Schulter ... Er geht Richtung Largo San Francesco ...«

»Ich fahr ihm mit dem Wagen entgegen.«

»Aber vorsichtig, er darf uns nicht bemerken. Ich folge ihm zu Fuß. Und du lass uns nicht aus den Augen.«

Die Säulen der Laubengänge erlauben Camilla, ihn zu beschatten, ohne gesehen zu werden. Pino Dorio kommt aus dem Largo San Francesco und geht weiter. Der Wagen von Donato taucht auf; er fährt langsam und hält neben dem Seminario.

Pino überquert den Piazzale Risorgimento und geht in die Via Muratori. Er nähert sich einem Auto, einem gelben Maggiolone, der unter den Bäumen parkt. Er öffnet ihn mit der Fernbedienung und steigt hastig ein.

»Er entwischt uns!«

Donato ist sofort neben ihr und öffnet die Wagentür. Sie folgen dem Maggiolone, der durch den Viale Fabrizi fährt.

»Ob er uns zum Haus führt?«

»Wenn ich sicher wäre, würde ich Verstärkung anfordern«, erwidert Camilla.

»Du würdest nicht einmal Verstärkung anfordern, wenn der Große Bruder dir eine schriftliche Einladung mit einer Wegbeschreibung geschickt hätte«, sagt Donato. Er kennt Camilla gut.

Sie biegen in die Via Nonantolana.

»Wir fahren in Richtung Bassa«, bemerkt Donato. »Das ist ja sehr praktisch.«

»Warum?«

»Du kennst die Gegend wie deine Westentasche.«

»Zu viele verlassene Höfe, zu viele leere Ställe, zu viele Schotterstraßen, die viele Kilometer durch die Landschaft führen ... Verlier den gelben Maggiolone nicht aus den Augen.«

»Ist der Mann der Große Bruder?«

»Oder zumindest seine Stimme ... Falls ich nicht den größten Schnitzer meines Lebens mache.«

»Das ist wieder typisch ... Du irrst dich nie!«

Donato ist nicht nur in Camilla verliebt, er schätzt sie auch über alle Maßen. Er verehrt sie so sehr, dass er ihr sogar glauben würde, wenn sie behauptete, sie könne Wasser in Lambrusco verwandeln.

Der Maggiolone biegt vor der Brücke über den Pandaro nach links ab.

»Er nimmt die Panaria, er fährt in Richtung Bomporto.«

Nach fünf Minuten und zehn Kilometern fragt Donato Camilla: »Wie geht's es mit Commissario Beggiato?«

Vielleicht meint er die Liebesaffäre, die er vorausgesagt hat.

»Wir stehen auf gespanntem Fuß. Er wirft mir vor, ich hätte im Fall Silvi ermittelt, ohne meine Vorgesetzten zu informieren. Der Polizeipräsident hat einen fünfseitigen Bericht erhalten. Anstatt sich mit dem Großen Bruder zu beschäftigen, verschwendet er seine Zeit mit mir.«

Donato lässt sich in seiner vereinfachten Sicht der Dinge nicht beirren.

»Er will dich ins Bett kriegen.«

»Hör endlich mit dieser fixen Idee auf!« Camilla lacht. »Machen wir ein Spiel?«

»Jetzt?«

»Warum nicht? Hier stört uns keiner, der Maggiolone von Pino Dorio ist in Sichtweite vor uns ... Komm, sehen wir mal, ob es dir wenigstens einmal gelingt, es einem Vorgesetzten gegenüber an Respekt fehlen zu lassen. Sergio Beggiato ist dir unsympathisch, vielleicht schätzt du ihn ja nicht einmal beruflich, außerdem betrachtest du ihn als Rivalen in Sachen Liebe ... und doch nennst du ihn weiterhin ›Commissario Beggiato‹, Rang und Nachname. Versuch nur einmal zu sagen: dieses Arschloch Beggiato, Rang und Nachname.«

»Aber ich ...«

»Na los, versuch's!«

»Das ist ein wirklich dummes Spiel.«

»Kannst du's wirklich nicht?«

»Dieses Arschloch Beggiato.«

»Endlich. Fühlst du dich jetzt nicht besser?«

»Dieses Arschloch Beggiato«, wiederholt Donato.

Sie fahren an Bomporto vorbei, an Solara, an Camposanto. Nach Ca' de Coppi setzt der Maggiolone den Blinker links.

»Er fährt zum Dogaro«, sagt Camilla. »Sei vorsichtig, diese Straße ist wenig befahren. Er könnte uns bemerken.«

Donato muss drei LKWs, die aus der entgegengesetzten Richtung kommen, die Vorfahrt lassen, dann biegt auch er auf die Straße nach Dogaro ab.

»Ich sehe ihn nicht mehr.«

»Wir haben ihn verloren.«

Sie kommen nach Dogaro, ein paar Häuser am Kanal und eine Handvoll Höfe verstreut in der Landschaft. Sie fahren weiter in Richtung Entrà. Sie kehren um.

»Verschwunden. Die LKWs sind schuld«, sagt Donato.

»Der Maggiolone kann nicht fliegen. Er muss bei einem der Höfe hier in der Gegend gehalten haben.«

»Suchen wir ihn. Er wird auf der Tenne oder vor dem Haus parken.«

»Viele Gebäude auf dem Land, Schuppen, Ställe und Heuschober, sind zu Garagen umgebaut worden. Und einsam gelegene Häuser gibt es hier zu viele für uns beide allein. Wir können nicht an jede Tür klopfen.«

»Verständigen wir Commissario Beggiato, damit er mit einem Team kommt«, schlägt Donato vor.

»Nein … Und verschwinden wir von hier, bevor sie uns bemerken.«

65

»Inspektorin Cagliostri, was hast du zu deiner Rechtfertigung im Fall Vanessa Silvi vorzubringen?«, fragt Commissario Beggiato Camilla, als diese ihn nach vielen Versuchen endlich am Telefon hat.

»Wieso? Ich hatte doch recht: Der Tod der Schauspielerin hat nichts mit dem Großen Bruder zu tun.«

»Es war dir untersagt, an dem Fall zu arbeiten. Ich habe den Bericht bereits an den Polizeipräsidenten weitergeleitet.«

»Das ist mir egal. Schlimmstenfalls werde ich nach Sardinien versetzt. Das Meer wird mir guttun.«

»Was willst du dann?«

»Mit dir über den Großen Bruder sprechen.«

»Misch dich nicht auch noch in diese Ermittlungen ein, der Fall ist ein paar Nummern zu groß für dich!«

»Weniger, als es scheint.«

»Was willst du damit sagen?«

»Das sag ich dir lieber persönlich.«

»Willst du mir die Zeit stehlen?«

»Nein, deinen Hintern retten.«

»Ich bin auf dem Sprung nach Rom.«

»Eine halbe Stunde reicht mir.«

»Komm in mein Büro in der Accademia. Um elf.«

»Besser woanders. Ich erwarte dich im Caffè dell'Orologio in der Via Emilia, in fünf Minuten bist du dort.«

»Wenn ich um elf nicht da bin, warte nicht auf mich.«

Commissario Beggiato kommt eine Minute vor elf. Mit Jackett und Krawatte wie immer. Für den Anlass hat er ein frisches Hemd angezogen: Man sieht noch die Bügelfalten.

Er bestellt ein Bier.

»Der Barmann des Orologio mixt hervorragende Cocktails«, informiert ihn Camilla. »Der Legende nach ist dies eine der Lieblingsbars von James Bond.«

»James Bond ist von Ian Fleming erfunden worden.«

»Das wird behauptet. Aber von Zeit zu Zeit wird sein Auftauchen in gewissen Bars, gewissen Nachtlokalen, auf gewissen Golfplätzen, auf gewissen Booten gemeldet ...«

»Vergeude nicht die dreißig Minuten, die ich zur Verfügung habe. Was trinkst du?«

»Ich habe bereits eine Orangeade bestellt.«

»Trotz Bonds Drinks!«

Sie sitzen im Freien, Sergio Beggiato entspannt sich, streckt die Beine aus und deutet ein Lächeln an.

»Also, was willst du mir über den Großen Bruder erzählen?«

»Niemand ist entführt, getötet oder gezwungen worden zu töten. Das ist alles nur ein Werbegag.«

»Um im Gefängnis zu enden?«

»Das glaube ich nicht. Welchen Verbrechens haben sich die Personen unseres Großen Bruders denn schon schuldig gemacht? Sie haben nur Probefolgen einer x-ten Version des berühmtesten Formats aufgezeichnet und in Umlauf gebracht. Nach der *Insel der Berühmten*, der *Fattoria dell'Ottocento*, dem Senioren-Big-Brother jetzt der *Große Bruder*, der extreme Bedingungen simuliert, halb Fiktion, halb Realityshow. Die Aufnahmen der Nullnummer sind an Journalisten und Fernsehsender geschickt worden, um zu testen, ob sich dafür ein geeigneter Sender und Sponsoren finden lassen ...«

Beggiato unterbricht sie: »Deiner Meinung nach sind Braida, Barbieri und die Berri also nicht tot!«

»Sie verstecken sich an einem geheimen Ort, wo sie das Haus eingerichtet und die verschiedenen Phasen der Show gespielt haben. Da Catia Malavasi die Siegerin des Spiels ist und keine weiteren Folgen vorgesehen sind, werden sie jetzt jeden Augenblick von sich hören lassen und dafür das geeignetste Mittel wählen: das Fernsehen.«

»Ich habe die Frauen von Braida und Barbieri, die Mutter von Catia Malavasi, den Teilhaber von Loredana Berri befragt ... Lauter angstvolle und verzweifelte Menschen. Sie haben mit Sicherheit nicht gespielt.«

»Sie kennen die Wahrheit nicht. Mit Ausnahme von Catias Mutter. Ich glaube, Delma Malavasi ist die Komplizin des Großen Bruders, denn ihre Tochter ist der Kopf des Scherzes, wenn wir das Ganze so nennen wollen.«

»Die Rothaarige?«

»Unser Großer Bruder. Schön, intelligent, ehrgeizig, zahlreiche Erfahrungen mit Männern und Frauen, eine, die weiß, wie man verführt.«

»Die Stimme ist männlich ...«

»Ein weiterer Komplize, der in den Videos nie auftaucht. Vielleicht Pino Dorio, ehemaliger Schauspieler, ehemaliger Regisseur, Talentscout, brüderlicher Freund von Catia, der er seine Stimme und seine Fernseherfahrung geliehen hat. Aber sie ist der Große Bruder, die Person, die sich alles ausgedacht hat. Wir sollten sagen: die Große Schwester.«

»Und das Ziel des Großen Bruders oder der Großen Schwester? Als Show funktioniert das nur einmal, danach ist es ausgereizt.«

»Seit einer Weile schon nimmt Catia an Wettbewerben und Castings teil und bewirbt sich bei großen und kleinen Fernsehsendern. Sie klopft an die Pforten der Welt des Showbusiness. Vergeblich. Es gibt zu viele schöne Mädchen, die den Erfolg suchen. Weißt du, was geschieht, wenn eine neue Miss oder Kandidaten für *Big Brother*, die offizielle Sendung, gesucht werden? Tausende bewerben sich … Nach zu vielen Ablehnungen, zu vielen bitteren Pillen, die sie schlucken musste, hat unsere Heldin, überzeugt von ihrem Talent, das einzig Richtige getan. Sie hat sich ihr eigenes *Big Brother* erschaffen und eine einzigartige, schreckliche, faszinierende Realityshow daraus gemacht. Eine vorgetäuschte. Eine unwiederholbare. Wie die berühmte Radiosendung von Orson Welles in den Dreißigerjahren, als der Schauspieler eine Invasion vom Mars so realistisch vortäuschte, dass sich unter den Amerikanern, die nicht wussten, dass es sich um ein fiktives Hörspiel handelte, echte Panik ausbreitete. Catia hat das alles genau begriffen. Man braucht nicht viel Phantasie, um vorherzusehen, dass viele Sendungen, von Unterhaltungssendungen bis hin zu Talkshows und sogar Nachrichtensendungen, sie als Gast haben wollen. Und dann engagieren sie sie als Star für eine ganze Sendung oder als Schauspielerin … Und die Karriere ist gesichert.«

»Aber Barbieri und die anderen Gäste? Warum hätten sie sich für eine solche Posse hergeben sollen?«

»Freunde von Catia. Liebhaber von Catia. Tonino, Gianni, Loredana und vielleicht Pino Dorio oder jemand anderer haben Geld, Zeit, Professionalität, Leidenschaft investiert und der Lust nachgegeben, sich einen Spaß zu machen, den man so schnell nicht vergisst. Die *Frankfurter Allgemeine*, der *Figaro* und die *New York Times* haben bereits über ihren Großen Bruder berichtet. Der sie keineswegs teuer zu stehen kommen wird. Ein Team guter Anwälte wird beweisen, dass die Protagonisten lediglich Aufmerksamkeit erregen wollten und dass es nicht ihre Schuld ist, wenn die Polizei die Kassetten, die sie an Zeitungen und Fernsehender geschickt haben, für Ernst genommen hatten. Sie hatten keine Ahnung, was für ein Aufsehen sie erregten, so sehr waren sie mit ihrem Spiel beschäftigt, isoliert in dem Haus auf dem Land. Sicher, sie werden Probleme bekommen, Tonino und Gianni mit ihren Frauen, aber wen kümmert das; sie stehen alle im Dienst von Catia, einer jungen rothaarigen Hexe aus Modena.«

Beggiato hat sein Bier nicht angerührt, so gebannt hat er Camilla zugehört. Jetzt nimmt er einen Schluck und sagt:

»Wie hast du die Wahrheit entdeckt?«

»Kleine Indizien, Ahnungen, Zweifel … Zum Beispiel waren die Geschichten im Haus zu übertrieben, mit zu viel Emphase gespielt und die Charaktere viel zu hölzern gezeichnet …«

»Das hab ich nicht bemerkt, und die Journalisten und die Zuschauer auch nicht.«

»Die Magie des Fernsehens, die alle Märchen glaubhaft macht.«

»Zum Glück gibt es die Inspektorin Camilla Cagliostri, die alle an Intelligenz und ermittlerischer Intuition übertrifft. Abgesehen von den Ahnungen – hast du nichts Konkretes, um mich zu überzeugen?«

Da gäbe es das nächtliche Treffen mit Tonino Braida, einem der »Toten«, doch Camilla zieht es vor zu schweigen, sie bereut dieses Treffen bereits. Wenn Beggiato ihr nicht glauben will, dann eben nicht. Er wird der Erste sein, der ins Kreuzfeuer der Kritik geraten wird, wenn die vier Personen aus dem Haus plötzlich wieder auftauchen.

Beggiato trinkt sein Bier aus, wischt sich die Lippen mit

der Papierserviette ab und fragt: »Warum wolltest du mir deine Vermutungen mitteilen?«

»Wir müssen eine Pressekonferenz einberufen und die Wahrheit bekannt machen. Wir befinden uns am Ende des Spiels, aber wir werden sagen, dass wir keine Eile hatten, weil in Wirklichkeit niemand sein Leben riskierte.«

»Und wenn der Große Bruder wirklich ein Mörder ist? Wenn Loredana, Gianni und Tonino getötet worden sind?«

»Dann bliebe uns nichts anderes übrig, als unseren Beruf aufzugeben und uns eine neue Arbeit zu suchen. Aber ich spüre, dass ich recht habe.«

»Ich nicht!«

Commissario Beggiato steht auf und legt einen Zehn-Euro-Schein auf das kleine Tischchen.

»Ich hab's eilig.«

»Ich lade dich ein.«

»Du hast bereits in der Osteria della Fefa bezahlt.«

Luca Bonacini, der Besitzer des Caffè dell'Orologia und ein von Freund Camilla, kommt dazu. Er deutet auf Camilla.

»Unglaublich«, sagt er lächelnd. »Weißt du, wer im Fernsehen ist, auf Raiuno?« Er wartet die Antwort nicht ab. »Catia, die Rothaarige, wird von einer Journalistin interviewt. Und hinter ihr – als wären Sie ihre Assistenten – stehen Tonino und Gianni, die beiden, die eigentlich tot sein müssten, außerdem Pino Dorio, der Schauspieler und ein Stammgast.«

66

Der Richter hat Gabriella Pelacani Hausarrest zugestanden. Ihr Anwalt ist Vittorio Bianchi. Er wird sie gut verteidigen, auch wenn sie um das Gefängnis wohl nicht herumkommen wird.

Aber Gabriella ist Camilla ziemlich egal. Sie denkt an Tiziana. Die Wahrheit zu erfahren, muss ein doppelter Schlag für sie gewesen sein. Sie müsste sie eigentlich anrufen, aber sie verschiebt es immer wieder.

Es klingelt an der Tür. Sollte Donato schon mit der Pizza zurück sein? Sie öffnet und steht Tiziana gegenüber. Im Kostüm, die Sonnenbrille auf den Haaren.

»Stör ich? Haben Sie Besuch?«

»Nein, komm rein.«

Sie setzt sich auf das Sofa.

»Willst du was trinken?«

»Ich hab's eilig. Unten wartet ein Freund auf mich mit dem Wagen voller Koffer.«

»Reist du ab?«

»Ich ziehe nach Rom. Vorher wollte ich Sie noch sehen. Zuerst hatte ich vor, mich nicht einmal von Ihnen zu verabschieden, aber dann hab ich's mir anders überlegt.«

»Ziehst du in die Wohnung an der Piazza di Spagna?«

»Ja. Und wenn Sie nach Rom kommen, besuchen Sie mich.«

»Okay.«

»Danke für alles, was Sie getan haben. Und für das, was Sie zu tun versucht haben.«

»Meine Arbeit.«

»Und noch etwas anderes. Ich glaube, Sie kannten die

Wahrheit schon eine ganze Weile und haben geschwiegen, um mir weiteren Kummer zu ersparen. Aber Sie sind eben doch Polizistin, eine echte Polizistin, und haben sich erst dann entschieden, meine Mutter in die Enge zu treiben, als die Zeitungen berichtet haben, dass der Rumäne des Mordes bezichtigt wird. Stimmt's?«

»Mehr oder weniger.«

»Meine Mutter...« Tiziana hat noch immer Schwierigkeiten, die Personen ihres Dramas anders zueinander in Beziehung zu setzen, als sie es gewohnt war.

»Sie werden mir nicht glauben, aber ich habe immer gewusst, dass ich Vanessas Tochter bin, ein vages Gefühl, dem ich nie wirklich nachgehen wollte. Glauen Sie, dass es tatsächlich so etwas wie den Ruf des Blutes gibt?«

»Es war wohl eher Vanessas Verhalten als der Ruf des Blutes. Auch wenn sie dich ihrer Schwester überlassen hat und die Wahrheit verschweigen musste, hat sie sich dir gegenüber eher wie eine Mutter als wie eine Tante verhalten. Du hattest zwei Mütter.«

»Ich war in Bologna, als meine Mutter verhaftet und ins Gefängnis gebracht wurde. Ich habe meine Sachen gepackt und bin gegangen.«

»Und Giacomo?«

»Gleichmütig wie immer. Er hat mir zugelächelt, hat mich gefragt, ob er mir helfen solle, die Koffer nach unten zu bringen, und hat sich dann weiter das Spiel im Fernsehen angeschaut. Ein Vater, der so wenig Vater ist, kann mir gestohlen bleiben. Und meine Mutter will ich nicht sehen. Vielleicht später, ich weiß es nicht. Ich ziehe endgültig nach Rom, ich kann es mir leisten. Ich werde mich in der Accademia d'arte drammatica einschreiben und versuchen, Schauspielerin zu werden, eine ernsthafte Schauspielerin.«

»Hals- und Beinbruch.«

Sie begleitet Tiziana zur Tür. Sie öffnet sie. Donato kommt, die Schachteln mit den Pizzas in der Hand, aus der Lifttür. Er hält sie Tiziana auf.

»Ist Ihnen nicht aufgefallen, dass in dieser Geschichte zweier Frauen und einer Tochter eine Person fehlt?«, fragt Tiziana Camilla, während sie in den Aufzug geht.

»Eine Person?«

»Ein Mann.«

»Wer?«

»Mein Vater. Der Mann, der die blutjunge Vanessa geschwängert hat.« Sie gibt sich selbst die Antwort: »Was soll's, er interessiert mich nicht!«

Sie schließt die Tür.

Der Aufzug fährt ins Erdgeschoss hinunter.

DRITTER TEIL

Das Duell

Das perfekte Verbrechen.
Das Fernsehen hat die Realität getötet?

Jean Baudrillard

67

Dottore Cosimo Di Nardo, der Polizeipräsident von Modena, lächelt Inspektor Cagliostri und Commissario Savino an, aber Camilla weiß, dass sie nicht bei ihm sind, um für die Verhaftung der Mörderin von Vanessi Silvi oder die Aufklärung des Falls des Großen Bruders Glückwünsche entgegenzunehmen.

Der Polizeipräsident wartet, bis sie in den lederbezogenen Sesseln sitzen, rückt die Brille auf seiner Nase zurecht, öffnet eine Aktenmappe, sieht Camilla an, die aus gegebenem Anlass ihre Uniform angezogen hat, und sagt:

»Mir fehlen die Worte.«

Ein Glück, denkt Camilla. Aber das ist bloß eine Redensart. Dem Polizeipräsidenten fehlen nämlich keineswegs die Worte, auch die geschriebenen nicht. Er zeigt die Blätter, die die Aktenmappe enthält, mindestens zwanzig.

»Der Bericht, den Commissario Beggiato nach Rom und mir zur Kenntnisnahme geschickt hat.« Er wiegt die Blätter. »Logischerweise gießt er Wasser auf seine Mühle: Er habe das kriminelle Verhalten einer oder mehrerer Personen untersucht, was zunichtegemacht worden sei durch die Tatsache, dass die Entführungen und Morde lediglich eine Inszenierung, ein gewaltiger dummer Scherz gewesen seien. Oder ein Werbegag. Kurz, er gibt zu verstehen, dass er, wenn es sich um ein echtes Verbrechen gehandelt hätte, die Schuldigen gefunden hätte.«

»Ja, ja, gute Nacht, Marie«, entschlüpft es Camilla.

»Unterbrechen Sie mich nicht.«

»Entschuldigung. Aber im Fall Vanessa Silvi hatten wir es mit einem echten Mord zu tun.«

»Den wir aufgeklärt haben«, ergänzt Savino.

»Wer wir?«

»Wir vom Präsidium in Modena.«

»Das ist eben das Problem. Sie hatten den Befehl, nicht im Fall des Großen Bruders zu ermitteln und folglich auch nicht im Fall Vanessa Silvi, da man von einem Zusammenhang zwischen den beiden Fällen ausging. Stattdessen hat unsere tüchtige und unabhängige Cagliostri sich mal wieder über die Befehle hinweggesetzt und auf eigene Faust ermittelt. Und das alles mit der stillschweigenden Billigung ihres vorgesetzten *commissario*.«

Savino versucht nicht einmal, sich zu verteidigen. Camilla deutet auf die Blätter, die der Polizeipräsident noch immer in der Hand hält.

»Ist das alles?«

»Keineswegs. In dem Bericht ist die Rede von Lügen und Irreführungen, die ebenfalls auf das Konto von Inspektor Cagliostri gehen, die dem Häftling Grigorescu ein Foto der Schwester von Vanessa Silvi gezeigt haben soll, die er sofort als Auftraggeberin des Überfalls erkannt habe – die Bestätigung, dass Gabriella Pelacani in den Mord verwickelt war. Commissario Beggiato habe die Cagliostri jedoch erzählt, sie habe dem Rumänen das Foto einer Tante gezeigt. Ist das etwa keine Irreführung?«

Camilla weiß nicht, was sie sagen soll. Sie weiß, dass sie im Unrecht ist, wenigstens in diesem Fall. Eine Lüge, gepaart mit der Sünde der Anmaßung. Doch der Fall Vanessa Silvi gehörte ihr, und sie hat ihn gelöst.

Da der Polizeipräsident eine Antwort oder eine Erklärung erwartet, breitet sie die Arme aus. Nur mit Mühe unterdrückt sie ein Lächeln. Ihre Augen verraten sie.

»Sie amüsieren sich, aber diese Geschichte ist Ihrer Karriere nicht gerade förderlich.«

Ich habe schon Schlimmeres gemacht, denkt Camilla.

Savino entschlüpft ein Seufzer der Erleichterung: Der Polizeipräsident hat die Blätter in die Aktenmappe zurückgelegt und scheint nicht die Absicht zu haben, auch ihm Vorwürfe zu machen.

»Von heute an wird Inspektor Cagliostri sich wieder ausschließlich um die Abteilung für Jugendkriminalität kümmern«, verspricht er dem Polizeipräsidenten.

»Noch nicht. Ich habe einen Anruf vom Polizeichef persönlich bekommen, und ich habe ihm gesagt, was ich denke. Inspektor Cagliostri hat als Einzige die Wahrheit über den Großen Bruder geahnt und ist dadurch bis auf wenige Meter an das Haus herangekommen, in dem die virtuellen Verbrechen aufgezeichnet wurden. Und sie hat die interessanteste Spur verfolgt: das Spinnengewebe, das die Gäste des Großen Bruders miteinander verband. Oder besser, was sie mit der Hauptperson, Catia Malavasi, verband. Wenn Commissario Beggiato auf Inspektor Cagliostri gehört hätte, hätte die Polizei sich eine Blamage erspart. Seine Exzellenz hat mir gesagt, dass er über alle Einzelheiten informiert sei und beabsichtige, die weiteren Ermittlungen Commissario Beggiato und Inspektor Cagliostri zu übertragen.«

Camilla und Savino sind fassungslos. Camilla erholt sich als Erste von dem Schock und fragt: »Was heißt ›weitere Ermittlungen‹?«

»Sie sollen in allen Einzelheiten ermitteln, wie die Sache abgelaufen ist. Und herausfinden, was aus Loredana Berri geworden ist, der Bewohnerin des Hauses, die sich in Luft aufgelöst zu haben scheint.«

»Und ich arbeite mit Beggiato zusammen?«

»Hören Sie endlich mit Ihrer Bockigkeit auf.«

»Da er einen höheren Rang hat als ich, werde ich gezwungen sein, seine Befehle auszuführen.«

»Selbstverständlich. Aber ich bin sicher, dass Sie einen Weg finden werden, das auszugleichen und die Achtung Ihres Vorgesetzten zurückzugewinnen. Beggiato wird bis zum Ende der Untersuchung in Modena bleiben, zur Verfügung des Staatsanwalts, Dottore Ferioli. Allein. Die Kollegen, die in der *Accademia militare* gearbeitet haben, sind bereits nach Rom zurückgekehrt. Wenn man auch den *commissario* sofort zurückbeordert hätte, hätte man damit sein Versagen zugegeben.«

»Es ist ja bekannt, wie sehr er mich liebt!«

»Inspektor Cagliostri, wir sind nicht hier, um einander zu lieben.«

Savino macht einen zufriedeneren Eindruck. Der Polizeichef hat Camillas ermittlerisches Geschick anerkannt, und der Ruhm fällt auch auf ihn, ihren unmittelbaren Vorgesetzten. Er interpretiert das Schweigen des Polizeipräsidenten als Verabschiedung und erhebt sich.

»Ich bin noch nicht fertig.«

Savino setzt sich wieder. Di Nardo wendet sich an Camilla und fragt:

»Wie zum Teufel hat dieses Mädchen es nur angestellt, die vier Komplizen dazu zu bringen, ihr zu helfen? Den Regisseur Pino Dorio, der arbeitslos und vorbestraft ist, kann ich ja noch verstehen. Er hatte nichts zu verlieren und alles zu gewinnen, insofern er auch für sich Werbung gemacht hat.«

»Außerdem hat er Catia Malavasi unter Vertrag«, ergänzt Camilla. »Als ihr Agent streicht er zehn Prozent ihrer künftigen Einnahmen ein.«

»Aber die drei anderen, Braida, Barbieri und die Berri, haben sich nur öffentlich kompromittiert, vor allem die beiden Männer, die verheiratet sind und Kinder haben.«

»Nur Tonino Braida hat einen Sohn, der noch zu klein ist, um die Dummheiten seines Vaters zu verstehen. Tonino und Meri leben zusammen, aber ihre Beziehung steckte schon seit Monaten in der Krise. Und die Ehe von Gianni Barbieri mit Milena Bizzi, einer herrischen Frau, die nie die Zügel der Firma aus den Händen gegeben hat, steckt in einer Dauerkrise. Ich denke, sie wird auch Teilhaberin und Managerin der MPM bleiben, wenn sie und Gianni sich, wie es aussieht, scheiden lassen werden. Gianni ist trotz der Selbstsicherheit, die er zur Schau stellt, ebenso schwach wie Tonino. Sie haben sich in Catia und den Großen Bruder verliebt, den sie und Dorio sich ausgedacht haben. Wie Loredana Berri, die in Catia verknallt ist, haben sie sich bereiterklärt, das Spiel zu finanzieren und daran teilzunehmen. Ihren Frauen und Angehörigen haben sie erzählt, dass sie nur Schauspieler in einer Komödie gewesen seien, die die schöne Catia in die Welt des Showbusiness einführen sollte. Die Entführung, die Flucht, die Liebesszenen, die Erotik, Eifersucht, Angst und Gewalt seien lediglich Teil einer Aufführung gewesen. Sie hätten nur eine Kleinigkeit vergessen: zu sagen, dass es sich um eine Fiktion handelte.«

»Wie kann man zur selben Zeit und am selben Ort drei Liebhaber haben, zwei Männer und eine Frau? Und das ohne Streit untereinander, im Gegenteil, sogar mit der Bereitschaft, einen Plan zu verwirklichen, der sie teuer zu stehen kommen wird, angefangen mit einer Anzeige wegen Vortäuschung einer Straftat.«

»Ich werde versuchen, auch das besser zu verstehen, Dottore Di Nardo. Aber so ein großes Geheimnis scheint mir das gar nicht zu sein. Catia versteht es, die Menschen auf die eine oder andere Weise zu verzaubern.«

»Na schön, die drei sind hörig gemacht worden. Aber in den gespielten Szenen haben sie ihren wahren Charakter gezeigt, ihre Angst, ihre Niedertracht, ihre Dreistigkeit, ihre Krankhaftigkeit und andere Fehler. Wenn man von mir verlangen würde, mich selbst zu spielen, würde ich mich doch von meiner besten Seite zeigen.«

»Ich glaube nicht, dass sie einem Drehbuch gefolgt sind, und wenn, dann nur in groben Zügen. Wie bei *Big Brother* und den anderen Realityshows streifen die Bewohner nach einer Weile ihre Masken ab und zeigen ihren wahren Charakter, vor allem ihre Fehler. Der Grund ist das Eingeschlossensein, das gezwungene Zusammenleben, die Ansprüche des Regisseurs. Gianni, Tonino und Loredana haben bestimmt nicht bemerkt, was für eine jämmerliche Figur sie gemacht haben. Und das alles für Catia Malavasi.«

»Haben Sie die Malavasi bereits persönlich kennengelernt?«

»Noch nicht.«

»Sie wird morgen nach Bologna kommen.«

»Warum nach Bologna?«

»Um elf, im Hotel Baglioni in der Via Indipendenza werden Pino Dorio und Catia Malavasi eine Pressekonferenz abhalten, um der Welt ihre Wahrheit zu erklären.«

»Catia, der neue Star des Augenblicks«, bemerkt Camilla.

68

Als wäre nichts geschehen. Commissario Beggiato hat ihr die Wagentür geöffnet, hat ihr zugelächelt, hat sie gefragt, wie lange sie gebraucht habe, um nach Bologna zu kommen, und dann hat er den Motor des Wagens, eines funkelnagelneuen Stilo, gestartet. Sobald Camilla eingestiegen ist, bemerkt sie das Parfum, das Beggiato zwar sparsam verwendet, das im Innenraum des Wagens aber überdeutlich wahrzunehmen ist.

Sie sind in Zivil, er trägt einen grauen Zweireiher mit hellrosa Hemd und Krawatte und schwarze, auf Hochglanz polierte Schuhe, sie eine beige Hose, eine rote Bluse, eine gelb-weiß gestreifte Leinenweste und weiße Turnschuhe. Der Kontrast zwischen der grauen Strenge von Sergio Beggiato und der bunten Fröhlichkeit von Camilla Cagliostri erscheint wie eine Abbildung dessen, was geschehen könnte. Vorsichtig beschränken sie das Gespräch auf harmlose Themen.

»Vielleicht sollten wir besser die Autobahn nehmen.«

»Auf der Via Emilia kommen wir zwar langsamer voran, aber wir vermeiden den Stau auf der Umgehungsstraße.«

Erst bei Anzola beschließt Sergio, indirekt auf die Arbeit zu sprechen zu kommen, und sagt: »Wir sind im Paese dei Balocchi. Oder besser: im Paese dei Buffoni.«

»Was willst du damit sagen?«

»Catia Malavasi und ihre Komplizen mieten den Saal eines Fünf-Sterne-Hotels für eine Pressekonferenz. Zahlreiche Journalisten und Fotografen werden herbeieilen, und morgen werden auch die seriösesten Zeitungen darüber berichten. Auf diese Weise wird ein Mädchen ohne besondere Talente berühmt und erhält millionenschwere Angebote, nur weil sie Polizei, Fernsehzuschauer und auch die Journalisten zum Narren gehalten hat, indem sie sich in ein Opfer und eine Mörderin verwandelte. Narrenpossen. Erfolg hat der, der sich produziert und sich verwandelt. Männer, die sich als Frauen ausgeben, Frauen, die sich als Männer ausgeben, Alte, die sich wie Junge benehmen, Junge, die eine unpassende Reife vortäuschen, flache Frauen, die sich pralle Brüste und Hinterteile machen lassen, Blondinen, die sich die Haare dunkel färben, Brünette, die sich blondieren …«

Er schwächt den moralisierenden Sinn seiner Worte mit einem Lächeln ab und wirkt eher amüsiert als empört. Sie sind jetzt im Stadtverkehr, und er stellt Camilla die erste ernste und sachbezogene Frage: »Wer ist deiner Meinung nach die Seele des Großen Bruders?«

Camilla erwidert wie aus der Pistole geschossen:

»Catia. Unterstützt von Pino Dorio, der in der Lage ist, eine Posse zu inszenieren, die das Mädchen berühmt machen kann. Die anderen drei, Freunde oder Liebhaber oder ehemalige Liebhaber von Catia, sind Opfer, auch wenn sie letztlich nicht ermordet wurden.«

»Das Spiel hat funktioniert. Alles ist vorhergeplant, sogar die Anzeige: Ein Anwalt aus Bologna hatte bereits die Verteidigung vorbereitet.«

»Wir sollten in der Gegend der Montagnola parken und zu Fuß weitergehen.«

»Zu Befehl!«

Bravo, so gefällst du mir, denkt Camilla.

Camilla und Sergio mischen sich unter die Journalisten und Fotografen, die sich im Saal des Hotels Baglioni drängen.

Auf dem Podium sitzen hinter einem Tisch Pino Dorio und Catia Malavasi rechts und links von einer Journalistin, die sich als Presseattaché der Agentur Dorio vorgestellt hat: Franca Catalano, mittleren Alters, Kostüm, Sonnenbrille. Sie leitet die Pressekonferenz.

»Ich bin Carlo Veratti vom *Giornale di Reggio*. Ich möchte von Pino Dorio wissen, ob die Bewohner des Hauses einem Drehbuch folgten.«

Pino trägt ein blaues Seidenjackett mit Stehkragen und Catia eine Jeans; ihr rotes Haar fällt in zwei Zöpfen auf die weiße Bluse, die geöffnet ist, um die Brüste zu zeigen. Halb Mädchen, halb Frau, wie auf den Kassetten des Großen Bruders, aber jetzt wirkt das alles, Make-up, Kleider, Farben, als wäre es von einer raffinierteren Regie arrangiert. Aggressiv wie immer, antwortet sie an Stelle von Pino: »Wir wussten schon vorher, wer nominiert werden und wie er sterben sollte. Wir wussten, dass am Schluss ich das Spiel gewinnen würde, als einzige Überlebende, weil alles darauf ausgerichtet war, dem breiten Fernsehpublikum meine Fähigkeiten zu zeigen. Das, was wir sagten, war spontan, vom Herzen oder vom Kopf gesteuert. Während wir vor den Kameras improvisierten, haben wir uns so sehr in unsere Rollen hineingefühlt, dass wir unter dem Eingesperrtsein litten, Angst empfanden, wenn der Augenblick der Nominierung nahte, und tatsächlich Mitleid mit demjenigen hatten, der getötet werden sollte, obwohl wir genau wussten, dass der Ermordete wenige Minuten später, nachdem die Kameras ausgeschaltet wären, lachend wieder aufstehen würde und dass das Blut nichts anderes als Theaterblut war, das mit einer Pumpe verspritzt wurde, die der mit einem Gummimesser oder einer Gummigabel bewaffnete Mörder in der Hand hielt. Wir versetzten uns so sehr in die

Rolle hinein, dass wir unserem Charakter gemäß reagierten, bis wir auch unsere eigenen Webfehler, unsere wahren Ängste, Eifersüchte und Wünsche entdeckten. Immer wieder entschlüpfte einem von uns ein falscher Satz. Pino Dorio ließ uns die Szene dann wiederholen. Ein wenig davon ist in den Aufnahmen, die an die Zeitungen geschickt wurden, geblieben, zum Beispiel, als ich Tonino vorwarf, er würde schlecht spielen. Pino wollte den Dialog so stehen lassen, weil er überzeugt war, dass niemand das Wort ›spielen‹ wörtlich nehmen würde. Und jeder von uns hatte seine Launen. Lory wollte nicht mit Gianni ins Bett gehen, auch nicht zum Schein. Tonino ist sehr empfindlich, aber in gewisser Hinsicht funktionierte er besser als wir anderen, weil er sagte, was er dachte, seine Fehler offen zeigte und litt, als wäre er wirklich der Gefangene eines grausamen Großen Bruders.«

»Das Führen von Schauspielern hat mir noch nie so große Mühe gemacht«, fährt Pino Dorio fort. »Vielleicht weil es sich um drei Amateurschauspieler und eine Anfängerin handelte.«

Ganz hinten im Saal hebt ein Journalist die Hand. Camilla erkennt Stefanos Stimme.

»Marchetti vom *Carlino*. Warum haben Sie den Eindruck erweckt, Sie wären entführt worden, wodurch die Polizei gezwungen war, gewaltige Kräfte zu mobilisieren, und was außerdem Ihre Angehörigen in Angst und Schrecken versetzt hat?«

Catia lässt Pino antworten. Der Regisseur lächelt und sagt:

»Wir alle fünf, die Bewohner und ich, haben uns in die völlige Abgeschiedenheit zurückgezogen auf dem Bauernhof, auf dem wir das Haus des Großen Buders eingerichtet hatten. Ich habe mich darauf beschränkt, den Postboten zu spielen, der die aufgenommenen Kassetten verteilt hat, und den Laufburschen, der die Lebensmittel kauft. Wir wollten ein gewisses Interesse in der Welt des Showbusiness erwecken, hatten aber keine Ahnung, dass unsere Realityshow sich zu einer Angelegenheit entwickeln würde, die auf weltweites Interesse stoßen würde. Isoliert wie wir waren, hatten wir keine Ahnung von dem gewaltigen Aufsehen, das wir außerhalb des Hauses erregten.«

»Aber genau das haben Sie doch gewollt!«

Pino Dorio gefällt diese Äußerung nicht, und er deutet auf eine junge hübsche Journalistin, die den Arm erhoben hat.

»Ich bin Caterina Monteverdi von der Wochenzeitschrift *Modo Tivù*, und ich wollte …«

Pino unterbricht sie: »Sie haben den Namen einer Schauspielerin.«

»Danke. Ich wollte Catia fragen, was sie jetzt machen will. In der Welt des Showbusiness arbeiten, okay. Aber als was? Als Schauspielerin, Tänzerin oder Sängerin?«

»Ich kann singen und spielen«, erwidert Catia. »Und unter den zahlreichen Angeboten, die ich bekommen habe, habe ich mich dafür entschieden, in einem Fernsehfilm mitzuwirken, der in diesem Winter unter der Regie von Gianfranco Battini gedreht wird. Ich lese bereits das Drehbuch. In der Zwischenzeit werde ich als Gast in einigen Shows auftreten.«

»Daniele Piombi will sie ebenfalls für seine neue Sendung«, fügt Pino hinzu.

»Ich bin Carlo Medici von Antenna Uno. Sie, Signorina Catia, wohnen in Modena, in der Via Lenin … Können Sie mir sagen, wer Lenin ist?«

Catia sieht Pino an.

»Wir sind hier nicht in einem Fernsehquiz«, sagt der. »Bleiben Sie bitte beim Thema.«

»Gorini von der *Nuova Ferrara*. Ich möchte wissen, wer Ihr gegenwärtiger Lebensgefährte ist.«

»Lebensgefährte?«

»Lebensgefährte, Liebhaber, Verlobter, wie Sie wollen. Wen haben Sie gewählt unter Tonino Braida, Gianni Barbieri und dem hier anwesenden Pino Dorio?«

Als Pino seinen Namen hört, bricht er in Gelächter aus, in das alle einstimmen.

»Ich liebe Pino, Gianni und Tonino«, erwidert Catia. »Wenn auch auf verschiedene Art.«

Die Fragen beziehen sich jetzt alle auf Catias Karriere, auf ihre Art, sich zu kleiden, auf ihr Gefühlsleben. Camilla, die sich zu langweilen beginnt, hebt den Arm und fragt sehr laut, ohne zu warten, dass sie aufgerufen wird:

»Und Loredana Berri? Lieben Sie auch sie? Können Sie uns sagen, was aus ihr geworden ist?«

Pino Dorio hat sie nicht erkannt.

»Signorina, für welche Zeitung arbeiten Sie?«

»*Polizia Moderna.*«

Jetzt erinnert er sich. Und nutzt frech die Gelegenheit, um zu erläutern: »Unter uns befindet sich Inspektor Cagliostri, die Polizistin, die so berühmt und faszinierend ist wie ihre Kollegen aus den Romanen und Filmen …« Die Anwesenden applaudieren. Pino antwortet ihr: »Wir haben keine Nachricht von Loredana. Auch sie hat das Haus nach dem Spiel verlassen. Wohin sie gegangen ist, geht uns nichts an.«

»Sie ist nicht nur eine ruhelose, sondern auch eine volljährige und unabhängige Frau«, fügt Catia hinzu.

Weitere Fragen werden gestellt, die alle Catias zukünftige Karriere betreffen. Beggiato hat Camillas Einmischung nicht gefallen.

»Das scheint mir nicht der geeignete Ort für ein Polizeiverhör zu sein.«

»Die überraschende Frage und die Anwesenheit eines Publikums von Journalisten hätte sie in Verlegenheit bringen können für den Fall, dass sie was zu verbergen haben. Und die Antworten kamen mir in der Tat etwas zu prompt.«

»Du liebst es, die Aufmerksamkeit auf dich zu lenken. Ein bisschen gleichst du Catia Malavasi: Ihr liebt beide den Großen Bruder.«

Das Auftauchen von Stefano Marchetti hindert Camilla an einer heftigen Antwort, die mit Sicherheit zum Streit geführt hätte.

»Das Spiel geht weiter«, sagt Stefano.

Er küsst Camilla auf die Wangen und schüttelt Beggiato die Hand.

»Pino Dorio hat gelogen«, sagt Camilla zu Stefano. »Er wusste sehr wohl Bescheid über das Aufsehen, das der Große Bruder erregt hat, und darüber, dass die Polizei eingeschaltet wurde. Und er war keineswegs nur der Laufbursche. Ich bin selbst bei ihm gewesen, um ihn zu befragen. Und das werde ich bei Gericht aussagen, falls es nötig sein sollte.«

»Hattest du bereits alles durchschaut?«

»Ich wusste nur, dass er ein Freund von Loredana Berri war. Ich suchte nach Verbindungen zwischen den entführten Personen. Dorio schickte Loredana in seiner Eigenschaft als Agent die Mädchen, die Karriere als Model oder Fotomodell machen wollten.«

Beggiato hört zu, ohne etwas zu sagen. Camilla war

nicht ermächtigt zu ermitteln und Leute zu befragen. Er beschränkt sich darauf, den Kopf zu schütteln.

»Untersucht ihr das Verschwinden von Loredana Berri?«, fragt Stefano.

»Wir sind nur hier, um besser zu verstehen, wie das Spiel des Großen Bruders funktioniert hat.«

Der Journalist ist von Camillas Worten nicht überzeugt. Er hakt nach: »Glaubt ihr, dass etwas Schlimmes passiert ist?«

Commissario Beggiato unterbricht das Gespräch. »Gehen wir einen Kaffee trinken.«

Sie verlassen den Saal, während ein Journalist fragt: »Catia, sind Sie naturrot?«

»Ja.«

69

»Hast du Catia Malavasi schon getroffen?«, fragt Sergio Camilla.

»Noch nicht«, erwidert sie.

Sie schiebt es vor sich her, ohne genau zu wissen, warum. Es erscheint ihr notwendig, sie auf indirekte Weise besser zu verstehen, indem sie die Menschen befragt, die sie kennen. Jetzt würde sie sich gern erneut ihre Mutter vornehmen, die einzige Person außerhalb des Hauses des Großen Bruders, die die Wahrheit kannte.

Aber sie will nicht in Begleitung von Commissario Beggiato zu Delma gehen. Unter Frauen versteht man sich besser, sogar unter Feindinnen. Aber es ist nicht gesagt, dass Catias Mutter noch etwas zu verbergen hat.

»Diesmal such ich das Restaurant aus«, beschließt Sergio. »Kennst du Vinicio, in der Via Emilia?«

Camilla nimmt die Einladung an (oder ist es ein Befehl?), weil sie großen Hunger hat und weil sie Beggiato gleich danach loswerden und sich den Nachmittag für einen Besuch bei der Malavasi freihalten will. Camilla erträgt gern die Nähe eines aufgeweckten und folgsamen Polizisten wie Donato Barleri, doch mit Commissario Beggiato, der anmaßend und arrogant ist, könnte sie nicht arbeiten. Außerdem hat er wieder angefangen, ihr den Hof zu machen.

Während sie auf die Tagliatelle warten, fragt er sie: »Lebst du noch immer allein?«

Er wäre imstande zu überprüfen, wer bei ihr ein und aus geht.

»Notgedrungen.«

»Was heißt das?«

»Ich habe schlechte Angewohnheiten. Ich esse vor dem Fernseher, liege stundenlang in der Badewanne, komme spätnachts nach Hause ...«

»Wie alles Singles, ich bin da keine Ausnahme.«

Zwischen erstem und zweitem Gang (Schweinebraten) schlägt er ihr, unterstützt von einem guten Barolo, vor:

»Sonntag fahre ich zu Freunden in ihr Landhaus in der Nähe von Treviso. Begleitest du mich? Wenn ich mich recht erinnere, habe ich dir bereits erzählt, wie schön der Sile ist ... Der Fluss fließt direkt durch das Anwesen von Giulia und Arturo ... Und Giulia ist eine wunderbare Köchin.«

»Sonntag hab ich Dienst.«

»Schade.«

Bei der Zuppa inglese nähert sich ein indischer Junge, der Rosen verkauft. Er reicht Camilla eine.

»Nein, danke«, erwidert sie. Und erklärt, damit Sergio es hört: »Das ist ein Arbeitsessen.«

Sergio gibt dem Jungen überraschend fünf Euro, nimmt die Rose und legt sie auf die Tischdecke, genau zwischen sich und Camilla.

»Ich mag schöne Dinge, losgelöst von ihrer Bedeutung.«

Wenn er wirklich überprüft hat, wer bei ihr ein und aus geht, wird er die Häufigkeit der Besuche des Polizisten Barleri bemerkt haben, die nicht durch dienstliche Gründe zu rechtfertigen ist.

»Auch wenn ich keinen Dienst hätte, würde ich nicht mit dir nach Treviso fahren.«

Sergio versucht zu scherzen:

»Gefällt dir Treviso nicht?«

70

Es klopft.

»Komm herein, Barleri«, antwortet Camilla.

Donato Barleri ist der Einzige im Polizeipräsidium, der anklopft, bevor er Camillas und Nandas Büro betritt.

»Komm rein, Dummkopf«, sagt Nanda sehr leise, wie ein Echo.

Camilla wirft ihr einen scheelen Blick zu. Was erlaubt sie sich? Aber es macht ihr auch Vergnügen festzustellen, dass nicht einmal die Zimmergenossin begriffen hat, was außerhalb des Büros zwischen ihr und Donato läuft.

Der Polizist Barleri. In Uniform, adrett und höflich wie immer. Er begrüßt Nanda und lächelt Camilla zu.

»Setz dich.«

Sie mag es nicht, wenn er so dasteht, fast wie in Habtachtstellung. Donato gehorcht, zieht ein doppelt gefaltetes Blatt aus der Tasche und sagt:

»Die Signora hat keine Vorstrafen, weder leichte noch schwere. Und ihre Tochter ebenfalls nicht. Aber dank des Internets und eines anschließenden Besuchs im Archiv des *Resto del Carlino* habe ich etwas Merkwürdiges entdeckt … Delma Malavasi hat 1968, als sie achtzehn war, unter ihrem Mädchennamen Adelma Bisi 1968 den Titel der Miss Modena gewonnen.«

Er reicht Camilla das Blatt.

»Man würde sagen, ein bildhübsches Mädchen.«

Zumindest soweit das auf der Fotokopie der Zeitungsseite zu erkennen ist. Die achtzehnjährige Adelma lächelt glücklich, sie entspricht ganz dem Schönheitsideal, das damals in Mode war: dunkles, hochtoupiertes Haar, einteiliger Badeanzug, Schärpe der Miss Modena, einen riesigen Blumenstrauß in der Hand, neben einem jungen Mann mit Brille und Mikrofon in der Hand, im Hintergrund die Reihe der Mitbewerberinnen.

»Der Zeitung zufolge sollen sich der Miss Modena die Türen der Welt des Showbusiness geöffnet haben. Und sie sagt selbst, sie wolle Schauspielerin werden … Irgendwas ist da schiefgelaufen, denn ich habe keine weiteren Zeitungsausschnitte über sie gefunden.«

»Sie wird sich mit der Rolle der Ehefrau zufriedengegeben haben, wie fast alle Frauen«, sagt Nanda.

»Die Frau eines Bankangestellten«, präzisiert Camilla. »Aber tief in ihrem Innern wird sie zutiefst frustriert gewesen sein wegen der gescheiterten Schauspielerkarriere. Ihren Ehrgeiz und ihre Wünsche hat sie auf ihre Tochter übertragen. Wenn Catia dort Erfolg hat, wo sie versagt hat, wäre das eine Art Wiedergutmachung, eine Art Entschädigung. Sie muss ihre Tochter mit dieser fixen Idee aufgezogen haben.«

»Catia ist schlauer gewesen«, sagt Nanda abschließend.

»Erinnern Sie sich an mich?«

»Die Polizistin. Kommen Sie herein.« Delma, die eine Hose, eine Bluse, Turnschuhe und Gummihandschuhe trägt, tritt zur Seite, um Camilla hereinzulassen. Sie zieht die Handschuhe aus und sagt lächelnd: »Sehen Sie, es ist ja doch noch alles gut ausgegangen.«

Will sie sich über sie lustig machen?

»Von allen Angehörigen der angeblichen Gefangenen des Großen Bruders waren Sie die Einzige, die die Wahrheit kannte.«

Sie setzen sich in die Wohnstube, vor den ausgeschalteten Fernseher.

»Die Journalisten haben mich falsch verstanden. Ich habe es bereits Dottore Ferioli in seinem Büro im Gericht gesagt: Ich wusste nichts von den Sendungen, die sie auf dem Land aufgenommen haben, und meine Tochter, diese Gaunerin, hatte wie ihre Freunde zu Hause nichts davon erzählt. Sie können sich die Angst einer Mutter vorstellen!«

Um ihren Worten zusätzliches melodramatisches Gewicht zu verleihen, legt sie ihre Hände auf die Brust. Camilla glaubt ihr nicht, und es ist ihr jetzt auch egal, dass sie auf den Arm genommen wird. Sie ermittelt in einer anderen Sache.

»Wir suchen Loredana Berri. Laut Braida und Barbieri, die den Bauernhof als Erste verlassen haben, war sie dabei, ihre Reisetasche zu packen. Catia und Pino Dorio sind als

Letzte gegangen. Loredana scheint sich in Luft aufgelöst zu haben.«

»Mit wem lebte sie zusammen?«

»Mit wem lebt sie zusammen«, korrigiert Camilla sie. »Allein, in einer Wohnung im Viale Reiter. Das Hausmädchen, eine Peruanerin, hat sie seit dem Tag vor der inszenierten Entführung nicht mehr gesehen. Und leider hat auch ihr Teilhaber sie nicht mehr gesehen und nichts mehr von ihr gehört. Laut Lucio Setti hat die Geschichte des Großen Bruders ihn und Lory viele Tausend Euro gekostet, ein Schaden, der jeden Tag größer wird.«

»Und was können wir da tun? Vielleicht war sie enttäuscht darüber, wie ihre Verbündeten sie behandelt haben, und erschrocken über das Aufsehen, das sie erregt haben. Vielleicht hat sie es vorgezogen, sich irgendwo zu verstecken. Bei einer Freundin, in Rom, Paris, weiß der Teufel, wo. Die Models kennen Leute auf der ganzen Welt …«

»Warum bei einer Freundin und nicht bei einem Freund?«

Zögernd sagte Delma: »Eine Freundin … ein Freund … Tatsache ist, dass sie versteckt bleiben will. Wir sind schließlich alle verschieden, in jeder Hinsicht. Meine Catia freut sich über das Spektakel, jemand anderem mag es unangenehm sein.«

»Kam die Berri öfter zu Ihnen nach Hause?«

»Ich habe sie nie gesehen. Und auch nicht am Telefon mit ihr gesprochen. Catias Freundinnen rufen sie auf dem Handy an.«

»Und Ihre Tochter hat Ihnen nie von ihr erzählt?«

»Möglich. Catia kennt so viele solcher Leute, dass man ein Adressbuch brauchte, um sie alle aufzuschreiben. Aber warum stellen Sie diese Fragen nicht ihr?«

»Es ist schwer, an sie ranzukommen. Gestern war sie in Bologna. Heute ist sie in Rom, wo sie an einer Talkshow teilnehmen wird … Freuen Sie sich über Catias Erfolg?«

»Die Idee des Großen Bruders hat funktioniert. Stellen Sie sich vor, sie hat sogar das Angebot bekommen, an der *Insel der Berühmten* teilzunehmen. Das haben wir wirklich verdient.«

»Und bald wird auch das Geld fließen.«

»Es fließt bereits. Der Fernseher ist neu, heute Morgen gekommen. Und ich denke über ein Modell mit Flüssigkristallen nach. Sehr bald schon werde ich bei der Salem kündigen. Dann ist endgültig Schluss damit, jede Nacht inmitten von Mortadellas zu arbeiten. Ich werde mich nur noch um die Interessen meiner Tochter kümmern.«

71

Camilla geht langsam durch die Laubengänge der Via Sant'Eufemia und genießt die Düfte und Schatten. Da die Straße, die parallel zur Via Emilia verläuft, autofrei ist, hat sie die stille Schönheit der Zeit der Herzöge zurückgewonnen.

Sie betritt das Caffè Santeufemia 26, bestellt einen Cappuccino und sagt zu der schönen Frau an der Theke:

»Ich suche Geminiano Salvioli.«

»Sie finden ihn in dem kleinen Nebenraum.«

Sie nimmt den Cappuccino mit. In dem Raum links vom Eingang sitzt nur ein Gast, der Zeitung liest.

»Darf ich mich zu Ihnen setzen und Ihnen ein paar Fragen stellen? Stefano Marchetti, der Journalist, hat mir gesagt, ich würde Sie hier finden.«

»Das ist mein Büro. Bitte, setzen Sie sich.«

Ebenfalls Stefano zufolge ist der siebzigjährige Geminiano Salvioli eine Art lebende Enzyklopädie der Ereignisse
und Personen des Theaterlebens von Modena. Als ehemaliger Impresario und Conférencier hat er tausend Aufführungen in der Stadt und der Provinz organisiert, von der
Oper bis hin zum Popkonzert, und er behauptet, er habe
Luciano Pavarotti und Caterina Caselli lanciert. »Du darfst
nicht alles glauben, was er erzählt«, hat Stefano ihr einge-
schärft. »Er prahlt gerne damit, wen er alles in der Welt des
Showbusiness kennt. In Wirklichkeit kennt oder kannte er
all die Kleinen, die auf ihre Weise bedeutend, wenn auch
vergessen sind, weil sie auf den Bühnen, im Tingeltangel,
bei Festen auf öffentlichen Plätzen in unserer Stadt und in
den Dörfern der Bassa und in den Bergen aufgetreten sind.
Seit einem Dutzend Jahren im Ruhestand, beschränkt er
sich auf die Rolle des Zuschauers und Zeugen.«

»Trinken Sie etwas?«, fragt Camilla ihn.

Geminiano ruft der Frau an der Bar zu: »Einen *grappi-
no*.«

»Signor Salvioli, erinnern Sie sich an die Miss Modena
1968?«

»Die Pipadòra.«

»Was haben Sie gesagt, Entschuldigung?«

»Delma Bisi, genannt Pipadòra. Ein verdienter Spitzname. Sie war das schönste Mädchen von Modena, und das
will was heißen, denn in dieser Stadt wimmelt es seit jeher
nur so von schönen Frauen. Ernsthaft Konkurrenz machte
ihr nur Rossana Barbieri, die Miss Modena 1969. Sie sind
heute noch wunderschöne Frauen. Nachdem die Bisi zur
Miss Modena gewählt worden war, während eines Festes
in Sassuolo, im Poker Danza, hab ich versucht, Abende für

sie zu organisieren und sie auf eine Karriere als Miss vorzubereiten.«

»Worin besteht die Karriere als Miss?«

»Der Titel Miss Modena berechtigte zur Teilnahme an der Wahl der Miss Emilia, die ihrerseits die Türen zum wichtigsten Wettstreit öffnete, dem um die Miss Italia in Salsomaggiore. Und dann gab es noch weitere Möglichkeiten. Rossana Barbieri vertrat Italien in Long Beach in Kalifornien, und um ein Haar hätte sie den Titel der Miss International gewonnen.«

»Haben diese Misses auch Geld gewonnen?«

»Wenig. Aber der Titel führte zu Angeboten in der Welt der Mode und des Showbusiness. Delma jedoch verdiente sich nur den Spitznamen Pipadòra.«

»War sie nicht ehrgeizig genug?«

»Im Gegenteil, sie war viel zu ungeduldig. Sie hörte nicht auf meinen Rat, an der Wahl der Miss Emilia teilzunehmen, sie wollte sofort nach Rom, überzeugt, Cinecittà würde nur auf sie warten und sie könnte eine Karriere wie andere ehemalige Misses wie Sophia Loren oder Lucia Bosè machen. Nach sechs Monaten kam sie nach Modena zurück und versuchte, in der Modewelt Fuß zu fassen. Aber es fehlte ihr an Klasse. Sie fand einen Mann, einen kleinen Bankbeamten, der sie heiratete, und Amen, auch die Pipadòra wurde bürgerlich. Jetzt steht sie wieder in den Zeitungen, weil ihre Tochter auf den glorreichen Gedanken gekommen ist, ihre Entführung durch eine Art Großen Bruder vorzutäuschen.«

»Haben Sie sie seit der Zeit der Miss Modena nicht mehr gesehen?«

»Doch, natürlich! Immer wenn sie das Verlangen packte, ins Scheinwerferlicht zurückzukehren, ganz gleich, wel-

342

ches. Dann kam sie zu mir, und ich musste sie mit einer wahren Engelsgeduld davon überzeugen, dass es besser sei, weiter den Beruf der Ehefrau und später der *mamma* auszuüben. Sie ließ sich zur Vernunft bringen, aber nicht sofort. Sie konnte es nicht lassen, irgendeinem Impresario oder Produzenten oder Regisseur auf die Nerven zu gehen, der auf der Durchreise in Modena war. Sie hat nie in ihrem Leben gespielt, sie hat nie eine Schule besucht. Sie bildete sich ein, die Türen des Kinos, des Fernsehens oder des Theaters würden sich allein ihrer Schönheit wegen für sie öffnen.«

»Wer weiß, wie viele sie ausgenutzt haben«, bemerkt Camilla.

»Das kann man sich leicht vorstellen. Aber ich gehöre nicht dazu. Zu verrückt, zu unberechenbar, zu gefährlich.«

»Warum verrückt? Mädchen wie sie, hübsch, ehrgeizig und ohne besonderes Talent, hat es im Grunde doch immer gegeben.«

»Schön, ehrgeizig und eine Schraube locker. Als ich sie das letzte Mal gesehen habe, an einem Sonntag vor fünf oder sechs Jahren, sie war damals schon fünfzig, waren wir im Viale Tassoni. Als wir vor dem Cinema Arena vorbeikamen, blieb Delma stehen, deutete auf das Plakat des Films, der dort gerade lief, ich weiß nicht mehr, welcher es war. Ich erinnere mich an die Schauspielerin, Claudia Koll, die ihrem Partner ihre Beine zeigte. Mitten unter den Passanten zog Delma ihren Rock bis zum Bauch hoch und rief: »Was meinst du, sind die Beine der Koll schöner als meine?« Solche Auftritte kamen immer wieder vor. Als sie einmal mit ihrem bedauernswerten Mann unter den Portici des Collegio spazieren ging, traktierte sie eine Dame, die Frau eines Kollegen ihres Mannes, die sie Gerüchten zufolge eine dumme Pute genannt haben soll, die davon besessen sei, Schauspielerin zu werden, mit Fußtritten und Ohrfeigen. Die Angelegenheit endete vor Gericht, wie die Sache ausging, weiß ich nicht. Die gescheiterte Schauspielkarriere hat die Pipadòra wirklich verbittert. Einmal rief sie mich mitten in der Nacht an, um mir zu sagen, wie sehr sie leiden würde, wenn sie im Fernsehen eine schöne reiche Frau sähe, die von Tausenden von Menschen umworben und bewundert werde, während sie immer mehr in einem dunklen Winkel der Welt verwelken würde. Sie sagte: ›Wenn das Fernsehen zu meiner Zeit eine solche Macht gehabt hätte, würde man mich bemerkt haben.‹ Ich hörte ihr im Halbschlaf zu, ohne zu versuchen, sie zu trösten und sie daran zu erinnern, dass auch die Frauen im Fernsehen älter werden. Ich erinnere mich an einen anderen Satz von ihr: ›Das Leben ist nur im Fernsehen echt und schön.‹«

»Sie ist nicht die Einzige, die so denkt.«

»Ich weiß. Ich habe gelesen, dass ein mexikanisches Mädchen sich bereiterklärt hat, sich live im Fernsehen einen Finger abschneiden zu lassen. Sie fiel aus allen Wolken, als sie erfuhr, dass es sich nur um einen Scherz der Candid Camera gehandelt hatte.«

72

Camilla trifft Tonino Braida, den schwächsten und verwirrtesten der Bewohner des Hauses des Großen Bruders, im Treibhaus seiner Gärtnerei an, wo er, eine grüne Schürze umgebunden, Alpenveilchenzwiebeln pflanzt.

Ernst, zutiefst erschrocken, entschlüpft ihm sofort eine

blödsinnige Frage: »Sind Sie gekommen, um mich zu verhaften?«

»Ich möchte nur ein wenig mit Ihnen plaudern.«

»Sie machen mir Angst. Ihretwegen hätte ich fast einen Herzinfarkt bekommen, weil ich glaubte, mein Sohn würde sterben.«

»Eine ganz schöne Unverfrorenheit! Sie tun so, als wären Sie entführt worden, versetzen Ihre Frau über viele Tage in Angst und Schrecken, und jetzt werfen Sie der Polizei vor, dass sie Sie in eine Falle gelockt hat ...«

»Ich hätte Meri anrufen und ihr die Wahrheit sagen sollen, aber der Gedanke, dass Mirko krank ist, hatte mich völlig durcheinandergebracht. Ich gebe zu, dass ich ziemlich naiv bin.«

»In jeder Hinsicht. Wie können Sie sich nur so sehr in eine Frau verlieben, dass Sie in ihren Händen zu einer Marionette werden? Eine Frau, die Sie mit drei Komplizen teilen müssen!«

»Pino Dorio ist schwul. Gerade um mit meinen Rivalen zu konkurrieren, habe ich mich in Schwierigkeiten gebracht, obwohl es anfangs ein amüsantes Spiel zu sein schien. Catia war wie eine Droge ...«

»War? Bedeutet das, dass Sie sich als geheilt betrachten?«

»Meri hat mir verziehen. Wir werden bald heiraten, wir müssen nur noch die Papiere für die Heirat beschaffen. Ich bin erst gestern nach Hause zurückgekommen. Nachdem das Spiel des Großen Bruders zu Ende war, hatte ich bei meiner Tante in Modena Zuflucht gesucht. Auch Gianni scheint zu bereuen, was er getan hat und dass er so viel Geld in die Organisation des Hauses des Großen Bruders gesteckt hat. Seine Frau hat die Scheidung verlangt, aber sie sehen sich weiterhin in der Firma, er als Besitzer, sie als Geschäftsführerin der MPM, und ich bin sicher, dass sie früher oder später wieder zusammenkommen werden.«

»Auch Barbieri hat also die Vernarrtheit in Catia überwunden?«

»Ich habe mit ihm telefoniert. Er nennt sie den größten Fehler seines Lebens. Und das gilt auch für mich. Ich falle immer wieder auf Frauen herein, Ihnen kann ich das sagen, weil Sie nicht hingehen und es Meri erzählen werden. Ich verliebe mich wahnsinnig und bin dann wie im Rausch. Gewöhnlich bin ich nach kurzer Zeit wieder kuriert, denn sobald die Lust befriedigt ist, ist es auch mit der Liebe vorbei. Mit Catia ist es anders gewesen. Haben Sie sie persönlich kennengelernt?«

»Noch nicht.«

»Sie hat etwas, das die anderen Frauen nicht haben. Wie sie einen anschaut, wie sie einen anlächelt, wie sie einen berührt ... Dabei haben mir die Rothaarigen früher überhaupt nicht gefallen.« Er schüttelt die Erinnerung ab, indem er sie beschimpft: »Diese Hurentochter!«

»Kommen wir zu Loredana Berri. Ich bin hier, um etwas über sie zu erfahren.«

Tonino hat Camilla nicht gehört; in Gedanken noch immer bei Catia, fügt er hinzu: »Ich habe nicht zufällig Hurentochter gesagt. Delma, ihre Mutter, hat bestimmt alles gewusst. Diese Frau hat Catia eingeredet, sie sei etwas Besonderes, schön und begabt, eine Künstlerin, die es verdiene, fürs Kino und fürs Fernsehen zu arbeiten. Sie hat dem Mädchen diese Flausen in den Kopf gesetzt. Eine Arbeiterin und eine Verkäuferin, entschlossen, die Welt zu erobern!«

»Sie selbst hat mir gerade von Catias außergewöhnlichem Charme vorgeschwärmt.«

346

Tonino wechselt das Thema, indem er sagt: »Sie wollen was über Lory wissen? Sie sabberte hinter ihr her. Ich bin sicher – hören Sie gut zu, was ich jetzt sage – ich bin sicher, dass Lory gehorcht hätte, wenn der Große Bruder von ihr verlangt hätte, sich an Stelle von Catia umzubringen – sich wirklich umzubringen, nicht, wie es im Drehbuch stand, mit einem falschen Messer und roter Tinte. Eine Liebe, die geradezu Mitleid erregte. Ich hätte nie gedacht, dass die lesbische Liebe so stark sein könnte, ich hatte immer geglaubt, das seien reine Bettgeschichten. Als Lory so tat, als schliefe sie mit Gianni, musste Pino Dorio die Szene viermal wiederholen, weil sie sich weigerte, in Catias Gegenwart in den Armen eines Mannes zu liegen. Und sie war nicht imstande, die Lust einer Frau vorzutäuschen, die von einem Mann gebumst wird. Ich gebe zu, dass mich das sehr amüsiert hat. Ach, ich habe vergessen zu sagen, dass die fertig geschnittenen VHS-Kassetten sehr dramatisch waren, dass unsere Spiele in Wirklichkeit aber aus Pausen, Scherzen, Meinungsänderungen und Nachbesserungen bestanden. Und aus Streitereien. Mir gefiel es nicht, als der Trottel der Gruppe dazustehen. Gianni neigte dazu, sich als Herr aufzuspielen; Pino war ein wenig zu anspruchsvoll, als würden wir einen großen Film drehen; und Lory hatte, wie ich bereits sagte, nur Augen für Catia. Ganz zu schweigen von der Rivalität zwischen mir, Gianni und Lory, die wir alle drei in die Rothaarige verliebt waren. So sehr, dass nicht viel fehlte, und wir hätten uns wirklich gegenseitig umgebracht.«

»Als Sie und Gianni das Haus verlassen haben, in was für einer Stimmung war Lory da?«

»Sie schickte sich an zu gehen, schmollend, weil Catia sie schlecht behandelt hatte.«

»In welcher Weise?«

»Das weiß ich nicht. Während unseres Aufenthalts im Haus habe ich gesehen, dass Lory häufig wegen Catia wütend oder deprimiert war. Sie fühlte sich vernachlässigt oder schlecht behandelt. Trotz der Absprachen konnte sie nicht akzeptieren, das die Rothaarige mit uns Männern flirtete. Ich kannte diese finstere Miene, aber was an diesem Tag der Grund dafür war, das weiß der Himmel. Empfindlich wie sie war, genügte schon eine Kleinigkeit, um sie zu kränken, ein Lächeln, das nicht gleich erwidert wurde, oder ein Wort.«

»Wo mag Lory sein?«

»Ich habe keine Ahnung.«

73

»Die Malavasi scheint unerreichbar zu sein, einen Tag in Mailand, einen Tag in Rom, dann Paris, wo sie Gast in der Talkshow *Ça se discute* ist«, erzählt Commissario Savino. »Also hab ich Pino Dorio angerufen und ihm gesagt, wenn sie sich nicht in Modena bei uns meldet, würde ich sie von zwei Polizisten vorführen lassen. Sie erwartet euch morgen um drei in Dorios Wohnung, die Sie ja kennen, schließlich sind Sie schon dort gewesen.«

»Euch?«

»Ja, euch, Sie und Commissario Beggiato.«

Camilla könnte ganz gut auf Beggiatos Begleitung bei dem Treffen mit Catia Malavasi verzichten, aber das Mädchen ist zu wichtig für die Ermittlungen, um den Beamten, der die Untersuchung leitet, vor den Kopf zu stoßen.

»Ich hatte gehofft, ich würde Catia allein treffen, wenigstens beim ersten Mal.«

»Fangen Sie nicht schon wieder an!«

Beggiato will zuerst noch eine Ortsbesichtigung auf dem Bauernhof bei Dogaro machen, wo Pino Dorio und seine vier Komplizen das Haus des Großen Bruders eingerichtet hatten.

»Was hoffst du dort zu finden?«, fragt Camilla, während sie über die Panaria fahren, die von Modena in die Bassa führt. »Wir sind dort gewesen, die Carabinieri sind dort gewesen, außerdem Fotografen, Journalisten und Scharen von Neugierigen. Wenn der Richter den Ort nicht versiegelt hätte, hätten sie in den Tagen darauf die Videokameras und die übrige Ausrüstung mitgenommen. Das Haus liegt zu abgelegen.«

»Während des ersten Begehung mit Dottore Ferioli waren wir zwanzig Personen. Alle redeten, berührten, verrückten Gegenstände, schnüffelten herum und scherzten, glücklich darüber, dass das Drama sich als Posse herausgestellt hat, und veränderten die Bühne dieser Posse.«

»Du hast Posse gesagt, nicht Verbrechen.«

»Wir versuchen nur besser zu verstehen, wie das Spiel des sogenannten Großen Bruders funktioniert hat, und dabei die Bewohnerin zu finden, die verschwunden ist.«

»Niemand, angefangen vom Polizeipräsidenten bis hin zu mir, hat bis jetzt klar und deutlich gesagt, was er wirklich denkt, nämlich dass Loredana Berri aus einem noch unbekannten Grund getötet worden sein könnte. Dass der Verdacht auf Pino Dorio und Catia Malavasi fällt, weil sie die Letzten waren, die das Haus verlassen haben, und weil die anderen beiden Personen der Geschichte, Braida und Barbieri, nicht das Format haben, einen Mord zu begehen.«

»Mord ist keine Kunst. Du sprichst, als brauchte man als Mörder einen überdurchschnittlichen Intelligenzquotienten.«

»Oder den Glauben, man habe überhaupt einen und stehe über der geltenden Moral. Ich spreche von vorsätzlichem Mord oder zumindest einem, der sich eines intelligenten Plans bedient, um nicht entdeckt zu werden. Der erste Gedanke: die Leiche verschwinden lassen.«

»Du hast zu viel Phantasie. Bleiben wir etwas bodenständiger und versuchen wir, die Berri wiederzufinden, die vielleicht zusammen mit dem Mädchen, das Catias Platz in ihrem Herzen eingenommen hat, an einem Strand in der Karibik liegt.«

»Ihr Pass ist in ihrer Wohnung im Viale Reiter geblieben, wie auch das Set Louis-Vuitton-Koffer … Bieg bei der nächsten Querstraße nach links ab, in Richtung Dogaro.«

»Ja, ich kenne den Weg.«

»Ich stimme dir zu, dass eine verliebte Frau sich unlogisch, verantwortungslos, verrückt verhalten kann …«

»Jetzt sprechen wir von Liebe und nicht von Verbrechen«, sagt Sergio, und seine Hand verlässt den Knauf der Gangschaltung und legt sich auf Camillas Knie.

»Pass auf, dass du nicht im Kanal landest. Die Straße ist hier sehr schmal.«

Sergio schaltet in den zweiten Gang, und die Hand kehrt auf Camillas Knie zurück.

Nachdem sie das winzige Dorf Dogaro, das am Kanal liegt, hinter sich gelassen haben, biegt Sergio in den nicht asphaltierten Feldweg und fährt, begleitet von einer Staubwolke, in die Landschaft hinein auf den Bauernhof zu, der am Horizont zu erkennen ist, der klassische offene Hof mit Bauernhaus, Heuschober, Stall und Schuppen.

»Schade, dass diese Häuser unbewohnt sind und verfallen«, bemerkt Sergio, als sie mitten auf der Tenne aus dem Wagen gestiegen sind.

»Heute leben die Bauern im Dorf, in Landhäusern, kleinen Villen oder Wohnungen, fahren mit dem Bus aufs Land, steigen auf ihre Traktoren und andere Arbeitsmaschinen und benutzen das Land, wie ein Angestellter den Computer oder ein Arbeiter die Drehbank benutzt …«

»War es, von den Maschinen einmal abgesehen, früher nicht auch so?«

»Nicht, als der Bauer auf dem Land wohnte und spürte, wie es atmete, schlief und aufwachte. Er sah, wie die Pflanzen wuchsen und die Jahreszeiten wechselten.«

»Du bist eine junge romantische Frau«, bemerkt Sergio. »Und außerdem aus der Stadt.«

»Aus dem Dorf.«

»Jedenfalls nicht vom Land. Daher kennst du nur die guten und schönen Aspekte. Ich bin älter als du, und ich habe das Leben auf dem Land im Veneto aus nächster Nähe miterlebt, weil alle meine Verwandten mütterlicherseits Tagelöhner waren, und ich erinnere mich ganz besonders an den Schweiß, das Blut und den Hunger.«

Sergio Beggiato wird Camilla langsam sympathisch, wegen dieser Verwandten, Tagelöhner, die unter der Armut im Veneto litten, und weil er ihr nicht recht gegeben hat, nur um ihr zu schmeicheln. Sie folgt ihm zum Heuschober.

»Die Siegel wurden abgerissen«, bemerkt der *commissario*.

Sie gehen hinein. Aus dem Raum, der, eingegrenzt durch Wände aus Pappmaché, das Haus des Großen Bruders enthielt, sind Deckenleuchten, die Videokameras, ein Sofa, die Stühle und die Betten verschwunden. Nur der Esstisch und ein Sofa sind noch da.

»Sie haben alles mit einem Transportfahrzeug fortgeschafft ... trotz der Siegel!«, ruft Camilla.

»Der Bauernhof und das Land ringsum gehören einer Gesellschaft, die von der MPM kontrolliert wird und deren Geschäftsführer Gianni Barbieri ist. Wir hätten intensiver über die Bewohner recherchieren sollen, um auch zum Haus zu gelangen ... Aber ich habe sie immer nur als Opfer gesehen.« Er tritt näher an Camilla heran und nimmt sie in die Arme. »Ich gebe zu, dass du eine ausgezeichnete Polizistin bist.«

»Wir sind im Dienst.«

»Es ist Mittag, Zeit für eine Pause.«

Camilla weist ihn nicht zurück. Sie denkt an Donato und seine Worte, als er eine Liebesaffäre zwischen ihr und dem *commissario* aus Rom vorhergesagt hatte.

Sie schließt die Augen, während er sie küsst. Sie erwidert den Kuss und spürt die Erregung ihres Begleiters.

»Ich dachte, die Diebe wären zurückgekommen!«

Sie lösen sich voneinander.

Der alte Mann kommt mit seinem Fahrrad durch das Tor herein, das sie offen gelassen hatten. Er lächelt und fügt hinzu: »Obwohl nicht mehr viel zum Stehlen übrig ist. Sie sind letzte Woche gekommen, in der Nacht, mit einem Kleinlastwagen. Ich wohne in Dogaro, und nachdem wir die ganze Geschichte aus dem Fernsehen erfahren haben, komme ich ab und zu her und schau mich um, und so hab ich entdeckt, dass sie die Siegel abgerissen und die Möbel weggeschafft haben.«

»Und Sie haben nicht die Carabinieri verständigt?«, fragt Beggiato.

»Ich werde morgen hingehen. Schließlich …«

»Haben Sie denn nie bemerkt, dass merkwürdige Dinge um den verlassenen Bauernhof herum vor sich gingen?«

»Warum merkwürdig? Ich dachte, es würde gearbeitet, um ein Wochenendhaus daraus zu machen. Das ist jetzt große Mode auch in der Bassa: Sie kommen aus der Stadt und tun so, als lebten sie wie Bauern. Das hatte der Kerl aus Modena erzählt, den wir dann im Fernsehen als Regisseur gesehen haben. Mein Sohn, der als Mechaniker in Rivara beschäftigt ist, hat ihm bei den Pappmaché-Wänden geholfen. Wer hätte sich vorstellen können, dass der Heuschober das Haus des Großen Bruders werden würde? Im Fernsehen hat man nur die inneren Wände gesehen, frisch gestrichen, und die Möbel und die Ausrüstung, die sie nach und nach, einzeln nachts hergeschafft haben. Und die Bewohner haben wir nie zu Gesicht bekommen. Sie sind ganz brav hier drin oder im Bauernhaus geblieben und am Tag nie herausgekommen.« Er redet gern, und er spricht schnell. Er unterbricht sich, um Atem zu holen, und fragt: »Und wer sind Sie beide?«

Sergio erwidert, ohne daran zu denken, dass der Mann sie gerade überrascht hat, wie sie sich auf den Mund küssten:

»Eine Inspektorin und ein *commissario* der Staatspolizei.«

»Ah!«, sagt der Mann.

In diesen einen Vokal vermag er Erstaunen, Ironie und Verschmitztheit zu legen. Er geht mit seinem Fahrrad rückwärts hinaus, verabschiedet sich mit einem »Schönen Tag noch« und verschwindet.

»Wo waren wir stehen geblieben?«, sagt Beggiato.

»Nirgends«, erwidert Camilla mit einer Härte, die keinen Widerspruch duldet. »Ich werde Dottore Ferioli Bericht erstatten, damit die Siegel erneuert werden. Soweit das überhaupt noch Sinn hat …«

Sergio lässt es dabei bewenden. Bestimmt denkt er, dass das Auftauchen des alten Mannes ihr unangenehm gewesen ist. In Wirklichkeit ist Camilla gekränkt, weil er sie noch immer Inspektorin nennt, obwohl er weiß, dass diese weibliche Form sie ärgert.

»Was suchst du?«, fragt er sie, während er mit den Augen ihren Weg durch den großen Raum verfolgt, der das Haus des Großen Bruders beherbergte.

Camilla löst ein Stück des Pappmaché, das an der hinteren Wand klebt.

»Der ideale Ort, um eine Leiche zu verstecken.«

»Übertreibst du nicht?«

»Warum sollte ich?«

»Aus Abneigung gegen Catia Malavasi beispielsweise.«

»Ich bin ihr nie begegnet, das weißt du doch.«

»Vielleicht gerade deswegen. Morgen um drei, wenn wir ihr gegenüberstehen, wirst du vielleicht entdecken, dass sie nicht nur unschuldig, sondern auch sympathisch ist. Oder nur schuldig, uns mit der Geschichte des Großen Bruders zum Narren gehalten zu haben.«

»Das hoffe ich.«

In der Zwischenzeit sucht sie. Sie gehen hinaus. Sie besichtigen das Bauernhaus und den Stall, in dem Pino Dorio und seine Komplizen eine Art Feldküche eingerichtet hatten. Und schließlich den Schuppen: Ohne auf die Spinnweben zu achten, betritt Camilla den engen Raum, der einmal die Unterkunft des Schweins gewesen war.

Sie erforscht die Tenne aus gestampfter Erde, die grasbewachsenen Ecken, die Grenze zum Feld, das mit Saatluzerne bepflanzt ist.

»Ich werde den Staatsanwalt bitten, ein Spezialteam zu schicken. Es ist nicht leicht, eine Leiche verschwinden zu lassen, ohne Spuren zu hinterlassen.«

»Man braucht sie nur in den Kanal dort drüben zu werfen.«

»Die Flüsse und Kanäle geben die Leichen fast immer zurück. Aber du hast recht: Wir werden die Suche auf die Wasserläufe der Gegend ausweiten.«

»Vorausgesetzt, die Berri ist tatsächlich getötet worden.«

Mehr sagt der *commissario* nicht, er zieht es vor, Camilla gerade jetzt nicht zu verärgern, da es ihm gelungen ist, sie zu küssen, und er ihre Nachgiebigkeit in seinen Armen gespürt hat.

74

»Linke Treppe, dritter Stock«, antwortet Pino Dorio durch die Sprechanlage.

Camilla glaubt die Stimme des Großen Bruders wiederzuerkennen. Mit dem Wissensstand von heute; bei der ersten Begegnung hatte sie nichts bemerkt.

Er öffnet in hautengem Trainingsanzug.

»Entschuldigen Sie den Aufzug, es ist meine Gymnastikstunde. Wenn ich auch nur einen Tag undiszipliniert bin, setze ich sofort zweihundert Gramm Fett an, genau hier«, er streichelt seinen Bauch, streckt die Hand aus und drückt zuerst die von Beggiato und dann Camillas. »Kommen Sie herein.«

Er geht ihnen ins Wohnzimmer voraus, wo Catia wartet. Der kleine Star sitzt auf den Beinen im Sessel, wie sie es im Haus oft tat. Sie trägt eine pistaziengrüne Bluse und eines jener Röckchen mit Volants, die durch sie in Mode gekommen sind. Durch ihre Zöpfchen, die ihre Schalkhaftigkeit betonen, sieht sie viel jünger als achtzehn aus. Sie sieht Camilla an und dann Sergio und nimmt ihnen sofort den Wind aus den Segeln, indem sie sagt: »Sie sind doch nicht wütend auf mich?«

Camilla ist sie nach wie vor unsympathisch, nicht zuletzt auch aufgrund der Rivalität, die zwischen Frauen unweigerlich ausbricht. Sie sucht nach irgendeinem Makel (etwas mollig und zu große Augen, wenn man das überhaupt Makel nennen kann), beneidet sie um die Sinnlichkeit ihrer Bewegungen, ihrer Posen. Sie muss demjenigen recht geben, der sie als »Muschi von Kopf bis Fuß« bezeichnet hat. Sergio verschlingt sie mit den Augen.

Niemand antwortet ihr. Camilla und Sergio setzen sich auf das Sofa, Pino stöbert in der Hausbar.

»Wir sind nicht wegen der Geschichte des Großen Bruders da.«

Pino, verblüfft:

»Nicht?«

Er stellt eine Flasche Whisky und vier Gläser auf das Tischchen.

»Wir wollen wissen, was aus Loredana Berri geworden ist«, erklärt Sergio.

»Wenn Sie lieber einen Kaffee wollen …«

»Auch ich würde gern wissen, wo Lory ist«, sagt Catia.

»Weder Whisky noch Kaffee, danke.« Camilla blickt dem Mädchen ins Gesicht: »Ich weiß, dass ihr gerade am letzten Tag gestritten habt, kurz bevor ihr den Bauernhof verlassen habt.«

»Lory und ich haben uns jeden Tag gestritten.«

»Aus welchem Grund?«

»Sie war verliebt und eifersüchtig«, erwidert Catia gleichgültig, als spräche sie von einem ganz normalen Verehrer. »Sie wollte mich ganz für sich.«

Auch Camilla versucht ihre Frage unbefangen klingen zu lassen:

»Habt ihr euch geliebt?«

»Im Haus des Großen Bruders habe ich mir von allen Mitgefangenen den Hof machen lassen. Ein bisschen aus Liebe, ein bisschen aus Langeweile.«

»In den Aufnahmen erscheint Lory als Giannis Geliebte.«

»Wir konnten schließlich nicht die Wahrheit erzählen ...« Catia lächelt schalkhaft. »Die Zuschauer wären empört gewesen.«

»Also bist du mit Lory, Tonino, Gianni und Pino ins Bett gegangen.«

Pino Dorio sagt beleidigt: »Ich bin der Regisseur!«

»Ich habe mich amüsiert, weißt du.« Catia erwidert Camillas Du. Es klingt wie eine Herausforderung. Sie präzisiert: »Glaub ja nicht, dass es sich um Zweckbündnisse handelte. Unser Spiel ging schon eine ganze Weile, lange bevor wir uns aufs Land zurückgezogen haben, um den Großen Bruder zu drehen. Und dann hat Lory mit ihren Eifersuchtsszenen angefangen, und ich hab mit ihr Schluss gemacht, und auch mit Gianni und Tonino. Ich bin nur in meine Arbeit verliebt. Und ich ziehe Männer vor.«

Während sie das sagt, sieht sie Sergio an, lächelt ihm zu und wechselt immer wieder die Position: Sie schlägt die Beine übereinander, zeigt ihre weißen Schenkel, setzt sich etwas schräg, legt den Arm auf die Rückenlehne des Sessels, den Kopf auf die Hand und quält mit der anderen Hand ihren linken Zopf. Sie zeigt eine Nervosität, die in ihrer Stimme und ihrem Blick nicht zu erkennen ist.

Sergio erwidert das Lächeln und fragt: »Was meinst du, ist Loredana eine, die aus Liebe Dummheiten macht?«

»Ja.«

»Sie würde auch ans Ende der Welt fliehen?«

»Sie würde sich sogar in den Kanal stürzen«, präzisiert Catia.

»Schön«, sagt Sergio abschließend, als sei die Antwort des Mädchens das perfekte Schlusswort, um das Verhör zu beenden und auch die Untersuchung: »Früher oder später wird die Berri sich schon melden … Jetzt möchte ich zwei Fingerbreit von diesem Whisky mit etwas Eis.«

Camilla ist verärgert. Sie war noch nicht fertig. Sie lehnt das Glas ab, das Pino ihr reicht, und fragt aggressiv nach: »Laut Aussage eines anderen Bewohners des Hauses hattet ihr, du und Lory, ein gespanntes Verhältnis und …«

Bevor Catia antworten kann, unterbricht Sergio sie:

»Barbieri und Braida haben in den Verhören nichts Derartiges gesagt. Sie haben den Bauernhof als Erste verlassen und können nicht wissen, was danach geschehen ist.«

»Es ist geschehen, dass auch Lory gegangen ist«, sagt Pino. »Ungefähr eine halbe Stunde vor Catia und mir.«

»Nicht danach?«

»Vorher.«

»Mit welchem Wagen ist Loredana Berri weggefahren?«

»Weil sie ihren Z4 nicht benutzen wollte, der zu auffällig ist, hatte sie einen Micra in Reggio Emilia gemietet. Wir hatten die Wagen im Stall versteckt.«

»Dann ist also auch das geklärt«, sagt Beggiato.

Camilla ist fassungslos. Ungläubig und gekränkt blickt sie den *commissario* an, der sie, um ihren Vorstoß zunichtezumachen, als Lügnerin hingestellt hat und sie jetzt unterbricht. Ihn scheint nur der Whisky zu interessieren, den er in kleinen Schlucken trinkt. Und Catia.

Camilla erhebt sich: »Ich fahre ins Präsidium zurück.«

»Geh ruhig«, sagt Sergio. »Ich trinke noch meinen Whisky aus.«

75

»Auch Matilde di Canossa war rothaarig.«

Donato interessiert die Mitteilung nicht sonderlich. Nur aus Höflichkeit fragt er Camilla: »Wer hat das gesagt?«

»Ich erinnere mich nicht. Vielleicht die Wissenschaftler, die ihre sterblichen Überreste untersucht haben, die in Rom, im Petersdom, begraben sind … Aber wenn ich's mir recht überlege, nach tausend Jahren dürfte nicht mehr viel übrig gewesen sein …«

»Nicht einmal Dottore Bellomi könnte irgendwelche Schlüsse aus einem Häufchen Staub und ein paar Knochen ziehen«, scherzt Donato.

Sie liegen im Bett in Camillas Wohnung, nachdem sie sich geliebt haben: Donato wie gewöhnlich mit dem Wunsch, sie und sich selbst glücklich zu machen, Camilla wütend, in Gedanken bei Sergio und Catia.

»Ich glaube, Donizone, ein Historiker jener Zeit, hat von der Haarfarbe seiner Signora gesprochen.«

»War er ihr Mann?«

»Signora im Sinne von Herrin. Donizone war ein Benediktinermönch, der an Matildes Hof lebte.«

»Also konnte er gar nicht schlecht über sie sprechen.«

»In der Tat.«

Der Polizist Donato Barleri weiß vage, wer Matilde di Canossa ist, aber er hat noch nie etwas von Donizone gehört, und doch hat er ihn richtig eingeordnet. Donato ist nicht nur lieb, sondern auch intelligent. Schade nur, dass mit ihm keine Sünde möglich ist. Nie eine Übertretung, nie auch nur ein bisschen Phantasie. Das Spiel im Präsidium, wo sie so tun, als gäbe es zwischen ihnen keine andere Beziehung als die vorschriftsmäßige zwischen einem Inspektor und einem Polizisten, ist das einzig Aufregende.

Camilla kommt auf die roten Haare zurück.

»In der Bassa sagt man: Der Gutmütigste unter den Rothaarigen stürzte seinen Vater in den Brunnen ... und auch: Unter den Rothaarigen sind nicht einmal die Schweine gut ...«

»Und wegen ihrer roten Haare verdächtigst du die Malavasi, dass sie etwas mit dem Verschwinden des Models zu tun hat?«

Lächelnd sagt Camilla:

»Was anderes habe ich nicht.«

»Im Strafgesetzbuch steht nicht, dass es eine Straftat ist, rote Haare zu haben.«

Camilla schlägt das Laken zurück. Eine Einladung, sie zu liebkosen. Donatos Hand streicht langsam über ihren Bauch und hält inne.

»Sind Rothaarige überall rothaarig?«

Die Frage ist so ungewöhnlich für Donato, dass er errötet.

»Ich glaube, ja. Im Fall von Catia hat der Juwelier es mir bestätigt, der ihr eine Uhr verkauft hat und den sie zu verführen versucht hat. In dem Fall hatte sie den Falschen im Visier.«

»War der Juwelier zu seriös?«

»Zu schwul. Sie hob den Rock hoch. Sie trug kein Höschen.«

Donato legt sich auf den Bauch. Er will nicht zeigen, dass das Gespräch ihn erregt hat. Camilla, trotzig wie immer, lässt ihn nicht in Ruhe.

76

Commissario Beggiato lässt sie in Ruhe, ruft sie nicht einmal an. Er scheint sie und die Untersuchung, die sie eigentlich gemeinsam durchführen sollen, vergessen zu haben. Im Zweifel, ob er nach Rom zurückgekehrt oder im Urlaub in seinem geliebten Treviso ist, hat Camilla Savino gefragt.

»Wir haben uns gestern Vormittag gesehen. Er beschäftigt sich noch immer mit dem Verschwinden von Loredana Berri. Es lässt sich nicht abstreiten, dass er Ihnen ähnelt«, sagt Savino. »Auch er arbeitet lieber allein.«

Besser so, spielen wir weiterhin, wer als Erster ans Ziel kommt. Und auf diese Weise riskiert sie nicht, Donatos Theorie zu bestätigen: Ihr seid euch unsympathisch, ihr streitet euch, und am Ende geht ihr miteinander ins Bett, wie im Film.

Inspektor Nanda Violo, wie immer begierig auf den neuesten Klatsch, blickt vom Computer auf und fragt Camilla: »Wie geht es mit dem Super-*commissario*?«

»Meinst du die Untersuchung?«

»Die Untersuchung und den Rest.«

»Wir arbeiten getrennt.«

»Ich hab ihn gestern getroffen, als ich mit Carlo aus dem Restaurant kam. Es war unser Hochzeitstag …«

»Gratuliere!«

»Er ist mit mir ins Vinicio gegangen.«

»Er behandelt dich gut.«

»Ja, zweimal im Jahr.«

»Und Beggiato?«

»Wir sind uns auf der Schwelle begegnet. Er hat mich nicht erkannt. Er war in Begleitung … rat mal, mit wem.«

»Catia Malavasi.«

Nanda ist verstimmt.

»Woher weißt du das?«

»Er ermittelt ebenfalls im Fall der verschwundenen Frau.«

»Verstehe: Der Super-*commissario* versucht, Catia in die Zange zu nehmen … oder, was wahrscheinlicher ist, Catia hat ihn in die Zange genommen.«

»Erzähl den Rest. Du hast bestimmt ebenfalls ermittelt.«

»Du weißt ja, ich bin sehr neugierig, deswegen bin ich ja Polizistin … Ich habe meinen Mann zum Parkplatz begleitet und bin dann noch mal zurückgegangen, während er den Motor hat warm laufen lassen. Ich musste unbedingt sehen, wie die beiden sich bei Tisch verhielten. Es hätte ein Abendessen nach dem Sex sein können oder der Anfang des Flirts. Oder der Flirt war bereits erfolgreich gewesen, aber die beiden waren noch nicht zur Sache gekommen. Vorausgesetzt, es handelte sich nicht um ein einfaches Verhör, das sie vom Präsidium oder von der Wohnung der Verdächtigen ins Restaurant verlegt hatten. Was wenig wahrscheinlich war. Catia und der schöne Sergio hatten sich an einen Tisch etwas abseits gesetzt. Er sprach, und sie hörte hingerissen zu. Sie blickten sich tief in die Augen. Er in dunklem Jackett und mit Krawatte, wie üblich, sie in einem roten Kostüm mit superkurzem Rock. Unglaublich, dass eine Rothaarige den Mut hat, sich rot zu kleiden, obwohl es ihr gut steht. Um die Zeit, es war nach halb zwölf, waren nur noch wenige Leute im Restaurant, und alle blickten sie an, nicht zuletzt, weil Catia mittlerweile berühmt ist, und mit der Farbe fällt sie natürlich auf. Ich kann mich irren, aber sie spielt die Flöte, und er hört ihr verzaubert zu.«

»Erzähl weiter.«

»Das ist alles. Ich bin zu Carlo zurückgegangen, der mir Vorwürfe gemacht hat. Er mag es nicht, dass ich die Polizistin spiele, wenn wir zusammen sind. Wäre ich allein gewesen, hätte ich gewartet und wäre dem Paar gefolgt, um zu sehen, was sie nach dem Essen machen, auch wenn es nicht schwer zu erraten ist.«

»Das ist eine gute Nachricht. Ich hatte Bedenken zu ermitteln, ohne den *commissario* zu informieren. Jetzt kann ich mich frei bewegen.«

»Bist du nicht ein bisschen eifersüchtig?«

77

Im Flur sieht sie flüchtig die Buchhalterin Milena Bizzi, Geschäftsführerin der MPM, außerdem Teilhaberin und Ehefrau, künftige Exehefrau, des Firmeninhabers Signor Gianni Barbieri. Sie geht schnell, gefolgt von einer jungen Sekretärin, die einen Packen Papiere trägt. Die Bizzi, in Hosen und flachen Schuhen, wirft ihr einen flüchtigen Blick zu, ohne stehen zu bleiben und sie zu begrüßen oder wenigstens zu zeigen, dass sie sie erkannt hat. Für sie zählt nur die Firma; in einem Interview, das sie sofort nach dem Ende der Geschichte des Großen Bruders gegeben hat, hat sie erklärt: »Dass ich im Fernsehen meinen Mann Gianni Barbieri im Bett mit Loredana Berri gesehen habe, verletzt mich gar nicht so sehr; was mich viel mehr schmerzt, ist, dass der Hauptgeldgeber der ganzen Geschichte ausgerechnet mein Teilhaber Gianni Barbieri gewesen ist.«

Gianni kommt Camilla entgegen und führt sie in sein Büro. Er beginnt mit einer Erklärung: »Ich betrachte dieses Abenteuer, das meinem Ruf sehr geschadet hat, für beendet. Catia hat bekommen, was sie wollte, und ich bin kuriert.«

»Es hat Sie auch eine Menge Geld gekostet.«

»Peanuts. Der Bauernhof gehört einer meiner Gesellschaften, und an den Kosten für die Einrichtungen, die Pino Dorio verlangt hat, haben sich auch Braida und die Berri beteiligt. Was will die Polizei noch wissen? Dem Anwalt zufolge können wir mit einem milden Urteil rechnen, vielleicht lediglich mit einer Geldstrafe.«

»Mit den gerichtlichen und administrativen Folgen hat die Polizei nichts zu tun. Wir wollen Loredana Berri wiederfinden.«

»Loredana«, Gianni wiederholt den Namen, als könne er sich dadurch besser an die Person erinnern. »Ich habe meine Komplizen in diesem Abenteuer seither nicht mehr gesehen oder gesprochen. Die Anwälte kümmern sich um die gemeinsame Verteidigung. Als ich das Haus zusammen mit Tonino Braida verlassen habe, war Loredana noch beim Kofferpacken.«

»Auch Catia und der Regisseur waren noch im Haus.«

»Alle waren damit beschäftigt, ihre Sachen zusammenzusuchen. An dem Tag dachten wir nur daran, die Sache zu beenden. Wir amüsierten uns nicht mehr, es war zu Spannungen und Streit gekommen. Tonino war eine Mimose und überzeugt, dass er in den Filmaufnahmen einen schlechten Eindruck gemacht habe, Lory war auf Catia eifersüchtig, Pino war zu autoritär – er hielt sich für eine Art Federico Fellini des VHS –, und er und Catia waren fest entschlossen, nur für das Fernsehprogramm zu leben. Aus all diesen Gründen verstanden wir uns nicht mehr, alle stritten sich nur noch, es wurde Zeit aufzuhören. Nicht zuletzt auch deshalb, weil Catia ihr Ziel erreicht hatte und weil Tonino auf die glorreiche Idee gekommen war, heimlich zu seiner Frau, die ihn für tot hielt, zu fahren, um zu sehen, wie es seinem Sohn geht. Das war Ihre Idee, um uns aufzustöbern, nicht wahr?«

»Ja … Bevor ich Braida gesehen habe, war ich mir nicht sicher, ob das Spiel des Großen Bruders wirklich fingiert war. Aber kommen wir auf Loredana zurück. Ist es zwischen ihr und einem anderen Mitglied der Gruppe zu einem besonders heftigen Streit gekommen?«

»Der einen wirklichen Mord rechtfertigen würde?«

»Loredana kann ja nicht durch Zauberei verschwunden sein.«

»Mit Catia hat sie schlimm gestritten, aber nicht genug für ein Verbrechen. Am Abend, bevor wir das Haus verließen, hatten die beiden Frauen sich in den Stall zurückgezogen, der Pinos Unterkunft, gemeinsame Kantine und Garderobe war. Tonino und Pino spielten im Haus Karten, die Kameras waren ausgeschaltet. Ich sah fern in dem Bereich, der während der Aufnahmen nie ins Bild kam; dort standen die Anlagen für den Schnitt, die Mischung und die anderen Teufeleien von Pino Dorio. Und auch ein kleiner Fernseher. Gelangweilt von dem Film, wollte ich mir ein bisschen die Beine vertreten, obwohl wir vereinbart hatten, das Haus nur dann zu verlassen, wenn es unbedingt notwendig wäre. Als ich an dem Stall vorbeikam, hörte ich, wie Catia und Lory sich anschrien. Oder besser: Lory schrie, und Catia beschränkte sich darauf, mit normaler Stimme zu antworten, kühl, emotionslos, wie es ihre Natur war. Lory nahm kein Blatt vor den Mund, nannte Catia eine blöde Kuh, und Catia hielt dagegen, dass Kühe zu den sympathischsten und nützlichsten Tieren gehören würden, wenn sie nicht so dämlich wären. Lory erinnerte sie an die Liebesschwüre. Nicht ewige Liebe, erwiderte Catia und fügte hinzu. ›Wir sind zu verschieden, ich lasse mir gern von Männern den Hof machen, warum suchst du dir nicht ein anderes Mädchen und lässt mich in Ruhe?‹ Ich gebe zu, dass ich mich amüsiert habe. Plötzlich hat Lory angefangen zu weinen und Catia anzuflehen. Ich empfand Mitleid und Wut … Wenn ich's mir recht überlege, wäre es logischer, wenn Catia verschwunden wäre, wenn Lory sie umgebracht hätte.«

»Steckt hinter dem Verschwinden der Berri ein Mord?«

»Das wollte ich damit nicht sagen, um Himmels willen!« Und zutiefst erschrocken fügt er hinzu: »Hoffen wir, dass ihr nichts passiert ist.« Doch er sagt das nicht aus Großmut, er denkt an sich selbst: »Ich hab schon genug Ärger.«

»Meinen Sie damit die Anzeige wegen Vortäuschung einer Straftat?«

»Und dazu noch die Reaktion meiner Frau. Nach dem ursprünglichen Plan, den Pino Dorio ›Exposé‹ nannte, sollte der Große Bruder insgesamt nur ein paar Tage dauern. Viele, als Erste unsere Frauen, hätten begreifen müssen, dass es sich nur um Theater handelte. Der Scherz ist uns über den Kopf gewachsen, und die Komödie kam zuerst als

Drama rüber, und dann hat die Rothaarige unsere Dummheit vorgeführt.«

»Kommen wir auf den Streit zwischen Lory und Catia zurück. Versuchen Sie, sich an die genauen Worte zu erinnern.«

»Lory begann, die gemeinsam erlebten Momente aufzuzählen. Küsse, Liebkosungen, schöne Lokale und gute Restaurants zwischen Modena und Bologna. Catia hörte zu, ohne ein Wort zu sagen. Ich konnte sie nicht sehen, weil die Tür geschlossen war und die kleinen Fenster mit Stoff verhängt waren, damit das Licht nicht hereinfallen konnte. Ich stellte mir vor, dass Catia ihr mit einem Lächeln auf den Lippen zuhörte, eine Zigarette rauchte und mit den Gedanken ganz woanders war. Ich konnte ihre Stimmen deutlich hören. Als Lory mit ihrer Tirade fertig war, sagte Catia: ›Geh zum Teufel‹, und mir war klar, dass sie gleich aus dem Stall kommen würde. Ich versteckte mich hinter dem Schuppen.« Gianni blickt zu der geschlossenen Tür, als fürchte er, seinerseits ausspioniert zu werden. Leise sagt er: »Ich hoffe, dass meine Aussage Catia nicht kompromittiert, obwohl das Miststück diese Rücksicht gar nicht verdient ...«

Er zögert.

»Sie müssen mir alles sagen.«

»Lorys letzte Worte waren: ›Ich weiß, wie ich mich rächen kann‹.«

78

Der Moderator der Talkshow fragt sie:

»Nur um im Fernsehen zu erscheinen, nur um die Scheinwerfer auf sich zu lenken, haben Sie einen maßgeschneiderten Großen Bruder um sich herum erfunden, einen Großen Bruder, der tötet, zum Glück nur fiktiv. Bereuen Sie, was Sie da angerichtet haben?«

Catia erwidert: »Nein, schließlich habe ich gewonnen.«

»Was gewonnen?«

»Ich bin hier, als Ihr Gast, vor den Fernsehkameras, die mein Gesicht in einer der Sendungen mit den höchsten Einschaltquoten zeigen.«

»Ich habe viele Anfänger in meiner Sendung gehabt. Schauspieler, Sänger oder Tänzerinnen … Nicht alle haben sich durchsetzen können, aus tausend Gründen …«

»Ich bin schon zufrieden, hier zu sein!«

Catia lächelt, ihr Gesicht erscheint in Großaufnahme. Telegen, wie sie ist, sprengt sie fast den Bildschirm. Ihre ausdrucksvollen Augen unterstreichen die Ironie und die Genugtuung ihrer Worte.

»Sie wohnen noch bei Ihrer Mutter?«

»Wir verstehen uns sehr gut. Bei ihr fühle ich mich wohl. *Mamma* ist jung, manchmal hält man uns für Schwestern. Als junges Mädchen ist sie Miss Modena gewesen … Wenn sie nicht zu früh geheiratet hätte, hätte sie mit Sicherheit eine Filmkarriere gemacht.«

»Das liegt wohl in der Familie! Ihre Mutter hat Sie nicht begleitet?«

»Delma konnte nicht mitkommen nach Rom. Sie muss

ihr Arbeitsverhältnis mit der Firma, bei der sie arbeitet, auflösen.«

»Kommen wir auf Sie zurück. Ich habe erfahren, dass Sie für den neuen Film von Gianfranco Battini engagiert worden sind. Werden Sie singen und tanzen?«

»*Prima di notte* ist kein Musical, sondern ein dramatischer Film fürs Fernsehen. Ich werde mich aufs Spielen beschränken.«

»In welcher Rolle?«

»Die Hauptpersonen haben zwei Töchter, eine gute und eine böse. Ich spiele natürlich die böse.«

»Warum natürlich?«

»Sehen Sie mich doch an: Halten Sie mich für ein gutes und braves Mädchen?«

Die Antwort löst Beifall beim Publikum aus.

Catia verhält sich wie ein erfahrener Profi, sie gibt sich ungezwungen vor den Kameras, ihre Bewegungen und ihr Benehmen sind zurückhaltend, ihre übereinandergeschlagenen Beine lassen nur so viel Schenkel sehen, dass es nicht provokant und vulgär wirkt. Sie anwortet, ohne zu zögern, mit einem leichten Sarkasmus, der gut zu ihrer Persönlichkeit passt.

Camilla fragt sich vor ihrem Fernseher, ob sie einem Drehbuch folgt, das ihr Freund und Pygmalion Pino Dorio geschrieben hat, oder ob sie ganz frei agiert. Letzteres ist wahrscheinlicher, denn der Moderator liebt es, seine Gäste zu überraschen, und arbeitet nicht mit vorbereiteten Fragen.

Es ist nicht gesagt, dass Pino Dorio die Rolle des Pygmalion spielt. Catia kann auch ihn verzaubert haben, selbst wenn ihre erotischen Verführungskünste bei ihm möglicherweise nicht viel nützten.

Der Moderator wendet sich den anderen Gästen zu: ein Fußballer, eine Zauberin, eine Frau, die einen Rückenmarkspender für ihren Sohn sucht, ein Segler, der versucht hat, im Alleingang die Welt zu umsegeln, und ein Buch über das Scheitern seiner Reise geschrieben hat, sowie eine Hausfrau, die in Leonardo di Caprio verliebt ist. Camilla nutzt die Gelegenheit, um sich einen Kräutertee zu machen. Sie spürt, dass sie etwas ausbrütet, eine Erkältung oder eine Bronchitis. Sie setzt sich wieder vor den Fernseher, als Catia gefragt wird: »Sind alle drei Bewohner des Hauses Ihre Geliebten gewesen?«

Catia, die sofort in Großaufnahme gezeigt wird, runzelt die Stirn, als habe sie Mühe, sich an die Namen zu erinnern. Sie zählt auf: »Gianni, Tonino, Loredana … Wir waren enge Freunde, und sie waren bereit, mir bei diesem Projekt zu helfen, das ich mir zusammen mit dem Regisseur Pino Dorio ausgedacht hatte. Wir hätten nie gedacht, dass die Sache ein solches Aufsehen erregen würde …«

»Weichen Sie nicht aus … Ich habe Ihnen eine präzise Frage gestellt. Und ich habe das Wort Geliebte benutzt, nicht das Wort Freunde.«

»Zwischen mir und Gianni hat es eine Affäre gegeben.«

Catia scheint sich nicht mehr zu amüsieren. Sie wechselt die Position ihrer Beine, schlägt das linke über das rechte.

Der Moderator lässt nicht locker:

»Und mit Tonino?«

»Ebenfalls.«

»Und mit Loredana?«

»Freundschaft.«

79

Lucio Setti, der Teilhaber der Berri, erzählt:

»Die Wohnung im Viale Reiter ist noch so, wie Lory sie am Tag der vorgetäuschten Entführung verlassen hat. Das Hausmädchen kommt weiterhin, und alle warten wir darauf, dass Lory sich meldet. Diesmal mache ich mir wirklich Sorgen, noch viel mehr als damals, als sie nicht nach Carpi kam, wo ich die Modenschau für die Firma Molesini organisiert hatte. Loredanas Mailänder Cousins und Cousinen, diejenigen ersten Grades und nähere Angehörige, gehen schon von ihrem mutmaßlichen Tod aus und spekulieren auf das Erbe. Lory besitzt die Hälfte des Hauses, in dem sie wohnt, eine Wohnung in Modena und Ersparnisse, die in Wertpapieren angelegt sind. Die Aasgeier lauern schon.«

»Werden wir das Hausmädchen um diese Zeit antreffen?«, fragt Camilla.

»Es kommt nur vormittags.«

Dunkelheit. Sie sitzen in Lucios Wagen, nachdem Sie sich im Präsidium getroffen haben, wo er sich nach seiner Teilhaberin erkundigt hatte. Sie parken den Wagen auf dem Viale.

»Wie kommt es, dass Sie die Schlüssel zu Loredanas Wohnung haben?«

»Sie hat auch die Schlüssel zu meiner. Wir leben als Singles, ich in Carpi, sie in Modena. Bei unserer Arbeit kommt es manchmal vor, dass wir abends in der einen oder der anderen Stadt bleiben. Auch wenn die Entfernung nicht groß ist, angesichts des Nebels im Winter ist es ganz angenehm, ein Bett zur Verfügung zu haben.«

Sie gehen im gespenstischen Licht, das von der Straße kommt, durch den Garten.

»Wer wohnt in der anderen Wohnung?«

»Ein Ingenieur der Agip, der ständig in der Weltgeschichte herumreist, um Öl zu pumpen.«

Sie gehen hinein, Lucio macht das Licht an. In Loredana Berris Wohnung riecht es muffig und nach Wachs.

»Übertriebene Sauberkeit«, bemerkt Lucio. »Das Hausmädchen verbringt seine Zeit damit, gründlich zu putzen, obwohl im Augenblick niemand hier wohnt.«

»Wer bezahlt die Frau?«

»Ich, bis Lory zurückkehrt oder die Verwandten aus Mailand auftauchen.«

Camilla hört ihm nicht mehr zu. Sie beginnt mit den Schubladen im Wohnzimmer, die für gewöhnlich wichtige Papiere enthalten. Tisch, Schreibtisch, kleine Anrichte.

»Es wäre mir lieber, wenn Sie nicht in den Papieren meiner Teilhaberin herumstöbern würden«, sagt Lucio. Er setzt sich in den Sessel und zündet sich eine Zigarette an. »Es ist, als stöberten Sie in ihrem Privatleben herum.«

Rechnungen, Kopien der Steuererklärung, Geldstrafen, das Abonnement des Teatro Storchi, Ausschnitte aus Modezeitschriften, Quittungen. Nichts Persönliches, nichts Privates. Camilla sucht Geheimverstecke, wie das, in dem sie die Hardcore-Fotos in Vanessas Wohnung gefunden hatte. Vergeblich. Loredana bringt ihre Geheimnisse nicht zu Papier.

Sie durchsucht die übrigen Zimmer, die Schubladen und möglichen Verstecke. Müde kehrt sie zu Lucio zurück und setzt sich auf das Sofa ihm gegenüber.

»Hat sie Ihnen nie von Catia Malavasi erzählt?«

»Sie haben mich neulich schon gefragt, ob wir uns begegnet sind«, erwidert Lucio. »Ich hatte ausgeschlossen, dass Lory Gianni, Tonino und Catia kennt. Ich wusste nichts davon, auch wenn sich später herausgestellt hat, dass sie alle Freunde und Komplizen gewesen sind.«

Zeitverschwendung. Camilla steht vom Sofa auf.

»Allerdings …«

Camilla setzt sich wieder.

»Allerdings?«

»Ich hätte begreifen müssen, dass Lory eine Frau getroffen hatte, die ihr wichtiger als die anderen war«, erzählt Lucio. »Ein paar Monate vor der inszenierten Entführung war etwas geschehen, das ich erst jetzt als ein Zeichen dafür interpretiere, dass sie sich verliebt hatte. Lory hatte einen großen Bekanntenkreis. Frauen, die sie anriefen, Frauen, mit denen sie abends ausging, Frauen, die ins Büro kamen und mir als Freundinnen vorgestellt wurden. Immer andere. Doch plötzlich waren sie alle verschwunden. Die Liebe zu Catia war stärker als jede andere Versuchung.«

»Dass Lory Catia ins Netz gegangen war, wussten wir bereits.« Ohne allzu sehr mit einer Antwort zu rechnen, fügt Camilla hinzu: »Und sonst ist in jener Zeit nichts Besonderes im Leben Ihrer Teilhaberin geschehen?«

»Nicht dass ich wüsste.«

»Ich meine damit auch Dinge, die nichts mit Liebe und Freundschaft zu tun haben.«

Lucio überlegt.

»Nein, abgesehen von einer Grippe, die sie zwei, drei Tage ans Bett fesselte. Und ein Verkehrsunfall ohne Folgen, der sie aber ein wenig durcheinandergebracht hatte. Dabei hatte nicht sie am Steuer gesessen, und der Wagen war nicht ihrer gewesen.«

»Warum durcheinandergebracht?«

»Sie kam am nächsten Tag gegen Mittag in mein Büro und erwähnte indirekt den Unfall, indem sie bemerkte: ›Zum Glück saß ich nicht in meinem Z4!‹ Als ich sie um eine Erklärung bat, reagierte sie verärgert. Schroff erwiderte sie: ›Mach dir keine Sorgen, es geht mir gut, ich bin nicht gefahren … und ich will nicht darüber sprechen.‹ Wir sprachen nicht darüber. Wir hatten andere Sorgen. Die Arbeit betreffend, meine ich.«

»Erinnern Sie sich an den Tag des Unfalls?«

»Wie sollte ich? Warten Sie! … Bis auf ein, zwei Tage könnte ich es zusammenkriegen. Ich bereitete gerade die Modenschau am fünften April vor, anlässlich des Kirschblütenfestes in Vignola. Und dieses Gespräch fand am vierten oder fünften April statt. Der Unfall muss am Abend des dritten oder vierten passiert sein. Aber was hat das alles mit Lorys Verschwinden zu tun?«

»Nichts.«

80

Commissario Savino blickt von der Zeitschrift auf und fragt Camilla, die gerade in sein Büro gekommen ist:

»Was Neues über die verschwundene Frau?«

»Nichts. Wir haben sogar die Hunde im Haus des Großen Bruders und in der unmittelbaren Umgebung in Dogaro eingesetzt. Sie haben ihren Geruch in dem Bett, in dem sie während der vorgetäuschten Gefangenschaft geschlafen hat, aufgenommen und an verschiedenen Stellen auf dem Bauernhof, aber nicht im Gelände. Polizisten, die extra aus Bologna gekommen sind, haben ihre Instrumente und ihre

Erfahrung eingebracht. Sie schließen aus, dass auf dem Gelände des Bauernhofs eine Leiche liegt. Es ist in jüngster Zeit keine Erde bewegt worden, und es ist auch nichts in den Gräben und Kanälen gefunden worden, die alle ausgebaggert wurden. Dabei ist es nicht leicht, eine Leiche verschwinden zu lassen, wie mir der Kommandant der Mannschaft aus Bologna bestätigt hat, ein *commissario*, der im Erkennungsdienst gearbeitet hat.«

»Darf ich Ihnen einen Rat geben? Fixieren sie sich nicht auf Catia Malavasi.«

»Keine Angst, ich verfolge sie nicht. Ich beschäftige mich mit Catia, weil sie und Loredana sich gestritten haben, bevor sie das Haus verließ. Die Berri weigerte sich, die Beziehung zu beenden.«

»Das ist kein Grund, jemanden zu ermorden.«

»Ich suche nach einem Motiv. Und ich hoffe noch immer, dass sich hinter dem Verschwinden der Berri kein Drama verbirgt ...« Camilla versucht, das Thema zu wechseln: »Was lesen Sie da Schönes?«

Savino hebt die Zeitschrift hoch, um Camilla die Titelseite zu zeigen.

»*Novella 2000.*«

»Pflichtlektüre.«

»Und lehrreich. Inspektor Violo hat sie mir geliehen. Schauen Sie her.«

Die Seite mit der Rubrik »Begegnungen« ist ein Mosaik aus Farbfotos mit ironischen Bildunterschriften. Schauspieler und Schauspielerinnen, Teilnehmer am echten *Big Brother*, Politiker, zahlreiche Fußballer, alle mehr oder weniger ohne Vorwarnung am Strand, auf dem Boot, in der Diskothek oder im Restaurant und immer in Begleitung fotografiert. Eines der Fotos zeigt Catia Malavasi in weißer Hose und rotem Blazer beim Verlassen eines römischen Nachtlokals. Sie lächelt dem Fotografen zu, das Blitzlicht scheint sie nicht zu stören. Hinter ihr ihr Begleiter mit Jackett und Krawatte, der zu spät versucht, mit der Hand sein Gesicht zu verdecken. Die Bildunterschrift lautet: »Catia Malavasi, die schöne Siegerin des Kriminellen *Großen Bruders*, frisch gebackene Schauspielerin und neue und unermüdliche Protagonistin der römischen Nächte, in Begleitung eines unbekannten Kavaliers. Dem Journalisten, der sie beim Verlassen des Gilda in der Via Mario de' Fiori überrascht hat, stellt sie ihn auf seine Frage hin als ihren Leibwächter vor. Mit Sicherheit eine sehr intime Leibesbewachung.«

»Sergio Beggiato!«

»Ihr Kollege macht nächtliche Überstunden«, scherzt der *commissario*.

»Er ist ihr nach Rom gefolgt.«

»Mehr noch, er hat sie eskortiert.«

»Deswegen also hab ich seit Tagen nichts mehr von ihm gehört.«

»Wohin gehen Sie jetzt?«

»Ich besuche die Carabinieri und die Verkehrspolizei. Ich arbeite wirklich.«

Mehr will der *commissario* nicht wissen. Er blättert weiter in der *Novella 2000*, die er, einmal abgesehen von der Eskapade des römischen Kollegen, mit Sicherheit interessant findet.

Zuerst schaut Camilla auf einen Sprung in der Redaktion des *Resto del Carlino* vorbei. Sie baut sich vor dem Schreibtisch von Stefano Marchetti auf und sagt im Telegrammstil:

»Erste Apriltage. Schwerer Verkehrsunfall auf den Straßen von Modena oder Umgebung. Würdest du in deinem Computer nachschauen?«

Der Journalist lächelt sie an und deklamiert:

»Guten Tag, Stefano, wie geht's? ... Gut, und dir? ... Ich freu mich, dich zu sehen ... Ich auch, wie komme ich zu der Ehre?«

»Schon gut. Und jetzt mach schon!«

»Dafür brauch ich nicht in den Computer zu schauen. Ich erinnere mich sehr gut an das Datum, der dritte April, zwei Uhr nachts, und an den Hergang des Unfalls, den die Carabinieri rekonstruiert haben. Ich bin zum Unfallort gefahren, in Cittanova, und hab anschließend den Bericht geschrieben, fünfzig Zeilen.«

»Was ist damals passiert?«

»Ein Achtzehnjähriger, der in der Gegend wohnt, fährt mit dem Motorroller von der Diskothek nach Hause, als er von einem Wagen erfasst wird, der das Stoppschild überfahren hat. Auf dem Asphalt sind deutliche Reifenspuren zu erkennen. Der Wagen prallt von rechts gegen den Motorroller, der ein paar Meter durch die Luft fliegt. Der Wagen fährt über die Beine des Jungen, ohne abzubremsen und anzuhalten, um Erste Hilfe zu leisten. Bevor er stirbt, schleppt sich der arme Kerl noch ein paar Meter über den Asphalt und hinterlässt eine Blutspur. Der Verkehrsrowdy ist nie identifiziert worden. Da es ein Freitag – oder ein Samstag? – war, kurz, eine dieser Diskonächte, in denen es massenhaft zu Unfällen kommt, haben die Carabinieri unter den jugendlichen Nachtschwärmern gesucht und sich bei den Karosseriewerkstätten und Automechanikern umgehört. Der einzige Zeuge war ein alter Herr, der unter Schlaflosigkeit leidet und mit seinem Hund in der Gegend der Kirche von Cittanova Gassi war. Auch er wäre beinahe von dem Wagen erfasst worden, der in Richtung Via Emilia fuhr. Er überquerte die Straße auf den Fußgängerstreifen, sein Hund, ein Dackel, lief vor ihm. Der Wagen fuhr nur wenige Zentimeter entfernt an dem Dackel vorbei. Ein Mitarbeiter der Zeitung, der in Cittanova wohnt, rief in der Redaktion an. Zufällig war ich zu dieser späten Stunde noch da und bin sofort hingefahren.«

»Und der Zeuge konnte den Fahrer nicht erkennen?«

»Wie denn? Er konnte sich nicht einmal an den Wagentyp erinnern. Alles, was er sagen konnte, war, dass der Wagen nicht allzu groß und die Farbe nicht allzu dunkel war.«

»Überprüf das Datum.«

»Zu Befehl.«

Während er mit dem Computer beschäftigt ist, fragt er Camilla: »Warum interessiert sich die Polizei für einen schon länger zurückliegenden Unfall, für den die Carabinieri zuständig sind?«

»Um sich die Zeit zu vertreiben.«

»Ja, das Datum stimmt.«

»*Ciao.*«

Sie geht, Stefanos Worte im Nacken: »Danke, Stefano, du hast mir wie immer sehr geholfen … Trinken wir einen Kaffee zusammen? … Nein, Stefano, ich hab's eilig, nochmals danke … Bis bald, Camilla.«

81

Überflüssig, zu den Carabinieri zu gehen, die mit Sicherheit auch nicht mehr wissen. Camilla ruft Flavio Righini an, einen Freund, der beim Automobilklub arbeitet.

»Der Name Catia Malavasi ist unter den Fahrzeughaltern in Modena und Provinz nicht zu finden«, antwortet er, nachdem er die Datenbank des Kraftfahrzeugregisters konsultiert hat.

»Danke, Flavio. Hilfsbereit wie immer.«

»Ist das die Catia vom *Großen Bruder*?«

»Hilfsbereit und diskret.«

»Ich zieh meine Frage zurück.«

»Versuch Adelma Malavasi.«

»Nichts.«

»Sicher?«

»Der Computer irrt sich nicht.«

»Aber ich. Ich habe dir ihren Ehenamen gegeben. Versuch's mal mit Adelma Bisi.«

»Volltreffer. Adelma Bisi, wohnhaft in Modena in der Via Lenin Nummer 84. Sie besaß einen Wagen der Marke VW, Modell Golf, Hubraum 1600, Autokennzeichen AA017MB, Zulassungsjahr 1998. Adelma Bisi hat ihn im Frühjahr 2001 gebraucht gekauft. Abgemeldet und der Firma Mantovani zum Verschrotten überstellt am zwölften Mai dieses Jahres. Jetzt fährt sie einen Fiat Panda, neues Modell, Kennzeichen …«

»Dann gibt es diesen Golf also nicht mehr«, unterbricht Camilla ihn.

»Er ist im Autoparadies.«

»Kannst du mir sagen, welche Farbe er hatte?«

»Wenn auch die Farben registriert würden, müsste jeder Fahrzeughalter auch die Änderungen angeben.«

Dottore Alberto Ferioli empfängt sie liebenswürdig wie immer, bietet ihr einen Kaffee an, erkundigt sich nach ihrer Gesundheit und erzählt ihr, dass er das Wochenende in Val di Fassa verbracht hat. Immer noch lächelnd, verweigert er ihr die Erlaubnis, die Wohnung der Malavasis zu durchsuchen.

»Was hoffen Sie dort zu finden? Ein blutverschmiertes Stück vom Kotflügel des Golfs, das sie zur Erinnerung aufbewahrt hat? Oder ein Tagebuch mit Catias Geständnis? Wenn ich mich an das halte, was Sie mir gerade erzählt haben, haben Sie nur die Aussage des Teilhabers von Loredana Berri, der sich vage an die Worte erinnert, die die Frau zu ihm gesagt hat, als sie eines Vormittags spät in sein Büro kam, nervös, weil sie in irgendeinen ominösen Verkehrsunfall verwickelt gewesen ist. Vielleicht war sie lediglich von einem Wagen gestreift worden, als sie die Straße überquerte. Mit diesem Steinchen können wir keine Festung errichten, in die wir Catia Malavasi einsperren können!«

»Die Malavasis besaßen einen Wagen ...«

»Nicht allzu groß, nicht allzu dunkel ... Den Catia nicht fahren konnte, weil sie damals keinen Führerschein hatte.«

»Die Prüfung hat sie gleich nach ihrem achtzehnten Geburtstag gemacht, mit nur ein paar Fahrstunden.«

»Sie geben wohl nie auf, Inspektor?«

»Ich denke, die Sache hat sich so abgespielt, Dottore Ferioli: Catia und Loredana sind in der Nacht vom dritten auf den vierten April gemeinsam unterwegs. Sie haben nicht den Wagen der Berri genommen, einen BMW Z4. Catia will die Anwesenheit ihrer Freundin nutzen, um etwas Fahrpraxis zu bekommen, doch Loredana will ihren schönen und teuren Z4 nicht in Gefahr bringen. Catia leiht sich also den Golf ihrer Mutter. Sie amüsieren sich in irgendeinem Nachtlokal. Es gibt eins in Cittanova, nicht weit vom Unfallort entfernt. Die beiden sind aufgedreht, vielleicht haben sie zu viel getrunken oder zu viel Aufputschmittel, Kokain oder Crack genommen. Catia beschleunigt auf der leeren Straße, überfährt das Stoppschild und erfasst und tötet den Jungen auf dem Motorroller. Sie hat weder den Mut noch den Anstand anzuhalten. Der Golf verschwindet in der Nacht.«

»Diese Rekonstruktion haben Sie mir bereits am Telefon erzählt, wenn auch etwas knapper«, bemerkt Ferioli. Er lächelt nicht mehr. »Aber ich halte eine Durchsuchung der Wohnung des Mädchens nach wie vor nicht für angebracht.«

Camilla lässt nicht locker:

»Verzweifelt, weil Catia nichts mehr von ihr wissen will, droht Loredana ihrer Freundin, die Geschichte mit dem Unfall der Polizei zu erzählen. Fahrlässige Tötung und unterlassene Hilfeleistung, Fahren ohne Führerschein … Voraussichtliche Strafe: ein bis fünf Jahre Gefängnis … Kurz, eine Menge Probleme und eine schlechte Presse gerade in dem Moment, da der erhoffte Erfolg winkt, nachdem sie so viele Mühen auf sich genommen hat, um auf sich aufmerksam zu machen.«

Der Richter bleibt bei seiner Entscheidung:

»Bringen Sie mir etwas Konkreteres, und wir werden gemeinsam die Wohnung von Adelma Bisi – Malavasi durchsuchen … Hoffen Sie etwa, die Leiche von Loredana Berri dort zu finden?«

»Ich hoffe nicht.«

82

Der Polizist Donato Barleri besitzt eine natürliche Begabung für den Einbruch. Er wäre ein ausgezeichneter Einbrecher geworden. Das Problem ist nur, ihn zu überzeugen, diese Fähigkeit auch praktisch anzuwenden.

Zehn Minuten nach Mitternacht, nachdem sie den Wagen vor der Nummer 84 in der Via Lenin geparkt haben, schägt er andere Lösungen vor.

»Können wir nicht die Hausherrin fragen, ob sie uns ihre Wohnung durchsuchen lässt? Vielleicht weiß sie ja nicht, dass ein richterlicher Beschluss notwendig ist.«

»Delma Malavasi ist eine noch junge, energische und mit Sicherheit gut informierte Frau. Wie alle wird auch sie zahlreiche amerikanische Filme gesehen haben, in denen von Durchsuchungsbefehlen die Rede ist.«

»Aber mitten in der Nacht, wie zwei Diebe …«

»Ich wollte, dass du mitkommst, weil ich nicht wie du Schlösser wie von Zauberhand öffnen kann. Wenn du wirklich Schiss hast, kannst du gehen. Ich werde versuchen, durch das Fenster im Treppenhaus einzusteigen. Ich hab mir den Plan der Wohnung genau angeschaut.«

Sie hat sich gar nichts angeschaut, sie weiß nicht einmal, ob es im Treppenhaus ein Fenster gibt. Doch die Drohung, die Sache allein durchzuziehen, überzeugt Donato, wie sie es sich gedacht hatte.

»Okay, dann lass uns gehen.« Er steigt aus Camillas Mini, doch dann zögert er erneut und fragt: »Bist du sicher, dass die Hausherrin nicht plötzlich zurückkommt?«

»Sie ist zu ihrer Tochter nach Rom gefahren. Ich hab das von den Kollegen überprüfen lassen. In diesem Augenblick schlafen Delma und Catia in ihren Zimmern im Hotel Locarno.«

Vor dem verschlossenen Eingang der Wohnanlage sucht Donato nach einem neuen Vorwand. »Ich kann doch das Schloss nicht aufbrechen!«

»Ich kümmer mich drum.«

Sie drückt auf die erste Klingel der langen Reihe.

»Wer ist da?«, fragt eine männliche Stimme.

»Ich bin Delma Malavasi aus dem dritten Stock. Ich habe den Schlüssel für die Haustür in der Wohnung vergessen. Können Sie mir öffnen?« Die Eingangtür springt auf. »Danke.«

Aufzug. Dritter Stock. Der Treppenabsatz. Kein Mensch zu sehen. Donato macht sich sofort an dem Schloss der Tür mit dem Schild Malavasi zu schaffen. Camilla schaut bewundernd zu, wie er ein kleines flaches Werkzeug aus Stahl, eine Ahle, einen winzigen sternförmigen Schraubenzieher benutzt. Genau drei Minuten. Ein Künstler. Sie gehen hinein. Camilla gleitet mit der Hand über die Wand auf der rechten Seite, findet den Schalter und macht das Licht an.

»Zwei Veränderungen«, bemerkt sie. »Das schnurlose Telefon und eine neue Stereoanlage.«

Das Telefon liegt auf dem Wandtischchen, neben einem Aschenbecher voller Kippen und einer Glaskugel, in der sich die Seufzerbrücke befindet. Es läutet, als hätten Camillas Worte es beschworen.

»Willst du nicht rangehen?«

»Warum nicht?« Sie hat das Telefon schon in der Hand. »Hallo?«

Sie unterbricht die Verbindung.

»Die Stimme hörte sich an wie die von Beggiato!«

»Hat er dich erkannt?«

»Ich glaube nicht. Ich hab ja nur ein Wort gesagt. Ich dachte, er sei in Rom bei Catia. Im Präsidium lässt er sich jedenfalls nicht mehr blicken.«

»Wenn er herkommt, sind wir dran.«

»Wenn Beggiato nicht weiß, dass Catia mit ihrer Mutter in Rom ist, bedeutet das, dass sie nicht miteinander sprechen.«

»Sie werden sich gestritten haben. Das kommt vor zwischen Liebenden.«

»Machen wir uns an die Arbeit.«

Sie durchsuchen systematisch die Hausbar und die Kassetten und CDs unter dem Sofa.

»Wenn ich wenigstens wüsste, wonach ich suche.«

Catias Zimmer ist an den Postern und den Fotos an den Wänden, ausschließlich Filmschauspielerinnen, zu erkennen. Camilla deutet mit einer weit ausholenden Armbewegung darauf und fragt Donato: »Fällt dir nichts auf, was ihnen gemeinsam ist?«

»Es sind alles Frauen.«

»Was noch?«

»Schöne und berühmte Frauen.«

»Und alle rothaarig.«

Senta Berger, Rita Hayworth, Carla Gravina, Julianne Moore, Michelle Pfeiffer, Nicole Kidman ... Und eine, die nur gezeichnet ist: Jessica Rabbit.

»Ich wusste nicht, dass Michelle Pfeiffer rothaarig ist.«

»Ich auch nicht.«

Das Bett ist ungemacht. Wäsche und Kleidung von berühmten Namen liegen unordentlich im Schrank und in den Schubladen. Ein Stapel Zeitschriften.

»Das Papier der Klatschblätter scheint das einzige Papier zu sein, das in Catias Leben eine Rolle spielt.«

Sie gehen ins angrenzende Zimmer.

»Die Signora ist keine gute Hausfrau«, bemerkt Donato. »Sie hätte vor ihrer Abreise wenigstens noch die Betten machen können.«

Er deutet auf das Ehebett, während Camilla sich auf den Bettvorleger kniet, um unter das Bett zu schauen.

»Auch als Putzfrau lässt sie zu wünschen übrig … hier ist alles voller Wollmäuse.«

»Wollmäuse?«

»Staubflusen aus Staub und Menschen- und Tierhaaren.«

Sie erhebt sich. Donato bückt sich, bis er das Kopfkissen mit der Nase berührt. Er scheint seinen Geruch aufnehmen zu wollen.

»Delma Malavasi hat einen Mann«, sagt er schließlich.

»Wie kommst du darauf?«

»Jemand hat neben ihr geschlafen. Eine große und schwere Person, dem Abdruck nach zu urteilen, den er hinterlassen hat.«

»Die Signora ist eine freie Frau, noch jung und anziehend.«

Die Pipadòra verdient noch immer ihren Titel.

Im Schrank findet Camilla eine Schuhschachtel mit Fotos. Sie sieht sie durch.

»Das muss ihr verstorbener Mann sein. Trauriges und resigniertes Gesicht, als wüsste er bereits, dass er nicht mehr lange zu leben hat.«

Catia war bereits als kleines Mädchen wunderschön. Zöpfchen, volles Haar, Pferdeschwanz. Und immer rot gekleidet.

»Eine Manie, dieses Rot in Rot … Da ist sie neun oder zehn, bei einer Schulaufführung. In einer Rolle, die wie für sie gemacht ist: Rotkäppchen. Sie muss schon damals ziemlich gut gewesen sein.«

»Beeil dich. Wir sind ohne Gerichtsbeschluss hier«, erinnert Donato sie.

»Das hier muss Delmas derzeitiger Mann sein ... Besser: ihr derzeitiger Hüne.«

»Gesicht, Körper und Kleidung eines Schlachters.«

Auf einem Foto trägt der große, massige, lächelnde Mann den weißen Kittel und die Schürze eines Schlachters; schmutzig steht er vor Schweinen, die aufgeschlitzt mit dem Kopf nach unten an Haken hängen; auf einem anderen Foto trägt er Festtagskleidung, eine blaue Hose und ein geblümtes Hemd, und ist Hand in Hand mit Delma, in weißem Rock und Bluse mit breiten Streifen, zwischen blühenden Beeten zu sehen.

»Hier sind sie im Giardino Ducale ... Ich erkenne den Palast im Hintergrund.«

»Das muss ein Kollege von ihr sein; die Malavasi arbeitet doch bei der Salem, einer Wurstfabrik.«

»Arbeitskollege und Geliebter. Größe und Gewicht erklären den Abdruck im Ehebett.«

»Warum steckst du das ein? Sie wird merken, dass ein Foto fehlt.«

»Ich glaube nicht, dass Delma sich jeden Tag die Bilder ihrer nahen und fernen Vergangenheit anschaut. Verschwinden wir, hier gibt es nichts, was Loredana Berri betrifft.«

83

Der Name der Firma Salem, Salumeria Emiliana, erinnert Camilla an die Stadt Salem in Massachusetts, wo Ende des 17. Jahrhunderts zahlreiche Hexen verfolgt wurden und auf dem Scheiterhaufen endeten. Zum Glück sind in der friedlichen Emilia des 21. Jahrhunderts die Einzigen, die auf dem Schafott enden und dann gekocht werden, die Schweine, die ebenso unschuldig sind wie die amerikanischen Hexen.

Der Polizist Donato Barleri würde es nie wagen, Inspektor Camilla Cagliostri zu sagen, dass sie ihre Zeit verschwenden, nicht einmal als Freund und heimlicher Geliebter, aber er denkt es, das sieht man seinem Gesicht an. Camilla spürt, dass sie ihm eine Erklärung schuldet, nicht zuletzt, um sich selbst zu überzeugen.

»Catia und ihre Mutter haben die Posse des *Großen Bruders* gemeinsam ausgeheckt und realisiert ... Und bestimmt haben sie auch gemeinsam versucht, ein Problem, das möglicherweise danach aufgetreten ist, zu lösen. Ich will mehr über Delma erfahren ... neuere Auskünfte über ihr Abenteuer als Miss Emilia und ihren Spitznamen Pipadòra.«

Donato, der aus Neapel kommt, kennt den emilianischen Dialekt nur wenig.

»Was bedeutet Pipadòra?«, fragt er.

»Lass gut sein.«

»Ich will es wissen.«

»*Dòra* bedeutet Gold. Gehen wir?«

»Ich folge dir.«

»Bravo.«

Sie werden empfangen von Dottore Amleto Bergonzini, dem Produktionsleiter.

»Ich bin auch Personalchef, stellvertretender Generaldirektor und Sohn des Besitzers«, sagt er lächelnd. Er ist etwa dreißig und sieht Camilla an, als wäre der Polizist Barleri gar nicht vorhanden. »Letzeres erklärt, warum ich so rasch Karriere gemacht habe. Was kann ich für Sie tun?«

Der Raum, der mit modernen Möbeln eingerichtet und klimatisiert ist und im Bürogebäude, fern von der eigentlichen Fabrik, liegt, duftet nach Wurst. Einbildung, oder liegt es wirklich an der großen Mortadella, die zusammen mit einer Salami und einem gefüllten Schweinsfuß in einer Ecke hängt? Dottore Bergonzini folgt Camillas Blick.

»Die sind aus Plastik, wir verwenden sie, um die Messestände zu schmücken.«

»Wir suchen Auskünfte über zwei Ihrer Angestellten. Signora Adelma Bisi, Arbeiterin …«

»Derzeit beurlaubt aus familiären Gründen …«, unterbricht Bergonzini sie.

»Wissen Sie über alle Arbeiter, die bei der Salem beschäftigt sind, so genau Bescheid?«

»Die Bisi ist berühmt geworden, weil sie die Mutter von Catia Malavasi, dem Mädchen aus dem *Großen Bruder*, ist … Ich nehme an, Sie sind deswegen hier. Ich sage Ihnen gleich, dass Signora Bisi eine fleißige Arbeiterin ist … Mit einem einzigen Fehler, ihren Kollegen zufolge: Sie fühlt sich fehl am Platz in der Rolle einer Arbeiterin. Vielleicht weil sie gezwungen ist, nach dem Tod ihres Mannes zu arbeiten, eines Bankbeamten, der viel zu früh gestorben ist. Mit anderen Worten: Sie hält sich für eine Frau, die gezwungen ist, eine Arbeit auszuüben, die ihrer unwürdig ist. Dabei sind diejenigen, die in der Wurstherstellung arbeiten, qualifizierte Fachkräfte. Aber ich will mir kein Urteil über ihre Ansichten anmaßen. Allerdings verstehe ich nicht, warum die Bisi nicht aufgehört hat, nachdem ihre Tochter endlich den lang ersehnten Erfolg hat, der zusätzlich durch jede Menge Geld versüßt wird. Ich hatte eigentlich mit der sofortigen Kündigung der Signora gerechnet. Und auch ihre Kolleginnen und Kollegen hatten erwartet, dass Delma sich, nachdem Catia im Fernsehen groß herausgekommen war, von ihnen verabschiedet, indem sie ihnen den Stinkefinger zeigt.«

»Was verdient sie im Monat?«

»Um die zweitausend Euro. Brutto. Plus Überstunden.«

»Vielleicht hat sie ihre Arbeit ja doch gemocht.«

»Das glaube ich nicht. Sie ließ sich häufig für die Nachtschicht einteilen, nur um mehr zu verdienen … Wissen Sie, dass ihre Tochter einen Vertrag für einen Fernsehfilm bekommen hat?«

»Ich hab davon gehört.«

»An ihrer Arbeit in der Herstellung der Mortadella war nie etwas auszusetzen. Manchmal kam sie zu spät, und in letzter Zeit hat sie etwas zu oft um Urlaub gebeten, was mit der Entführung ihrer Tochter zusammenhing. Urlaub, den wir ihr gern gewährt haben, da auch wir überzeugt waren, dass Catia tatsächlich von einem Verbrecher entführt worden war, der sich ›Großer Bruder‹ nennen ließ.« Bergonzini unterbricht sich, schaut auf die Uhr und wendet sich wieder Camilla zu: »Sie sprachen von zwei unserer Angestellten.«

»Von dem zweiten kenne ich den Namen nicht.«

Sie reicht Bergonzini das Foto des Mannes in Kittel und Schürze, das sie aus der Wohnung der Malavasis mitgenommen hatte.

»Luigi Saletti, genannt Gigi. Er arbeitet in der Schlachterei. Was hat er mit der Bisi zu tun?«

»Ich glaube, sie sind befreundet. Oder sogar mehr als das.«

»Die Schlachterei liegt weit weg von der Wurstherstellung. Sie begegnen sich höchstens in der Kantine. Aber ich bezweifle, dass eine Frau wie Adelma Bisi etwas mit Gigi Saletti hat.«

»Eine Frage des Einkommens, der niederen Herkunft?«

»Eine Frage des Verstandes. Gigi hat die Intelligenz nicht gerade mit Löffeln gefressen. Das bedeutet …

»Ich kenne die Redensart. Das bedeutet, dass er ein Gehirn wie ein Spatz hat.«

»Aber gutmütig. Er könnte keiner Fliege was zuleide tun.«

»Er tötet nur Schweine.«

»Nicht einmal die. Sie kommen bereits tot zu ihm, an den Sehnen der Hinterbeine an einem Laufband aufgehängt. Gigi ist für die zweite wichtige Phase im Prozess des Schlachtens zuständig. Er ist der wahre Erbe der antiken Schweineschlachter. Er arbeitet mit Messer und Beil. Er weidet die Tiere zunächst aus und entfernt die Innereien. Danach zerlegt er sie: Mit wiederholten und energischen Hieben mit dem Beil teilt er den Körper des Schweins in zwei Hälften, die nur noch durch ein kleines Stück des Kopfs miteinander verbunden bleiben. Das erleichtert das anschließende Waschen und Trocknen des Gerippes. Danach ist das Schwein bereit für die Weiterverarbeitung zu Speck, Schinken und verschiedenen Würsten.«

»Kommen wir auf Gigi zurück.«

»Er macht seine Arbeit ausgezeichnet und versteht sich mit allen. Ein gutmütiger Riese, man muss ihn nur in Ruhe lassen, eine Warnung, die nicht alle seine Kollegen ernst nehmen. Manchmal ziehen sie ihn auf. Doch er merkt es

nicht einmal. Aber dann wäre er auch nicht der Einfaltspinsel, der er ist.«

Camilla fängt Donatos Blick auf. Sie verschwenden ihre
Zeit.

»Dann bleibt mir nur noch, Ihnen zu danken …«

»Warten Sie«, unterbricht Bergonzini sie. »Ich will noch
kurz mit meiner Sekretärin sprechen, die eigentlich für das
Personal zuständig ist. Sie geht häufig durch die Abteilungen und bekommt so Gerüchte und allerlei Klatsch und
Tratsch mit.«

Er spricht in die Sprechanlage.

»Signorina Giovannetti zu Bergonzini.« Dann fragt er an
Camilla und Donato gewandt:

»Möchten Sie einen Kaffee oder irgendetwas anderes?«

»Nichts, danke.«

Signorina Giovannetti ist mindestens fünfzig und wiegt
mindestens hundert Kilo. Helle Haut und eine platt ge-
drückte Nase. Camilla stellt sich vor, dass es für sie gefährlich sein muss, durch die Abteilungen zu gehen, in denen
Schweine geschlachtet werden. Ihr verschmitzter Blick verrät jedoch eine Intelligenz, die es ihr erlaubt, sich den Flei-
schern zu entziehen. Auf Bergonzinis unvermittelte Frage:
»Wissen Sie, ob die Bisi und Gigi sich außerhalb der Fabrik
treffen?« antwortet sie, ohne zu zögern:

»Seit einem Jahr schon. Er spielt den dienstbaren Kava-
lier. Ich weiß, dass sie gemeinsam zum Intercoop einkaufen
fahren, er hilft ihr, die Tüten in die Wohnung zu tragen, ein
Möbelstück zu verrücken, Großputz zu machen. Eine Art
Kammerdiener, Laufbursche, Gepäckträger. Delma kut-
schiert ihn im Wagen herum, da Gigi keinen Führerschein
hat, wegen …« Die Signora berührt mit dem Zeigefinger
ihre Stirn. »Eine Kollegin behauptet, sie gingen miteinan-

der ins Bett, und die Delma sei gar nicht die Primadonna der Salem, was sie mit Gigi Saletti beweise. Außerhalb der Fabrik natürlich.«

Bergonzini wirkt überrascht. Auch er berührt mit dem Zeigefinger seine Stirn und fragt: »Obwohl er …?«

»Obwohl er als Einfaltspinsel gilt«, bestätigt Signorina Giovannetti und fügt mit einer anderen Geste, einer Art kommunistischem Gruß mit geschlossener Faust und ausgestrecktem Arm, aber in einer horizontalen Auf-und-Ab-Bewegung, hinzu: »Gigi zeichnet noch etwas anderes aus, das mehr zählt.«

»Ich habe verstanden. Danke.«

Die Signorina geht. Auch Camilla und Donato verabschieden sich vom stellvertretenden Generaldirektor der Salem.

Auf der Rückfahrt zum Präsidium bekräftigt Donato seine Überzeugung, indem er sagt:

»Meiner Meinung nach ist der Fall Loredana Berri Teil der Geschichte des Großen Bruders. Er gehört damit in die Kategorie der Posse und ist kein echtes Verbrechen. Ich vermute, die Berri genießt an irgendeinem schönen Ort am Meer oder in den Bergen ihr Leben in Begleitung einer Freundin, lacht sich ins Fäustchen und freut sich darüber, dass Catia verdächtigt wird, etwas mit ihrem Verschwinden zu tun zu haben.«

Commissario Savino sieht die Sache nicht viel anders:

»Ob sie nun entführt wurde oder sich irgendwo versteckt hält, Sie werden sie mit Sicherheit nicht allein wiederfinden. Polizei, Carabinieri, Grenzwachen und Interpol haben das Foto der Berri. Früher oder später wird sie entdeckt werden. Ich dagegen brauche Sie für einen Fall, der in Ihr Ressort fällt … und ich nutze die Gelegenheit, Sie daran zu erinnern, dass Sie im Polizeipräsidium von Modena für die Abteilung Jugendkriminalität zuständig sind … Zwei Mädchen aus Campogalliano, Schülerinnen am San Carlo, sind von zu Hause weggelaufen …«

»Können Sie den Fall nicht Salinitro übertragen? Er kennt alle Diskotheken und Lokale, in denen die Jugendlichen verkehren. Ich bin sicher, dass …«

Savino lässt sie nicht ausreden. »Vergessen Sie den *Großen Bruder*!«

84

Trotz des doppelten Espressos und des offenen Wagenfensters, durch das die Kühle der Nacht hereindringt, fallen ihr die Augen zu. Zu dieser Zeit gibt es keine Fußgänger in der Via Lenin, nur Wagen, die blenden und den Wunsch wecken, die Augen zu schließen. Und zu schlafen.

Eigentlich sollte sie in ihrem Bett liegen, zufrieden mit ihrem Arbeitstag. Zusammen mit dem Polizisten Salinitro hat sie die beiden Mädchen wiedergefunden, die von zu Hause ausgerissen sind. Das Verdienst von Salinitro, der die Treffpunkte der Jugendlichen kennt, auch die geheimsten. Sie hielten sich im Parco Novi Sad auf, in Begleitung zweier junger Armleuchter, eines Rumänen und eines Mannes aus Modena, die der Polizei bereits als kleine Haschisch- und Tabletten-Dealer bekannt waren.

Camilla hat Delma Malavasi angerufen und sofort nach dem »Hallo, wer ist da?« aufgelegt. Sie hatte nur wissen wollen, ob Catias Mutter aus Rom zurück war.

Um zwei Uhr nachts ist das Fenster im dritten Stock noch immer erleuchtet. Gelbes Licht, in das sich das bläuliche des Fernsehers mischt. Vielleicht leidet Delma unter Schlaflosigkeit und bringt die Zeit herum, indem sie sich Filme anschaut (sie hat Sky cinema abonniert, Camilla weiß auch darüber Bescheid). Oder jemand leistet ihr Gesellschaft, während der Fernseher weiterläuft. Gigi Saletti zum Beispiel. Der gutmütige Riese, ihr Hausknecht auch im Bett. Ob er tatsächlich so gutmütig und nicht nur hünenhaft ist, muss sich erst noch herausstellen …

Delma in den Armen von Gigi, nackt, man könnte meinen, er erdrückt sie, doch die Frau lacht, lacht …

Es ist nur ein Traum, Camilla ist sich dessen bewusst, weil der Schlaf sie noch nicht vollständig übermannt hat, und sie reißt die Augen auf, verflucht ihre Müdigkeit.

Sie steigt aus dem Wagen, Donatos Punto, der weniger auffällig als ihr roter Mini ist. Sie geht auf dem Bürgersteig hin und her, um sich die Beine zu vertreten und den Schlaf zu vertreiben. Ein Auto fährt langsam neben sie, ein Mann steckt den Kopf heraus.

»Guten Abend«, sagt er.

»Guten Abend«, erwidert Camilla.

»Bist du Italienierin?«

»Was sollte ich sonst sein?«

»Ihr Italienerinnen seid nachts so selten, dass der WWF euch schützen sollte … Wie viel verlangst du?«

Camilla ist jetzt hellwach und begreift. Aufgrund der vielen Razzien und Verhöre, die sie durchgeführt hat, kennt sie die Tarife. Aus Selbstachtung schlägt sie etwas auf: »Hundert Euro.«

»Madonna! Ist sie aus Gold?«

»Die Entscheidung liegt bei dir.«

Sie meint es ernst. Der Mann, um die fünfzig, ist nicht unsympathisch, und die Vorstellung, die käufliche Liebe, den Straßenstrich, auszuprobieren, erregt sie. Sie können es im Wagen tun, während sie mit einem Auge den Eingang von Nummer 84 im Blick behält.

Und wenn eine Streife von Kollegen oder Carabinieri vorbeikommt? Schlagzeile des *Resto del Carlino*: »Junge Polizeiinspektorin als Prostituierte in der via Lenin überrascht.« Sie verzichtet.

Der Freier betrachtet sie genauer und beschließt:

»Hundert sind okay.«

»Jetzt will ich fünfhundert.«

Der Freier gibt Gas. Die Beleidigung, die der Mann ihr aus der Ferne zuruft, ist angesichts der Umstände nicht verwunderlich: »Verdammte Hure!«

Wieder allein, stützt Camilla sich auf die Motorhaube des Punto. Sie zündet sich eine Zigarette an, die zweite des Tages. Sie hat sie sich verdient. In Delma Malavasis Wohnung brennt noch immer Licht.

Schritte, leicht wie die eines Kindes mit Turnschuhen. Sie wirft die Zigarette weg. Sie hat nicht zu Abend gegessen, und der Rauch verursacht ihr Übelkeit. Sie will sich gerade umdrehen, als sich ein Arm über ihre Brust legt und eine Hand ihr den Mund zuhält, um sie am Schreien zu hindern. Sie versucht, in die Hand zu beißen und zu treten. Doch Daumen und Zeigefinger drücken ihr die Nase zu. Sie bekommt keine Luft mehr. Sterben tut wirklich weh.

85

Dunkelheit. Angst. Doch es ist nicht die Hölle, in Anbetracht der Kälte, die sie lähmt. Sie versucht, ihre Augen an das Dunkel zu gewöhnen, und nimmt allmählich unbestimmte Schatten wahr. Nicht nur die Kälte fesselt sie: Arme und Beine, die taub sind, sind mit Stricken oder Ketten zusammengebunden. Auch ihre Gedanken sind gelähmt: Sie hat Mühe, sich an die Augenblicke vor der Dunkelheit zu erinnern. Sie erinnert sich an eine Zigarette, die Lichter eines Wagens auf der Straße. Die Zigarette führt sie zu Donatos Punto und zu dem, weswegen sie nachts in der Via Lenin war. Jetzt ist alles wieder da, auch die große Hand, die versucht hat, sie zu töten. Oder die vielleicht nur versuchte, sie zu betäuben, sie daran zu hindern, um Hilfe zu schreien.

Wenn man sie hier eingesperrt hat, so bedeutet das, dass es sich nicht um versuchte Entführung oder Vergewaltigung handelt. Vielleicht erwartet sie Schlimmeres in dieser dunklen und eisigen Umgebung mit den hängenden Schatten rings um sie herum.

Sie liegt mit dem Rücken auf einem Plastikboden. Sie setzt sich auf und versucht aufzustehen. Die Anstrengung erwärmt sie ein wenig. Das Blut beginnt wieder zu zirkulieren, vor allem in den Beinen, die jetzt den Schmerz wahrnehmen, die die Stricke verursachen, die sie einschnüren. Sie kriecht, indem sie sich mit den Fersen vorwärtsschiebt, wobei ihr die Gummisohlen helfen, die gut haften, sucht eine Wand, findet sie, lehnt sich mit den Schultern dagegen und schafft es, sich mithilfe der Füße und des Rückens aufzurichten. In der neuen Position spürt sie, dass die Stricke um Arme und Körper sie weniger stark einschnüren. Sie atmet aus, dreht den Oberkörper, und die Stricke gleiten zu ihren Füßen hinunter. Sie massiert ihre Arme, ihre Brust und ihren Bauch. Sie findet die Knoten der Stricke, die ihre Beine fesseln und leicht zu lösen sind.

Tastend sucht sie nach einer Tür, einem Fenster, irgendeinem Durchschlupf, der es ihr erlaubt, das Gefängnis zu verlassen. Sie erkennt eine Tür, aus Metall, geschlossen. Sie hüpft, um sich aufzuwärmen und sich Mut zu machen und ihre Gedanken davon abzuhalten, sie in Panik zu versetzen. Ihr reicht das Wissen, dass sie in einem geräumigen Kühlschrank, verkleidet mit Isoliermaterial und Metall, verschlossen und dunkel, eingesperrt ist. Zu wissen, dass sie fliehen muss.

»Hilfe!«, schreit sie. »Hört mich jemand?« Ihre Stimme dröhnt. »Helft mir, ich bitte euch!«

Sie hustet. Sie geht auf den hängenden Schatten zu, der ihr am nächsten ist. Sie ist sich nicht einmal sicher, ob es sich wirklich um Schatten handelt; an einem Ort, an dem es kein Licht gibt, dürfte es eigentlich keine Schatten geben. Vielleicht gehören die Schatten ja allein ihr, Sehfehler, alte Bilder, die sich der Netzhaut eingeprägt haben. Sie streckt die Arme aus und berührt den Schatten, der sich als real erweist, konkret und glatt. Sie packt ihn, erforscht ihn und errät seine Form: ein großer Zylinder, oben und unten abgerundet, der an der Decke hängt. Sie riecht daran und erkennt, dass es sich um eine Mortadella handelt. Sie wendet sich dem Gegenstand daneben zu. Eine weitere Mortadella. Dann entdeckt sie viele kleinere Schatten, Salamis. Und Wurstzöpfe, Schlackwürste und zwei runde Kochsalamis.

Ihre Angst legt sich allmählich. Das liegt an den Zellengenossen, die Mittag- und Abendessen in fröhlicher Gesellschaft beschwören oder einfach nur Jausen mit Brot, Mortadella und Salami. Schöne Bilder. Sie wird zumindest nicht verhungern.

Sie setzt die Inventur fort. Sie entdeckt einen Schinken, zwei *coppe* (oder *pancette*) und zwei gefüllte Schweinsfüße.

Wenn sie die Schatten sehen kann, so bedeutet das, dass es eine Lichtquelle, wenn auch nur eine sehr schwache, geben muss. Sie sucht und entdeckt sie an der Decke: ein Fensterchen aus durchscheinendem Kristallglas, quadratisch, dessen Seiten nicht mehr als handbreit sind.

Erneut schreit sie: »Hört mich jemand?«

Die Entdeckung des Fensterchens hilft ihr nicht weiter. Sie beginnt wieder, die Schatten zu erforschen, um nicht untätig in der Kälte zu sitzen. Noch eine Mortadella. Daneben ein Schweineviertel. Wenn es ihr gelänge, den Metallhaken zu erreichen und abzunehmen, könnte sie ihn als Waffe benutzen oder als Werkzeug, um das Schloss zu sprengen. Jetzt könnte sie Donato brauchen, der jede Tür aufbekommt.

Eine Speckseite. Sie wischt sich die fettigen Hände an der Hose ab und streckt sie nach dem nächsten Schatten aus. Sie berührt ihn, erkennt ihn nicht sofort, seine Form ist zu komplex. Sie tastet ihn weiter ab, nur mit den Fingerkuppen. Sie erkennt ihn, weigert sich aber, sich der Wahrheit zu stellen. Ihr Zögern dauert nur wenige Augenblicke. Erinnerungen an ein Spiel, das sie vor langer Zeit gespielt hat, tauchen auf. Blindekuh. Camilla packt mit verbundenen Augen eine Spielkameradin, berührt mit der rechten Hand ihr Gesicht, erkennt sie: »Du bist Andreina!« Den Schatten, den sie gerade erforscht hat, erkennt sie nicht, aber sie weiß, dass es sich um einen menschlichen Kopf handelt, der an den Haaren aufgehängt ist.

Der Schrei, der in der Zelle ertönt, ist ihrer, aber es ist, als hätten zwei Münder gemeinsam geschrien, ihrer und der des dort hängenden Kopfes. Ein Frauenkopf, den langen Haaren und glatten Wangen nach zu urteilen. Glatt, eiskalt und etwas fettig, wie der Speck.

»Lory?«

Sie flüchtet sich in die entfernteste Ecke. Sie setzt sich auf den Boden, verbirgt den Kopf zwischen den Armen und fängt an zu weinen.

86

Jemand hat die Tür geöffnet, sie spürt die Wärme der Luft, die zu ihr dringt und sie wiederbelebt. Sie sitzt noch immer den Kopf zwischen den Armen da, die Augen halb geschlossen, um sie an das Licht zu gewöhnen.

»Das Miststück hat sich von den Stricken befreit!«, ruft eine Frau. Und fügt sofort spöttisch hinzu: »Vergebliche Mühe, da man von hier sowieso nicht fliehen kann.«

Camilla erkennt die Stimme. Sie hebt den Kopf. Das Licht, das durch die Tür hereinfällt, tut ihr in den Augen weh. Delma kommt näher und begrüßt sie, jetzt mit der Liebenswürdigkeit einer Hausherrin, die den Gast im Wohnzimmer empfängt:

»Wie geht es Ihnen, Inspektor Cagliostri?«

Camilla fragt sich, wie es um ihre Kräfte steht. Soll sie aufspringen und zum Ausgang rennen? Doch die Tür wird von einer riesigen Männergestalt bewacht, die breitbeinig und mit verschränkten Armen dasteht. Sie beschließt, kleine Brötchen zu backen, und sagt mit ruhiger Stimme:

»Was fällt Ihnen ein, mich hier einzusperren?«

Verschwendete Worte. Wenn da nicht Loredanas Kopf zwischen Mortadellas und Salamis an der Decke hinge, wäre es logisch, Delma und ihren Helfershelfer zu überzeugen, sie gehen zu lassen, weil sie ihr verzeihen würde, weil sie so tun würde, als sei nichts geschehen.

»Sie sind zu intelligent, zu hart und zu neugierig ... Früher oder später hätten Sie meine Catia ruiniert.«

Camilla schweigt, sie ist sich der Lebensgefahr bewusst, in der sie schwebt.

»*Addio*, Camilla ... In Kürze werden Sie noch härter sein ... wie ein Stockfisch.«

»Machen Sie nicht noch mehr Dummheiten ...«

»Ich will dir nicht zuhören«, sagt Delma. Sie geht zu dem Hünen und sagt: »Gigi, senk die Temperatur auf weit unter null.«

»Das kann ich nicht.«

»Warum nicht?«

»Die Würste würden kaputtgehen!«

»Dann mach's wie mit der anderen.«

Gigi zeigt dorthin, wo Lorys Kopf hängt.

»Sie hat geschlafen ...«, sagt er, dann richtet er den Finger auf Camilla: »Die ist wach, und wenn sie mich anschaut, kann ich es nicht.«

»Nur Mut ... Du willst doch nicht im Gefängnis landen, weit weg von deiner Arbeit und von mir? Camilla ist Polizist, einer von denen, die dich verprügelt haben, als du ein Junge warst.«

Er schaut sie ratlos an.

Camilla, die noch immer auf dem Boden sitzt, fragt Delma, nicht so sehr aus Neugier, sondern um Zeit zu gewinnen:

»Warum haben Sie Loredana Berri getötet?«

»Sie wollte meine Tochter zerstören. Sie wusste von einem Autounfall, bei dem ein junger Mann durch Catias Schuld ums Leben kam. Schuld ist eigentlich zu viel gesagt: Er hatte überraschend nachts die Straße überquert. Nachdem sie sich so viel Mühe gegeben hatte, berühmt zu werden, hätte so eine Geschichte sie ruiniert. Loredana war heimtückisch, nachtragend, böse. Wir hatten keine andere Wahl, als ...«

Camilla springt auf, stößt Delma zur Seite, macht einen Satz zur Tür, läuft hindurch, schlüpft an Gigi vorbei, aber dessen Hand packt sie am Hals und drückt zu. Sie stößt einen erstickten Schrei aus.

»Bravo, und jetzt erdrossel sie«, sagt Delma zu ihm. »Stell dir vor, sie ist ein Huhn.«

Gigi schiebt Camilla zurück in die Zelle. Während der wenigen Augenblicke ihrer Freiheit hat sie erkennen können, dass sie sich im Keller eines Privathauses befindet.

»Mach's wie mit der anderen.«

Sie schickt sich an zu gehen.

»Da ist auch noch das Problem mit dem Kopf«, wendet Gigi ein, der Camilla am Hals hält.

»Wenn du ihn in zwei oder drei Teile hackst, wird das Mahlwerk den Rest erledigen.«

»Es wühlt mich auf.«

»Ich muss jetzt gehen.«

»Wenn du wartest, geb ich dir etwas Fleisch für die Maschinen mit.«

»Diesmal nicht. Ich bin spät dran, ich muss die Karte stempeln.«

»Ich dagegen hab Urlaub und kann in Ruhe arbeiten«, sagt Gigi zufrieden.

»Erledige die Sache sofort. Und sei auf der Hut. Sie ist eine ganz Abgefeimte.«

»Ich bin auch ein ganz Abgefeimter«, sagt der Hüne lächelnd.

Delma geht. Gigi lässt Camilla los, geht hinaus, schaltet von draußen das Licht in der Zelle ein, verschwindet aus dem Blickfeld und kommt mit einem Beil und einem Zylinder zurück. Die Glühbirne über der Tür, geschützt durch ein kleines Netz und eine Glasscheibe, gibt nur ein schwaches gelbliches Licht, das Camilla ausreicht, um die Schussspule zu erkennen, das Gerät, das die Schweineschlachter benutzen, um die Schweine zu töten: Der Zylinder dient als Führung für einen langen Nagel, der mit einem Hammer oder einem schweren Gegenstand geschlagen wird.

Camilla weicht bis zur Wand zurück. Gigi blickt sie an, blickt auf die Schussspule, die er umklammert, und sagt:

»Ich werde dir nicht wehtun. Sie wurde extra erfunden, damit die Tiere nicht leiden müssen. Auch Lory hab ich so getötet.«

»Du scheinst mir nicht böse zu sein ... Wenn du mich tötest, wirst du für den Rest deines Lebens ins Gefängnis kommen ...« Oder in die Irrenanstalt, denkt sie, sagt es aber nicht, er könnte beleidigt sein, und das wäre vielleicht noch schlimmer. »Sie werden euch erwischen, ihr könnt nicht darauf hoffen, ungeschoren davonzukommen.«

»Niemand wird erfahren, was aus euch geworden ist, denn sie werden euch nicht finden. In Kürze wird auch Lorys Kopf verschwunden sein.«

Camilla tut der Hals weh, ihr Herz schlägt so heftig, dass

sie das Gefühl hat, es würde gleich zerspringen, ihre Beine zittern. In ihrem ganzen Leben hat sie sich noch nie in akuter Lebensgefahr befunden, zum Tode verurteilt von einer Schurkin und ihrem verrückten Knecht. Sie muss ihn überzeugen, sie zu verschonen, oder fliehen.

»Was habt ihr mit Lorys Leichnam gemacht?«, fragt sie.

Gigi lehnt das Beil an die Wand neben der Tür. Er antwortet nicht.

»Erinnerst du dich nicht?«

»Natürlich erinnere ich mich, ich bin doch nicht blöd!«

»Also?«

»Delma hat gesagt, ich soll nicht mit dir sprechen … wenn ich es doch tue, schimpft sie mit mir.«

»Du bist doch kein Kind. Du kannst sprechen, mit wem du willst, und sagen, was du willst.«

»Richtig. Aber wenn du dann herumerzählst, was ich mit meinen Händen gemacht habe? Allein, weil Delma das Blut der Christenmenschen nicht sehen kann. Deswegen besteht ihre ganze Hilfe darin, dass sie die Fleischstücke zur Salem bringt.«

»Ich werde nichts erzählen. Wie könnte ich auch, wenn ich tot bin?«

Gigi überlegt, kratzt sich am Kopf.

»Du hast recht. Siehst du, manchmal bin ich etwas langsam, das sagt Delma auch immer.«

»Liebt ihr euch?«

»Was meinst du damit?«

»Geht ihr miteinander ins Bett?«

»Delma behandelt mich wie einen Mann, nicht wie ein Kind. Sie bringt mich ins Bett, und wir spielen Mann und Frau, und sie amüsiert sich. Sie hat mich gern. Nicht wie diese Huren in der Salem, die zu mir sagen: ›Zeig uns deinen großen Riemen, Esel‹ und sich über mich lustig machen. Sie sagen, ich hätte die Eselskrankheit.«

»Wie habt ihr es mit Lory gemacht?«

»Lory?«

Camilla deutet auf den Menschenkopf zwischen der Mortadella und der Speckseite.

»Lory.«

»Ich habe sie getötet, wie man Schweine tötet. Sie wollte Catia, der Tochter von Delma, schaden. Ihr Blut und ihre Seele sind in der Kanalisation gelandet.« Er deutet auf das Loch in der Mitte des Bodens, dessen Durchmesser eine halbe Handbreit beträgt. »Auch die Schweine müssen vor der Weiterverarbeitung ausbluten.« Er kann nicht zwei Dinge gleichzeitig tun; während er spricht, steht er unbeweglich zwei Schritte von Camilla entfernt da, mit hängenden Armen, die Schussspule in der rechten Hand. »Eine aufgeschlitzte Frau ohne Kopf unterscheidet sich nicht sehr von einem Schwein oder einem Schaf. Mit dem Beil hab ich sie in Stücke gehackt und Stücke von drei Kilo in Plastiktüten getan … Ich bin sehr gut darin, mit dem Auge zu wiegen, ich irre mich nur um wenige Gramm … Delma hat sich für die Nachtschicht einteilen lassen, und immer wenn sie zur Arbeit geht, bringt sie eine Tüte mit Fleisch, das in der Tiefkühltruhe, die wir hier haben, ganz leicht unter null Grad abgekühlt worden ist, in die Fabrik. Das Fleisch für die Maschinen wird nur gehärtet, nicht tiefgefroren.«

»Ist das dein Haus?«

»Das meines Vaters. Er ist gestorben.«

»Lebst du allein?«

»Jetzt nicht, weil Delma zu mir kommt. Manchmal geh ich auch zu ihr, wenn ihre Tochter nicht da ist.«

Sie muss ihn zum Sprechen bringen.

»Kontrollieren die Wächter an den Toren der Salem nicht, was ihr hineinbringt?«

»Sie kontrollieren nur, was wir hinaustragen … Von Zeit zu Zeit stiehlt jemand kleine Salamis und andere gute Dinge; sie stecken sie in die Tasche oder im Winter in die Tasche des Parkas. Delma ist schlau, sie hat genau die richtige Idee gehabt. In der Mortadellabteilung, in der sie mit zwei anderen Frauen arbeitet, wirft sie die Fleischstücke, sobald sie kann, in den Baader. Ihre Kolleginnen gehen manchmal Kaffeetrinken oder zum Plaudern in die Nachbarabteilung. Sie achten nicht auf sie.«

»Der Baader?«

»Baader heißt die Maschine, die das Fleisch von den Knochen und den übrigen harten Teilen trennt. Die Knochen und alle anderen harten Teile wie Zähne werden in einem Mahlwerk zu Mehl vermahlen. Keiner schaut in diese Maschine, die ekelhafte Dinge zermahlt. Heraus kommt Fleischmehl, das mit anderem Zeug vermischt und zu Hunde- und Katzenfutter verarbeitet wird. Das gute Fleisch für die Mortadella wandert auf das Band und landet im Fleischwolf Nummer eins. Ich weiß alles, ich hab auch dort gearbeitet, weil man, wenn Personal fehlt, in andere Abteilungen geschickt wird. Das bedeutet, dass einer aus der Speckabteilung plötzlich für zehn Tage in die Mortadellabteilung geschickt wird. Die Einzigen, die nicht wechseln, sind die Herrschaften aus dem Angestelltengebäude. Wo war ich stehen geblieben? Ach ja, beim Fleischwolf mit den 16/18-Millimeter-Löchern. Das auf diese Weise durchgedrehte Fleisch ist noch nicht weich genug und muss noch in eine andere Maschine …«

Gigi erzählt gern, stolz darauf, dass er jede Phase der Herstellung der Salem-Erzeugnisse kennt. Camilla hört ihm aufmerksam zu, angeekelt und entsetzt. Jedes Stück durchgedrehtes Fleisch könnte ihres sein, und es ist ihr ziemlich egal, dass sie da bereits tot ist und nicht mehr leiden wird.

»Der Fleischteig kommt in den zweiten Fleischwolf, dem mit den 0,9/3-Millimeter-Löchern, der einen Namen hat, der Delma immer zum Lachen bringt. Er heißt ›Vertilger‹!«

Er lacht. Vielleicht erwartet er, dass Camilla ebenfalls lacht. Camilla ist aber eher nach Weinen zumute, sie fühlt sich wie ein Tier, das gleich geschlachtet wird, schwach und unfähig, sich gegen das Schicksal aufzulehnen. Sie versucht, gegen diese Stimmung anzukämpfen, und zaubert für Gigi ein Lächeln auf ihr Gesicht, das hoffentlich glaubhaft ist. Sie muss sich in Rage versetzen, in eine heftige Wut, die ihr die Kraft verleiht, es mit diesem bewaffneten Riesen aufzunehmen.

»Und nach dem Vertilger?«

»Interessiert dich das wirklich oder fragst du das bloß, um mir eine Freude zu machen?«

»Ich bin neugierig. Die Leute essen Mortadella, wissen aber nicht, wie sie hergestellt wird.«

»Aus dem Fleischwolf mit dem Namen Vertilger kommt ein schöner rosa Teig heraus. Die Farbe bekommt er von dem wenigen Blut, das im Fleisch geblieben ist. Delma hat mir gesagt, dass der Teig, der aus Lorys Fleisch entstanden ist, eine Spur roter war als der normale, was aber niemand auffallen kann, weil nicht einmal die Tiere derselben Rasse alle die gleiche Fleischfarbe haben, das hängt sehr davon ab, was sie fressen. Wenn die Teigmasse nicht genug Farbe hat, wird Brei aus Hämoglin, Hämobilin ...«

»Hämoglobin?«

»Irgendwie so. Irgendwas vom Blut, das der Mortadella eine schöne rosige Farbe gibt. Jetzt kommt das durchgedrehte Fleisch in die eigentliche Knetmaschine, zusammen mit Schwarten, kalten Speckwürfeln, Salz, Pfeffer, Aromen, Pistazien, Zucker und anderen Pulvern, deren Namen ich nicht kenne. Nach dem Kneten kommt der Teig in die Abfüllmaschine, eine Maschine, die die Därme füllt und schließt. Das Transportband bringt die Mortadellas in einen Raum, der Ofen genannt wird und in dem sie zwanzig Stunden bleiben. Jetzt fehlt den Mortadellas nur noch das Etikett … Hast du vom Anhören der Geschichte der Mortadella keinen Hunger bekommen?«

»Und der Kopf?«

»Den Presskopf kann man nicht mit einem Frauenkopf machen, und außerdem wird er in einer anderen Abteilung hergestellt, die Delma nicht betritt.«

»Du hast mich nicht verstanden. Ich wollte wissen, was ihr mit Lorys Kopf macht.«

»Das weiß ich nicht. Laut Delma braucht man ihn nur in das Mahlwerk zu werfen. Delma hat Angst gehabt, ihn ganz zur Salem zu bringen. Und mich wühlt es auf, ihn in zwei Hälften zu spalten. Aber ich muss mich dazu durchringen … Und jetzt kommt noch das Problem mit deinem Kopf dazu. Du musst wissen, dass …«

Sie lässt ihn nicht ausreden. Sie macht einen Satz zur Seite, visiert die Tür an, die offen geblieben ist, läuft durch die hängenden Würste, die gegen sie schlagen, und schützt sich mit den Händen, doch anstatt sie zu verfolgen, wie sie gehofft hat, ist Gigi zur Tür gesprungen und versperrt sie mit seinem gewaltigen Körper.

»Sei kein böses Mädchen, sonst muss ich dir wehtun!«

Gigi bleibt unbeweglich stehen, da er weiß, dass Camilla wendiger und schneller ist als er.

Camilla lässt ihn von dem hängenden Wald aus nicht aus den Augen und sagt: »Wenn du mich gehen lässt, wirst du nicht im Gefängnis landen … Du bist bloß krank, und ich werde für dich aussagen.«

»Krank? Mir geht es ausgezeichnet.« Er überlegt. »Krank im Kopf, ist es das, was du sagen willst? Du bist auch nicht besser als die Frauen der Salem, die sich nur über mich lustig machen.«

Schritte hinter Gigi.

»Hilfe!«, schreit Camilla.

Doch die Person, die neben Gigi auftaucht, ist Delma. Sie schimpft: »Sie lebt ja noch!«

»Sie lässt sich nicht fangen«, erwidert er zerknirscht wie ein auf frischer Tat ertappter Junge.

»Ich habe geahnt, dass es mit Camilla nicht leicht sein würde. Deswegen hab ich gesagt, es gehe mir nicht gut, und bin gekommen, um nachzuschauen. Was hat die durchtriebene Person dir versprochen, wenn du sie am Leben lässt?«

»Nichts. Sie hat mich sogar einen Dummkopf genannt.«

»Runter, Gigi! Zu zweit wird sie uns nicht entwischen.«

Der Hüne lacht, wieder fröhlich. Delma deutet auf Camilla. Camilla hängt eine Salami ab, um sie als Stock zu benutzen, aber ihr bleibt keine Zeit, sie mit beiden Händen zu umfassen. Delma ist schon bei ihr und umklammert sie, und gleich darauf ist Gigi da und umklammert beide.

»Zwing sie in die Knie und benutz die Schussspule!«

So sterben, zu Füßen eines armen Verrückten und seiner Herrin, die noch verrückter ist als er, getötet von dem Nagel, wie ein Schwein. Camilla schließt die Augen.

»*Mamma*!«

Die Stimme gehört keinem von ihnen. Camilla öffnet die Augen und blickt zur Tür. Sie erkennt Catia und Commissario Beggiato. Er hält die Pistole in der Hand, und sie hält das Handgelenk der bewaffneten Hand, als wollte sie ihn hindern zu schießen.

»*Mamma*, sag ihm, er soll aufhören!«

»All diese Leute in meinem Haus ... Also, was soll ich jetzt tun?«, jammert Gigi.

Beggiatos Stimme: »Wenn du ihr was tust, erschieß ich euch beide.«

Delma macht ihrer Tochter Vorwürfe: »Du warst nicht in Rom ... Wie hast du mich gefunden?«

»Sag Gigi, er soll die Polizistin loslassen.«

»Lass sie los«, sagt Delma zu Gigi.

Er gehorcht. Er entfernt sich ein paar Schritte und stellt sich in die Ecke, wie zur Strafe.

Camilla steht auf.

»Diesmal bin ich der Erste«, sagt der *commissario* zu ihr. »Ich wette, du hast dich gefreut, mich zu sehen.«

»Das kannst du laut sagen.«

Catia umarmt ihre Mutter und erklärt:

»Die Polizisten suchten Inspektor Cagliostri. Sie wussten, dass sie unsere Wohnung überwachte. Mir fiel ein, dass du zu Gigi Saletti gegangen sein könntest, und ich habe Sergio herbegleitet. Das Gittertor und die Tür waren nicht abgeschlossen.«

»Ich dachte, ich müsste gleich gehen«, rechtfertigt sich Delma.

»Du wolltest die Polizistin nicht töten, du wolltest sie nur erschrecken, damit sie aufhört, mich zu verfolgen.«

Camilla, die neben Beggiato steht, der noch immer die Pistole in der Hand hat, begreift, dass Catia und der *commissario* Lorys Kopf noch nicht gesehen haben, der zwischen den hängenden Würsten versteckt ist.

»Deine Mutter hat auch Loredana Berri töten lassen, ebenfalls um dich zu beschützen.«

Catia löst sich aus Delmas Umarmung.

»Lügnerin!«

Camilla geht in die Mitte des Raums und entfernt die große Mortadella, die den abgeschnittenen Kopf von Lory verbirgt. Durch die Berührung der Polizistin dreht sich der Kopf langsam um sich selbst. In der Bewegung zeichnen die Schatten eine Art Lächeln.

87

»Tiziana hat mir eine Karte aus Rom geschickt«, erzählt Camilla. »Piazza di Spagna. Im Hintergrund erkennt man ihre Terrasse, die auf die Treppe der Trinità dei Monti geht.«

»Die Wohnung von Vanessa Silvi«, bemerkt Donato.

»Jetzt genießt sie sie.«

»Ist sie glücklich?«

»Gute Frage!«

»Was hat sie dir geschrieben?«

»Nur ein Wort: *ciao* und dann ihren Namen.«

»Und ihre Mutter, die andere ... wie heißt sie noch?«

»Gabriella ... die eigentlich ihre Tante ist. Der Richter hat ihr aus gesundheitlichen Gründen bis zur Urteilsverkündung Hausarrest zugestanden.«

»Zuerst tötet Tizianas vermeintliche Mutter ihre Schwester, und dann zerstückelt Catias Mutter eine Freundin/Feindin der Tochter ... Die Mütter von einst gibt es nicht mehr, auch wenn beide behaupten, sie hätten es aus Liebe getan!«

»Sie nennen es Liebe, für mich ist es Egoismus.«

»Ohne jede Reue. Delma hatte einen solchen Hass auf Loredana Berri, dass sie sie noch einmal getötet hätte, im Polizeipräsidium, in Gegenwart von Dottore Ferioli, Commissario Savino, zwei Polizisten – Salinitro und ich – und ihrem Anwalt. Völlig unbefangen hat sie erzählt, dass Lory zu ihnen nach Hause gekommen sei, um mit Catia zu sprechen, wütend, dass diese Schluss mit ihr gemacht hatte. Saletti war gerade da, und Delma hat ihm befohlen, die Frau zu sich nach Hause zu bringen und wie ein Schwein zu behandeln. Er hat gehorcht. Sie haben sie betäubt, in einen großen Müllsack, einen von den schwarzen, gesteckt und in Delmas Wagen geladen … Und um ein Haar wäre das Gleiche auch mit dir passiert!«

»Ich verdanke mein Leben Commissario Beggiato. Und Catia. Wenn er sich nicht in Catia verliebt hätte und Catia in ihn, wenn sie nicht noch einmal ausführlich über Catias Abenteuer im Haus des Großen Bruders gesprochen hätten, wäre nicht herausgekommen, dass Delma ihre Tochter ermutigt hatte, rücksichtslos für ihren Erfolg zu kämpfen. Als Catia Sergio von ihrer Freundin Lory erzählte, hat sie die Vermutung geäußert, dass sie zu Delma gegangen sei, um mit ihr zu sprechen. Catia hat gesagt: ›Meine Mutter würde eher sterben, als zuzulassen, dass jemand meine Karriere zerstört.‹ Beggiato hat das Wort ›sterben‹ durch ›töten‹ ersetzt und intuitiv erkannt, wie gefährlich Delma ist. Zum Haus von Gigi Saletti hat Catia ihn geführt, nachdem sie erfahren hatten, dass auch ich verschwunden war.«

»Es sieht so aus, als wollten Commissario Beggiato und Catia Malavasi sich in Rom eine gemeinsame Wohnung nehmen. Das behauptet jedenfalls Inspektor Nanda Violo vom Klatsch-und-Tratsch-Büro im Polizeipräsidium.«

»Und sie lebten glücklich und zufrieden«, bemerkt Camilla abschließend.

Elisabetta kommt, um die Bestellung aufzunehmen. Sie lächelt Camilla und Donato zu und fragt: »Wollen Sie mit einer Vorspeise beginnen? Gnocco fritto, Schinken, Gürkchen. Und Mortadellawürfel.«

»Nein, danke!«, ruft Camilla.

Bemerkung des Autors

Jede Erwähnung realer Personen oder Ereignisse ist rein zufällig. Mein besonderer Dank gilt den Freunden aus Modena und der Bassa, angefangen mit denen des Camilla-Fanklubs. Ich danke Ingenieur Massimo Repetti und Dottore Gabriele Franceschi, Fachleuten der Fleischverarbeitung, für ihre Auskünfte über die Mortadella. Als leidenschaftlicher Liebhaber dieser Wurst kann ich die Leser hinsichtlich der Reinheit der Mortadella aus der Emilia beruhigen.

G.P.

blanvalet

Louise Penny bei Blanvalet

In jedem Paradies gibt es Schlangen …

36836

Lesen Sie mehr unter:
www.blanvalet.de

blanvalet

James Patterson bei Blanvalet

Eine Thrillerreihe von ganz eigenem Kaliber!

36919

36920

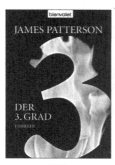

36921

36756

Lesen Sie mehr unter:
www.blanvalet.de

James Patterson bei Blanvalet

Scharf wie ein Skalpell!

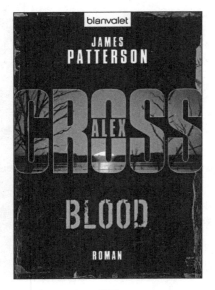

36855

Lesen Sie mehr unter:
www.blanvalet.de